U0930152

上海社联年鉴

2012

上海市社会科学界联合会　编

上海人民出版社

一、年度学术盛事

12 月 14 日，市社联在锦江小礼堂举行“罗竹风同志百年诞辰”纪念会。中共上海市委副书记殷一璀出席会议并讲话。中共上海市委常委、宣传部部长杨振武和上海市社联主席秦绍德共同首启《罗竹风画传》。上海市人大常委会原主任陈铁迪，中共上海市委原副书记罗世谦，上海市人民政府原顾问、上海市社联原主席李储文，上海市政协原副主席王兴，时任中共上海市委宣传部副部长潘世伟，时任中共上海市委宣传部副部长焦扬，上海社科院原院长、上海市社联原副主席张仲礼等领导出席会议。上海市社联党组书记、专职副主席沈国明主持会议

殷一璀同志在罗竹风同志百年诞辰纪念会上

杨振武同志和秦绍德同志共同首启《罗竹风画传》

11 月 27 日，上海市社会科学界第九届学术年会大会在上海展览中心友谊会堂隆重举行。来自本市各高校、党校、社科院、部队院校、党政研究部门、学术社团的 400 余位代表与会，中共上海市委常委、宣传部部长杨振武出席大会并讲话。市社联主席秦绍德致开幕词。上海市人大常委会副主任钟燕群，时任市委宣传部副部长潘世伟，市社联党组书记、专职副主席沈国明，市社联党组副书记桑玉成出席会议。与会专家聚焦“中国道路：1911—1921—2011”主题，展开了深入研讨。本届学术年会由年会大会、学科专场、主题专场、学会学术活动组成。年会设立了 6 个学科专场、11 个主题专场。本届年会共收到应征论文 842 篇，评出优秀论文 112 篇，出版优秀论文集 6 卷，百余位专家做了主题发言。参与年会的专家学者和青年学生达 3 千余人

6 月 23 日，市社联举行“纪念中国共产党成立 90 周年”理论研讨会。这次会议是上海市社联纪念中国共产党成立 90 周年系列活动的成果表彰交流大会。优秀成果作者、社联所属学会及主要学科专家学者近 300 人出席会议。会议举行了优秀组织奖、优秀著作成果、优秀论文成果的颁奖仪式。刘建军、李友梅、杨洁勉、孙力、唐莲英、李国弟、权衡等部分优秀成果作者做了理论研讨交流发言。时任中共上海市委宣传部副部长潘世伟，市社联主席秦绍德，市社联党组书记、专职副主席沈国明，党组副书记桑玉成等出席并讲话

9 月 28 日，由市社联、市人大科教文卫委员会、市历史学会共同主办的“辛亥革命与中国近代化”学术讨论会在上海兴华宾馆举行。会议开幕式由市社联党组副书记桑玉成主持，市人大常委会副主任钟燕群，时任市委宣传部副部长潘世伟，市社联党组书记、专职副主席沈国明出席会议并致辞。本市专家章清、姜义华、苏智良、萧功秦、忻平、李伟国、熊月之、戴鞍钢、谢俊美、沈渭滨、陶飞亚、丁凤麟、王敏、廖大伟、方平等进行了深入的学术交流与讨论。80 多位专家学者与会

8月4日，由市社联、上海对外贸易学院、上海 WTO 事务咨询中心、世界贸易组织上海研究中心共同主办的“经济全球化与中国转型发展暨纪念中国加入世界贸易组织（WTO）10周年”研讨会在上海展览中心友谊会堂三楼宴会厅举行。200余名专家学者与会。会议由市社联党组书记、专职副主席沈国明主持，市人大常委会副主任胡延照，上海外贸学院院长孙海鸣致开幕辞。市政协副主席、上海 WTO 事务咨询中心理事长兼总裁王新奎，中国商务部条法司司长李成钢，时任上海市政府副秘书长、上海市商务委员会主任沙海林作大会主旨演讲。市社联党组副书记桑玉成出席会议

二、科研组织与决策咨询平台

11 月 6 日，市社联、中共上海市委党校联合举办上海市社会科学界第九届（2011）学术年会“马克思主义研究”学科专场暨上海市马克思主义研究年度论坛。市社联副主席谈敏和时任市委党校常务副校长吕贵分别致辞。本次会议主题为“马克思主义与中国百年变迁”

11 月 18 日，市社联召开“上海市社科界学习贯彻中共十七届六中全会和市委九届十六次全会精神座谈会”，邓伟志、朱贻庭、张雄、许明、汪堂家、仲富兰、丁锡满等。社联党组书记、专职副主席沈国明出席会议并讲话，党组副书记桑玉成主持会议，社科界部分专家学者代表、社联有关处室负责人等 30 余人与会

6 月 12 日，市社联、复旦大学社会科学高等研究院联合举办"邓正来教授《中国法学向何处去》第二版出版暨'全球化与中国法学'学术研讨会"。市社联党组书记、专职副主席沈国明，党组副书记桑玉成，商务印书馆总经理于殿利出席会议并讲话。上海交通大学副校长郑成良、上海社科院党委副书记童世骏等 40 余位专家学者与会并发言，复旦大学社会科学高等研究院院长邓正来对各位专家学者的发言作了回应

11 月 15 日，市社联在锦江小礼堂举行《上海学术报告(2010)》出版发行座谈会。10 余位专家学者出席会议，对新书展开评议和讨论，并就新一年度的有关调整、创新进行策划和研究。市社联主席秦绍德出席会议并讲话，社联党组书记、专职副主席沈国明，以及社联有关处室负责人与会，党组副书记桑玉成主持会议

三、社科普及平台

6月24日，第十届上海市社会科学普及活动周开幕式在上海大学举行。市委常委、宣传部部长杨振武讲话并宣布活动周开幕。时任市委宣传部副部长潘世伟向基层干部代表、学生代表、社区文化活动中心代表赠送社会科学普及读物。市社联主席秦绍德为社科普及读物作者代表颁发证书。市社联党组书记、专职副主席沈国明主持开幕式。市社联党组副书记桑玉成，上海大学党委书记于信汇，上海大学党委副书记、副校长、社联副主席李友梅，社联常委、委员，各区县和高校宣传部的领导，各学会负责人和社科工作者代表、市民、学生代表等800余人出席开幕式。开幕式上还举行了“上海社会科学界热烈庆祝中国共产党成立90周年”上海社会科学界合唱团成立演出

1月26日，题为“传统文化与现代文明的融合——中国城市化之问”的“东方讲坛·华文讲堂”启动仪式暨首次论坛在上海世博洲际酒店举行。上海市政协副主席周汉民按动“东方讲坛·华文讲堂”启动光球，并作题为“上海世博会是一部百科全书”的主旨演讲。中共上海市闵行区委书记孙潮、北京市委研究室副巡视员余钟夫、上海国际问题研究院院长杨洁勉、原美国农业部部长级专家 Frederick Crook 郭志文进行演讲。本市政府机关、委办、企业、行业协会、部队、公安、高校、媒体代表及海外友人近200人出席活动

2月21日，由上海国际问题研究院与东方讲坛办公室联合主办的“东方讲坛·华文讲堂”第二场“光辉的历程：中国共产党的领导与中国外交成就”论坛在上海锦江饭店小礼堂举行。中国国际问题研究基金会战略研究中心执行主任王嵎生，上海环太国际战略研究中心理事长陈启懋，原海军上海基地副司令员苏荣，上海国际问题研究院学术委员会主任俞新天，市委党校、上海行政管理学院科学社会主义教研部教授袁秉达等进行主题演讲

2011年东方讲坛共完成市廉政文化系列讲座30场师资配送

四、学会服务平台

10 月 20 日，市社联举行第五届学会学术活动月开幕式。市社联党组书记、专职副主席沈国明致开幕词，市社联党组副书记桑玉成主持开幕式和随后举行的学术报告会。市社联所属 160 多家社会科学学术团体以及民办社科研究机构的负责人和专家学者参加会议。上海市历史学会名誉会长、复旦大学中外现代化进程研究中心主任姜义华教授，上海市教师学研究会名誉会长于漪，上海华夏社会发展研究院院长鲍宗豪，上海市经济学会副会长、上海交通大学经济学院执行院长陈宪教授，上海市国际关系学会会长、上海国际战略问题研究会会长、上海国际问题研究院院长杨洁勉研究员分别作了学术报告

3 月 1 日，市社联举行 2011 年度学术团体负责人暨党建工作会议。来自社联所属学会及民办社科研究机构 200 多位负责人及党工组成员参加了会议。市社联党组书记、专职副主席沈国明就 2011 年社联以及学术社团工作讲话，市社联党组副书记桑玉成主持并宣读获得 2010 年度学会学术活动月优秀组织奖、2010 年度《社联通讯》十佳报道、积极投稿奖的名单

五、机关文化建设

1 月 30 日，市社联召开 2011 年第一次主席会议暨六届二次常委会会议。社联主席秦绍德主持会议，时任市委宣传部副部长潘世伟等社联副主席、常委 20 余人出席会议并讲话，社联党组书记、专职副主席沈国明就 2010 年工作回顾和 2011 年工作安排作报告

1 月 30 日，市社联举办 2011 年上海社科界迎春座谈会。近百位上海社科界专家学者代表济济一堂。图为中国电影家协会副主席、著名电影表演艺术家奚美娟为与会社科工作者表演诗朗诵助兴节目

1 月 28 日，市社联举行离退休老同志团拜活动，党组书记、专职副主席沈国明向老同志们通报了社联 2010 年工作情况以及新的一年的工作设想

3月3日，“卢湾区人大代表李小华、吴伟余传达两会精神”报告会于社联大厦六楼报告厅举行。社联机关干部、社区选民代表百余人出席。社联党组书记、专职副主席沈国明出席会议并讲话

6月15日，由上海市社会科学界联合会主办的“上海社会科学界庆祝中国共产党成立九十周年书画展”巡展活动在上海师范大学拉开帷幕

11月18日，社联召开干部职工大会，传达学习十七届六中全会和市委九届十六次全会精神

8 月 16 日，上海现代服务业联合会会长周禹鹏，副会长赵效定、赵凯、周伟民，副秘书长顾性泉，法务部部长张巍，研究室副主任陈一川一行莅临社联调研，商讨合作事宜

1 月 13 日，市人力资源和社会保障局局长周海洋到访社联，作“十二五期间本市人力资源和社会保障工作面临的形势和任务”专题讲座

1 月 14 日，市纪委常委、秘书长赵增辉到访社联，作“党风廉政建设与机关党建工作”专题讲座

4月22日，市建交委副主任倪蓉一行到访社联，作有关本市旧城改建工作的讲座

4月29日，宝钢集团党委书记、副董事长刘国胜到访社联，介绍宝钢的管理和理念

5月9日下午，中共中央党校沈宝祥教授到访社联，为社联广大干部职工作了有关“改革开放与中国特色社会主义理论研究探讨”的精彩演讲

6 月 10 日，上海国际问题研究中心南亚中亚研究所所长、研究员，上海交通大学国家战略研究中心研究员王德华教授到访社联，作“后拉登时代国际反恐新格局”专题讲座

6 月 14 日，曾任日本警察厅警备局局长、日本内阁情报调查室室长、内阁危机管理官、东京电力公司顾问的杉田和博先生到访社联，作题为“与大规模自然灾害抗争”的报告会

10 月 29 日，日中经济综合研究所社长方五二先生到访社联，作“中日关系前瞻”专题讲座

11 月 5 日，市法学会副秘书长沈洁同志到访社联，作“上海市经济犯罪查处情况介绍”专题讲座

11 月 19 日，市检察院副检察长郑鲁宁到访社联，作“上海反腐检察工作情况”专题讲座

12 月 2 日，美国加州大学伯克利分校社会学教授高棣民（Thomas Gold）到访社联，作“中国大陆和台湾地区社会文化之探”专题报告

12 月 26 日至 27 日，市社联召开 2011 年年终务虚会。市政府发展研究中心副主任朱金海应邀为与会者介绍本市经济社会发展情况

六、与兄弟省市协作交流

3 月 22 日，湖南省社科联调研组一行在省社科联党组成员郑升的带领下到访上海市社联

3 月 25 日，福建省社科联考察团一行在省社科联党组成员、副主席谢孝荣带领下到访上海市社联

6 月 2 日，安徽省社科联党组书记、常务副主席徐东平一行到访上海市社联

10 月 14 日，云南省社科联党组书记、副主席张红苹一行 15 人到访上海市社联

12 月 1 日，广西社科联党组副书记、副主席汤竹庭一行十三人到访上海市社联

七、学术社团建设发展

市统战理论研究会——"统一战线事业发展的历史启示·2011 年学术年会暨五届五次理事（扩大）会议"：市委常委、时任市委统战部部长、市统战理论研究会会长杨晓渡出席会议并作重要讲话

市教师学研究会等——"薪火相传话师魂·庆贺于漪老师从教 60 周年"：上海市教委主任薛明扬，上海市教育发展基金会会长、教师学研究会名誉会长王荣华，上海市原教育局局长袁采，上海市教委副主任、教师学研究会会长李骏修，上海市社会科学界联合会党组副书记桑玉成，中国教育学会中学语文教学专业委员会理事长苏立康等领导和专家在庆典仪式上先后讲话

市法学会等——“民主立法和科学立法”研讨会

市钱币学会——“红旗招展忆往昔·纪念建党 90 周年中国革命根据地”货币展

市新四军历史研究会与党史学会——“陈毅生平与思想”学术研讨会

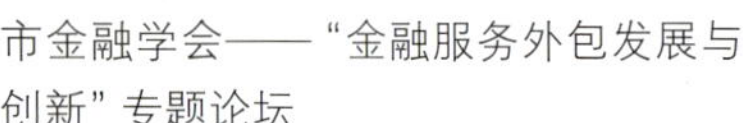

市金融学会——“金融服务外包发展与创新”专题论坛

市世界经济学会——“货币通胀预期与上海金融服务创新”专题论坛

市经济学会——“当前市场条件下的市民理财策略”专题论坛

市哲学学会——“党的光辉历程与马克思主义哲学时代化”专题论坛

市人口学会——“青年专业人才与人口计生事业发展”专题论坛

市物流学会——“物流科技与物流发展”专题论坛

市形势政策教育研究会——“马克思主义大众化与形势政策教育”专题论坛

上海易居房地产研究院——“住房保障体系的推进和完善”专题论坛

上海社会科学普及研究会——“加强和创新社会管理，提高党的执政能力”专题论坛

市法治研究会——“法眼解读成语”微博有奖征集活动

市法治研究会——“上海律师百年发展”专题展览：上海著名律师吴凯声之孙吴征携其夫人杨澜参观展览

市演讲学研究会——“凝聚在党旗下”职工演讲示范活动

上海宋庆龄研究会“为了永恒的纪念”纪念宋庆龄逝世和安葬三十周年图片展

上海交通会计学会——“全面预算管理”专题咨询服务

上海市社会心理学学会——“传播科学理性、服务中小企业”科普沙龙

市领导科学学会——“中国共产党执政能力与领导哲学”专题论坛

上海市政治学会——“普法开放日”活动

市钱币学会——钱币收藏品义务鉴定活动

市城市经济学会——“上海住房保障相关政策与操作实务”专题咨询

市教育学会——“教育为了每一个学生的快乐健康成长”专题咨询

市价格学会——收藏品价格咨询与鉴赏活动

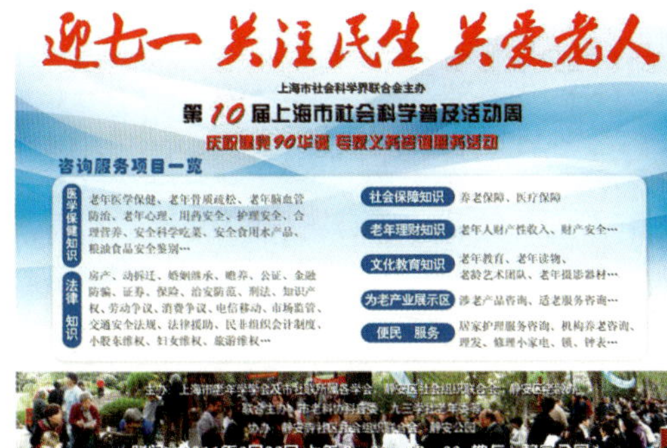

市老年学学会——“迎七一·关注民生·关爱老人”大型义务咨询活动

市工商行政管理学会——“消费连万家，维权进社区”专题咨询

市中共党史学会——“红色印记·党史知识进百所中小学”巡展

集体经济研究会——“中小企业改制与科技创新”专题咨询

市土地学会等——“直辖市土地学会联席会第一次会议”

上海东方法治文化研究中心——法治电影汇映活动

市会计学会——“中国概念股：资本市场的泡沫与修正”学术报告会

上海食文化研究会——“食品安全与市民健康”专题咨询活动

目 录

年度工作要览

年度学术盛事

庆祝建党 90 周年 / 13
光辉的历程　伟大的创造
——上海市社联推出纪念中国共产党成立 90 周年系列成果与主题活动 / 13
研究探索 90 年“中国道路”的实践价值和学术理论
——市社联推出三卷本《中国共产党与现代化使命》丛书 / 16
市社联组织收看“庆祝中国共产党成立 90 周年大会”实况
社科工作者畅谈学习胡锦涛总书记重要讲话体会 / 19

纪念辛亥革命 100 周年 / 20
上海市社联等召开“辛亥革命与中国近代化”学术讨论会 / 20
上海市社联纪念辛亥革命 100 周年学术丛书 / 22
“纪念中国加入世界贸易组织(WTO)10 周年”研讨交流活动 / 24
罗竹风同志百年诞辰纪念会 / 25
上海市社科界学习贯彻十七届六中全会和市委九届十六次全会精神座谈会 / 27

年度学术热点评选活动 / 29
《学术月刊》、《光明日报》评选 2010 年度中国十大学术热点 / 29
“上海市民人文社会科学知识和素养年度调查”发布 / 31

科研组织与决策咨询平台

第九届学术年会 / 35
为社会主义文化大发展大繁荣作出新的理论贡献
——上海市社会科学界第九届学术年会隆重召开 / 35
《上海学术发展报告 2010》发布 / 38

马克思主义研究论坛 / 42

以科学发展为主题　推进新时期马克思主义的理论创新

——市社联、同济大学举办上海马克思主义研究论坛活动 / 42

搭建马克思主义理论研究交流平台　培育马克思主义研究青年理论骨干

——市社联举办上海市马克思主义研究青年论坛取得显著成效 / 44

中共中央政治局委员市委书记俞正声对社联参与编撰的信息专报作出批示 / 46

把群众的心做“亮堂”，发展才有“精气神”

——社区发展研究会关于浦江镇党委群众工作和执政能力建设调研报告之一 / 46

工作要贴着群众需求贴着社会实际才能赢得民心

——社区发展研究会关于闵行区浦江镇党委群众工作和执政能力建设调研报告之二 / 49

市社联所属社区发展研究会“维稳妈妈”项目调研报告获市委殷一璀副书记批示肯定 / 51

“你对我们这么好，我们不好意思再去上访了”

——社区发展研究会“维稳妈妈”案例分析研讨会综述系列之一 / 52

要在政策上扶持以服务回应群众需求的社区公益组织

——社区发展研究会“维稳妈妈”案例分析研讨会综述系列之二 / 53

让更多的既能打开房门又能打开心门的“维稳妈妈”走进社区

——社区发展研究会“维稳妈妈”案例分析研讨会综述系列之三 / 54

社联所属学术期刊 / 57

《学术月刊》所发文章被转摘量实现“五连冠” 办刊质量综合评估指数荣居全国社科报刊之首 / 57

市社联与《探索与争鸣》杂志社举办的全国研讨会上专家呼吁：文学是城市文化艺术的母体　欲繁荣都市文化必先振兴上海文学 / 58

社科普及平台

东方讲坛 / 63

东方讲坛 2011 年度数据统计 / 63

清风颂先驱　廉政建和谐

——东方讲坛举办纪念中国共产党成立 90 周年“廉”动千万家活动 / 66

推动传统文化与现代文明交融　促进“后世博”上海转型发展

——“东方讲坛·华文讲堂”举办首次论坛 / 68
“东方讲坛·华文讲堂”：中国共产党的领导与中国外交成就 / 70
组织300多名优秀宣讲员与特聘讲师　安排445场主题宣讲活动
——东方讲坛开展“学习贯彻党的十七届六中全会精神、
九届市委十六次全会精神主题群众性宣传教育活动” / 72

第十届科普活动周 / 75
继承·创新·发展
——市社联举办第十届上海市社会科学普及活动周巡礼 / 75

社会科学普及读物 / 78
《标点符号里的大学问》/ 78
《走向性文明》/ 78
《日常生活中的国际法》/ 79
《中外社会保障制度漫谈》/ 79
《自由撰稿ABC》/ 80
《行政法漫谈》/ 80
《红色的故事》(1921—1949) / 80
《中国共产党反腐倡廉90年》/ 81
《经济学大师的诺贝尔奖之路(2001—2010)》/ 81

学会服务平台

第五届学会学术活动月 / 85
繁荣上海学术文化　发展社团学术功能
——市社联第五届学会学术活动月高潮迭起反响热烈 / 85
市社联举行2011年度学术社团负责人会议暨党建工作会议 / 88
市社联举办部分学会负责人社团管理经验和“社科工作者看社会”活动 / 91
探索运用各种发布形式　及时传播学术研究成果
——市社联举办学术社团成果发布平台建设研讨会 / 93

学会学术交流

建党90周年 / 97
中国共产党与中国现代化历史经验
——市中共党史学会举办学术研讨会 / 100

中共建党与上海
——市历史学会等召开学术研讨会 / 102
历史的关照　现实的回应　未来的展望
——上海科学社会主义学会等联合举办"中国特色社会主义过去、
现在和未来"学术研讨会 / 104
统一战线理论与实践
——市统战理论研究会等举办纪念中国共产党成立 90 周年学术研讨会 / 107
中国特色社会主义政党制度与政治发展道路
——本市多家学会联合举办庆祝中国共产党成立 90 周年理论研讨会 / 110
加强企业党建，促进企业和谐发展
——市企业发展促进研究会召开纪念中国共产党建党 90 周年研讨会 / 112
毛泽东新民主主义革命思想产生的历史前提条件
——市社联与市新四军历史研究会共同召开纪念中国共产党
成立 90 周年学术研讨会 / 115
坚定信念跟党走　巾帼发展立新功
——市妇女学学会等承办纪念中国共产党成立 90 周年妇女理论研讨会 / 118

哲学·史学 / 120
成就写够　错误写透
——市中共党史学会召开学习《中共共产党历史·第二卷》资深专家论坛 / 120
如何用马克思主义分析和解答中国的问题
——市马克思主义研究会举行 2010 年年会暨学术交流报告会 / 122
太平天国与社会问题
——市历史学会与《探索与争鸣》杂志社联合举办学术研讨会 / 124
时代进步需要思想的智慧与力量
——市哲学学会等举办"党的光辉历程与马克思主义哲学时代化"专题论坛 / 126
世界历史进程与中国发展道路
——市世界史学会举办 2011 年年会暨学术研讨会 / 129
儒家的公正与民生思想
——市伦理学会、市中西哲学比较研究会等联合举办"与孔子对话"
上海文庙第六届儒学研讨会 / 131

辛亥革命 / 133
走向现代中的传统
——市哲学学会等召开"辛亥革命与中国传统思想"国际学术研讨会 / 133

辛亥革命与上海
——上海中山学社、市历史学会等承办国际研讨会 / 136
辛亥革命的价值标榜和启示
——上海科学社会主义学会与江苏科学社会主义学会联合举办“辛亥革命与中国道路”学术研讨会 / 138
理想的文明:传统文明与现代文明互补
——炎黄文化研究会召开 2011 年学术年会 / 140
辛亥革命与民俗变迁
——市辞书学会、市民俗文化学会等联合主办专题研讨会 / 142

政治·法律·社会·行政 / 143
文化统战:柔性原则和对话原则
——市统战理论研究会举办 2010 年度学术年会 / 143
职务犯罪的预防与惩治
——市犯罪学学会等举行专题研讨会 / 145
环境问题:人口经济发展中的矛盾
——市生态经济学会召开 2010 年年会暨“十二五”上海环境发展规划报告会 / 147
中国下一站:机遇与选择
——上海金融与法律研究院等召开学术研讨会 / 148
中国对外经贸关系的热点问题评析
——商务部条法司司长李成钢应市法学会国际法研究会邀请开设专题讲座 / 150
系统分析领导决策方法
——市领导科学学会举办领导学青年学者学术沙龙 / 151
中国共产党的执政能力与领导哲学
——市领导科学学会等举办论坛 / 152
基层领导在群众工作中遇到新挑战
——市领导科学学会、市社区发展研究会等举办“现代领导与党的群众工作方法创新”研讨会 / 154
青年学者聚会上海研讨老龄问题
——市老年学学会承办首届全国青年学者老年学和老年医学论坛 / 156
新《刑法修正案》实施后的新情况、新问题
——市监狱学会召开专题研讨会 / 157
中国邮政:处于快速发展期
——上海邮电经济研究会召开“构建邮政综合服务平台,实现‘三流融合’”主题研讨会 / 158

城市运行安全是一个系统工程
——市固定资产投资建设研究会等举办“筑藩篱,设屏障·城市运行安全”专题研讨会综述 / 159
统一战线事业发展的历史启示
——上海市统战理论研究会召开 2011 年学术年会 / 161
社会建设与社会管理创新
——市社会学学会召开 2011 年学术年会 / 163
上海生产力学会举办“社会管理创新”研讨会 / 164
加强对城市地下空间的公共安全管理
——市民防协会等举办理论研讨会 / 165
妇女幸福指数:社会进步的重要标尺
——市婚姻家庭研究会等举办“促进创新发展 共享和谐幸福”妇女理论研讨会综述 / 167
市婚姻家庭研究会等举办“社会公共政策与老年妇女问题”论坛 / 170

理论经济·综合经济·产业经济 / 173
集体经济改革和发展为何“尤为迫切”
——市集体经济研究会举办专题讨论会 / 173
住房保障:构建和谐社会的重要内涵
——市房产经济学会举行“党的群众路线与住房保障”研讨会 / 175
健康的市场经济:市场规律和道德情操
——市伦理学会举办首届“财经伦理大家谈”论坛 / 176
创新驱动、转型发展
——市宏观经济学会研讨区域发展问题 / 178
既不虚无自己　也不虚无西方
——市经济学会等举办专题座谈会 / 179
市经济学会等举办 2011 年度宏观经济形势分析会 / 181
市场供应和住房保障
——市房产经济学会举办第七届江浙沪房地产经济论坛 / 182
上海发展现代服务业任重道远
——市经济学会等举办“当代大都市:创新、转型和发展服务经济”国际学术研讨会 / 187
后危机时期上海民营经济发展及对策
——市民营经济研究会举行学术讨论会 / 189
2011 年经济形势分析和 2012 年展望

——上海城市经济学会、上海市宏观经济学会共同主办学术沙龙 / 191

金融财税·会计·审计·其他经济 / 192

后危机全球通胀时代与上海金融服务创新

——市世界经济学会等举办学术研讨会 / 192

利率市场化:挑战与应对

——市金融学会专题研讨会综述 / 195

金融消费者合法权益谁来保护

——上海金融法制研究会等举办立法研讨会 / 198

语文·教育·文化·新闻 / 199

上海比较文学研究事业进入发展新阶段

——市比较文学研究会召开第十届年会暨学术讨论会 / 199

回归文学性:当代比较文学与方法论建构

——市比较文学研究会承办第10届中国比较文学年会 / 201

围绕《让子弹飞》等贺岁片的价值取向展开争鸣

——市美学学会等主办专题学术研讨会 / 205

全面提升校长领导力

——市领导科学学会等举办研讨会 / 208

文化发展与道德建设

——市伦理学会召开学术年会 / 210

推进高等学校招生入学制度改革

——上海市高等教育学会举办第七届高教所所长、招生办公室主任沙龙 / 212

创新人才培养的实践探索

——市高等教育学会举办第六届大学校长沙龙 / 215

发挥宣传服务六大功能　正面引导凝聚惠及群众

——市建设政研会就如何利用网络开展思想政治工作举办系列座谈 / 218

企业文化建设要不断创新

——市建设政研会召开建设交通行业企业文化建设研讨交流会 / 221

少数语种专业面临的挑战与可能的对策

——市外文学会召开第十二次专题学术研讨会 / 224

国际化进程中的外语教学:模式与对策

——市外文学会召开第八届华东地区外语论坛 / 226

薪火相传话师魂

——市教师学研究会承办于漪老师从教60周年庆典活动 / 228

国际问题·港澳台问题 / 230
世界的实力重心并未从西方转至东方
——上海欧洲学会召开 2010 年会暨学术研讨会 / 230
美国是中国改革开放的海外最大受益者
——上海未来亚洲研究会和上海市美国学会共同举办学术报告会 / 232
日本学者谈日本地震及其经济影响
——市世界经济学会召开学术报告会 / 233
"金砖机制"仍处于初级发展阶段
——市国际关系学会等举办专题座谈会 / 234
冷战后欧亚国际关系的演进
——市世界史学会等举办学术研讨会 / 236
国际关系理论中应有"中国学派"
——市国际关系学会等举行专题讨论会 / 238
苏东剧变 20 年与中国发展道路
——上海科学社会主义学会等举办学术研讨会 / 240
世界变迁与中欧关系发展战略
——上海欧洲学会联合上海市国际关系学会举办研讨会 / 242
苏联解体 20 周年:回顾与反思
——市政治学会等联合举办理论座谈会 / 245
转型中的欧洲:挑战与趋势
——上海欧洲学会围绕欧债危机展开研讨 / 247
两岸关系和平发展回顾与展望
——市台研会举办第二届两岸关系和平发展学术研讨会 / 249

青年学者论坛 / 251
"青年卓越人才成长之路"
——市高等教育学会举办第三届青年学者论坛 / 251
当代青年与马克思主义中国化
——上海科社学会召开第二届青年学者论坛 / 254
推进社会组织的统战工作
——市统战理论研究会举办 2011 年青年学者论坛 / 256
破解中国经济困局　从调节国民收入分配格局入手
——市经济学会等举办第六届上海青年经济学者论坛 / 258
感知欧洲:中国青年对欧盟及中欧关系的观察
——上海欧洲学会举办第三届青年论坛 / 260

七一讲话与党的建设
——市中共党史学会举行首届青年学者论坛 / 261

大事记

京津渝社科联 2011 年主要工作

北京市社科联 2011 年主要工作 / 327
天津市社科联 2011 年主要工作 / 333
重庆市社科联 2011 年主要工作 / 340

附录

《学术月刊》2011 年分类总目录 / 349
《探索与争鸣》2011 年总目录 / 359
上海部分人文景观简介 / 370
上海市社联所属学会一览表 / 377
上海市社联主管的民办社科机构一览表 / 384
上海市各区县宣传部联系方式 / 385
上海主要图书馆联系方式 / 386
上海市部分高校与科研院所联系方式 / 387
各地社科联联系方式 / 388

后记

年度工作要览

NIAN DU GONG ZUO YAO LAN

2011年，社联在市委、市委宣传部的领导下，高举中国特色社会主义伟大旗帜，深入贯彻落实科学发展观，围绕“完善公共平台，提升服务水平，促进理论创新，推动学术发展”的主题，深入开展创先争优活动，全力推动学术社团建设和管理、学术研究和交流、社科知识普及、决策咨询服务、学术成果发布和评价等五大公共平台建设，服务上海“创新驱动、转型发展”的大局，有效增强社联在学术界的影响力、凝聚力和感召力，为繁荣发展上海哲学社会科学事业作出了新的贡献。

一、以转型发展和社会建设为主线，以节庆纪念活动为抓手，推进学术研究和学术交流平台建设

2011年是中国共产党成立90周年、辛亥革命100周年、中国加入世贸组织10周年，社联针对大型节庆和纪念日密集的年度特点，开展一系列具有上海学界特色、富有学术含量的节庆纪念活动，形成一批高质量、高水平的学术创新成果。这些活动不仅在上海学术界掀起一轮又一轮纪念活动热潮，在全国也产生了广泛影响。

（一）举办专题系列学术活动，在社科界掀起庆祝建党90周年的热潮

上海是中国共产党的诞生地，社联为庆祝建党90周年提前谋划，广泛发动，精心组织本市社科界举办大量学术研讨交流活动，形成了一批高质量的学术研究成果。

一是征集学术研究项目。社联面向社科界征集学术专题研究项目，共征集到20余部学术专著并公开出版；社联联合各相关单位召开了10场专题研讨活动，征集到研究探索党史党建问题的优秀论文共33篇，全部收录到社联主办的《学术月刊》出版的增刊中。社联根据市委宣传部的要求和部署，举办主题征文活动，向所属学会、民办社科研究机构发布征文通知，开通互联网征文系统，收到来自所属学术社团的741篇论文，组织专家遴选86篇优秀论文，由《探索与争鸣》公开出版，并推荐参加全市性征文评选活动。

二是组织编撰、出版系列丛书。从2010年起，社联组织本市社科界专家学者共同编撰《中国共产党与现代化使命》三卷本丛书，分别以“创新与修复：政治发展的中国逻辑”、“复兴与增长：共容性组织推动的经济制度变迁”、“从弥散到秩序：‘制度与生活’视野下的中国社会变迁”为题，从政治、经济、社会三个学科领域展开学理阐释。该丛书被确立为中国出版集团“纪念建党90周年”重点图书项目和国家新闻出版总署“十二五”重点规划项目。

三是召开专题理论研讨会。6月23日，社联在上海展览中心召开“庆祝中国共产党成立90周年理论研讨会”。《解放日报》、《文汇报》等主要媒体对这次研讨活动和相关成果进行了报道。

四是开展学会主题活动。社联组织动员所属80多个学会围绕纪念建党90周年专题，开展了100多项学术活动，在社科界营造了庆祝党的90华诞的喜庆氛围。

（二）纪念辛亥革命100周年，组织学界深入思考中国百年历史和未来发展道路

2011年是辛亥革命100周年，社联主动与有关单位密切合作，早在2010年就着手策划、推出纪念辛亥革命100周年学术项目征集活动，向全国社科界公开征集纪念辛亥革命100周年的研究著作、论文选题以及研讨活动，收到来自全国各地的52项申报材料，其中

含主题研讨活动 4 项、论文选题 36 项、著作选题 12 项。经社联组织专家对申报材料进行评审,最终形成三大类成果:一是出版了《整合主义的挑战:上海地方自治研究(1927—1949)》、《章太炎大传》等五本学术专著;二是由上海人民出版社出版了含《辛亥革命与晚清社会》、《地方自治与清末知识界的民族国家想象》、《孙中山政治革命方略与大一统国家体系再造》、《上海:一座城市的辛亥革命》等 31 篇优秀论文的论文集;三是举办了"宋庆龄及其时代国际研讨会"、"辛亥革命与上海国际学术研讨会"、"辛亥前后新知识、新学科、新职业与社会变迁"等十余场学术研讨系列活动。在此基础上,9 月 28 日,市社联、市人大教科文卫委、市历史学会共同举办了"辛亥革命与中国近代化"学术研讨会,本市史学界专家学者 80 余人到会,围绕"辛亥革命与中国近代化"、"清末新政与辛亥革命"、"新媒体与辛亥革命"三个专题展开研讨。本次研讨会是社联组织开展的纪念辛亥革命 100 周年系列研讨活动的重要组成部分。整个活动经过多家主流媒体持续深入的报道,使人们对辛亥革命的伟大意义有了新认识。

(三) 围绕"中国道路:1911—1921—2011"主题,举办第九届学术年会

社联坚持平台意识、品牌意识、创新意识,着力推动年会成为高端化、多层面、标志性的有上海特色的学术交流平台。年初,社联召开咨询会议听取专家学者年会工作建议,策划学术年会改进工作,召开组织机构筹备会议,确定年会年度工作方案。社联全面启动年会征文、活动申报工作,向全市相关社科机构、专家学者发布年会公告共 4 000 份。本届年会收到应征论文 834 篇,经过专家评审,评选出优秀论文 113 篇。社联编撰、出版 6 卷本学术年会文集,联合高校、党校、科研机构等举行马研、人文、政法、经管、国际等学科专场研讨会,以及综合性的青年、主题学科专场研讨会,在形式和内容上又有了新的拓展。11 月 27 日,学术年会大会在上海展览中心隆重召开,市委、市人大以及社联有关领导出席会议,本市社科界一些知名学者到会作学术讲演,社科界专家学者代表 400 多人参加会议。第九届学术年会在传承的基础上大胆创新,会议形式、主题设定、内容选排,都按照学术创新内在规律不断完善,被学术界誉为上海学界的年度学术盛宴。

(四) 举办"纪念中国加入世界贸易组织(WTO)10 周年"研讨交流活动

2011 年是中国加入世界贸易组织(WTO)10 周年,上海社联举行了有关 WTO 的专题研讨交流活动。8 月 4 日,社联联合上海对外贸易学院、上海 WTO 咨询中心、世界贸易组织上海研究中心等单位,在上海展览中心共同举办"经济全球化与中国转型发展暨纪念中国加入世界贸易组织(WTO)10 周年"研讨会。来自中央部委和各地高校的 200 多位专家学者围绕"中国入世 10 周年与中国国家战略"、"中国外经贸法制建设以及上海创新驱动、转型发展"等主题进行了热烈研讨,相关研讨成果获得了中央部委领导同志的好评。

(五) 集聚学术前沿和实践热点,发挥"智囊团"作用

推动马克思主义中国化、时代化、大众化是上海学术界的重要职责。社联联合马克思主义研究会、市委党校、同济大学等单位,围绕"马克思主义中国化的历程与经验"、"科学发展与马克思主义时代特征"、"马克思主义与中国百年变迁"等主题举办马克思主义研究论坛活动。党的十七届六中全会和九届市委十六次全会召开以后,社联举办"上海市社科

界学习贯彻十七届六中全会和市委九届十六次全会精神座谈会”，社联所属东方青年学社等举办了“上海核心价值观系列研讨会”等活动，在本市社科界进一步兴起学习贯彻中央全会和市委全会精神的热潮，引领广大社科工作者实践“公正、责任、包容、诚信”的上海价值取向。围绕学习、弘扬上海学界前辈的高尚风范，进一步推动上海文化大发展大繁荣，市社联举行“罗竹风同志百年诞辰纪念会”，市委副书记殷一璀、市委宣传部部长杨振武出席会议并讲话。社联积极发挥枢纽型社会组织的重要作用，有的信息专报获得市委领导的批示。社联参加市委领导牵头的课题调研，“学术社团培育与发展”专题调研报告获得市领导肯定。社联参加市委宣传部牵头的有关社团党建工作情况，参加市委研究室牵头进行的“人民团体开展群众工作”课题调研，较好地完成了调研报告的撰写任务。社联与复旦高研院开展合作，整理相关专家学者稿件，汇总社科年度主要数据，共同编撰、完成《上海学术发展报告(2010)》。该书由上海人民出版社出版，是上海学术界对年度学术活动的首次系统总结，在全国学术界引起了热烈反响。

二、 培育学术社团学术功能，推进学术社团管理平台建设

社联在学术社团管理工作中，坚持“寓管理于服务，以服务促管理”的理念，把培育和完善学术功能作为所属学术社团的重要发展目标，加强经常性工作指导，搭建学术交流平台，组织开展形式多样的学术活动，不断提高社科类社团规范化建设的水平。

(一) 组织所属学术社团开展学术活动

繁荣发展学术是学术社团的立会之本，学术创新能力是学术社团生存发展能力的体现。社联发挥组织协调和引领推动的作用，开展基础学科学会学术活动资助、社科热点“一月一会”、青年学者论坛、学会学术活动特别资助等工作，扶持、帮助所属学术社团举办内容丰富、形式多样的学术活动，深化了学术社团的学术功能培育。社联所属部分学术社团以座谈会、报告会、讲座、圆桌会议、咨询会议、竞赛活动等形式开展活动，社联通过《社联通讯》等，为各学术社团交流学术信息提供信息渠道，在学术界倡导“百花齐放、百家争鸣”。

(二) 举办“第五届学会学术活动月”

10月下旬至11月下旬，社联开展“第五届学会学术活动月”各项活动。10月20日，“学会学术活动月”在上海科学会堂拉开帷幕，多位社科界知名专家学者出席开幕式并作学术报告，《解放日报》、《文汇报》、《社会科学报》等媒体对开幕式情况进行了报道。本届“学会学术活动月”期间，社联所属各学术社团围绕理论创新和经济社会发展的重点、热点、难点问题，组织举办各类学术活动143场，学会青年学术活动18场，进一步扩大了上海学术社团的社会影响力。

(三) 促进学术社团各项功能深化发展

社联为强化学术社团的各项功能，进一步推进学术社团的功能发挥和自身建设，策划了学术社团建设与发展调研课题，组织部分学会负责人开展学会建设调研与交流活动。社联组织学会领导赴兄弟省市社科联学习考察，开展社科工作者看社会等活动，通过课题调研，分析问题，探索规律，进一步掌握所属学术社团的实际情况。近年来，社联所属学会

在研究成果发布平台建设方面取得了较大的成绩，为总结交流学会在成果发布平台建设方面的经验，加强学会相互之间的借鉴学习，社联对学会进行了征文活动、汇编成册，并举行专题交流研讨会，推动学会进一步做好成果发布平台建设，提高学会服务会员、服务社会能力，扩大学会影响力。

(四) 做好学术社团日常管理工作

社联履行学术社团管理职责，完成 2010 年度学会及民办社科机构年报填报、审核及数据汇总工作，开展 2010 年度“达标学会”申报、考核、评审、抽查和部分学会走访调研，初步审定达标学会 126 个，完成 2010 年度学会及民办社科机构社团局年检初审。加强对所属社团与民办社科研究机构的财务监督和管理。依据有关法规，社联作为业务主管单位组织对其进行财务审计。社联根据中央和市委有关精神，对学术社团和所属事业单位的“小金库”治理进行复查，根据上级部署完成全面复查和自查自纠阶段各项工作，相关单位按照要求签订了承诺书，明确责任追究的规定，对有关情况在单位内部予以公示。社联在市委宣传部领导和宣传部国资办的专项检查指导下，推进“小金库”治理长效工作机制的建立完善和成果统计。社联认真落实市委、市委宣传部领导指示精神，稳妥处置个别民营社科研究机构运行中的违规问题，得到上级机关的肯定。

三、不断创新服务项目和传播手段，建设社科知识普及和社会化宣传教育平台

社联以全面推进科普能力建设和提升市民人文社会科学素养为主线，加强领导，完善机制，不断创新科普工作内容、方式和载体，为公共文化服务体系建设作贡献。

(一) 举办第十届科普活动周

上海市社科普及活动周是上海社联开展科普工作的年度盛会，已经连续成功举办九届。6 月 24 日至 29 日，社联举办第十届上海市社会科学普及活动周。本届活动周围绕“继承·创新·发展”的主题，重点开展四大板块活动：一是市级活动板块，由第十届科普周开幕式、东方讲坛特别版等活动组成。二是学会特色活动板块，由社联所属 44 家学会、民办社科研究机构组织开展科普论坛、展览、义务咨询、文艺演出、便民服务等类型共 58 项专题性科普活动。三是区域科普活动板块，由 10 个区县宣传部等单位联合举办 14 项群众性宣传教育活动。四是媒体互动板块，借助报刊、图书、广播、电视、互联网、手机等大众传媒，扩大科普活动周的传播范围和社会影响。科普活动周期间，社联组织广大社科工作者以群众喜闻乐见的方式传播党的理论，讲述党的故事；社联通过公开招募组建社科界合唱团，并在科普周开幕式上举行首演；社联举办“上海社会科学界庆祝中国共产党成立 90 周年书画展”，“七一”前后在复旦大学、上海交大等部分高校举办巡展活动，并出版发行画册。这些活动以社科工作者喜闻乐见的形式，搭建吸引、凝聚、服务社科界的新平台，有效宣传中国共产党 90 年的光辉历史，唱响了共产党好、社会主义好、改革开放好、伟大祖国好、各族人民好的时代主旋律。

(二) 东方讲坛常办常新

东方讲坛围绕广大市民关注的热点问题，发挥党和政府、专家学者、社会公众之间的

桥梁纽带作用,举办大量社科普及知识讲座,为提升城市文明程度和市民文明素质发挥作用。截至 2011 年 12 月底,东方讲坛举办讲座 1 597 场,刊登讲座信息 21 期,吸引讲座直接听众约 24 万人次,播出讲座广播版 121 场,二次传播受众约3 630万人次。东方讲坛汇编《东方讲坛讲座选题(2011 社区版)》,对原有题库进行精选和精编,新版题库更新选题 149 个,更新率达到 49.7%,讲座内容更加贴近社区百姓的精神文化需求。社联在市委宣传部指导下,举办了面向广大基层党员干部和群众的"学习贯彻党的十七届五中全会、九届市委十三次全会精神主题宣传教育活动"东方讲坛系列讲座 219 场,讲座覆盖全市 18 个区县、街道、镇(社区),直接听众达到 4 万多人次。九届市委十六次全会召开后,讲坛根据市委宣传部的要求,迅即举办了"学习贯彻党的十七届六中全会和九届市委十六次全会精神主题群众性宣传教育活动",讲坛办公室精心遴选了 236 名宣讲员,组成 35 支基层宣讲队伍,深入社区乡镇、基层单位,面向广大干部群众举办专题讲座 500 多场。东方讲坛在有关高校面向大学师生,举办高端学术讲座 52 场,促进学术成果向科普资源转化,进一步丰富科普讲座的层次和内容。东方讲坛还举办了"庆祝建党 90 周年系列讲座"、"廉政文化系列讲座"、"全民国防教育主题宣传月系列讲座"、"开业生涯系列讲座"等活动,均取得了较好的社会宣传效果。

(三) 拓展科普工作新领域,创新科普工作新手段

社联首次组织出版系列科普读物,签订了 19 本读物的出版资助合同。其中,《走向性文明》、《日常生活中的国际法》、《中外社会保障制度漫谈》等 9 本科普读本已经由上海人民出版社出版发行。社联首次开展"上海市民人文社会科学知识和素养年度调查",与上海大学社会科学学院合作,前后历时 8 个月,完成对全市 17 个区县 57 个社区 2 500 份抽样调查,并通过统计分析形成调查报告。社联召开发布会,向社会公布上海市民人文社会科学知识和素养年度调查结果,受到了中央和全市 20 多家新闻媒体的关注并给予充分报道。社联适应科普工作快速发展的新形势,制定了《东方讲坛·学术特别版实施办法(试行)》、《上海市社会科学普及读物出版资助实施办法(试行)》、《上海市社会科学界联合会学会科普活动组织评奖评估标准(试行)》、《上海市社会科学普及示范基地共建实施办法(试行)》等规范性文件。

四、 提升学术刊物的质量, 建设学术成果发布和评价平台

社联主办的学术刊物《学术月刊》、《探索与争鸣》继续提升办刊质量,面向全国学术界,凸显海派特色,实施精品学术期刊建设工程,打造品牌期刊。

(一)《学术月刊》深化精品工程

《学术月刊》自 2006 年以来被转载量连续五年排名全国第一后,又站在更高的起点上,瞄准学术热点,把握学术脉动,立足服务学界,紧紧围绕办刊质量做文章,着力体现精品要求和品牌定位。据不完全统计,截至 11 月底,《学术月刊》被全国学术媒体转载、摘要数量为 188 篇,刊发论文的转摘率预计在全国同类期刊排名中第六次名列第一。为扩大刊物在学术界的影响力,《学术月刊》联合《光明日报》、中国人民大学书报资料中心等单位,共同举办了 2011 年度"中国十大学术热点"评选活动,努力把这一活动打造成为具有

全国影响的学术品牌。《学术月刊》还联合《中国人民大学学报》举办了"南北论坛"，首届论坛的主题是"当代中国正义理论的建构"。12 月 27 日出版的《光明日报》以四分之一的篇幅分三个部分介绍了会议所取得的成果。在转载量、转载率保持高位运行的同时，《学术月刊》的综合技术指标再创佳绩，先后被武汉大学人文社科评价中心评为"权威核心期刊 A+"，被北京大学《中文核心期刊要目总览(2011 年版)》列为综合类核心期刊第二位。继续保持刊物"编校质量优秀"，探索内容与形式的完美统一。

(二)《探索与争鸣》打造品牌期刊

《探索与争鸣》加强选题策划，与有关单位合作召开各类系列研讨活动，如"太平天国与社会问题"、"稳定物价关乎国家的长治久安"、"新世纪城市文学创作的问题与出路"、"社会管理创新与警政变革"、"中国共产党与军队现代化"、"海洋问题与中华民族的命运"、"社会转型期的法治建设"等专题研讨活动，形成的高质量学术创新成果及时在《探索与争鸣》上刊发；在受到学术界普遍关注的同时，还为政府部门决策提供了参考信息来源，刊物的社会影响力随之节节攀高。《探索与争鸣》坚持打造名栏、名刊的办刊要求，刊发文章严把质量关，论文转摘率在全国社科院、社联系统主办的刊物中排名第十位。《探索与争鸣》着力建设一支"学者化"与"职业化"相结合的高水平编辑队伍，在市新闻出版局组织的检查中被评为"编校质量优秀"。

五、 加强党员干部队伍建设，以新行动、新成绩、新气象为党旗增光添彩

社联围绕庆祝建党 90 周年的主题，突出主线，丰富载体，深入开展创先争优活动，把创先争优、岗位建功作为加强党的建设和推进各项工作的经常性抓手，积极探索党的建设新做法，塑造社联机关新形象。

(一) 以庆祝建党 90 周年为契机，创建学习型和服务型机关

机关党组织以"五个好"为目标，发挥党员干部的先锋模范作用并做到"五带头"。一是开展"学党史、增信念"学习活动。社联机关党委推荐《中国共产党历史(二卷本)》、《苦难辉煌》、《中国震撼》等书籍，组织党员举办"新视野：新书新论交流会—纪念建党 90 周年专场" 读书交流活动、党史知识竞赛活动等，进一步增强大家对党的历史的感悟。二是开展"两优一先"评选活动。社联开展"先进党支部"、"优秀共产党员"、"优秀党务工作者"评选、表彰活动，把这次活动作为学习宣传先进典型的重要契机，发掘党员在平凡工作岗位上的优秀事迹，用身边的先进典型教育广大党员。社联为华东师范大学冷战史研究中心"东欧冷战时期档案搜集和整理"、延安精神研究会"董必武法制思想全国研讨会"等重大科研项目积极争取上级经费支持，以服务社科界实际举措体现党员队伍建设的新成效，获得了专家学者的赞誉。三是开展形式多样的党员活动。社联组织党员干部参观张闻天故居，缅怀老一辈革命家为中国革命及新中国建设做出的伟大功绩，组织社科界专家学者和社联党员干部参加"阳光・大地"歌咏比赛，着力增强党组织的吸引力和凝聚力。四是开展青年党建工作。社联举办"青年马克思主义理论读书班"活动，为提升青年干部的马克思主义基本素养创造条件。社联组织青年党员举行"青春之旅"、"中秋亲友会"、"相聚深

秋”等主题社会考察活动，丰富青年文化生活，塑造和谐融洽的青年人际关系，提升青年干部的眼界和境界。

（二）以作风建设为重点，加强机关干部队伍建设

社联贯彻落实中纪委十七届三中全会精神和宣传系统党风廉政建设有关精神，加强干部队伍建设。一是规范干部选拔和任用。社联注重程序规范、步骤公开、人选公示，做好部分处级领导岗位和非领导职务人选推荐和晋升、事业单位岗位设置和聘任，以及公务员考试和录用等工作，优化干部队伍力量配备。二是开展工作调研和帮困送温暖活动。社联召开机关青年干部座谈会、刊业中心编辑座谈会，听取干部群众对社联未来发展、制度建设、内部管理和干部工作等方面的意见和建议，加强沟通，凝聚共识。每逢重大节日，社联都要开展走访慰问机关离休干部和困难职工活动，关心机关干部和离退休干部的生活和工作。社联继续做好与奉贤区青村镇南星村结对帮扶工作。三是落实党员干部《廉洁准则》。社联把《廉洁准则》列为“讲党性、重品行、作表率”主题教育的重要内容，建立党风廉政建设联席会议制度，交流、汇总、研究和推进党风廉政建设各项重点工作。社联根据市委宣传部的要求，开展对违规收送礼金、礼券、购物卡的专项治理工作，形成具有自身特点的工作规范。

六、完善内部管理制度规范，加强自身建设

社联高度重视自身建设，完善内部管理制度规范，稳妥化解各种历史遗留问题，推动具有自身特色的机关文化建设，营造“视野开阔，境界高尚，大气谦和，行胜于言”的机关氛围，助力社联主业。

（一）以执行会议制度为重点，推进内部管理规范化

社联完善并严格执行党组会、办公会会议制度，加强内部情况沟通，畅通各层级和部门间信息渠道。社联每两周召开一次（遇重大工作随时召开）党组会，党组领导与相关部门研究、决定重要工作；每周第一个工作日召开办公会，各处室负责人通报一周主要工作情况和重点工作安排，党组部署有关工作。2011 年，社联召开党组会近 30 次，办公会 40 多次，召开党组会、办公会已成为社联机关议事、决策、管理的例常工作。

（二）以文化建设为抓手，形成机关合力

社联立足自身实际，不断提升员工的素质和能力。社联邀请国内外社科界专家学者和党政领导举办机关文化系列讲座，讲国情、市情，讲形势任务，先后举办“社区发展与旧区改造”、“宝钢管理理念与立人思想”、“思想解放与理论工作”、“日本大地震与政府应急管理”、“拉丹之后的反恐形势”等专题讲座，党组领导登上讲台传达市有关精神、为机关党员上党课，成为机关文化建设的亮点。社联大力推进年鉴编纂工作，全面反映机关年度工作情况与所属学术社团学术活动，2011 年，首次通过上海人民出版社出版《社联年鉴》。社联办好机关内部刊物《逸思园》，打造成为干部职工以文会友、以笔交心的一方净土。社联组织员工开展“红色之旅”以及形式多样的文体活动，丰富、活跃员工的业余文化生活，增进彼此了解。社联通过举办学习交流活动，进一步开阔大家的思路和胸襟，为“想干事、会干事、多干事”的干部能够干成事提供环境和舞台。

（三）稳妥化解历史遗留问题

社联本着实事求是的态度，认真对待、逐一化解困扰自身发展的历史遗留问题，启动了机关和事业单位工作人员住房补贴发放工作，目前相关款项已经基本发放到员工手中。社联大力推进审计整改工作，做好借款催讨、财务制度和工作流程完善、古籍资料整理、固定资产核查等工作。社联高度重视群众来信，针对来信反映的问题和提出的诉求进行调查分析，提出切合实际的处理意见，逐件对来信人给予答复，积极稳妥地化解系统内的矛盾，使机关氛围呈现心齐、气顺、劲足的新气象。

（四）改善机关办公环境

社联实施办公楼七楼“平改坡”工程，完成了大楼结构加固、咖啡室屋面翻新工程，为社联增加了约 400 余平方米的会议活动空间，改善了会议条件。社联还启动、实施了办公楼一楼、地下室的装修改造工程。社联通过改造办公大楼的硬件环境，努力为社科界各项活动提供宽敞优雅的空间和良好的服务，为把社联打造成为社科工作者之家和“心灵港湾”创造良好条件。

七、 主要工作体会

回顾 2011 年的工作，主要有以下三点体会：

1. 工作计划性得到增强。社联党组在年初和年中召开工作务虚会，重点研究社联事业发展的重大问题，形成了推进公共平台建设的一系列新思路、新设想和新举措。社联在年初把各项重点工作进行分解，明确了责任主体、时间节点，印成小册子，人手一册，在季度之初的办公会上进行对照检查，用制度确保各项工作都依计划推进。

2. 预算执行力度得到增强。社联就组织各项活动明确要求各部门，在制订计划时同步提交预算。每季度第一周，财务工作人员在社联办公会上向各处室负责人介绍预算执行情况和执行中出现的问题。在“预算先行”的理念下，全机关形成预算执行率应当100％的共识，各处室都关注本部门和整个社联预算的执行情况，并根据预算执行进度调整推动工作的力度。通过预算执行均衡化，使社联工作布局更为均衡，工作节奏更加合理，以往学术活动挤在年底突击开展的状况有所改进，确保全年各时段都有各自的学术热点和高潮。

3. 工作创新精神得到增强。只有在孜孜以求的创新精神引领下，干部职工才能保持昂扬向上、有所作为的精神状态。社联通过明确岗位职责和压力传递，让各处室、各工作人员保持不懈怠、不自满、不停顿的进取精神；在前人的基础上，传承和发扬优良传统和作风；在继承基础上实现创新和发展，推动社联工作迈上新的台阶。

回顾 2011 年的社联工作，还存在一些不足。比如，如何进一步发挥社联兼职副主席、常委的作用，如何进一步发挥社联“联”的优势以形成上海社科界的整体合力，如何进一步完善公共平台建设的工作机制等，这些都有待在今后的工作中改进和完善。

年度学术盛事

NIAN DU XUE SHU SHENG SHI

庆祝建党 90 周年

光辉的历程　伟大的创造

——上海市社联推出纪念中国共产党成立 90 周年系列成果与主题活动

6 月 23 日，上海市社联纪念中国共产党成立 90 周年理论研讨会在上海展览中心宴会厅召开，社联所属学会及主要学科专家学者近 300 人出席会议。中共上海市委宣传部副部长、上海社科院党委书记潘世伟，市社联主席秦绍德，市社联党组书记、专职副主席沈国明，党组副书记桑玉成等出席并讲话。会议指出，2011 年是伟大的中国共产党 90 年华诞，上海是我们党的诞生地。发挥专家学者的智慧和力量，深入研究、学习和宣传中国共产党 90 年的光辉历程和伟大创造，是上海社科界的神圣职责和光荣使命。市社联在市委、市委宣传部的领导下，围绕“纪念中国共产党成立 90 周年”的主题，及早筹划、精心组织、着力推进系列专题学术活动，引领所属学术社团结合自身实际开展相关活动，推出了一批有质量、有价值、有影响的学术成果，形成了上海社科界忆党史、念党情、颂党恩的浓厚氛围。

一、 编撰、征集学术专著，推出系列丛书

一是开展大型综合科研项目，编撰出版三卷本《中国共产党与现代化使命丛书》。社联从 2010 年 5 月着手策划这套丛书的主旨、主题和风格，组织复旦大学、上海社科院、上海大学、市委党校等本市主要社科机构的 10 余位学科专家组成科研团队，紧紧围绕“中国共产党与中国现代化使命”的主题，分别从政治、经济、社会等学科视野，对我们党光辉历程作全景式描述和学理化分析。丛书定位高端，力求体现上海学界的历史担当和学术水准，并进一步提升与国际主流学术研究对话的水平。

丛书包括三卷，各卷主题分别为“创新与修复：政治发展的中国逻辑”、“复兴与增长：共容性组织推动的经济制度变迁”、“从弥散到秩序：‘制度与生活’视野下的中国社会变迁”。社联在丛书编撰过程中，多次邀请上海社科界相关学科的资深专家学者与编撰团队进行讨论和沟通，推动主要作者的跨学科对话与交流，为专著成果提供有益的补充和完善。目前，丛书被列为国家新闻总署“纪念建党 90 周年重点图书项目”、中国出版集团“纪念建党 90 周年重点图书”、市哲学社会科学规划课题项目。

丛书于2011年5月成书，由中国大百科全书出版社公开出版。6月19日，市社联、中国出版集团、中国大百科全书出版社在北京联合召开了京沪学术论坛暨新书出版座谈会。与会的专家学者和清华、北大师生对丛书给予好评。

二是征集社科界学术专著，推出专题系列丛书共26本。 自2010年7月起，社联策划、实施了“纪念中国共产党成立90周年”学术项目征集活动，向社科界公开征集建党90周年研究著作、论文选题以及研讨活动。经过专家评审，这次活动推出了26项著作选题，社联对这些研究项目提供经费支持，对项目推进实施给予全程关注。各论著的作者克服时间紧、任务重、要求高的压力，“七一”之前由东方出版中心公开出版首批丛书，主要有：中国浦东干部学院奚洁人教授主编的《中国共产党的执政能力与领导哲学》、中共上海市委党史研究室严爱云副研究员等著的《建国后中共上海地方党委领导体制》、上海市延安精神研究会叶骏教授等主编的《延安精神永放光芒》、上海市中共党史学会张云教授主编的《中共党史十讲》、上海市地方志办公室朱敏彦教授等编著的《中国共产党领导现代化建设基本经验》、上海国际问题研究院杨洁勉教授等主编的《中国共产党与中国特色外交理论与实践》、复旦大学林尚立教授主编的《中国共产党与人民政协》、中共上海市委党校程竹汝教授等著的《制度成长与发展逻辑：改革开放时代中国政治发展》、南京政治学院上海分院孙力教授著的《人的解放主题的中国化进程——中国共产党对人权的社会主义塑造和开拓》、上海大学陈新汉教授等著的《坚持核心价值体系的人民主体性——关于克服社会主义核心价值体系“边缘化危机”的思考》、《学术月刊》原常务副总编张凌云副编审著的《马克思的历史唯物主义与中国特色社会主义》等。这些既有学风扎实、研究深入的党史党建专题著作，也有主要学科领域的学术专著，还有立足多学科领域研究和回顾建党90年历程的思想结晶。

二、征集、评选学术论文，出版优秀论文集

一是发动学术社团，开展专题征文活动。 2011年2月起，市社联贯彻落实市委宣传部关于开展“纪念中国共产党成立90周年”专题征文活动的要求和部署，组织、发动所属学会和民办社科研究机构积极开展专题征文活动。本次活动历时3个多月，共征集到51个学会推荐的应征论文741篇。思想政治工作研究会和统一战线理论研究会提交的论文分别达到了78篇和72篇，信访学会、劳动和社会保障学会、领导科学学会、中共党史学会等十多个学会提交的论文超过了20篇，法学会、新四军历史研究会等多个学会提交的论文都在10篇以上。征文活动的作者既有上海社科院、复旦大学、华东师大、上海交大、市委党校等高校和研究机构，也有市委研究室、市人大研究室、市司法局、市文化局等党政机构，还有中石化、宝钢集团、光明食品集团等企事业单位的专家学者和基层工作者。有正高职称的作者近110人，副高职称的作者近140人，占征文作者数的近33%。社联组织专家经过严格评审，评选出86篇论文为“上海市社联纪念中国共产党成立90周年优秀论文一等奖”，汇编成《探索与争鸣》特刊予以公开发表，并且推荐参加全市性征文评选活动。

二是征集论文选题，择优予以公开出版。 社联在“纪念中国共产党成立90周年”学术

项目征集活动的应征论文中，组织专家评审、遴选出33篇精品力作，出版《学术月刊》特刊公开发表。这些论文被评为“上海市社联纪念中国共产党成立90周年系列活动优秀论文奖”。

三、策划、举办学术研讨活动，营造浓厚氛围

5月上旬以来，社联与本市主要社科研究机构合作，举办7场研讨活动：与上海国际问题研究院联合举行“中国共产党和中国特色外交理论与实践”研讨会，与上海政治学会、上海财经大学少数民族联合会共同举办“历史·经验·展望：90年来中国共产党的民族理论与民族政策”研讨会，与上海市中共党史学会合作举行“中国共产党与中国现代化的历史经验”研讨会，与上海市新四军历史研究会共同举行“毛泽东新民主主义革命思想产生的历史前提条件”研讨会，与中国浦东干部学院中国特色社会主义研究院联合举行“基层党建经验与基层党建创新”研讨会，与复旦大学社会科学基础部合作举办“历史的选择与选择的历史”研讨会，与上海交通大学国际关系与公共事务学院联合举办“共产党与中国政治发展”国际研讨会等。

这些研讨活动紧扣主题展开，涉及多个学科领域，比如“历史·经验·展望：90年来中国共产党的民族理论与民族政策”研讨会邀请了政治学、民族学、社会学等多个学科的学者参与研讨，大大提升了研讨的质量和水平。为深化交流深度和广度，一些专场邀请了沪外著名学者与会，比如中共党史学会与新四军历史研究会邀请中共中央党史研究室原副主任石仲泉教授莅会作主旨演讲。为确保会议形成高质量的学术成果，各项研讨活动承办单位精心筹备、周密组织，成立了活动筹备组，制定工作计划并按照时间节点推进落实，新四军历史研究会、上海政治学会等承办的研讨会形成了论文集。

社联所属学会举办专题研讨会20余场，在理论界、学术界形成了纪念建党90周年的浓郁学术氛围和人文气息。社联通过《解放日报》、《文汇报》等主流媒体集中发布本次专题系列学术活动的成果，有效提升上海社联对上海学界的吸引力和上海社科界在全国的影响力。

2011年下半年，社联将继续联合所属学会、相关社科机构，围绕“纪念中国共产党成立90周年”的主题，深入开展内容丰富、形式多样的学术研讨和交流活动，为党和政府的重大决策服务，为改革开放大业贡献智慧和力量。

研究探索 90 年“中国道路”的实践价值和学术理论

——市社联推出三卷本《中国共产党与现代化使命》丛书

（该丛书列入中国出版集团“纪念建党 90 周年”重点图书系列　国家新闻出版总署“十二五”重点规划项目）

在纪念中国共产党成立 90 周年之际，上海市社联与中国大百科全书出版社合作公开出版《中国共产党与现代化使命》丛书，作为市社联纪念中国共产党成立 90 周年的献礼作品。这套丛书分为政治、经济和社会三卷，从不同的学科视野对建党 90 年作全面回顾和理论分析，体现了上海社科界专家学者对 90 年来党的建设与国家发展的深度思考，力求对中国独特的实践给出理论解释。丛书在主题阐述、主线把握、框架搭建、分析视角等方面都作了最大程度的探索与努力，并体现了能够与国际主流研究对话的水准。丛书具有以下特点：

一是体现上海社科界的政治责任感和现代意识，不断加强党的建设与党的执政理论研究。这套丛书从酝酿构思到组织编撰，着眼于共产党领导下 90 年来“中国道路”所蕴含的实践价值和学术理论，着力体现上海社科界的政治责任感和现实意识。丛书政治卷围绕的核心问题是“革命为什么会成功？中国为什么没有解体？中国为什么会崛起？”经济卷提出“如何从 90 年看中国发展模式？如何解释经济增长中的政党因素？”社会卷观察的是在不同历史时期，“中国共产党是如何被社会接受的？有效整合中国社会并使之处于有序状态的政治和制度基础是什么？党与社会在互动中是如何自我改变和调整的？”通过研究建党 90 年以来的历史，这套丛书较好地回答了这些问题，为党的发展提供具有现实意义的理论参考，以此承担起上海社科界认识历史、传承经验、咨政服务的职能，为党和社会主义事业的建设提供理论支撑和智力支持。

二是体现上海学者的历史使命感和学术水平，确立历史本位的研究视野。从纵向而言，丛书的研究是要把政党的发展史与中国近现代历史紧密联系起来，把党的建设与发展融入“工业化、市场化、城市化、全球化”的“百年变迁”的历史进程，把党的建设与发展作为中国民族复兴、国家富强的“千年之变”的逻辑基点。从横向而言，丛书的研究是要把中国共产党与中国政治发展、经济增长和社会进步作出融会贯通的整体性把握，形成对全球近现代史中各个国家、不同政党的发展系统的比较分析。

丛书以历史本位为研究基点，形成了非常有意义的理论成果：政治卷提出“创新与修复”的概念，认为“中国是在没有隔断大传统，灵活确定创新边界和守护修复边界的基础上，通过观念性创新、制度性创新、政策性创新、机制性创新以及结构性创新不断为中国的现代化注入新型的动力”；经济卷把中国经济百年复兴与增长放在中华崛起的长期历史视野中，分析政党推动与经济增长之间的内在关系，并提出了“共容性组织”的理论概念；社会卷努力超越“国家与社会”的范式思维，尝试建构“制度与生活”的理论想象，以此解读党与中国社会相互影响、相互认同、相互构建的过程。这些理论成果既是基于对中国历史实践的深度观察和思考，也是对于国际主流概念和理论的一种回应，显示了上海学者不凡的学术定力和理论水平。

三是体现社科界的合作发展意识，展现学术共同体的工作合力。这套丛书是市社联纪念建党90周年所推出的学术力作，也是一个大型综合科研项目，凝聚了京沪两地科研工作者的思想智慧和倾力奉献，充分体现社科界作为学术共同体的工作合力。

丛书主要由复旦大学、上海大学和上海社科院三家单位的专家学者牵头编撰，而他们背后又有各自的学术团队，成员来自上海多家科研机构，团队的组成者合理的年龄梯度，形成了多个单位的科研合力和梯队接力。

在编撰过程中，社联多次邀请上海社科界各个学科的资深专家学者和编撰团队进行讨论和沟通，不同学科、学派之间的观点碰撞有效地打开了学者的研究思路并激发了理论灵感，使丛书的内在逻辑更加连贯，理论体系更加完满，体现了多学科研究的活力。

目前，这套丛书已经成功申报上海市哲学社会科学特别委托课题，并列入中国出版集团“纪念建党90周年”重点图书系列、国家新闻出版总署“十二五”重点规划项目。

一、《创新与修复：政治发展的中国逻辑》

反观历史，有三件事情是历史上任何一支政治力量都不曾做到的，这就是中国共产党领导的革命建国、独立立国、发展兴国。从大历史的角度来看，以上三者乃是一个统一的整体。因此，有三个问题是至关重要的：一是革命为什么会成功？二是中国为什么没有解体？三是中国为什么会崛起？这三个问题曾经困扰了无数的西方学者和西方政要。

《创新与修复(政治发展的中国逻辑 1921—2011)》(作者刘建军、周建勇)试图将以上三者统一起来，提出革命后国家构建和发展的基本原则并没有构成对革命的根本性否定，全球化时代的创新与崛起也不是对改革开放前国家构建原则的根本性颠覆。

二、《复兴与增长：共容性组织推动的经济制度变迁》

本书主要内容包括：复兴与发展：历史转折和选择、政党与制度建构：经济发展的基础和条件、战略调整：大国发展的难题与适宜的战略、体制创新：走向竞争性的市场经济、发展绩效：90 年发展的数据与国际比较等。

三、《从弥散到秩序："制度与生活"视野下的中国社会变迁》

纵观建党 90 年来的革命与斗争、建设与改革的历程，可以发现党与中国社会之间始终存在着互相影响、互相认同又相互建构的现象，这种独特的相互依赖关系难以从二元对立的结构主义视角加以解读。正是基于这样的判断，李友梅等编著的《从弥散到秩序："制度与生活"视野下的中国社会变迁》将努力超越"国家与社会"范式的理论想象，尝试从"制度与生活"的视角认识和理解三个问题：中国共产党在不同的历史时期是如何获得社会的认同并使之接受自己领导的；不同历史时期中国社会的有效整合并处于有序状态的政治和制度基础是什么；党与社会在互动中是如何自我改变和自我调整的。

市社联组织收看“庆祝中国共产党成立90周年大会”实况社科工作者畅谈学习胡锦涛总书记重要讲话体会

7月1日上午，上海市社联党组领导与社联全体工作人员近50人，在社联大楼集中收看了庆祝建党90周年大会。在收看的过程中，会场安静而且庄重。大家感到，90年来党带领国家和民族振兴的壮丽篇章令人倍感振奋。大家认为，胡锦涛总书记讲话具有理论高度、时代高度，他在阐述我们党和国家未来的前途命运时，直面现实的社会问题和党自身存在的问题，表现出很强的忧患意识、问题意识。具有这样清醒的意识，党将会更好地带领全国人民继续奋斗、创造新的辉煌。

作为凝聚上海社会科学界力量的枢纽型社会组织，社联的同志表示，将通过搭建的平台，组织上海社科界深入学习胡锦涛总书记的重要讲话，动员并集合上海哲学社会科学界“五路大军”的力量，更好地开展研究，推动马克思主义中国化、时代化、大众化，不断增强理论创新的能力，切实回答好社会现实提出的问题。

社联还在第一时间收集社科界专家学者收看大会实况的反映。广大社科界专家从不同学科视点出发，结合各自的研究成果，畅谈学习胡锦涛总书记讲话的体会。有的专家学者指出，时代潮流浩荡向前、大浪淘沙，只有能够承担起时代使命的力量才能够成为时代的宠儿。中国共产党的崛起以及取得革命的最终胜利，最根本的就在于它承担了时代和民族的使命，并成为坚强的领导与核心力量。有的专家学者认为，中国共产党领导下的中国有其独到的发展动力和前进道路。纵观历史，有三件事情是历史上任何一支政治力量都不曾做到的，这就是中国共产党领导的革命建国、独立立国、发展兴国。从大历史的角度来看，以上三者乃是一个统一的整体。因此，提出革命后国家构建和发展的基本原则并没有构成对革命的根本性否定，全球化时代的创新与崛起也不是对改革开放前国家构建原则的根本性颠覆。中国共产党是在没有阻隔大传统和灵活确定创新边界和守护修复边界的基础上，通过观念性创新、制度性创新、政策性创新、机制性创新以及结构性创新不断为中国的现代化注入新型的动力。

纪念辛亥革命 100 周年

上海市社联等召开“辛亥革命与中国近代化”学术讨论会

100 年前发生的辛亥革命是我们中华民族伟大复兴历史进程中的一个重要的里程碑，深入研究辛亥革命与中国近代化历程是上海社科界的重要职责和学术使命。日前，市社联、市人大常委会教科文卫委、市历史学会在兴华宾馆召开“辛亥革命与中国近代化学术讨论会”。市人大常委会副主任钟燕群、市委宣传部副部长潘世伟、市社联党组书记、专职副主席沈国明等出席会议开幕式并致辞，市社联党组副书记桑玉成主持开幕式。本市社科界专家学者共 80 余人出席开幕式。会议围绕“辛亥革命与中国近代化”、“新媒体与辛亥革命”、“清末新政与辛亥革命”三个专题展开研讨，本市史学界专家学者代表 80 余人出席。

一、 以大历史的视角评价辛亥革命对中国、上海近代化的影响

复旦大学姜义华教授从国家、民族以及文明三个视角切入，对辛亥革命的历史地位进行长时段的深入考察，认为辛亥革命开创了新的历史时代。以辛亥革命为起点，中国从传统的王朝式的管理转到共和制的国家管理，从六、七千年传统的农耕文明走到以工业化、城市化、现代化、市场化等为标志的现代文明。辛亥革命让整个中国、中华民族、中华文明从此走上一条必须全面转型、向上提升的不归路，任何想把这条路堵住再往回走的企图都难逃以失败告终。

上海师范大学苏智良教授指出，上海推动辛亥革命，城市命运也因此而改变：在政治方面，上海是同盟会、光复会重要的活动基地以及南北会谈的场所；在经济方面，辛亥革命大大推进了近代上海工商业的社会环境改造；在文化层面，近代上海作为中西交汇的国际都市，是革命思想传播的一个重要管道；在社会层面，辛亥革命革除了愚昧落后的生活习俗，促使社会形态发生巨大的变化；在城市建设方面，辛亥革命后上海的行政级别得到提升，城市面目焕然一新，迈入了一个高速发展的新时期。

二、 深入探讨报刊媒体与辛亥革命在历史大潮中的联系互动

上海社科院王敏研究员认为，辛亥革命前的清政府面对报刊宣传，采取镇压、控制与主

导以及规范等种种手段，然而总体上应对不力：一是缺少足够的警惕，没有做到未雨绸缪；二是缺乏应对民权思想的文化资源，这是中国文化在近代遭遇的一大挑战；三是清政府在租界无法有效行使管辖权，中国最大的租界上海成为中国报刊业中心和革命党的信息发布中心。清政府对于新式传媒应对无方导致失去舆论主导权，最终失去政权存在的合法性。

解放日报社丁凤麟高级编辑从报纸、报业的生态环境与职能的发挥等方面，考察了辛亥革命对上海报业的影响。上海的报业原来就占据着全中国的半壁江山，在辛亥革命当中，它发展更加迅速。从1911年辛亥革命爆发到1912年底，上海出现了一个兴办报刊的热潮，先后出版了60多种报刊。上海报纸对辛亥革命的宣传报道不仅在内容上及时、且丰富多彩，产生了很好的社会效果。

三、深刻反思革命前夜清末新政的利弊得失与矛盾纠结

上海社科院副院长熊月之研究员以历史思辨的研究方法探讨清末新政与危机的纠结。清末新政内容广泛，实施效果和影响差异很大，以内容和效果为标准可分为三类：第一类有利无弊，如司法改革、社会风俗改良；第二类利弊参半，如编练新军、教育改革；第三类利弊悬疑，取决于实施的时机和策略，如官制改革和预备立宪。一方面危机激发了新政，新政是洋务运动、戊戌变法等之前历次改革的累积，起到以往任何一次改革不可比拟的作用；一方面新政导致更为深重的危机，一些新政举措如办新式学堂、新军等，推行的结果适得其反，在很大程度上成为刺激辛亥革命爆发的重要因素。这些分析充分印证，历史是在错综复杂的矛盾纠缠中环环相扣，彼此互动，往返演进的。

复旦大学戴鞍钢教授以详实的史料为基础，从经济史的视角对革命与新政相互关联的学术问题作出自己的分析。由于辛丑条约的巨额赔款导致国库空虚，推行新政举措是国家制度层面的一次涉及广泛的改革，所需巨额资金没有财政来源，最后的承受者就是整个民族。这些积弊导致新政最后几乎为人所共愤，革命思潮得以伴生而起，越来越多的人开始倾向革命，最终激起民众自发而且难以阻遏的反抗，为辛亥革命奠定了重要的社会基础。

本次研讨会是上海社联组织开展的纪念辛亥革命100周年系列研讨活动的重要组成部分。从2010年11月起，市社联在市委宣传部的领导下，与市历史学会等单位密切合作，策划、推出纪念辛亥革命100周年学术项目征集活动，向社科界公开征集纪念辛亥革命100周年的研究著作、论文选题以及研讨活动，共收到来自全国的52项申报材料，其中含主题研讨活动4项、论文选题36项、著作选题12项。市社联规范程序、严格标准，组织专家进行评审并形成三大类成果：一是推出《整合主义的挑战：上海地方自治研究(1927—1949)》、《章太炎大传》、《孙中山政治设计研究》等五本学术专著；二是遴选《辛亥革命与晚清社会》、《地方自治与清末知识界的民族国家想象》、《孙中山政治革命方略与大一统国家体系再造》、《上海：一座城市的辛亥革命》等31篇优秀论文，形成会议论文集并由上海人民出版社出版；三是举办“宋庆龄及其时代国际研讨会”、“辛亥革命与上海国际学术研讨会”、“辛亥前后新知识、新学科、新职业与社会变迁”等十余场学术研讨系列活动。《解放日报》、《文汇报》、上海电视台、上海人民广播电台、东方网等媒体对这些活动和成果进行了报道，产生了广泛的社会影响。

上海市社联纪念辛亥革命100周年学术丛书

一、《整合主义的挑战：上海地方自治研究（1927—1949）》

在民族国家建构的进程中，上海地方自治始终受到整合主义进程的影响，而无法形成自主自足的发展，在形态上支离破碎，断断续续。主要表现为三种自治类型：区乡镇公所及保甲自治类型，参议会和参事会类型、以商会和《申报》为代表的团体自治类型。本书以大量详实的资料对三种自治类型作了细致分析，是对上海地方自治的系统研究。本书适合相关专业人士借鉴参考。

相比于1905—1927年，1927—1949年的上海地方自治进程缺乏明晰的主线，地方自治淹没于整合主义的话语中，时隐时现，时断时续。无论历史进程受到什么势力的影响，整合主义则始终保持清晰的脉络，并对自治产生决定性的影响。所以，本书以自治与整合主义为分析框架，力图将这个断裂的充满波折的历史进程有效地纳入到解释体系中去。整合主义对地方自治地挑战而产生的矛盾、冲突与调和是本书的主旨。

作者周松青，上海政法学院社会学与社会工作系副教授，博士。北京大学访问学者。著有《上海地方自治研究，1905—1927》（上海社会科学院出版社，2005年）一书，在《学术月刊》、《近代中国》、《华东师范大学学报》、《史林》、《社会》等刊物发表论文二十余篇。有五篇论文为《新华文摘》、人大复印资料《中国近代史》《妇女研究》转载。

二、《章太炎大传》

章太炎身处中国社会和文化近代化的转折时期，是辛亥革命的理论家和领袖之一，又是卓有建树的朴学大师，有学者兼革命家的双重品格。章太炎不仅仅是一个学问家、思想家与革命先驱，而且具有难能可贵的书生风骨。他明是非、斥乡愿、破迷信、拒牵求。他不畏豪强，不怕坐牢，不和稀泥，无寸铁在手，更无组织与徒众，而有虽千万人吾往矣的气概。《章太炎大传》是近代著名思想家、学者、革命家章太炎的传记。一方面尽力把握和开掘太

炎先生丰富的心灵世界与性格特征，另一方面，又努力探寻太炎先生学者品格和革命家品格的契合点，力图准确而生动地展示太炎先生的伟大人格。

作者华强系南京政治学院上海分院教授，博士生导师，从事中国近现代军事史研究，担任中国太平天国史研究会副会长。厦门大学台湾研究院特约研究员。1992年获国务院特殊津贴。

三、《他们在大清末年》

摇摇欲坠的大清王朝，百年前的风起云涌，1911年，中国农历辛亥年。经历这一切的人，既是那一场革命的观礼者，也是风云际会的亲身经历者，经历了这一切，他们在思考什么，在做什么，对他们的人生有什么影响？《他们在大清末年》以翔实的史料和朴素的语言，向读者娓娓道来百年前的那场革命经历者张謇、郑孝胥、鲁迅兄弟、胡适、吴宓等当时面对突如其来的革命的思考和所作所为……

本书作者顾孝华，本着敬畏历史，认真对待历史的态度，大量引用所选人物的日记、书信、文章并参照有关资料，努力用事实说话，以认真对待的历史态度和平实朴素的语言，向读者们展示了俗世革命中真实人物的生活和态度。没有花团锦簇，没有歌功颂德，作者站在社会人物的角度，向读者展示了一个更加立体、直观、完全、平近的辛亥革命。

四、《辛亥革命与中国近代化　学术讨论会文集》

本书收入经过上海历史学会组织专家评选的姜义华、熊月之、戴鞍钢、苏智良、沈渭滨、丁凤麟等学者的论文数十篇，代表了上海学者在纪念辛亥革命100周年之际所撰写的论文的最高水平，具有较高的学术价值和现实意义。

“纪念中国加入世界贸易组织(WTO)10 周年”研讨交流活动

8 月 4 日，由上海市社联、上海对外贸易学院、上海 WTO 事务咨询中心、世界贸易组织上海研究中心共同主办，上海对外贸易学院法学院承办的“经济全球化与中国转型发展暨纪念中国加入世界贸易组织(WTO)10 周年”研讨会在上海展览中心友谊会堂三楼宴会厅举行。与会专家学者 200 余人围绕中国入世 10 周年与中国国家战略、中国外经贸法制建设，以及上海创新驱动、转型发展展开了热烈研讨。会议由上海市社会科学界联合会党组书记、专职副主席沈国明研究员主持，市人大常委会副主任胡延照，上海外贸学院院长孙海鸣教授致开幕辞。市政协副主席、上海 WTO 事务咨询中心理事长兼总裁王新奎，中国商务部条法司司长李成钢，时任上海市政府副秘书长、上海市商务委员会主任沙海林做大会主旨演讲。上海市社会科学界联合会党组副书记桑玉成教授出席会议。

罗竹风同志百年诞辰纪念会

12月14日，市社联在锦江小礼堂举行罗竹风同志百年诞辰纪念会。中共上海市委副书记殷一璀出席会议并讲话。中共上海市委常委、宣传部部长杨振武和上海市社联主席秦绍德共同首启《罗竹风画传》。上海市人大常委会原主任陈铁迪，中共上海市委原副书记罗世谦，上海市人民政府原顾问、上海市社联原主席李储文，上海市政协原副主席王兴，中共上海市委宣传部副部长潘世伟，时任中共上海市委宣传部副部长焦扬，上海社科院原院长、上海市社联原副主席张仲礼等领导出席会议。上海市社联党组书记、专职副主席沈国明主持会议。

殷一璀副书记首先代表市委对座谈会的召开和《罗竹风画传》的出版表示热烈的祝贺，向罗竹风同志的家属表示诚挚的问候。她指出，罗竹风同志是我国著名的语言学家、宗教学家、出版家、辞书编纂家、杂文家，是集五家为一身的大家，是我们党在文化理论战线的优秀干部，是上海社科界德高望重的老前辈，为我国的文化建设事业竭尽了毕生的精力，在政治、军事、教育、宗教、文学、语言、出版等社会科学诸多领域都有建树。

殷一璀副书记在讲话中指出，我们要进一步继承、发扬罗老的政治品格、学术精神、道德风范，繁荣发展上海哲学社会科学事业，努力使上海的城市文化更厚重、更活跃。

一要学习罗竹风同志有信仰，牢记哲学社会科学工作者的崇高使命。广大社科工作者要坚持以马克思主义为指导，始终把维护国家民族利益，坚定人民大众立场，服务社会发展作为哲学社会科学工作的正确方向，牢记肩负的“认识世界、传承文明、创新理论、咨政育人、服务社会”的神圣职责和使命，不断地丰富、深入地宣传普及中国特色社会主义理论体系和社会主义核心价值体系。

二要学习罗竹风同志博观约取、勇于探索的治学精神，严谨治学，为事业不遗余力。广大社科工作者要积极倡导解放思想的理论勇气，实事求是的科学态度，把“唯实”作为理论研究的座右铭，大力崇尚求真务实、刻苦钻研、甘于寂寞、淡泊名利的学人品格，努力提升学术水平，服务党和政府的决策，造福社会、人民。

三要学习罗竹风同志尊重人才、宽容民主的作风，凝聚知识分子，培养造就一批名家大师。上海建设国际文化大都市，队伍是基础，人才是关键。我们要以高度的使命感和责任感，做好团结知识分子的工作，着力营造和谐融洽的人际关系，民主活泼的学术氛围。要传承、发扬老一辈团结、教育、引导知识分子的优良传统和丰富经验，善于和知识分子交朋友，关心知识分子的学习、工作和生活，切实提高党团结引导哲学社会科学工作者的能力和水平。要遵循哲学社会科学发展的特点和哲学社会科学工作者的成长规律，处理好

“质”与“量”的关系，真正地把成果的质量放在突出的位置，推出一批经得起时间和实践检验的、具有深远影响的传世之作；要处理好“专”与“博”的关系，努力造就学贯中西、会通古今、专业精湛、知识广博的学术名家大师；要处理好“领军人物”与“团队”的关系，更好地发挥领军人物在重大项目中的带领作用，通过重大项目的研究，更多地培养青年人才，带出优秀团队。

殷一璀副书记强调指出，1956 年开始，罗竹风同志筹备社联，一直是社联的老领导。我们今天纪念罗竹风同志，就是要把社联的工作做好。现在比任何时候都更加重视人民团体、社会组织的作用，社会科学联合组织的优势也在逐步的显现。当前，要切实加强对哲学社会科学各类学会、研究会、民办社科研究机构，对互联网哲学社会科学网站和论坛的引导和管理。要引导广大社会科学工作者立足国情、立足当代，从改革开放和现代化建设的实践中获取理论创新的深厚源泉和强大动力。特别是要紧紧围绕上海“创新驱动、转型发展”面临的重大课题，深入开展研究，积极建言献策，充分发挥社联思想库智囊团的重要作用。

纪念会上，上海市社会科学界联合会原主席李储文，上海大学教授、上海市社会学会原会长邓伟志，市人大教科文卫委员会主任委员夏秀蓉，市宗教局政策研究室原主任刘建，市作家协会党组书记孙颙，上海辞书出版社原社长巢峰，汉语大词典出版社原社长阮锦荣等发言。罗竹风同志的家乡代表山东省平度市市委书记王中为纪念会发来贺信。有关方面负责人，罗竹风同志亲属、生前友好、生前工作单位的同志，本市社科界代表等 120 多人出席了纪念会。

上海市社科界学习贯彻十七届六中全会和市委九届十六次全会精神座谈会

11月18日，市社联召开“上海市社科界学习贯彻十七届六中全会和市委九届十六次全会精神座谈会”，邓伟志、朱贻庭、张雄、许明、汪堂家、仲富兰、丁锡满等著名学者就贯彻中央全会和市委全会精神，进一步推动当下文化大发展大繁荣畅所欲言，发表了很好意见。社联党组书记、专职副主席沈国明出席会议并讲话，党组副书记桑玉成主持会议，社科界部分专家学者代表、社联有关处室负责人等30余人与会。

邓伟志认为，发展文化重在“包容”，即处理好外来—本土、主流—多样、精英—大众、现代—传统、无神论—有神论、现实世界—虚拟世界这六对相异文化的关系，兼收并蓄，实现繁荣。

张雄认为中国要达成文化自觉，一要实现“文化民生”，使文化事业造福社区、公民，二要贯通文化走向市场的通道，并使中国文化与世界联动。

许明认为，“文化自觉”的提法意义重大，现阶段要积极探索文化的发展规律，解答何谓自觉、为何不能实现自觉这两大问题。各地产业模式单一趋同，“动漫园”遍地开花，同时文化核心产业原地踏步，文化创作缺少宏大叙事。这反映了市场经济背景下文化建设主体追逐利益、规避风险、丧失文化信仰的问题。当务之急是提炼社会主义核心价值观，弘扬民族文化传统作为城市文化之根的价值，创新文化品牌，实现主流文化的自觉。

朱贻庭对中国文化现状表达以下观点：一是文化发展的思想道德基础不甚牢固，二是文化从业者与社会普遍缺少对文化的敬畏感，三是文化人才队伍建设滞后，四是防止赶造场馆、抢拨资金等片面追求文化物态发展的风潮。他建议社联组织专家学者，成立文化建议评估专家委员会。

汪堂家认为目前上海不缺硬件设施，主要是人才和内涵缺失。上海要发扬“敢为天下先”的精神。上海要激发文化创造力，一定要尊重文化发展规律，着眼民间、基层，从个体身上发掘、培植文化的生机和活力。

仲富兰认为，尽管改革开放30多年上海文化发展取得不小的成绩，可是上海百年城市文化内涵存在丢失、割裂的危险。主流媒体要重视这方面的宣传，提升自己的社会公信力和吸引力。文化创意产业负有引领文化创新的重要使命，要着力实现不同领域交叉基础上的成果创新，让真正能代表上海城市内涵、体现上海元素的文化脱颖而出、发展繁荣。

丁锡满认为要切实增强我国文化软实力，全面建设核心价值体系是关键。建设文化大国，要坚持法治与德治并重，用完善的制度约束逐步改善社会风气，为国际文化大都市提供强有力的精神和道德支撑。

年度学术热点评选活动

《学术月刊》、《光明日报》评选2010年度中国十大学术热点

2010年是"十一五"规划结束之年和"十二五"规划制订之年，是上海世博会的举办之年，是哲学社会科学承上启下、深入发展的一年。探索和记录在新的历史条件下中国哲学社会科学繁荣发展之路，关注、梳理、把握社会主义实践规律的过程中提出的理论观点和学术思想，为改革开放和中国特色社会主义现代化事业提供理论和智力支持，具有重大意义。继2006年、2007年合作举办年度中国十大学术热点评选活动后，市社联所属《学术月刊》与《光明日报》理论部在规范程序、不断提高评选活动权威性的基础上，经过读者调查、学者推荐、专家评议、投票确定等程序，评选出2010年度中国十大学术热点，2011年1月11日的《光明日报》和即将出版的《学术月刊》第1期予以刊登。

2010年度中国十大学术热点是：(一)当代中国马克思主义大众化的实现路径；(二)中国社会建设理论与实践的深化；(三)收入分配改革与社会公平；(四)政治文化——中国政治发展深层原因的探究；(五)转型社会中的法治推进路径；(六)后危机时代的中国经济发展；(七)生态问题的人文反思和中国关注；(八)马克思与恩格斯哲学思想之关系；(九)大学行政管理制度改革的理性审视；(十)中国古代历史发展道路的讨论。

关于当代中国马克思主义大众化的实现路径，学术界从以下方面进行探讨：第一，在系统研究马克思主义经典文本的同时，对当代中国马克思主义作出符合时代要求的新阐释。第二，深入研究马克思主义的语言艺术特点，实现理论术语和政治话语向大众话语的转化。第三，从民众最关心、最实际的问题入手，促使民众信服马克思主义。第四，在充分发挥传统媒体的宣传作用的同时，重视互联网、手机等新兴媒体，建立全方位、立体式的理论宣传普及体系。

关于如何改革收入分配制度以体现社会公平，学术界有两种截然不同的观点：一种观点认为，政府要加大在国民收入分配领域中的介入力度以及对低收入群体保障和公共服务投入，建立健全社会保障和改善民生的长效机制。另一种观点则认为，必须通过深化市场体制改革，用市场这只"无形"之手进行调节方能见效，国家干预要尽量减少，通过再分配的方式进行干预应当受到严格的限制。

学者们就谋划和加快后危机时代中国经济发展提出，要逐步从主要依靠出口和投资

增长，转变为依靠扩大内部需求尤其是消费需求为主，兼顾贸易增长的发展模式；要培育战略性新兴产业，提高中国在全球价值链和全球分工体系中的地位；要发展低碳经济和低碳金融，转变生产方式、消费方式和生活方式；要加强金融市场和监管力度，加快服务业支撑体系建设；要调整收入分配结构，促进社会和谐发展；要提高对外开放的能力和水平，发挥大型企业在“走出去”中的主力军作用。

一些学者就大学行政管理制度改革提出，大学应回归学术本位，减少或者排除非学术因素的影响，厘清学术权力与行政权力各自的权责边界，充分尊重学术组织在学术事务中的作用。还有一些学者对弱化大学中的行政管理提出质疑，认为让大学取消行政级别是贬低教育，应该慎行。

“上海市民人文社会科学知识和素养年度调查”发布

12月19日，上海市社会科学联合会和上海大学社会科学学院发布《2011上海市民人文社会科学知识与素养年度调查报告》(以下简称“报告”)。根据报告显示，上海市民人文社会科学知识与素养平均分为72.84分，总体得分状况为中等偏上水平。

本次调查抽样采用区域抽样和配额抽样方法，通过60余名调查员和10名督察员历时两月的入户问卷调查、走访，共发放问卷2 635份，回收有效问卷2 543份，有效率为97%。调查通过运用SSPS统计软件，对相关调查数据进行分析处理，所呈现的结果反映了对15岁以上上海市民的人文社会科学知识与素养现状调查的基本状况。

【关于公共道德修养】调查显示，“当看见摔倒在地上的老人时，有47%的受访者会出于本能去扶起老人，不会考虑很多其他东西；17%的受访者虽然会考虑到可能被讹，但认为那一定是少数，理性决策的结果还是会扶起老人；21%的受访者在有人作证的情况下愿意上前扶。”

就是说，8成多的市民并不因为现实中确实有讹人情况发生而不去扶倒地的老人，只有6%和9%的受访者因为被负面情况所影响或从来不管这些闲事而不会去扶。

【关于环保】在回答面对草地上“请勿践踏”标牌的反应时，有79%的受访者会始终绕行，认为“草地就是用来踩的”占4%，也就是说完全没有环保意识的市民只占极少数。但是，有4%的受访者有人在场时不踩，13%的受访者看到有人踩了自己也会踩。

两者都表明，环保观念基本已经深入人心，现在的关键是如何使市民达到知行合一。

【关于个性意识】就“走自己的路，让别人说去吧”这句名言的看法进行调查时，有34%的受访者认同这句名言，十分认同者占全部受访者的21%，不认同此观念的受访者只有8%，十分不认同者只占受访者的1%。

这表明大多数市民具有强烈的个性意识和独立精神。

【关于获得信息途径】82%的受访者把电视、73%的受访者把互联网(包括手机)、62%的受访者把书刊杂志看作自己获得人文信息的3大途径之一。

调查由此得出结论：电视、互联网(包括手机)、书刊杂志目前依然是上海市民平时获取人文社会科学知识信息的主要渠道。

科研组织与决策咨询平台

KE YAN ZU ZHI YU JUE CE ZI XUN PING TAI

第九届学术年会

为社会主义文化大发展大繁荣作出新的理论贡献

——上海市社会科学界第九届学术年会隆重召开

11月27日，上海市社会科学界第九届学术年会大会在上海展览中心友谊会堂隆重举行。来自本市各高校、党校、社科院、部队院校、党政研究部门、学术社团的400余位代表与会，中共上海市委常委、宣传部部长杨振武出席大会并讲话。市人大常委会副主任钟燕群出席会议并为首批上海市社科普及示范基地授牌。市社联主席秦绍德致开幕词。市委宣传部副部长潘世伟，市社联党组书记、专职副主席沈国明，市社联党组副书记桑玉成出席会议。林尚立、彭希哲、张幼文、蒯大申、苏智良、杨国强、陈锡喜、程竹汝、丁剑平、文军、高帆等与会专家聚焦"中国道路：1911—1921—2011"主题，展开了深入研讨。

一、 聚焦文化发展，探讨文化强国的制度基础

有学者围绕贯彻十七届六中全会和市委九届十六次全会精神，推进社会主义文化大发展大繁荣，着重分析了文化强国的制度基础。他认为，一个具有坚定共同价值观和思想力量的国家，一个具有强大创新能力和创新活力的国家，一个具有文化包容性和文化多样性的国家才可能成为文化强国。一个公开透明、可以预期的文化体制，是文化活动、文化创造必要的制度保障。一个宽松自由的文化活动空间，是文化创造、文化发展的必要条件。一个符合文化自身内在特点、内在价值和内在规律的文化体制是文化强国的制度基础。中国改革开放30年的历史充分证明：制度变革和制度创新是中国经济社会发展的重要推动力量，同时也是文化发展的重要推动力。文化强国建设特别需要一个与此伟大目标相匹配的制度基础。

二、 回顾入世10年，探索中国经济的转型发展道路

今年是中国加入世贸组织10周年，有学者回顾了加入世界贸易组织与中国的发展道路，提出"入世"在当代中国崛起的道路上具有特殊的意义。履行"入世"承诺是推进国内改革的巨大动力。"入世"后高速发展之谜在于体制优势营造了合作共赢。在发展导向型市场经济模式下，政府高效地进行重大战略规划和大规模的资源整合使发展环境优化，履

行承诺加速了市场化。体制潜力与社会活力又共同构成了强大的对外引力。外资企业涌入使发达国家竞争力向中国转移,既成为出口的主体,也抵御了进口冲击。在世界经济体系中,中国未来应继续履行成员方义务,同时利用这一体制维护自己的权益,还要在多哈回合谈判中发挥积极作用,全面融入世界体系,参与全球治理。

对于当前推动经济增长模式转型的战略新选择,有学者认为,经济增长模式的适应性调整是实现经济持续发展的关键。新时期中国增长模式转型的目标是追求更高质量和更可持续的经济发展,当前我国调整经济结构,尤其是需求结构,亟待破解就业、收入分配和社会保障等"瓶颈"问题,这有赖于政府-市场的良性互动,有赖于政府-居民、居民-居民、中央-地方等经济关系的协调演进,为此就需要深化经济体制和社会体制等多方位改革。

三、 关注政治发展,阐释马克思主义的历史实践与中国研究

今年是中国共产党成立 90 周年,马克思主义的历史实践与中国研究是学界关注的重要问题,有学者指出,马克思主义中国化道路的开辟,确证了"只有具体的马克思主义"的科学论断,马克思主义所具有的理论思维和价值取向方面的比较优势,正存在于"具体的马克思主义"之中。通过彰显马克思主义的批判性本质,其当代价值不可磨灭。对于发展中国特色社会主义而言,马克思主义的思想财富,理应成为社会前进的"方向盘",文化繁荣的"推进器",社会转型的"稳定仪",以及国家软实力的"增强剂"。

回顾中国政治发展的历史经验,有学者指出,制度成长与发展逻辑是改革开放时代中国政治的核心线索。今天中国政治已经与改革开放前的"阶级政治、理想政治、全能政治和动员政治"形成明显的分野。今天的政治已是常态社会和市场经济基础上的功能政治,即作为经济社会发展的保障与社会常态管理的政治。中国经济社会发展的成就是以此两方面进步为保障条件的。有学者着重分析了中国共产党与人民政协的关系,指出推动人与社会的全面发展,是社会主义民主政治的内在使命。党的领导、人民当家作主与依法治国三者有机统一,是社会主义民主政治发展的根本原则和基本战略。建设和发展人民政协成为中国共产党提高领导水平与执政能力的重要战略选择,是中国民主政治建设与发展的重要战略资源。

四、 研究辛亥革命,分析中华文化的近代转型与深层观念

今年是辛亥革命 100 周年,谈到孙中山"三民主义"与中华文化的近代转型,有学者提出,孙中山在辛亥革命中的伟大贡献,不仅在于从思想上、组织上领导了这场伟大的革命,而且在于创造性地提出了"三民主义"理论,推进了中华文化的近代转型。传统的中华文化,只有在不断探索救国救民应对世界变局和社会发展要求中,才能赓续和继往开来,生生不息。

有学者分析了辛亥革命百年来中国文化的深层观念,指出产生于 19 世纪中叶的富强观念和传入于 19 世纪末期的天演进化观念,深刻影响了近代中国。发生于中国而被称作近代化、现代化的历史过程,其实是与这两个观念绞缠在一起的。两者促成了中国社会剧变和急变的新陈代谢,而其间的得失和曲折仍在总体上影响着今天的中国人。还有学者

分析了辛亥革命与上海的关系。上海是辛亥革命中举足轻重的关键城市之一，上海实际成为了担当领导辛亥革命的中心城市。上海的辛亥革命是一场城市革命，这场革命对上海的城市现代化产生了极其深刻的影响，改善了上海发展近代工商业的社会环境，促进了上海经济中心城市地位的发展。

会上，还有学者对社会建设与人口挑战、城市化战略的深层转型、上海国际金融中心建设等作了专题探讨。

本届学术年会由年会大会、学科专场、主题专场、学会学术活动组成。年会设立了6个学科专场、11个主题专场。学科专场与中共上海市委党校、上海市邓小平理论和“三个代表”重要思想研究中心联合主办马克思主义研究学科专场暨上海市马克思主义研究年度论坛，主题为“马克思主义与中国百年变迁”。与华东师范大学联合主办哲学·历史·文学学科专场主题为“中国文化：现代性与主体性”。与上海大学联合主办政治·法律·社会学科专场，主题为“中国道路——政治·法律·社会”。与上海社会科学院联合主办经济·管理学科专场，主题为“体制改革与转型发展”。与上海师范大学联合主办世界经济·国际政治·国际关系学科专场，“1911—1921—2011：中国道路与世界变迁”。与东方青年学社、复旦大学联合主办青年学者专场，主题为“中国百年学术路：古今中西之间1911—2011”。主题专场与复旦大学联合主办，包括“文化创意产业与上海城市转型”等专题研讨会。

本届年会共收到应征论文842篇，评出优秀论文112篇，出版优秀论文集6卷，百余位专家做了主题发言。参与年会的专家学者和青年学生达3千余人。

《上海学术发展报告2010》发布

11月15日，市社联在锦江小礼堂举行《上海学术报告(2010)》出版发行座谈会。苏忱、王为松、邓正来、杨志刚、许红珍、蒋宏、郑少华、孙笑侠、李向平等10余位专家学者出席会议，就新书的结构、内容、价值等方面展开评议和讨论，并对2011年度报告的调整、创新等方面进行策划和研究。市社联主席秦绍德出席会议并讲话，党组副书记桑玉成主持会议，社联党组书记、专职副主席沈国明，以及社联有关处室负责人吴伟余、张勇、徐中振、王克梅，田卫平、秦维宪等与会。

《上海学术报告(2010)》是由市社联主办，复旦大学社会科学高等研究院承办编撰的一份学术年度报告，计划每年出一部。全书由"著名学者评议上海学术、上海市2010年社科统计基本数据、上海市人文社会科学2005—2009年研究概况评析——基于CSSCI数据、上海2010年度学者推介、上海2010年度部分学术会议报道、上海2010年度部分学术机构研究概况"六个部分组成，约57万6千字，由上海人民出版社公开出版发行。

目录

学术评议与上海哲学社会科学的发展《上海学术报告》序(秦绍德)
"知识团结"与上海哲学社会科学发展
——《上海学术报告》(2010)序言(邓正来)
一、著名学者评议上海学术
1. 国外著名学者评议上海学术
王德威　王　斑　文贯中 Gustaaf Geeraerts Theodore Huters
Graham Murdock Philippe Schmitter 王国斌 Paul G. Pickowicz
Benjamin A. Elman
2. 沪外著名学者评议上海学术
方流芳　何怀宏　陈韬文　陈嘉明　张曙光　吴　炫　杨　龙
张小劲　宋新宁　周晓虹　张星久　顾　肃
3. 沪上著名学者评议上海学术
黄仁伟　林尚立　陈家琪　沈志华　郑少华　孙笑侠　李向平
商红日　李维森　刘　康　沈丁立
二、上海市2010年社科统计基本数据
三、上海哲学人文社会科学2005—2009年研究概况评析——CSSCI数据

苏新宁 邓三鸿
四、上海 2010 年度学者推介
1. 资深学者
袁恩桢 章培恒 裘锡圭
2. 中年学者
田国强 刘 康 许纪霖 孙周兴 杨国荣 陈思和 何勤华
林尚立 黄仁伟 萧功秦
3. 青年学者
万 勇 文 军 刘志荣 陆 铭 苏长和 宋丽娟 罗培新
徐英瑾 瞿 骏
附录:中年学者代表作
破除中国模式迷思 坚持市场导向改革
——中国下一步改革的关键在于政府职能的两个根本转变
田国强 夏纪军 陈旭东
诗化革命——齐泽克对毛泽东与中国的误读
刘 康
大我的消解——现代中国个人主义思潮的变迁
许纪霖
非推论的思想还能叫哲学吗?
——海德格尔与后哲学的思想前景
孙周兴
论意义世界
杨国荣
试论“五四”新文学运动的先锋性
陈思和
法学形态考——“中国古代无法学论”质疑
何勤华
建构民主的政治逻辑——从马克思的民主理论出发
林尚立
地缘理论演变与中国和平发展道路
黄仁伟
中国百年的六次政治选择——从清末新政到邓小平新政
萧功秦
五、上海 2010 年度部分学术会议报道
1. “东亚地域变化指标的医学卫生学资料”研讨会
2. “争论中的多边主义:亚洲寻求共识”国际会议
3. 汤显祖与临川四梦国际学术研讨会

4. 中德人口问题论坛——城市与人口
5. 上海论坛 2010："经济全球化与亚洲的选择：反思·复苏·重构"
(Economic Globalization and the Choice of Aisa: Reflect, Recover, Restructure)
6. 全球化视野·大学图书馆馆长论坛
7. 2010 年度长三角人类学会议之"'生存性智慧'：知识与智慧的关系学术研讨会"
8. 教育部社会科学委员会经济学学部 2010 年工作会议暨世博会·长三角与中国经济发展研讨会
9. 中国非洲史研究会成立三十周年纪念大会暨非洲经济发展与中非经贸关系研讨会
10. "可持续城市化与 2049 年的全球城市：上海与纽约"国际论坛
11. 第二届"政治学与中国政治发展年会"之"合法性与治理"国际学术研讨会
12. "多学科背景下的社会转型"暑期学校
13. 华理 EMBA"2010 中国企业创新管理"高峰论坛
14. 2010 年上海国际金融中心建设论坛
15. 东方讲坛·中总香港高峰论坛
16. "后国际金融危机的时代世界社会主义"学术研讨会暨当代世界社会主义专业委员会 2010 年年会
17. 第五届中美比较文学双边研讨会
18. 第九届全国外交学学科建设暨"中国外交体制、运作创新与中国外交研究创新"研讨会
19. 2010 年海峡两岸经贸法律研讨会
20. "纪念抗日战争胜利 65 周年"理论座谈会
21. 首次"沪台两地计量经济理论与方法应用学术研讨会"
22. 英国法庭质证规则模拟演示与制度比较国际研讨会
23. "知识社会的出现：新的现代性?"中法学术研讨会
24. 第二届佛经音义研究国际学术研讨会
25. "复旦大学法语国家研究中心"揭牌仪式暨"法语——通往成功的语言"国际论坛
26. 2010 年亚洲竞争法论坛
27. 2010 第四届全球传播论坛
28. "2010 年经济、社会形势与 2011 年政策分析"座谈会
29. "人格权的法律保护：历史基础、当代发展和挑战"国际研讨会
30. "百年中国议会：历史变迁与现实启迪"学术研讨会
31. 第三届中欧文化对话会议
32. 首届中法高等教育论坛
33. 世博会与都市发展国际学术研讨会
34. 第三届上海经济伦理国际研讨会

35. “前现代世界中的亚洲:印度、中国、日本、朝鲜语欧洲的思想史”
36. 第四届世界中国学论坛
37. “城乡统筹与经济社会发展”国际学术研讨会
38. SISI/KMI 国际论坛——2011 年世界海运市场热点与展望
39. 2010 中国国际工业博览会论坛之贸易便利化论坛
40. 纪念费孝通诞辰 100 周年暨费孝通学术思想研讨会
41. 生命法国际比较研讨会暨第四届法中生命法大会
42. 第十三届全国心理学学术大会
43. 第五届汉语方言语法国际学术研讨会
44. “中国戏剧与中国电影互动发展”学术研讨会
45. 上海市社会科学界第八届学术年年会经济·管理学科专场
46. 中国经济国际学术会议(Conference on Chinese Economy)
47. 宗教所建所三十周年暨“宗教与中国社会”学术研讨会
48. 上海市社会科学界第八届学术年会
49. “中国社会科学走向世界”学术论坛
50. “以色列·中东·中国”的以色列研究学术研讨会

六、上海 2010 年度部分学术机构研究概况

1. 复旦大学历史地理研究所 2010 年度发展报告
2. 复旦大学当代国外马克思主义研究中心
3. 上海交通大学人文艺术研究院 2010 年度学术报告
4. 2010 年冷战国际史研究在上海

马克思主义研究论坛

以科学发展为主题　推进新时期马克思主义的理论创新

——市社联、同济大学举办上海马克思主义研究论坛活动

10 月 31 日，上海市社联与同济大学马克思主义学院联合举办上海市马克思主义研究论坛“科学发展与马克思主义时代特征”学术研讨会。来自复旦大学、华东师范大学和同济大学等高校的专家学者和部分博士生、硕士生 70 余人参加了会议。市社联党组书记、专职副主席沈国明和同济大学党委书记周家伦与会并致辞，15 位专家做了主题发言。会议就科学发展与理论创新的时代主题，科学发展与政治、经济、社会和文化建设，马克思主义时代化的历史经验与文化资源等问题展开了深入研讨。与会者认为，科学发展是中国特色社会主义理论体系的主题，科学发展观的提出是对马克思主义理论时代创新主的全面概括，准确把握科学发展观，研究它所揭示的基本问题是新时期马克思主义理论创新的基本方向。

“社会以人为本”与“人以社会为本” 相结合才是辩证发展观、科学发展观。有专家认为，科学发展是发展观的一个新阶段，科学发展观就是辩证发展观，体现在以下几点：第一、科学发展的核心强调社会以人为本，人也应该以社会为本。社会的解放以个人解放为前提，个人的解放以社会解放为前提。“社会以人为本”与“人以社会为本”结合起来，才是辩证的观点、科学的观点；第二、发展主要依靠广大的人民群众，中央提出建立健全“党委领导，政府负责，社会协同，公众参与”的社会管理十六字方针，基点是公众参与，公众的参与是衡量社会发展的第一指标。有组织是公众有序参与的前提条件，因此要发展社会组织。社会组织是政府的伙伴、政府的副手、政府的耳目，是调和政府与民众矛盾的润滑剂和解压阀，要贯彻“小政府、大社会”的思想，在中央的指导思想下，全面进行社会组织的有序建设。

科学发展意味着经济发展方式的转变，同时意味着人的存在方式的转变。有学者提出当前人类面临的主要问题是发展问题，更为重要的不是如何发展更快的问题，而是发展方式的选择问题。当前，世界各国的发展方式都或多或少面临着越是发展，两极分化越是严重、生态危机越是严重、人越是异化等危机。我们需要回答：为什么要发展，发展是目的还是手段？发展是为谁服务的，是为少数精英还是为人民群众？我们要为满足人的哪些

需求来发展？发展方式的转变，究竟意味着经济增长方式的转变还是意味着人的存在方式的转变？科学发展观回答了当今时代发展面临的这些最迫切的问题，所以科学发展观是马克思主义时代化的理论成果。

和平与发展不仅是国际战略的根据，也是整个中国道路的根据。有专家认为，和平与发展不仅是国际战略的根据，而且是整个中国道路的根据。苏联、东欧剧变以后，邓小平指出和平、发展是世界的两大问题，至今一个也没有解决。他的论证主要包含三个内容：一是从全球格局的角度，认为当代世界的主要问题就体现在这两个格局中，当代世界存在东西和南北格局，继承又超越了毛泽东关于“三个世界”划分的理论；二是从经济政治角度，体现了马克思主义的哲学分析，提出东西问题实际上是政治问题，南北问题是经济问题，经济问题是核心，南北问题处理得好可以制约东西问题；三是从人类发展的高度，提出和平发展不仅仅是一个国家或是一种社会制度的问题，如果南方国家不发展会制约北方国家的发展，会影响到整个人类的发展，和平也是这样。把这些问题识别清楚，对科学发展观的理解具有很大意义。科学发展观正是顺应了邓小平提出的和平与发展问题背后的事实判断和价值判断，顺应了整个世界发展的潮流。

创新活动是最符合人的本性的活动，技术创新必须与人的发展紧密结合。有学者提出，从马克思主义的时代任务思考，当代马克思主义的主要任务已经从解放生产力转变为解放创造力。解放创造力与解放生产力完全不同，解放生产力可以依靠革命等强制手段，解放创造力则是一个整体文明提高的过程，是全方位的改革创新，和技术能力、科研能力、基础理论研究能力、制度安排、文化创新等所有领域都密切联系在一起。就我国而言，社会科学领域的创新往往更加重要。因为创新活动本身是最符合人的本性的活动，技术创新必须与人的发展紧密结合。没有社会科学、人文科学领域的创新，技术创新必然受到极大限制。全方位的创新发展是马克思主义重要的时代特征，科学发展是整体、协调、全方位的发展，没有真正意义上的科学发展就不可能实现全方位的创新。

核心价值体系的提出是对文化发展“一”与“多”关系的协调与整合，为文化大发展大繁荣提供了前提。有学者从文化与文化发展规律的角度谈科学发展，认为文化的发展有其内在规律，“一”与“多”是文化发展的一对矛盾。“一”不仅超越“多”，而且依赖“多”。春秋战国时期是中国历史上文化发展的一个重要时期，也是“一”与“多”的交汇时期。儒家思想源于中国文化史上的百花齐放，百家争鸣，体现出丰富多元的文化生态环境与伟大的文化流派之间不可分割的联系。马克思主义的发展也深刻体现了文化的“一”与“多”，马克思主义是代表先进科学的“一”，其他的思潮是“多”，正是欧洲实现了文化的繁荣，才培育出产生马克思主义的土壤。在与欧洲多元思想的共生与繁荣发展过程中，马克思主义也得到进一步的深化。面对当代西方文化强势，马克思主义的创新必须善于向对立面学习，必须具备从西方文化中剥离出先进文化，从资本主义中剥离出有利于社会主义发展的思想的胆魄。核心价值体系的提出是一个巨大的进步，因为它尊重差异与包容多样，是对“一”与“多”关系的新的协调与整合，为文化的大发展与大繁荣提供了前提。

搭建马克思主义理论研究交流平台　培育马克思主义研究青年理论骨干

——市社联举办上海市马克思主义研究青年论坛取得显著成效

6月18日，本市百余位青年学者汇聚一堂，参加市社联、市委党校、市马克思主义研究会共同举办的上海市第二届马克思主义研究青年论坛。论坛活动中，与会者聚焦同一个学术话题，秉承共同的学术使命，立足各自学科背景和研究重点，开诚议论，深入研讨，精言妙语迭出，思想火花频现，展现了本市马克思主义研究新人辈出、硕果累累的繁荣景象。市社联党组书记、专职副主席沈国明在本届青年论坛开幕致辞中指出，马克思主义是我们党指导思想的理论基础，培养、造就一批马克思主义研究领域的理论家、学科带头人，特别是青年理论骨干，是实施马克思主义理论研究和建设工程的重要内容，也是市社联的重要职责。

2006年，市社联在市委宣传部指导下创立了上海市马克思主义研究论坛，旨在打造一个组织和扶持本市马克思主义研究，推进马克思主义理论研究和建设工程的公共平台。论坛设立以来，已举办16次理论研讨活动，出版7卷论坛文集，论坛材料多次受到市委宣传部领导批示肯定。社联以卓有成效的论坛活动，把本市10个马克思主义研究学科博士点的研究力量和资源整合起来，围绕马克思主义中国化的重大理论和现实问题，逐步成长、壮大成为一个全市性、专业化、高水平的马克思主义研究的公共平台。2010年，市社联携手市委党校、市马克思主义研究会，增设上海市马克思主义研究青年论坛，成为本市马学界（马克思主义研究学科）培育青年才俊，展示新秀风采的一块重要的学术创新园地。2011年，市社联和有关单位继续举办第二届“上海市马克思主义研究青年论坛”，全市45周岁以下的高校、研究机构等单位的青年马克思主义学者（包括在读硕、博士研究生）热烈响应、踊跃参与本次论坛活动，共提交了近200篇研究论文，参与规模之大、论文质量之高、会议研讨之深入均超过上届。

一、让青年学者能有施展作为的舞台、学术交流的平台。青年学者是推进马克思主义中国化、时代化、大众化的希望和未来。上海是马克思主义研究和交流的学术重镇，建设一个专门面向青年学者的学术创新公共平台是当下繁荣马学研究的迫切要求。马克思主义研究青年论坛的设立，为青年学者提供了一个高层次、专业化、宽领域的施展作为的舞台和学术交流的平台，大大增强了本市马克思主义研究的生机和后劲。以本届论坛为例，有的青年学者站在历史唯物主义的理论视角，对当代资本主义社会“和谐幻象”进行了本质透视和哲学评判;有的青年学者撰文论述了马克思主义公债思想中国化的历史进程与启示,对于今天进一步构建和完善中国特色国债市场,具有一定的理论和实践参考价值;有的青年学者对毛泽东题词进行了研究和梳理,认为其折射出的博大精深的思想方法、道德意识、价值观念和行为方式,具有重要的思想政治教育价值;有的青年学者把马克思主义中国化和20世纪中国美学发展结合起来,提出马克思主义在中国传播及建构过程中的成功经验,主要是从马克思主义思想中寻找方法源泉、扎根中国传统文化土壤、参照西方美学思想和宽松平等的争鸣氛围,等等。这些都充分体现出青年学者特有的理论勇气、学术智慧和创新活力。

二、让富有研究激情、潜心学术研究的青年理论骨干得到更多的关注和肯定。青年学者是马克思主义创新发展的生力军,他们中的许多人长期潜心学术研究,研读学术经典,深究理论价值,他们的辛勤工作和创新成果需要得到学界认可、社会肯定和各方支持。两届青年论坛的应征论文经本市马克思主义研究领域的资深学者,采用双向盲审的方式确定获奖等级,随后召开交流讨论会,并编辑出版优秀论文集。参与论文评审的老专家和资深学者纷纷对相关成果给予了肯定性评价,认为许多青年学者的论文具有视野开阔、研究深入、立场坚定、观点鲜明、论述严谨、勇于创新的特点。这些研究成果体现了与历史对话、与世界对话、与现实对话、与未来对话的精神与方法,是本市马克思主义研究青年理论骨干潜心研读马列经典著作,努力拓宽学术研究视野的创新成果和思想结晶。日前,经多位马克思主义研究资深专家学者亲自审定的青年论坛论文集第一辑《理论创新:马克思主义中国化、时代化、大众化研究》,已经由上海人民出版社正式出版发行。青年论坛坚持聚焦所有富有学术激情、助力学术创新的研究论文和学术观点,及时传递来自师长、前辈的关注和好评,为青年学者的研究工作提供了源源不断的驱动力。

三、让青年学者在中国当下经济社会发展的丰富实践中开展马克思主义学术研究。马克思主义所有的理论和学说都是从日常生活世界的分析出发的,目的也是为了通过人类自身的社会实践,从根本上实现日常生活世界的改善。种种将马克思主义隔离在日常生活世界之外的观念和做法,实际上是对马克思主义的最大误解,最终将使马克思主义失去持续发展的活力。青年论坛的举办经验和系列成果充分表明,将学术理论研究与对社会现实的关照结合起来,已经成为本市马克思主义研究领域青年学者崇尚和追求的学术潮流。比如,有青年学者课题组对我国新型农村社区建设面临的现状及其对策进行了调研,对经济较发达、新型农村社区建设比较好的山东诸城市和经济欠发达、新型农村社区建设刚起步的山东东平县进行实地调研,通过比较分析,努力破解农村社区建设过程中的经验和问题,并尝试提出一些可行性的建议及对策;有的青年学者针对新时期大学生马克思主义教育与培养的现状,以上海师范大学为例进行了调查研究,从大学生对马克思主义的信仰状况等方面展开分析,在此基础上提出自己的思考,等等。这些研究成果都体现了本市马克思主义研究领域的青年学者走出书斋,关照现实,在中国当下的丰富实践中开展马克思主义研究,积极为我国经济社会发展贡献智慧的新气象。

中共中央政治局委员市委书记俞正声对社联参与编撰的信息专报作出批示

5 月 25 日，中共中央政治局委员、市委书记俞正声在市委研究室《调查与研究》刊发的，市社联科研处参与撰稿的《把群众的心做“亮堂” 发展才有精气神》一文作出批示：“此件可发各区(县)”。这篇文章介绍了本市闵行区浦江镇党委在面对辖区面积广大、城市化进程较快、流动人口较多、产业结构深刻转型等较为典型的乡镇治理难题的情况下，通过采取邀请基层群众参政议政、由党委书记带头走访普通百姓、不断提高对各类人群的服务水平、将发展的眼光和创新的意识融入乡镇管理、重点保障民生项目资金等工作方式，坚持群众路线，扎根社会现实，有效推动了全镇经济发展和社会整体稳定，为“十二五”新形势下本市基层社会治理工作的开展提供了值得借鉴和发扬的宝贵经验。

这篇文章将浦江镇党委的群众工作经验总结为五条：第一，基层党组织的基层基础工作必须贴着群众的基本需求、贴着群众关心的社会问题、贴着社会发展的实际状况。第二，基层党组织必须始终与群众和社会保持密切的联系，才能自觉主动地克服困难，解决问题，使基层工作始终保持持续的动力和创新的活力。第三，社会稳定的基础和前提是让每个群众、每户家庭都能安定安心。第四，基层党委要立足当前、谋求长远，要为人民群众建立可持续的稳定发展预期。第五，基层党委要在领导班子中形成群众立场、群众路线的工作氛围，必须培养一支有群众情结、善于做群众工作的干部队伍。

附：社区发展研究会关于闵行区浦江镇党委群众工作和执政能力建设调研报告

镇里开重要的民生会议必须请普通群众参加，切切实实把有限的财力用在群众有感觉的民生项目上，让群众的日常生活有收入保障，让愿意就业的人都有事做，真正站在老百姓的立场上办实事、出实效，闵行区浦江镇的经验揭示：

把群众的心做“亮堂”，发展才有“精气神”

——社区发展研究会关于浦江镇党委群众工作和执政能力建设调研报告之一

闵行区浦江镇地域面积 102 平方公里、36 万多人口，这样一个镇级的党委和政府，只有 55 个公务员编制，需要管理和服务的人口几乎相当静安、卢湾两区之和，管辖的面积是卢湾、静安两区之和的十多倍。近年来，这个镇坚持“自下而上”的思想出发点，围绕解决群众需求做了大量独到的、看起来平实却有着基础意义的工作，对于稳定一方、安定社会、凝聚人心发挥了关键作用。

1. 镇里开重要的大会必须请村支书村长或者居委会书记主任带着一部分普通群众参加，而且每次尽量不重复。请普通群众来不仅仅是听听会，而是要请他们围绕会议的主题，结合村民们关心的事情，挑问题、提建议、谈想法。一位村民说："以前参加党委会议是讲级别的，我们感觉很神秘，会有很多猜测，现在参加会议，直接听到党的声音，解开了我们的心结。"这种方式不仅让基层党组织可以直接听到群众的真实声音，参会的群众还会宣传，让更多的群众对党和政府的决策和政策有了解。浦江镇的这种做法，有助于推动政策和决策过程透明化，让普通群众的心变得越"亮堂"，镇里需要解决任何问题、开展各项工作，就越容易得到群众的理解和支持，政府的社会管理和服务工作越容易出实效，党的执政基础才会得到巩固。

2. 让群众的日常生活有收入保障，让愿意就业的人都有事做，促使基层社会实现基本安定。浦江镇党委始终将增加农民收入和促进充分就业作为推动城镇化进程中的重要工作。如今，生活在浦江的普通农民双职工家庭，依靠两个人的工资收入四五万元、房屋出租一二万元、耕地补贴几千元与集体资产分红几千元等，每户家庭每年的收入保证在七八万元，为群众的基本生活打下稳定安定的经济基础。随着浦江城镇经济社会持续发展，镇党委、镇政府注重千方百计提供充足的就业岗位，比如进工厂、超市、建材市场等做工，进农业合作社做长期工、临时工以及城市管理的绿化、环卫、协管等。这里的就业压力很小，特别是近两三年来，本地人只要愿意就业基本都能找到工作。对于外来务工者，镇政府建立了规范的职介园区，进行培训、监督，确保外来务工者在浦江找到顺心工作、安心工作，并有效防止黑中介引起的社会问题，这些对于稳定一方起到重要的基础性作用。

3. "大走访"不是运动型的临时工作，已经成为群众工作的常态方法，镇党委书记带头，有空就深入乡村、里弄，发现社会问题，真正站在老百姓的立场上办实事、出实效。镇党委领导非常注重联系群众、倾听老百姓声音、关注社情民意，尽量安排时间带头到群众中多走访，实地观察镇上的情况，和普通群众交谈。镇党委成员和基层单位经常性地开展"大走访"，把"大走访"变成改进工作的方法，更为重要的是在大走访中形成了规范的发现问题、解决问题的机制，确保大走访走出实效。从党委领导到党代表，从镇长到村长，走访都要填写《意见建议流转单》，党群办要汇总处理每次大走访提出的问题与意见建议，提交党委议事会，明确职能部门，负责办结答复。党委通过这样一系列的举措和制度，真正建立了与基层社会的有机联系，提升了社会管理的能力和活力。

4. 通过细心周到的服务，实现在人口导入区党与各类人群社会关系的全覆盖，密切与群众的联系，做到"敲得开门、讲得上话、办得好事"。浦江镇常住人口共36万，本地户籍只有10万，如果26万的外来人口没有管理好、服务好，基层社会难以稳定。在浦江100多平方公里的区域中，只有3个派出所111位民警，配置力量不及中心城区的一半。镇党委明确"服务为先"、以服务促管理的理念，开展了一系列针对外来人口的服务项目，比如建设7万平方米的蓝领公寓和3个农民工集中居住点，规范管理私房出租，提供住房服务；建立细致入微关怀外来妇女的低价分娩点，让外来民工远离"地下诊所"，成立5年来已接产 5 万余例，还获得了国务院颁发的“农民工工作先进集体”；建立了多所农民工子弟学校、儿童看护点等，提供教育服务；建立外来人口调解室，把一些有威望的老乡吸纳进来，“以外调外”，有效地解决外来人员之间的矛盾纠纷；对于外来人员经商户，通过签订卫生安全协议等主动与他们沟通联谊，等等。通过这些服务，与外来人员建立了有效的联系、获得了广泛的认可，这样才能“敲得开门、讲得上话、办得好事”，这是党委和政府积累的执政资源，也是今后开展各项工作的基础。

5. 浦江“应诉为重”的工作理念就是把群众的意愿和需要同加强和创新社会管理结合起来，在整治“滚地龙”的典型案例中，村居群众和基层党委政府紧密地走到了一起，形成了“心往一处想、劲往一处使”的难能可贵的氛围、机制与格局。上海郊区普遍存在着搭建窝棚居住的“滚地龙”现象，这些年来在浦江镇也出现了大量的“滚地龙”窝棚，因为当地居民能够获得每亩 300—500 元的租金收入而一度广受欢迎。然而随之而来的环境卫生与社会治安等问题让当地居民深受其扰。镇党委及时回应群众诉求，敢于主动碰硬整治顽症，注重积极疏导，通过“农管中心”引入了 36 个农业合作社，实现规模化经营，提供一系列配套服务，使得收回出租地后的收入比原来 300—500 元租金略有增长，还为农户争取每亩 300 元的生态经营补贴政策。这样既确保当地农民收入的增长，又让原先的外来种植户和当地农民可以进入农业合作社，并有了稳定的工作。浦江镇原有窝棚 1 791 个，在联星、镇北、革新三个村的试点中，经过极为艰巨复杂的努力工作，300 多个窝棚已经全部整治完成，余下的窝棚将在今年六月底前全部整治完成。在整治过程中，村民们高度支持、认同和赞赏镇党委镇政府的工作，让窝棚整治项目得以顺利推进。这种应诉为重的理念，解决了群众的问题，维护了群众的利益，稳定了社会的秩序，巩固了执政的基础。

6. 浦江镇 80%的财力都用到服务群众、群众得实惠方面，切切实实把有限的财力用在群众有感觉的民生项目上，民生和谐了，社会管理就会得到改善。浦江镇 2010 年可使用财力 10 个亿，对于 100 平方公里、36 万人口的镇来说，人均财力只有 3 000 元不到。相比中心城区的卢湾、静安两区，常住人口都约 25 万，2010 年财政支出分别达到 56 个亿、71 个亿。更为重要的是，这里本地户籍人口主要来自于市区动迁导入的低收入群体和本地农村家庭，低保、救助、医疗等社保压力较大，外来人口大量聚集，带来的教育、就业、医疗等社保压力也较大。即便如此，该镇的财政支出一直坚持“民生为先”思路，就是要先保证民生，努力让大部分百姓感到满意，基本生活得到保障。当地农民反映：“三镇合并前，农民的养老补贴每个月才 30 多元，现在每个月有 420 元，老农民都说共产党好。”2010 年浦江镇 10 个亿的财政支出中的前三项分别是社保就业 2.2 亿，相比前一年增幅为 66%，社区事务 2.2 亿，增幅为 9%，教育 1.7 亿，增幅为 41%，这三项都是民生类支出，合并已经有 6 个亿，占总支出的 60%多。而工商金融类经济发展支出 1.4 亿不到，只占总支出的 13%，相比前一年还压缩了 22%。镇党委的领导说：“我们就是要把有限的财力用在群众有感觉的民生项目上，民生和谐了，社会管理就会得到改善。”

只有始终坚持“以人为本、执政为民”的理念，贴近群众的基本需求，贴近群众关心的社会问题，贴着社会发展的实际，真正做到让群众安定安心，才能实现整个社区和谐稳定。专家学者指出浦江镇社会管理的成功经验在于：

工作要贴着群众需求贴着社会实际才能赢得民心

——社区发展研究会关于闵行区浦江镇党委群众工作和执政能力建设调研报告之二

浦江镇党委工作的鲜明特点在于能够主动敏锐的发现身边的新情况、新问题，能够结合本地实际探索克服困难、解决问题的新办法、新举措，使群众工作始终保持着持续的动力和创新的活力。主要有以下几点启示：

第一，执政党在基层社会的工作必须贴着群众的基本需求、贴着群众关心的社会问题、贴着社会发展的实际状况。我们党的基层干部应该对于群众生活的收入、就业等都能报得出一笔一笔明明白白的账，对于身边群众遇到的困难和社会发生的问题都要经常认认真真、仔仔细细的盘算谋划。通过实实在在地把每件事做实做好，获得认可、赢得民心，把执政党的经济、政治与社会的全面功能体现为对人民群众从收入、就业到医疗、教育、文化生活的全面照料。这样的基层党组织和领导干部才能真正让党踏踏实实的放心，让广大普通群众实实在在的满意。

第二，基层党组织必须始终与群众和社会保持积极主动、敏感密切的联系，要把对上负责与对下负责内在地统一起来，要把上级的要求与群众的需求有效地统一起来。当前有些基层干部注重“眼睛盯着上面”揣摩上级领导意图，往往忽略疏漏对于身边群众面临困难的关注，往往是在问题蔓延和矛盾激化，发生“上访事件”群体性冲突引起领导重视，才会作为维稳要求作出滞后的被动的反映。应该像浦江镇的干部那样，能够主动敏锐地及时发现身边的新情况、新问题，才能够自觉主动地结合本地实际探索克服困难、解决问题的新办法、新举措，使群众工作始终保持着持续的动力和创新的活力。

第三，社会稳定的基础和前提是让一个个的群众、一户一户的家庭都能安定安心，浦江镇的情况可以让我们明白一个道理，“稳定”通常是自上而下的一种视角或工作要求，但是我们转换为自下而上的视角和分析立场来看，让人民群众和绝大部分社会成员都安定安心了，这才是稳定的根本道理和真谛。因此，只有我们正确深刻的认识“稳定”与“安定”的根本关系，关注和保障各类人群的基本民生，无论是本地人还是外来人员，工作都有合适的岗位，收入足以维系基本生活，教育医疗有基本保障，日常生活比较便利，诉求能得到表达和关注，一方社会就能基本安定下来。

第四，在我们的基层干部中有着一批像浦江镇的领导，他们的工作很深入群众，很务实地解决了许多身边发生的问题，他们的工作成效是体现在基层社会的日常生活和基础秩序中，是体现在普通群众的口碑和心目中，这就是党的群众立场和群众工作的“强本固基”的意义和价值。但是，由于他们点点滴滴的平实工作一般不能凸显为引人注目的“亮点”工程，因此往往容易被忽略、被低估、被遮蔽了。我们应该对于这样一批干部给予充分的肯定和积极的支持，给予更多的褒奖和激励，要在政策取向和制度安排上形成更为有力有效的保障，这些对于消除当前干部队伍中的浮夸作风和官僚习气也会有重要的示范与导向作用。

浦江镇,刚刚走过10年庆典的郊区新镇。这10年,正是城市化进程快速推进、流动人口大量导入、产业结构深刻转型和社会矛盾凸显相互交织的10年。在这样一个地域面积特别大的地区,浦江镇的基层党政组织面临的问题可以说比其他地方更为复杂艰巨,但是他们做出了卓有成效的工作业绩,由于他们抓住了"群众工作"这个根本法宝,不断创新社会管理、解决社会问题,以务实的工作赢得了民心。在浦江镇党委有一种一以贯之的价值理念在主导他们这么多年的工作,这种价值正是群众路线和群众立场,"人要往下走、心要沉下去"。基层党的领导只有真正往下走,群众才会和你讲真话、说实情,我们才会办好事、好办事;心只有真正沉下去,才会有群众立场,才能融得进社会,才会有为民服务的精神理念,党的执政基础才会真正得到巩固。

市社联所属社区发展研究会“维稳妈妈”项目调研报告获市委殷一璀副书记批示肯定

受浦东新区妇联委托，上海公益社工师事务所女青年社工周继华等人，从2009年2月至2011年2月期间，在浦东川沙施湾(镇)社区的66位曾进京上访的妇女中开展工作，两年来的成效是使22户完全息访(半年以上没有上访记录)，36户明显减缓了上访频率和情绪。

近日，由市社区发展研究会常务副会长、市社联科研处处长徐中振同志主持撰写的浦东新区“维稳妈妈”项目调研报告，获得市委殷一璀副书记批示肯定，要求总结这一项目的经验成效，并在全市推广。

调研报告提出了维稳妈妈项目的经验成效和价值意义。

一是从加强和创新社会管理必须凸显出服务群众和党的群众工作的新要求看，维稳妈妈项目的经验成效在于，必须切实确立起“以人为本”“以群众为本”的价值理念和指导思想，真正把工作要求与群众需求结合起来。项目社工的“家庭服务”和“优势视角”的目标理念，就是群众立场的切实体现，这样才会获得显著的成效：如真心诚意解决了上访妇女日常生活各方面的困难和问题，建立起情感纽带和信任基础；丰富了她们多样化的生活需求和兴趣追求，以快乐充实的文体活动改变她们单一偏执的行为取向；通过培育参与公益服务、志愿服务的健康向上的人际关系和社交群体，引导她们从边缘化状态逐步回归主流社会。总之，使上访妇女们重新恢复了正常的日常生活，获得了积极健康的生活态度和社会心理，在新的社群活动和新的朋友交往中形成比较自觉的社会认同。

二是从化解社会矛盾、维护社会稳定和创新社会管理三大任务的新要求看，维稳妈妈项目的经验成效在于，积极探索把三大任务有机结合起来，拓展了新的视野和新的领域，吸纳了新的社会组织和社会力量，提供了新的工作方法和社会机制，因此获得了新的成效。

三是从社会管理新格局中实现“社会协同、公众参与”的目标要求看，维稳妈妈项目的经验成效在于，一是探索了党政系统工作部门与社会公益服务组织形成良性的互补互动合作关系；二是探索了政府转变职能和购买社会组织服务的项目化运作机制；三是探索了积极发展社会公益组织的服务领域、功能定位和组织管理等有效方式。

同时，调研报告也提出了创新社会管理和加强群众工作面临的瓶颈问题，如购买公益服务项目定价偏低问题；公益服务项目的可持续发展机制问题；公益服务项目的评估、税收、审计等政策问题；如何设计构建政府购买公益服务项目的公共性平台和社会化机制问题；如何有效培育一批有公信度的社会服务组织和公益服务优势品牌项目等。

上述调研报告由市政府发展研究中心 2011 年 8 月 4 日第 40 期“专家反映”报送市委市政府领导，题目为“创新社会管理要充分发挥社会组织和社会工作者的作用”。

附：社区发展研究会“维稳妈妈”案例分析研讨会综述

有人把做通、做好老上访户的工作，比作“让千年的铁树开了花”。近日在社区发展研究会召开的“创新社会管理，改进群众工作”研讨会上，人们欣喜地听闻了“铁树开花”的一个个生动事例，一批多年的上访户深情地对活跃于社区中的“维稳妈妈”说：

“你对我们这么好，我们不好意思再去上访了”

——社区发展研究会“维稳妈妈”案例分析研讨会综述系列之一

以女青年周继华为主的“维稳妈妈”项目社工，从 2009 年 2 月至 2011 年 2 月期间，在浦东川沙施湾(镇)社区的 66 位曾进京上访的妇女中开展工作，使 22 户完全息访(半年以上没有上访记录)，36 户明显减缓了上访频率和情绪。2011 年 5 月 8 日，上海市社区发展研究会、浦东新区民政局于召开“创新社会管理 改进群众工作——浦东新区公益服务与公益组织发展”研讨会，对“维稳妈妈”的主要做法和启示进行专题研讨。

“维稳妈妈”项目社工小周通过在社区开展各类家庭生活服务，注重以比较亲切自然的方式走近这些上访妇女群体，她们经常在楼前空地或入户闲聊家常，了解困难、需求和兴趣爱好，有针对性地帮助解决或提出积极的建议。有个别上访户家庭生活困难，社工就协助寻求街镇和居委会支持，为她们或者子女找到新的就业岗位；通过为上访妇女开展医疗咨询和体检服务，动员鼓励她们回归和融入新的社群关系；通过组织上访户家庭的孩子参加世博知识竞赛，使得自闭症孩子重现笑容；组织上访妈妈们做手工，将编织品送给孤儿院、敬老院的人们，让她们感受到自己是可以被赞赏、被需要的；协助上访户追讨被诈骗的购房款；组织上访户参加文明交通和文明城区创建的志愿者活动，重新融入社区生活……小周用真诚和努力赢得了上访户的信任，建立起深厚的感情与友情，不少上访户说：“你对我们这么好，我们不好意思再去上访了。”

社工小周的工作让我们看到了群众工作的根本是要树立“以人为本，服务为先”的理念，以人为本就是平等对待每一个个体，真正尊重人的价值，了解和满足人的需求，这对于做好党的群众工作和创新社会管理非常有启示意义。

研讨会上，与会专家学者围绕“维稳妈妈”案例，就当前公益组织的存在价值与发展困境发表看法。

一是购买公益服务的定价偏低。目前公益服务的定价没有形成合理的行业标准，也缺乏充分博弈的平等协商机制。以“维稳妈妈”项目为例，扣除税金后单个项目全年 12 万元不到，如果按最低限度两个员工薪酬开支、必不可少的办公经费和举办活动的费用，以及应该有的督导人员经费和组织运行的管理经费等等来看，实际状况是在亏本运作。社工一线人员的基本工资只有 2 000 元多一点，这使得社工机构人员的稳定性和日常基本运营都面临着严峻挑战。**二是公益服务项目缺乏可持续发展的机制。**许多公益服务项目虽然在合同期内取得了良好的效果，但是这样一些服务项目如何在不同的政府条块机构之间顺利的传承转接，对于我们现有体制和当地行政机构来说也是一个比较陌生的新问题。在这里我们遭遇到的是一个条块分割的行政体制与社会化服务项目运行机制之间的脱节问题。“维稳妈妈”2 年服务期满后，也遭遇过短暂的合约空白期，但小周仍然坚持在此期间内服务上访户，因为群众工作需要的是以心换心的长久积累。**三是公益服务项目亟需在评估和税收、审计等政策上予以扶持。**目前公益服务项目的绩效缺少规范的社会评估方式和标准体系，项目评估结果往往取决于主观判断，且在税收、审计和人力资本核算等方面也都存在着政策障碍或空白。

以“维稳妈妈”为代表的社区公益组织，以其能够满足社区群众各种需求的多样性服务，仿如邻家慈祥的大妈给人莫名的温馨与关爱，赢得广泛的信任，受到人们的普遍欢迎，专家呼吁：

要在政策上扶持以服务回应群众需求的社区公益组织

——社区发展研究会“维稳妈妈”案例分析研讨会综述系列之二

专家学者认为，浦东新区经过多年的努力，在社会管理领域率先探索政社合作的治理格局，积极培育各类社会公益组织。目前在浦东已经初步形成功能型的服务组织、要素型的支持组织以及枢纽型的统筹组织等社会公益组织的发展体系，成为社会管理领域具有独特功能的结构性要素，成为创新社会管理、改进群众工作的重要力量，提供了许多新鲜生动的经验和朴实深刻的启示。

1. 功能型的服务组织：以生活服务取向回应群众需求

近年来上海逐渐发展成长起一批公益组织，它们作为职业化社工组成的非营利性组织，扎根于基层社会和群众之中，善于自下而上的发现社会的多样性需求，逐渐得到了政府购买这些服务项目的支持。上海公益社工师事务所经历三年发展，形成了围绕“家庭服务”领域的一系列品牌项目。以“维稳妈妈”项目为代表，他们注重丰富上访妇女群体的日常文体生活，培育发展新的社会交往关系和身份角色，使她们在互助和谐的群体互动关系中确立重返社会活动的自信，形成积极健康的社会心理人格和社会认同归属。他们以“优势视角”帮助服务对象发挥自身潜能，走出生活困境，融入社会群体。

2. 要素型的支持组织：发挥公益创业的孵化培育功能

浦东非营利组织发展中心（NPI）是上海要素型支持组织的标志性代表，在浦东新区创建了国内第一个“公益孵化园”。通过为公益创业者提供办公场地和设施、公益组织能力建设培训、公益组织创业与管理，以及小额补贴、注册协助、技术支持、渠道支持、资源整合等等一系列服务，目前每年在全国范围内孵化 30 个左右的民间公益组织。受上海市民政局委托开展的“公益创投”和“公益大赛”项目取得了很好的实践效应和社会反响。至今托管的公益创投资金已超过 5 000 万元，资助的公益项目近 300 个。2009 年，由 NPI 主要发起成立了上海公益事业发展基金会（“联劝”），探索新型的联合劝募和公益资助模式，整合更多社会资源服务于新兴公益组织的成长需要。2010 年设计并承担运营的上海社会创新孵化园（“凤巢”）正式开园，进一步丰富完善对于微观公益组织服务的要素体系，将为上海公益组织发展和社会公益服务领域成长发挥更加重要的作用。

3. 枢纽型的统筹组织：促进行业发展和政社合作体制环境

浦东新区社工协会作为枢纽型统筹组织的代表，目前拥有团体会员 26 家，个人会员 700 余名，全区持证社会工作者 1 500 名左右。其主要功能为人才开发、社会工作机构扶持和培育、社会工作研究、专业交流活动的策划和组织、制定相关的行业规范等。社工协会注重积极协助政府制订《关于促进浦东新区民间组织发展的若干意见》、《浦东新区关于政府购买公共服务的实施意见（试行）》、《关于着力转变政府职能建立新型政社合作关系的指导意见》等政策文件，协助建构政社合作平台和机制。2010 年，政社合作平台项目组全年共组织 47 家社会组织在市民中心开展 330 次不同类型的活动，参与人数达 17 000 余人。目前购买协会和下属公益组织服务项目的机构不断扩大，如新区劳动保障局、福企所、组织部、统战部、妇联和一些街道乡镇。协会开展了政府委托的社工培训，积极孵化了乐群、乐耆、乐家、公益、乐爱等八家社工服务机构，培育了二十多个公益组织。机构坚持围绕社会的热点、难点、焦点问题设计服务项目。社工协会密切联系着各类公益服务组织，积极制定相关的行业标准，努力促进和形成社会组织和公益服务领域发展的政策与制度环境。

“维稳妈妈”的成功经验表明，我们要创新工作思路，改进工作方法，形成社会合力，提供更加丰富、全面的公共服务产品，激发社会公益组织的功能和活力，构建优良的社区公益组织发展环境。

让更多的既能打开房门又能打开心门的“维稳妈妈”走进社区

——社区发展研究会“维稳妈妈”案例分析研讨会综述系列之三

“维稳妈妈”等成功案例昭示，社会公益服务组织已经成为整个公共服务体系格局的重要组成部分。社会公益组织的社会化功能、网络化关系和生活化视角，以及颇具特色的工作理念、方式和机制，与政府的行政工作系统形成了良性互补互动的关系，是党在确立社会治理新格局中不可缺失的要素。

1. 公益服务组织是党的群众工作的重要的社会资本，应当充分发挥这种社会资本的作用

市委研究室党群处处长唐颖提出，党的群众工作当前遇到的一个瓶颈是，虽然有着强大的自上而下的压力，但却缺乏与之匹配的自下而上的动力。公益组织无论是在理念还是运作机制上都具有自发的活力和动力，是我们党重要的社会资本。如果说群众工作是以党组织为核心层，那么公益组织应当是紧密围绕核心的社会层。党在新的时代背景下，应当充分吸纳公益组织的专业优势、人力资源优势，发扬公益组织“真善美”的价值引领作用。

市委组织部副部长冯小敏提出，基层党组织与公益组织应当在群众工作中取长补短，共同成长。党组织要学习他们的群众工作理念和专业工作方法，克服自身工作存在的行政化倾向的不足，社会组织应当是党组织做好新时期群众工作的有力臂膀。

2. 创新社会管理应摒弃“体制内外有别”的传统认识误区，确立起发展社会公益组织就是我们党服务群众工作的指导思想

上海市社区发展研究会常务副会长徐中振提出，无论是传统意义上“体制内”的政府行政服务体系，还是“体制外”社会公共服务领域，根本上都是为了满足人民群众的广泛需求，提供更加丰富、全面的公共产品和服务。必须充分认识社会工作、社会组织和社会服务体系所具有的独特的结构性地位，发挥“社会协同”的结构性作用，最大限度激发社会公益组织的功能和活力。

3. 创新社会管理、改进群众工作要注重培育社会组织成长的土壤与环境，形成互相支持的生态链

上海市民政局局长马伊里提出，评价一个地区的社会组织发育程度应该综合衡量它发展的生态环境。这就要求除了数量以外，还要看社会组织的种类、相互间的关联等等，浦东目前有了比较好的土壤，社会组织之间的职业链正在拉长，他们的生存也不再完全依赖于政府。同时，政府在协助社会组织发展的过程中，不应当“一头热”，需要根据实际情况进行理性的投入，给予社会组织独立成长的压力和空间。

浦东新区区委副书记赵卫星提出，经过多年的努力，浦东目前形成了社会公益组织的基本工作体系，一是大量微观组织正在培育中，二是支持要素型组织已经具备，三是社会中介组织和行业协会等枢纽型组织已经成型，同时形成了政社合作平台，为社会组织的发展提供了舞台，这是浦东先行先试的实践成果，希望能够作为上海的成果加以推广。

4. 各级党政部门应当在党的群众工作领域形成统一认识与工作合力

市委宣传部副部长、上海社科院党委书记潘世伟教授提出，社会建设目前仍然在初始阶段，不同部门的角度有所不同，比如组织部重视的是党建工作，关注两新组织的覆盖和渗透；政府关注的是民生水平，发展公共服务和设施；政法部门关注的是社会秩序和稳定问题；理论界学者则关注“三社”问题，即社会组织、社区和社会工作。现在需要把焦点集中，群众工作就是社会工作，做好群众工作就是在推动社会建设，各部门应当向同一个方向去努力。有了这样的认识，就有助于形成社会管理的顶层设计，在整体布局与体制、机制等层面加以完善。

5. 公益组织打开了党在新形势下化解社会矛盾、改进群众工作的新思路，“叩开房门更要打开心门”

赵卫星提出，“维稳妈妈”的案例体现了传统群众工作的方式和现代社会工作理念的有效结合，打开了新时期群众工作的新思路，社工小周的工作成效体现了“以人为本，服务为先”的群众工作理念，这对于做好党的社会工作和群众工作具有典型经验意义。

市委组织部组织处副处长汪丹提出，公益组织在化解社会矛盾方面打开了新思路，从尊重人的角度出发，通过重建社会关系、重塑社会支持系统，解决人民内部矛盾，“叩开房门更要打开心门”。马伊里提出，大部分社工都不是逐利的，他们有自身的使命感和价值追求，这就要求政府机关不能用对待官员或者企业家的方式来理解他们的行为，而是要充分尊重他们的追求，以平等合作的态度促进他们成长。

6. 完善政府购买公益服务项目的公共性平台和社会化机制，形成公共性和开放性的行政资源配置新格局

赵卫星提出，当前虽然社会组织在浦东的发展势头良好，但是政府在解决实际问题时不能仅仅满足于解决了个别组织的资金、技术等具体问题，应该注重探索创新政府购买社会组织公共服务的体制机制，注重形成和完善系统配套的政策措施。

徐中振建议，可以尝试在区级层面建立一个政府购买社会组织服务的统一平台，一是有利于形成各类政府机构购买公益组织服务项目的竞争机制，打破条块体制分割，使好的项目得到最大限度的支持；二是有利于形成各类公益组织服务项目相互间的竞争，促进公益组织的发展和项目完善，也避免了垄断问题，使所有项目能够得到公平公正的对待。

社联所属学术期刊

《学术月刊》所发文章被转摘量实现“五连冠” 办刊质量综合评估指数荣居全国社科报刊之首

2006年以来，市社联主办的《学术月刊》大力实施精品工程，紧紧瞄准国内外社会科学创新的前沿领域，刊发论文坚持以质量取胜，学界影响力不断扩大，刊发文章被转摘量在中南财经大学、中国人民大学发布的相关排行中获得优异成绩。

中南财经政法大学日前公布《信息检索报告(2010年度)》，《学术月刊》以被国内各主要媒体转载、摘要213篇(次)位居全国两千余种期刊之首，已经连续五年在《信息检索报告》中位居被转摘量“第一”，也是十余年来在该排行中唯一一家荣获“五连冠”殊荣的期刊。

中国人民大学人文社会科学学术成果评价研究中心、中国人民大学书报资料中心，于2011年3月29日通过《光明日报》发布“2010年度《复印报刊资料》转载学术论文指数排名”，《学术月刊》以被转载117篇荣登综合性期刊[高等院校、社科院(联)、党政干部院校三大系统主办的期刊]榜首，在这一期刊指标性排行中实现了自2006年以来的“五连冠”。这也是中国人民大学书报资料中心公布年度“全文转载量排名”11年来，唯一一家连续五年在4 000余种期刊、报纸排名中位居第一的期刊。《学术月刊》还在同时公布的“学科分类期刊排名”中取得了好成绩：在“哲学学科期刊排名”中，以被转载41篇排名第三(排名前四位的杂志依次是：《哲学研究》、《哲学动态》、**《学术月刊》**、《世界哲学》)；在“历史学学科期刊排名”中，以被转载23篇与《中共党史研究》并列第6位；在“马克思主义理论学科期刊”中，以被转载7篇与《马克思主义与现实》并列第11位；在“语言文学学科期刊排名”中，以被转载13篇排名第13位，在“经济学学科期刊排名”中，以被转载21篇排名第19位。

为了更加科学、准确地评判中国人文社科学术期刊的动态水平，既反映期刊全文转载的绝对量情况，也反映期刊论文质量的相对量情况，从2011年起，中国人民大学人文社会科学学术成果评价研究中心开始对一年度中国人文社科学术期刊转载量、转载率、篇均分三项指标加权求和的“综合指数”进行排序。根据已公布的排序结果，2010年度《学术月刊》以“综合指数”0.920 495排名各学术期刊之首。

市社联与《探索与争鸣》杂志社举办的全国研讨会上专家呼吁：文学是城市文化艺术的母体 欲繁荣都市文化必先振兴上海文学

2月19日，市社联、《探索与争鸣》杂志社、华东师大文学研究所、上海文化发展基金会共同举办研讨会，来自全国各地的专家学者围绕"新世纪城市文学创作的问题与出路"主题展开热烈研讨。

一、 上海城市文学生态的"喜"与"忧"

与会专家指出，上海文坛曾经诞生了近代中国最早、最优秀的城市文学作品，移植文化和本土文化相互交汇、激荡的大潮，催生了独领文坛风骚的海派文学。顶峰时期的上海城市文学，一度占据中国文坛的半壁江山。新世纪以来，上海城市文学创作取得了可贵的进步，但缺乏一批体现城市形象新变化和文学审美经验新发展的优秀作品，整体而言文学创作式微。

近年来，上海作家的作品屡屡与国家级文学大奖擦肩而过，2010年揭晓的第五届鲁迅文学奖全军覆没。专家认为，文学是城市文化艺术的母体，如果没有上海文学创作的振兴，欲谈论上海的文化繁荣全然是无本之木。文学对大众精神世界的反映、再造、引领的重要功能的退化，文学与诗从都市生活中淡出，将使都市的生态和心态处于从未有过的人文危机之中，应当引起有关领导部门、人文社科工作者的高度关注和深入思考。

二、 上海城市文学困境的"结"与"解"

上海文学遭遇困境，背后存在复杂、深刻的直接和间接原因。与会专家学者认为，当下文学过于关注物质社会的欲望书写，缺乏对于精神世界崇高境界的关注，对于个人责任、社会责任的承担，对于文学形式的创新探索实验。这种视觉盲点，导致当下的文学创作和传播领域，多为人造的、虚拟的空间，而在现实的空间人人孤立无援，这一现象反差强烈。

有的专家认为，上海作为城市文学兴盛之地，文坛创作疲态与当代城市叙事在整个文学叙事的格局中占据分量较小有关。如在茅盾文学奖历届的获奖作品中，城市小说只占十分之一左右。在中国目前的一线作家中，习惯于乡村叙事的占绝大多数。作家城市经验相对匮乏，面对错综复杂的新的城市现象难以把握判断、也难以作出整体性的艺术表述。

三、 上海城市文学突围的“思”与“行”

研讨会上，与会者呼吁上海的文化建设要注重顶层设计，要为城市文化艺术的母体创造良好的发展环境。同时中国作家群要尽快积聚起自己的城市经验，寻找到城市叙事的独特视角和主题，创造出更多足以与现代文学史上的城市叙事媲美，并且有所超越的文学作品，奉献更多无愧于时代、无愧于读者的精品力作。

与会专家学者呼吁城市文学创作者提升历史使命感和社会责任感。城市文学要写出当下人们感觉中的城市，表现出城市在中国社会转型、民族现代化进程中扮演的角色。为此，城市文学要高举鲁迅先生当年倡导的海派文学的批判精神，对海派文化自身、对资本和现代性进行深刻的反思，更多关照资本包围中的人和灵魂，创作新一批超越性的海派文学作品。广大文学工作者要强化人类的、地球的忧患意识，真正具有世界性的视野，对世界都市发展表达自己的独特理解。

社科普及平台

SHE KE PU JI PING TAI

东方讲坛

东方讲坛 2011 年度数据统计

<table>
<tr><td rowspan="7">举办单位分类及场次</td><td>A 序列(市级中心“讲坛”)</td><td>178</td></tr>
<tr><td>B 序列(区、县“讲坛”)</td><td>1 039</td></tr>
<tr><td>C 序列(学校“讲坛”)</td><td>240</td></tr>
<tr><td>D 序列(企、事业单位“讲坛”)</td><td>14</td></tr>
<tr><td>E 序列(其他“讲坛”)</td><td>5</td></tr>
<tr><td>合计</td><td>1 476</td></tr>
<tr><td>对社会听众开放的场次</td><td>1 389</td></tr>
<tr><td rowspan="16">系列讲座</td><td>形势与热点</td><td>363</td></tr>
<tr><td>文化与人生</td><td>385</td></tr>
<tr><td>东方讲坛·“以案说防范,共建平安城”系列宣讲</td><td>21</td></tr>
<tr><td>东方讲坛·走向长三角系列讲座</td><td>2</td></tr>
<tr><td>东方讲坛·院士风采系列讲座</td><td>4</td></tr>
<tr><td>东方讲坛·四季养生系列讲座</td><td>7</td></tr>
<tr><td>东方讲坛·经典艺术系列讲座</td><td>14</td></tr>
<tr><td>东方讲坛·职业生涯系列讲座</td><td>10</td></tr>
<tr><td>东方讲坛·开业生涯系列讲座</td><td>8</td></tr>
<tr><td>东方讲坛·文博知识普及系列讲座</td><td>38</td></tr>
<tr><td>学习贯彻党的十七届六中全会、九届市委十六次全会精神主题群众性宣传教育活动(一)</td><td>314</td></tr>
<tr><td>学习贯彻党的十七届六中全会、九届市委十六次全会精神主题群众性宣传教育活动(二)</td><td>128</td></tr>
<tr><td>同创文明城区 共建美好家园——东方讲坛·浦东新区创评全国文明城区主题宣讲活动</td><td>50</td></tr>
<tr><td>“茶,品味健康生活”东方讲坛·2011 年上海国际茶文化节系列讲座</td><td>9</td></tr>
<tr><td>学习党史智慧　创新闸北明天　东方讲坛·闸北区庆祝中国共产党成立 90 周年系列讲座</td><td>10</td></tr>
</table>

（续表）

系列讲座	加强党的建设　共建文明浦东——浦东新区庆祝建党 90 周年暨“我们的家园”主题宣讲活动之一	22
	“红色云间魂”——东方讲坛 · 松江区庆祝建党 90 周年系列讲座	7
	感恩之旅——林华“生命成长”系列讲座	5
	东方讲坛 · 学习宣传《中华人民共和国社会保险法》系列讲座	6
	我爱读书　我爱生活——东方讲坛 · 2011 上海书展讲座	1
	“沪剧 · 松江”——东方讲坛 · 纪念松江建县 1 260 周年文化寻根系列讲座	6
	东方讲坛 ·“2011 全民国防教育主题宣传月”系列讲座	15
	东方讲坛 · 学术特别版名人故居与文化遗产保护	6
	东方讲坛 · 华东师范大学学术特别版	2
	东方讲坛 · 华东理工大学学术特别版	1
	东方讲坛 · 上海大学学术特别版	6
	东方讲坛 · 上海师范大学学术特别版	16
	东方讲坛 · 同济大学学术特别版	5
	东方讲坛 · 上海海事大学学术特别版	8
	东方讲坛 · 上海外国语大学学术特别版	1
	东方讲坛 · 复旦大学学术特别版	6
讲师人次	高级职称	749
	社会职务	715
	境外专家学者	12
	合计	1 476
选题分类	世情国情市情	114
	形势政策和社会热点	706
	人生发展和道德成长	91
	教育和心理	56
	历史文化	210
	经济金融	22
	法律知识	37
	国防知识	20
	艺术鉴赏	89
	健康养生	103
	其他	28

（续表）

东方讲坛总计	已设立举办点	335
	讲师(不重复统计)总人数	1 291
	本年度已举办场次(广播全年 121)	1 597
	总举办场次	15 584
	报纸已发布场次	15 555
	听众总人次	4 630 040
	二次传播受众总人次	233 020 000

清风颂先驱　廉政建和谐

——东方讲坛举办纪念中国共产党成立 90 周年“廉”动千万家活动

为纪念中国共产党成立 90 周年，加强对党员干部学党史、知党情、讲党性和廉洁从政、反腐倡廉的思想教育，深入开展廉政文化建设，由市纪委、市委宣传部主办，东方讲坛、东方国际公共关系事务中心、SMG 新闻频率承办的“上海市廉政文化系列讲座”日前在全市举行。这项系列活动以“清风颂先驱，廉政建和谐”为主题，以系列讲座为主要形式，历时 2 个月，举办市直属机关廉政文化讲座 3 场、区县廉政文化讲座 16 场、红色经典小故事讲演比赛 4 场，吸引讲座听众 8 000 多人、讲演观众近 2 000 人。这些讲座活动主题鲜明，内容精彩，层次较高，收效明显，具有以下特点：

一、 领导高度重视，活动导向鲜明

各级领导高度重视这项活动，对选题策划、讲师选聘、内容安排、组织举办、宣传推广等进行深入、具体的指导。5 月 15 日，“上海市廉政文化系列讲座启动仪式暨上海市第七届红色经典小故事讲演比赛”在杨浦区国歌纪念广场启动，市纪委副书记唐周绍，市委宣传部副部长潘世伟，市社联党组书记、专职副主席沈国明等领导亲临启动仪式现场，对活动举办作出指示。中央党校原副校长李君如，上海市委党史研究室副主任、党委书记徐建刚等领导干部登临东方讲坛的讲台，以“关于党政建设的文化报告”、“中国共产党党史”等为题作专题学习辅导报告，大大提升了讲座质量。在讲座推进过程中，各区县纪委、宣传部门的领导十分重视做好举办讲座的相关准备工作，把举办讲座作为本地区党风廉政建设重要内容，列入重要议事日程，认真组织落实。这些都进一步提升了本次廉政文化系列讲座水平，确保讲座活动的各项要求落到实处，推动广大干部群众积极参与到活动中，为构建一个更加风清气正的社会氛围创造良好条件。

二、 组织周密细致，活动推进有序

东方讲坛按照政治素质强、理论修养深、宣讲经验丰富的标准，遴选出来自中央党校、市委党史研究室、上海社科院、华东师范大学、华东政法大学、东华大学、上海财经大学、市委党校等高校、党校、研究机构的 10 多位资深专家，形成特聘讲师队伍。这些演讲者在宣讲中，注重运用平民化的语言、详实的资料，以历史的视角在学理层面深入浅出、生动讲解理论问题。东方讲坛和有关承办执行单位，认真落实各场次讲座的组织协调、讲师落实、

计划执行，为讲座顺利举办提供基础和保证。讲座举办者专门组建工作团队，对讲座和红色经典小故事讲演比赛实况进行现场录像、剪辑制作，通过新民网上线播出，放大了讲座活动的宣教效果。

三、内容围绕需求，活动针对性强

本次活动紧紧把握纪念建党90周年的契机，针对广大党员干部和社会公众关注的重点、难点、热点开展宣讲，努力达到解难释惑，增强理想信念的目的。比如，有的讲座以回顾党的90年光辉历程为主要内容，系统梳理中国共产党90年防腐倡廉和自身建设的历程，阐述我党当下的历史环境，深入开展党风廉政建设的重要意义，以及中国共产党人所需要的精神；有的讲座围绕职务犯罪的惩治和预防，结合有关廉政法律法规和理论知识，着重就市场经济条件下党员干部如何防范执政风险，抵御形形色色的诱惑提出意见和建议；有的讲座从传承传统文化、借鉴历史经验、弘扬民族精神入手，在回顾中华文明史、解析历代廉政典故的基础上，引领听众以史为鉴，以古论今，通过丰富的历史题材，重申党员领导干部如何更好地进行廉政文化建设的必要性；有的讲座立足当前我国反腐倡廉的形势，着重结合党员领导干部行为准则和行政文化的现实需求，通过剖析一个个生动的实例，阐述当下领导干部的为官之道、为政之德、为人之本。这些讲座选题准确，内容丰富，针对性强，收到了很好的教育效果。"七一"以后，讲座活动围绕深入学习胡锦涛总书记"七一"讲话的要求展开，使廉政讲座对基层党员干部学习"七一"重要讲话发挥积极作用，推动了讲座活动进一步向纵深发展。

四、形式贴近实际，活动影响面广

本次系列活动针对多种年龄、多种职业、多种层次的受众对象，采取讲座宣传、故事表演等灵活多样的表现形式，通过讲座、电视、广播、网络等多种传播渠道，把廉政文化送进机关、社区、学校。为更好地服务党员领导干部的学习教育需要，主办方以部委办、区县局党委（党组）中心组学习报告会的形式，邀请专家举办专题辅导报告，把本次活动推向高潮。各区县结合庆祝建党90周年、学习"七一"讲话、领导班子换届、处级干部廉政教育等自身实际和工作特点举办讲座，充分发挥了系列讲座的作用和效果。为贯彻落实廉洁教育进教材、进课堂、进学生头脑，本次活动在杨浦区国歌纪念广场、奉贤庄行农民暴动纪念馆、虹口中共四大史料陈列馆、闸北中共三大后中央局机关历史纪念馆举办4场红色经典小故事讲演活动，让学生演员通过讲故事、演故事、诗歌朗诵等文艺演出的形式，鲜活的表达青少年爱国、爱党、爱人民的真挚感受。在吸引听众走进现场聆听讲座的同时，活动举办者还充分运用多种手段，传播讲座内容。比如，上海人民广播电台播出了100个反映老一辈革命家优良传统作风的小故事，SMG故事频道播出了100个红色经典故事，新民网拍摄、制作、播出系列讲座、讲演的现场录像共15场。这些都有效扩大了受众的覆盖面，进一步提升了活动的影响力和辐射面。

推动传统文化与现代文明交融 促进"后世博"上海转型发展

——"东方讲坛·华文讲堂"举办首次论坛

1月26日，以"传统文化与现代文明的融合——中国城市化之问"为主题的"东方讲坛·华文讲堂"启动仪式暨首次论坛在上海世博洲际酒店举行。市政协副主席周汉民教授、中共闵行区委书记孙潮教授、北京市委研究室副巡视员余钟夫研究员、上海国际问题研究院院长杨洁勉研究员、原美国农业部部长级专家 Frederick Crook(郭志文)等嘉宾，以及本市政府机关、企业、行业协会、部队、高校、媒体代表及海外友人近200人出席本次活动。人民日报上海分社副社长范伟国主持了本次论坛。

论坛伊始，与会嘉宾共同按动"东方讲坛·华文讲堂"启动光球。随后，与会嘉宾围绕论坛主题，分别以"上海世博会是一部百科全书"、"突出以人为本 推进深度城市化"、"破解城乡结合部难题——北京的实践"、"世博理念和城市发展"、"上海：未来发展趋势的展望"为题作演讲。

周汉民认为，世博会为上海留下了丰厚的物质和精神财富，体现为"十最"：一是申办过程面临的竞争最激烈；二是首次在发展中国家举办；三是上海以5 000年历史、2 000多万人口居世博史上承办城市之首；四是城市中心城区5.28平方公里创世博史园区面积之最；五是190个主权国家和56个国际组织共同促成真正意义上的文明聚会；六是7 308万观众在184天内到访参观创参观者人数之最；七是10月16日世博园迎来单日参观人次之最；八是开设城市最佳实践区和网上世博创世博会新纪录；九是赢得世界最广泛的赞誉和最特别的投入，低碳革命等科技创新成果得到充分展示；十是发展中国家受援数量创世博史之最。

周汉民指出，"后世博"时代的上海在城市发展中要总结世博经验，发扬世博精神，实现新的继承、超越。首先是以人为本。城市要为人类提供遐想和机会，让人的基本需求得到满足，让人的尊严得到体现。其次是文化多元。要让各种文化品牌、文化产品、文化形式、文化内容在城市的舞台交相辉映。再次是科技创新。既要从技术层面，也要从理念高度引进、总结、归纳、消化世博科技成果，为城市发展提供源源不断的驱动。第四是合作共赢。要把城市命运与世界发展紧密联系起来，在和世界的互动、合作中实现共赢。最后是面向未来。要高扬世博精神的大旗，不断提升上海在世界的知晓度、喜爱度、参与度。

京沪两地的专家型党政领导结合各自的实践，阐述了对于"世博后"城市发展如何体现“以人为本”的理解。孙潮以上海闵行区为例,提出城区发展中遇到的突出问题有:城市形态初步形成,城市功能不够丰富;经济发展较快,社会发展相对滞后;城市规模愈益扩大,土地等资源要素的约束逐日显现。为此,在城区发展中要更加强调以人的需求、以人的相互体谅、以人的共生为本。准备采取的措施有:一是城市发展理念强调全面调结构、深度城市化,建设智慧、生态、宜居城区。二是城市化内涵强调服务不同人群,满足不同需求。三是城市化推进机制强调民主、协商和公众参与。余钟夫从城乡结合部的历史演变、突出问题、形成原因和发展趋势以及城市化发展的几种模式等方面,介绍了北京市破解城乡结合部难题的实践经验。

中外专家学者从文化交流、互通、融合的角度,深入探讨“后世博”时代上海城市发展的思路。杨洁勉认为世博会提出了七项倡议,以实现人与自然、人与文化、人与人的和谐的目标:一是尊重自然创造,面向未来的生态文明;二是追求协调增长方式,努力缩小发展差距,使每个公民分享经济发展成果;三是坚持科技创新发展道路;四是建设智能信息社会;五是开放共享的多元文化,鼓励多元文化繁荣发展,推动文化间交流互动;六是构筑和睦友善的宜居社区,构建和谐友好的社会环境;七是促进均衡协调城乡关系。他从文化因素切入,进一步探讨了上海的未来发展思路:一是增强危机意识,着力恢复上海的文化引领地位;二是学习各国先进文化,广泛吸收借鉴人类优秀文明成果;三是增强名人培育功能,建设文化人才高地;四是开阔市民的视野和胸怀,勇于担当上海的城市历史使命。郭志文以一名外国志愿者的独特视角,谈了对于上海城市文化形成的历史过程、影响因素和未来发展的认识。最后,他以意大利麦迪西银行家族催生米开朗基罗、达·芬奇、伽利略等巨匠为例,提出“上海的麦迪西家族在哪里”之问,引发在场听众回应的掌声。至此,“东方讲坛·华文讲堂”首次论坛圆满落下帷幕。

市社联主办的东方讲坛创设于2004年6月,至今已举办各类讲座12 000多场,直接听众达420万人次。“华文讲堂”是东方讲坛对外文化合作与交流的又一个重要载体。通过“华文讲堂”的运行,让国内的专家、学者、企业家以及各行各业实际工作部门的代表走向世界,让世界看到改革开放后中国民众的自信与精彩,让海外的名家大师、华人华侨代表通过讲堂进入国内开展交流合作,充分发挥讲坛凝聚人心、凝聚力量的作用,使中华文明的火种播撒世界各地。

“东方讲坛·华文讲堂”：中国共产党的领导与中国外交成就

为隆重纪念中国共产党建党 90 周年，东方讲坛办公室携手上海国际问题研究院，邀请到亲历中国外交发展光辉历程的老共产党员和国际问题研究的专家学者，从个人经历和理论探讨这两个方面来总结党的领导在中国外交上所取得的伟大成就，并探索党在建构中国特色外交理论方面新的研究课题。

2 月 21 日下午，以“光辉的历程：中国共产党的领导与中国外交成就”为主题的“东方讲坛·华文讲堂”第二场论坛在上海锦江小礼堂举行。本市相关政府部门、学术机构、学术团体、部队、公安、高校和媒体代表近 200 人出席会议。

上海国际问题研究院院长杨洁勉研究员为论坛致开幕词。他指出：“在党的领导下，中国外交走过了光辉的历程，也走过了艰难的历程。因为有了党的领导，我们才能制定出正确的外交路线，才能最终突破重围，开创出一片外交的新天地。回过头看 90 年，再向前看 90 年，中华民族的伟大复兴必将在中国共产党的领导下得到实现。”

随后，中国国际问题研究基金会战略研究中心执行主任王嵎生、上海环太国际战略研究中心理事长陈启懋、原海军上海基地副司令员苏荣、上海国际问题研究院学术委员会主任俞新天、中共上海市委党校教授袁秉达分别围绕“中国外交‘软实力’的特点和成就”、“党的领导与国际问题研究机构向现代智库的转型”、“军事外交在国家外交中的独特作用”、“中国特色社会主义理论指引对外政策的发展”、“中国特色社会主义理论体系和新时期中国外交”等主题进行了精彩的演讲。

在中国共产党的领导下，中国外交白手起家，筚路蓝缕，走出了一条具有中国特色的外交道路，取得了一项又一项令世界震惊的伟大成就。建党 90 年来，在党高屋建瓴的远见指导下，无论国际风云如何变幻，中国政府总是能够敏锐把握时代发展的主题和方向，制定出正确的外交路线方针和政策。现在，随着中国国力的迅速发展，中国的国际地位不断提高，国际影响力持续扩大，中国和世界的关系面临新的历史转折。中国外交在迎来大好机遇的同时，也面临着前所未有的挑战。在国际体系转型进入关键时期，全球性问题的挑战日益多元和尖锐的今天，中国的外交更离不开党的创新理论的科学指导。只有坚持党的领导，深入学习和贯彻中国特色社会主义理论体系，不断创新中国特色外交理论，才能真正地坚持和平发展道路，为建设和谐世界作出新的贡献。

与东方讲坛合作举办本次“华文讲坛”的上海国际问题研究院（前身上海国际问题研究所）建立于1960年，隶属于上海市政府，是以研究国际问题和外交政策为主的综合性智库，曾分别被评为中国十大智库和全球十大智库（美国之外）之一，在国内外享有较高声誉。

组织 300 多名优秀宣讲员与特聘讲师
安排 445 场主题宣讲活动

——东方讲坛开展“学习贯彻党的十七届六中全会精神、九届市委十六次全会精神主题群众性宣传教育活动”

在市委宣传部的统一部署下，东方讲坛充分发挥群众性宣传思想文化阵地的作用，自11月16日起开展“学习贯彻党的十七届六中全会精神、九届市委十六次全会精神主题群众性宣传教育活动”，从11月中旬至12月下旬已安排讲座445场。本次主题宣传教育活动坚持“贴近实际、贴近生活、贴近群众”的原则，组织了300多名基层优秀群众宣讲员和东方讲坛特聘讲师，深入全市17个区县的机关、企业、街道、乡镇、社区文化活动中心等单位，为基层广大党员干部和群众集中解读、宣传《中共中央关于深化文化体制改革，推动社会主义文化大发展大繁荣若干重大问题的决定》和《中共上海市委关于〈中共中央关于深化文化体制改革，推动社会主义文化大发展大繁荣若干重大问题的决定〉的实施意见》的精神和要点，在各区县、各条线推动掀起了基层党员干部和群众学习领会全会精神和自觉参与建设国际文化大都市的热潮。

一、 市区联动，组建队伍，形成合力

本次活动以有效组建宣讲队伍为抓手，通过集中统一宣讲与区域特色宣讲相结合的方式，形成市区（县）联动的工作合力，实现了宣讲效果的最大化。

为突出群众性宣讲的及时、准确、通俗易懂的宣讲要求，东方讲坛办公室一方面按照政治素质强、理论修养深、专业知识扎实、宣讲经验丰富的标准，组织来自高校、党校、科研机构的40多位专家学者，组成东方讲坛特聘讲师宣讲团，另一方面立足基层，面向群众，深入挖掘各地区、各部门的群众宣讲资源，在短短一周内遴选基层宣讲员近300人，这些宣讲员主要是来自区委宣传部、区文化局等相关职能部门的领导，区（县）文化院馆负责人、区委党校教师、基层文教工作者、普通党员和社区居民。在高校资源丰富的杨浦区，大学党委宣传部长踊跃加入宣讲队伍。如复旦大学党委宣传部部长萧思健针对教育工作者关注的重点、难点和热点，准备了文化育人的相关宣讲内容，结合自己工作中的亲身体验讲文化发展；上海电力学院党委宣传部部长李家珉充分发挥长期从事思想工作和哲学专业出身的背景优势，深入基层，为普通职工和居民深入浅出地讲解文件精神。广大宣讲员以高度的政治使命感责任感和饱满的工作热情，紧紧围绕全会决议和市委实施意见，针对

基层听众关注的重点、难点和热点，吃透精神，认真备课，力求全面准确地向群众广泛宣传、深入阐释中央《决定》和市委《实施意见》的精神和重点、人民群众关心的热点，展示各级组织和广大人民群众建设国际文化大都市的丰富成果，成为了本次群众性宣传教育活动的宣讲主力军。

二、精心组织，协同配合，有序推进

作为本市贯彻六中全会和市委全会精神的重要举措，本次主题群众性宣传教育活动规模大、时间长，东方讲坛办公室统筹安排，各区(县)宣传部积极配合，有序推进，从以下三方面开展了工作：

一是统一启动，集中培训。11 月 17 日，由市委宣传部主办的“学习贯彻党的十七届六中全会、九届市委十六次全会精神主题群众性宣传教育活动”启动仪式暨首场培训讲座在杨浦区举行，市委研究室科教文处处长安玉海为各区县宣传部负责同志、基层群众宣讲员代表近 200 人作首场培训讲座，帮助宣讲员准确把握精神实质，增强宣讲实效。

二是整体宣传，形成声势。11 月 25 日，东方讲坛办公室在《解放日报》上以整版篇幅刊登了首批 315 场讲座安排广告，时间跨度从 11 月中旬到 12 月中旬，其中浦东新区和宝山区 53 场，松江区 27 场，虹口区 24 场，杨浦区 20 场，闵行区 15 场，长宁区、徐汇区各 13 场，普陀区、青浦区、金山区、嘉定区各 12 场，崇明区、黄浦区各 11 场，闸北区、奉贤区各 10 场，静安区 5 场，在全市范围内迅速掀起了学习贯彻党的十七届六中全会和九届市委十六次全会精神的热潮。

三是协同配合，做好服务。各区(县)高度重视本次主题宣传教育活动，落实场地、组织听众、安排讲师、反馈信息等各个环节井然有序，规范运作。崇明作为上海市远郊，非常重视本次群众性宣传教育活动，成立了由县委党校常务副校长带队的基层宣讲团，集中力量组织安排群众性宣讲 25 场，覆盖全县 18 个乡镇。宝山区为克服居民分布区域广、集中宣讲交通不便的困难，送讲座到居委，将在社区居民家门口开展宣讲活动 180 场。

三、 立足基层，贴近群众，务求实效

东方讲坛的群众性宣传教育坚持贴近实际、贴近生活、贴近群众的特点，既全面准确解读全会精神，又讲究宣讲艺术，切实增强宣讲的感染力和说服力，使老百姓听得进、听得懂、听了有收获，使中央和市委精神真正入脑、入耳、入心。

近 300 名来自基层各行各业第一线的优秀宣讲员结合自身经历、学习体会与感悟，联系区情、社情、民情，运用朴实的语言，通过耳熟能详的事例，将党关于文化建设的路线方针政策融入到百姓的日常生活之中。例如：青浦区宣讲员、重固镇成人学校退休教师叶志明将中央《决定》和市委《实施意见》中的要点内容编成朗朗上口的顺口溜，将中央和市委精神化成郊区百姓愿意听、听得懂的语言传播出去，使群众听得津津有味。宝山区友谊路街道年届 70 的市民宣讲团团长、街道退休干部顾维安带领团员尝试“上下结合”，既认真参加区委党校培训，读文件，翻资料，又到各个小区听取居委干部和社区居民的要求，深入挖掘日常生活中的事例，将它们与全会精神融会贯通。这种“从群众中来到群众中去”的

宣讲方式,跳出了“理论来理论去”的框框,既能帮助广大基层党员干部和群众深入了解党在社会主义文化大发展大繁荣的具体要求,又能服务基层群众的切实需求,凝聚人心,促进和谐,受到了大家的普遍欢迎。

紧密结合中央要求和上海实际,分层次、分需求、分对象开展宣讲,用清新朴实的语言,讲群众听得懂、听得进的话,运用生动鲜活的事实,讲清道理,解疑释惑,使宣讲吸引人、感染人,使群众通过宣讲了解任务、明确方向、受到教育、得到感悟,使全会精神深入基层、深入人心,对帮助广大人民群众将全会精神转化为自觉追求和推进文化改革发展的自觉行动,起到了良好推动作用。

第十届科普活动周

继承·创新·发展

——市社联举办第十届上海市社会科学普及活动周巡礼

在中国共产党90华诞即将来临之际，市社联以“继承·创新·发展”为主题，举办了第十届上海市社会科学普及活动周。6月24日，本届活动周开幕式在上海大学举行，市社联常委、委员，各学会负责人和区县宣传部代表、社科工作者代表、市民代表、学生代表等800余人出席了开幕式。

市委常委、宣传部部长杨振武在开幕式上致词。他首先代表市委、市委宣传部向全市社会科学工作者致以诚挚的问候和崇高的敬意！向本届活动周的所有参与单位表示衷心的感谢！杨振武在讲话中指出，社会科学的大众化和普及化是一个永恒的课题，也有很强的时代特征。随着经济社会的发展进步，我国的文化事业必将迎来一个大发展、大繁荣的机遇期。不断提高全民族思想道德素质、科学文化素质，已经列为“十二五”时期经济社会发展的重要目标，这为我们广泛深入开展群众性的社会科学普及工作，着力提升公民的社会科学素养指明了方向。

杨振武强调，今年是“十二五”开局之年，社会科学普及活动要结合贯彻落实国家今后10年全民科学素质行动计划纲要，围绕提高全民族科学文化素质，在全社会广泛传播科学知识、科学方法、科学思想、科学精神，进一步形成讲科学、爱科学、学科学、用科学的社会风尚。社会科学普及是一项长期而艰巨的任务。我们深深感到，与人民群众日益增长的精神文化需求相比，社会科学的大众化、普及化还有很大的拓展空间，任重而道远。我们要充分认识到，社会科学普及关乎民生、关乎发展、关乎幸福、关乎人民群众的文化权益。本届社科普及活动周正值中国共产党成立90周年，希望广大社科工作者加强宣传普及中国共产党90年的光辉历史、伟大事迹和宝贵经验，唱响共产党好、社会主义好、改革开放好、伟大祖国好、各族人民好的时代主旋律。

开幕式上，市委宣传部副部长潘世伟向基层干部代表、学生代表、社区文化活动中心代表赠送了社会科学普及读物。市社联主席秦绍德向首批社会科学普及读物作者代表颁发了证书。学会代表和市民代表分别作了发言。开幕式由市社联党组书记、专职副主席沈国明主持。出席开幕式的领导和嘉宾还有上海大学党委书记于信汇，市社联党组副书记桑玉成，上海大学党委副书记、副校长、市社联副主席李友梅。上海社会科学界合唱团在开幕式上举行了成立演出,用嘹亮的歌声庆祝中国共产党成立 90 周年,表达了广大社科工作者对党的无限热爱之情。本届社科普及活动周于 6 月 23 日至 29 日举行,内容包括市级活动板块、学会特色活动板块、区域科普活动板块、媒体互动板块共 119 项社会科学普及活动。

贴近百姓,以群众喜闻乐见的方式传播党的理论、讲述党的故事,是本届活动周的一大特色。活动周期间,市哲学学会举办了"党的光辉历程与马克思主义哲学时代化"专题论坛、市领导科学学会举办了"中国共产党执政能力与领导哲学"专题论坛、市社会科学普及研究会举办了"加强和创新社会管理,提高党的执政能力"专题论坛,专家学者们通过这些对社会公众开放的讲坛,宣传党的理论创新成果,增强社会科学的感召力和影响力。市中共党史学会举办了"红色印记"——党史知识进百所中小学巡展、纪念中国共产党成立 90 周年——中学生红歌会等活动,以青少年所喜闻乐见的形式,对他们进行党史知识教育。市统战理论研究会在徐家汇公园和静安公园举办了"统一战线理论与政策"专题咨询和展示活动,帮助广大市民深刻理解党的爱国统一战线工作的理论和有关政策。市钱币学会在上海银行博物馆举办了"红旗招展忆往昔"——纪念建党 90 周年中国革命根据地货币展。金山区委宣传部以方言为载体,举办了"讲个故事给党听"——故事创作、演讲比赛。闸北区委宣传部借助自己打造的微型党课公共平台,推出了"我为党旗添光彩"——微型党课巡回演讲。这些丰富多彩的群众性社科普及活动,以庆祝建党 90 周年为契机,大力宣传党的光辉历史和丰功伟绩,大力宣传党 90 年来坚持和发展马克思主义的理论成果,着力营造了推动科学发展、促进社会和谐的浓厚氛围。

本届活动周开幕前,市社联向各学会、各民办社科机构印发了《上海市社会科学界联合会学会科普活动组织奖评估标准(试行)》,对各学会开展社科普及工作加强了指导和统筹协调,今年参加科普活动周的学会又有增加,共有 44 家学会推出了 58 项特色科普活动。如:市政治学会等单位举办了"普法开放日"活动,在黄浦、杨浦和长宁 3 个区分别组织了"老百姓与人大"、"老百姓与法官"、"老百姓与检察官"三个开放日专场,让百姓走进人大、法院、检察院,亲身体验政法机关的工作流程。市法治研究会等单位举办了法治故事社区互动巡讲活动,在金山、崇明、闸北、普陀等 18 个区县组织了 51 场故事巡讲。市社区发展研究会等单位举办了社区法治影视观摩活动,在徐汇、松江、奉贤等 11 个区县图书馆、社区文化中心放映了 30 场中外政法题材的电影,并进行了现场普法宣讲。这些形式多样的普法活动,增进了民众的法律意识和法治观念。市经济学会在曹家渡社区学校举办的"当前市场条件下的市民理财策略"专题论坛和市城市经济学会在静安公园举办的"上海住房保障相关政策与操作实务"专题咨询,贴近市民实际需求,回应了市民关注的热点问题,向他们普及了相关社科知识。市民防协会在上海民防科普馆和淮海公园,举办了民防科普示范活动和城市灾害防护知识咨询活动,向群众宣传城市常见灾害防护知识和突发事件中的人员急救知识。市老年学学会在静安公园举办了"迎七一·关注民生·关爱老人"大型义务咨询活动,围绕养老保健常识、终生教育等民生热点,为中老年人送上公益服务。市蔬菜经济研究会举办的"食品安全与科学饮食"专题咨询活动和市食文化研究会举办的"食品安全与市民健康"专题咨询活动,向市民大力普及食品安全知识,受到群众的欢迎。活动周中，东方讲坛还推出了由市人力资源和社会保障局、市司法局、市总工会、市法宣办联合举办的学习宣传《中华人民共和国社会保险法》系列讲座，邀请政府部门工作人员向市民讲解社会保险法与我国的基本养老保险制度、城镇居民社会养老保险、新型农村社会养老保险、工伤和生育保险、失业保险以及基本医疗保险等。

市社联在本届活动周期间，还通过报刊、图书、广播、电视、互联网、手机等大众传媒开展各种宣传活动，对科普载体的创新做了进一步探索。活动周中，市法治研究会举办了“法眼解读成语”——网上微博有奖征集活动。新华网、人民网、解放网、东方网和上海广播电视台、解放日报、文汇报等十多家新闻单位集中报道了本届科普活动周的情况，有的还制作了专题节目，增强了社科普及工作的传播力、吸引力和影响力。

社会科学普及读物

《标点符号里的大学问》

标点符号是适应人类社会语言表达的需要而产生的，是辅助语言表达的重要工具。在书面形式上，它也是表示停顿、语气和词语性质及作用的不可缺少的一套符号。当今社会，科学技术飞速发展，社会生活日益丰富，人类的思维越来越缜密，人们的情感也越来越丰富，我们在写作的时候就更加需要依赖标点符号正确地、精细地进行表达。小小的标点不可少，大大的讲究要知晓。文通字顺，标点正确，一篇漂亮的文章就可以从你的笔下诞生。好文章是你的文化名片。

《标点符号里的大学问》根据国家最新颁布的《标点符号用法》，广泛收集近年来政治、经济、文化、娱乐等各方面的语言材料，用通俗活泼的语言举例说明了共 16 种标点符号的用法。对于各种常见的标点符号错误用法，作者也作了仔细的辨析。这本普及性的《标点符号里的大学问》旨在帮助读者掌握正确运用标点符号的技能，提高他们的汉语应用能力。

作者任丽青日前在上海大学担任现代汉语、中国现当代文学史、文秘实务等课程的教学工作。曾主编现代汉语和大学语文教材，参编《中国分体诗歌史》等文学鉴赏辞典。

《走向性文明》

《走向性文明》是关于性教育的普及读物，内容通俗易懂，知识丰富，论述有力。性文化凝聚着千万年来几乎涉及各个领域的学者、思想家以及广大民众的探索、努力、追求与抗争。性文化映现的是历史发展过程中，人类在针对性和与性有关的物质和精神力量所达到的程度和方式。《走向性文明》作者刘达临着力于通过对性文化的论述，阐述性文明的各个方面，让读者对性有一个全面、正确的理解，改变传统观念中谈性色变、对性存在理解误区的成分。

作者刘达临为上海大学社会系教授，1982 年任上海大学《社会》杂志编辑、副主编，1988 年任上海性学研究中心主任，创办《性教育》杂志，著有多部性文化书籍。

《日常生活中的国际法》

纷繁复杂的国际问题，扣人心弦的国际事件，以及此起彼伏的国际纠纷，它们不但是我们日常生活中的热点话题，更是国际法展现魅力的重要载体。中国的崛起离不开国际法，中国公民更应对国际法有所了解。

作者从日常生活中的事例出发，用“讲故事”、“唠家常”的方式，撰写了这本供大众了解国际法基础知识的通俗类专业读物。希望本书或能够为大家打开一扇国际法之窗，或可以激发大家对国际法的兴趣，为中国在国际舞台上曼舞长袖的潇洒身影，提供群众基础和大众智识支持。

《日常生活中的国际法》选取贴近人们日常生活的事例与问题，如中国公民在国外的外交保护、国际航班上的行为规范、公海邮轮赌博是否合法等等，以百姓叙事的方式，为大众展开一幅国际法立体画卷，轻松讲述被你、我、他所忽略，但却与你、我、他密切相关的国际法知识。

作者余锋系华东师范大学法律系讲师，法学博士、律师。

《中外社会保障制度漫谈》

本书以“漫谈”的形式，对美国、英国、法国、德国、北欧国家、日本、新加坡、巴西等国的社会保障制度，以及我国社会保障制度的历史发展沿革和现行制度作一概括式的介绍。前半部分每篇介绍一个国家或地区的社会保障制度。后半部分主要介绍国内社会保障制度的发展沿革和制度精神、主要立法等。社会保障制度具有很强的政策性，这使得本书很难以 “演义” 的方式“演绎”。因此，本书在严格遵循制度精神及内容的基础上，力求在文字上通俗易懂，让读者朋友们可以轻松地了解这些“枯燥”的法律制度，在丰富知识的同时，加深对关切自身利益的“社会保障”的了解。

作者李磊现为上海对外贸易学院法学院讲师（兼职律师），曾在上海市劳动保障局、上海市社保中心从事劳动和社会保障立法、行政争议处理工作。

《自由撰稿 ABC》

本书的第一部分为“基础篇”，简单扼要地介绍了“自由撰稿应知应会”；本书的第二部分为“经验篇”，实事求是地解答了“初学撰稿者三十问”；本书的第三部分为“实用篇”，全面详细地传授了“自由撰稿怎样选题”。卷中收录了 50 余篇作者已经发表过的文章供作参考，俗话说“熟读唐诗三百首，不会写诗也会吟”，从“仿写”起步，经过一段时间练习和探索后，自然会总结出自己的经验和窍门，到那时，您就是一名成熟的“自由撰稿人”了。

作者朱世荣，现为上海银瓶动画公司编剧。从 1980 年开始“自由撰稿”，先后在各地发表文章千余篇，主笔或主编文稿 20 多部，均已出版。

《行政法漫谈》

本书共分三篇：“衣食住行篇”、“生老病死篇”和“学习工作篇”，以设问的形式，结合生活中的真实案例，论述我国行政法的基本内容与精神，如“开瓶费合理吗?”、“出租房该登记吗?”、“‘钓鱼执法’是违法行政吗?”等等。

本书用浅显的文字阐释枯燥晦涩的法律知识，方便普通读者认识行政法知识、应用行政法解决法律问题，具有一定的实用性和参考性。

作者刘志刚，中国人民大学法学院博士，武汉大学法学院博士后。现为复旦大学法学院教授。

《红色的故事》(1921—1949)

重温红色的故事，缅怀红色先辈，继承红色传统，不是为了回归过去，而是为了更好前行。在同红色历史、红色故事的对话中，我们可以不断获得新的智慧。《红色的故事(1921—1949)》共分十章，以时间为序，内容涵括从五四《新青年》的诞生及至 1949 年新中国的成立。通过形象化、生动化的故事性叙述，用活泼清新的语言，对中国共产党成立直至新中国成立过程中的重大历史事件进行了回忆，描写了党领导中国人民前赴后继、艰苦奋斗、建立新中国的历史画卷。《红色的故事(1921—1949)》用平实通俗的叙事方式，将党的优良传统、光辉历程以及主要事迹呈现于读者面前，深化爱国主义教育和革命传统教育的时代主旋律，重温红色故事，重游红色山河，缅怀红色先辈，继承红色传统。

作者李朝军系复旦大学中国近现代史博士，现为中共长宁区委党校讲师。

《中国共产党反腐倡廉 90 年》

反腐倡廉建设是中国共产党加强执政能力建设、弘扬优良作风和保持自身先进性的重要方面。90 年来，中国共产党始终高度重视反腐倡廉工作，将其视为在各个历史时期不断加强自身建设的关键所在。从拒腐防变到惩腐肃贪，从整党整风到加强作风建设，从权力反腐到制度反腐，从反腐斗争到廉政建设，中国共产党开创了一条中国特色的反腐倡廉建设之路。本书从历史的视角出发，从执政党建设与政党政治两个层面，对中国共产党 90 年反腐倡廉建设的历程进行系统阐述，全面展现我们党在反腐倡廉建设实践中所取得的成绩与经验，从中探索反腐倡廉建设的基本规律，以期对当前反腐倡廉建设工作的深入开展有所启迪。

作者陈挥，上海交通大学教授，上海市中共党史学会副会长。

《经济学大师的诺贝尔奖之路(2001—2010)》

《经济学大师的诺贝尔奖之路(2001—2010)》用通俗易懂的文字，以讲故事的形式对 2001—2010 年诺贝尔经济学奖获得者及其理论进行介绍。《经济学大师的诺贝尔奖之路(2001—2010)》力求集科学性、知识性和趣味性为一体，帮助读者轻松、快速、全面地了解 2001—2010 年诺贝尔经济学奖得主及其理论，了解这些经济学家借以获得该奖的理论创新在哪里，了解他们的理论对有效解决现实社会经济问题有什么作用，了解经济学理论与我们的生活有哪些关系，等等。同时，通过对经济学家的成长经历及其学术思想形成过程的分析与介绍，帮助读者了解经济学理论的探索与形成过程，从中得到有益的启发。

作者张鑫现任同济大学经济与管理学院副教授、硕士研究生导师。

学会服务平台

XUE HUI FU WU PING TAI

第五届学会学术活动月

繁荣上海学术文化　发展社团学术功能

——市社联第五届学会学术活动月高潮迭起反响热烈

10月20日，上海市社会科学界联合会第五届学会学术活动月开幕式暨学术报告会在上海科学会堂举行，市社联党组书记、专职副主席沈国明出席开幕式并致词，社联党组副书记桑玉成主持开幕式和学术报告会，社联所属各学术社团代表200多人出席。沈国明指出，学术性是学术社团的基本特征，是学会的社会定位和立会之本。社联所属各学会要围绕党和政府的中心工作，关注本学科、本行业的热点、难点问题，搭建理论研究平台，广泛联系社会各界专家学者，举办既体现学术水平、又贴近现实的各种学术活动，充分调动和发挥社会科学工作者的积极性和创造性，积极引领相关领域专家学者贡献智慧，为党和政府的民主决策、科学决策服务。沈国明还结合党的十七届六中全会审议通过的《中共中央关于深化文化体制改革、推动社会主义文化大发展大繁荣若干重大问题的决定》，对新形势下如何进一步做好社科类学术团体建设、发挥学术团体独特作用提出要求。复旦大学姜义华教授，上海市国际关系学会会长、上海国际问题研究院院长杨洁勉研究员，上海市教师学研究会名誉会长于漪，上海华夏社会发展研究院院长鲍宗豪，上海市经济学会副会长、上海交通大学经济学院执行院长陈宪教授围绕当前我国经济社会发展面临的重大理论和现实问题，在学术报告会上作了演讲。

姜义华教授指出，胡锦涛同志在纪念辛亥革命100周年大会上的讲话中，8次提到“振兴中华”，23次提到“伟大复兴”，启发我们从新的视角考察辛亥革命。大量历史事实充分表明，辛亥革命并不是所谓的“资产阶级领导的一场不彻底的资产阶级革命”，而是无数革命志士仁人继承发扬“民惟邦本，本固邦宁”的中华民族精神和文明传统，进行的一场“拯斯民于水火”的爱国行动。辛亥革命推翻了两千多年的君主官僚制，倡导五族共和并形成“中华民族”全新的民族共同体概念，建立民主共和制，选择了单一制国家制度，开辟了探索适应中国实际的近代化道路。今天我们对辛亥革命最好的纪念，就是要继续这一探索和努力，并且结合时代的需要，坚持走中国自己的道路。

鲍宗豪院长以“后全球化视野下的社会管理”为题作演讲。他认为现在人类社会已经步入“后全球化时代”，以美国为代表的盎格鲁撒克逊发展模式遇到了瓶颈，全球范围内的社会冲突、社会危机程度在加深。在此大环境下，中国要走出一条现代化新路，加强社会管理非常重要。需妥善应对社会建设领域的突出问题:如利益群体世袭化,部门利益法制化,底层人群过大,阶层固化、贫富差距不断拉大,社会结构滞后于经济制度,等等。构建我国社会管理系统,特别要强调建立社会共识、内化社会秩序为公民素质、构建社会规则这三个维度。

陈宪教授在演讲中指出,当前中国的收入分配问题愈益突出,造成了消费与投资的不平衡,影响了经济的持续发展。从根本上解决收入分配问题,创造良好的制度环境,比直接从结果着手更加重要。我们必须创造平等的获得社会资源的机会,杜绝公共利益部门化。

于漪老师对我国、特别是上海的基础教育现状进行反思,指出有的学校以素质教育之名,行选拔教育之实:一方面学生超前支付生命,身体素质发展受到影响;一方面学校德育缺失,中小学生文化积淀、生活积累不够,缺乏应有的文化判断力,责任感、道德感缺失,个人中心主义倾向明显。基础教育要从困境中突围,当务之急是在思想上厘清奠什么"基"的问题,更加重视对学生思想品德、身体健康方面的全面培养,真正打破以分数为导向的"育分"怪圈。其次要正确处理教育中"术"与"人"的关系,着重教学生如何做人,强调对他们的精神世界的文化滋养。最后要正确处理选拔教育和全面发展的素质教育的关系,从提升学生素质的目标出发,取舍教育内容、调整工作重心,在小学阶段试行以"等第制"代替"百分制",给孩子留更大的发展空间。

杨洁勉院长以"西方制度困境与中国和平发展"为题演讲。他认为当前西方遇到的困境体现在经济和制度两个层面:经济困境表现为失业率高、政府债务高、经济增长率低和政策效率低,原因是发展战略失误、虚拟和实体经济失调、财政外贸赤字失衡以及金融产业管制失缺。制度困境表现为经济治理制度无法解决经济难题、民主政治制度异化、思想和价值观遇到困惑以及国际公信力骤然降低。杨院长在分析国际形势新变化的基础上,对中国和平发展道路提出以下建议:一是要关注世界公共议题,提供公共产品,维护社会稳定;二是要维护共同利益,承担国际责任,增加利益汇合点,建立利益共同体;三是要维护秩序,改革体系,扮演好参与者和改革者的双重身份;四是要求同存异,培育共识,积极寻找人类共同利益和价值的新内涵;五是要保持主动,警惕预防,在维稳、维权等方面采取各种预防、规避措施。

"学会学术活动月"是市社联主办的品牌学术交流活动,自 2007 年创办以来,已连续成功举办 5 届。5 年来,活动月的参与面不断扩大,各学会将精心组织的年度学术盛宴集中呈现,充分展现了上海社科界的团队意识、整体效应和公益活动的氛围;联动性不断提高,各学会打破学会和学科领域的界限举办学术活动,促进了横向的学科交流,拓展了工作思路;青年学者培养力度不断加大,不少学会从自身实际出发,开展以青年学者为主体的学术活动,扩大了青年学者的影响力,培育了青年学术骨干队伍;品牌化建设不断深化,有些学会的系列学术活动已经连续举办数届,在学界享有较高的评价。

第五届"学会学术活动月"于 10 月下旬至 11 月下旬举行。"学会学术活动月"期间,社联所属的学会、研究会联合有关高校、科研机构及党政机关,举办学术研讨会、座谈会、报告会和论坛等各类学术交流活动 160 多项,众多专家、学者、青年才俊借助这一开放平台开展学术交流和研讨，既有基础理论研讨，又有关于全国、上海经济社会发展的实证研究，以期较全面地反映上海社科界对哲学社会科学理论和中国社会现实经验的深层思考以及最新研究成果。《解放日报》、《文汇报》、《社会科学报》以整版篇幅刊登了本届“学会学术活动月”的广告，沪上主要报纸杂志、电视台、电台、网络等媒体对相关学术活动的情况进行了报道。

市社联举行 2011 年度学术社团负责人会议暨党建工作会议

3 月 1 日，上海市社联举行 2011 年度学术团体负责人会议暨党建工作会议。来自社联所属学会及民办社科研究机构 200 余位负责人参加了会议。市社联党组书记、专职副主席沈国明出席会议并讲话。

市社联党组副书记桑玉成主持会议并宣读了获得上海市社联 2010 年度第四届“学会学术活动月”优秀组织奖和组织奖的学会名单，以及获得 2010 年度《社联通讯》“十佳”学术活动综述和积极投稿的学会名单。市社联学会处副处长王克梅布置了本年度学术团体的几项具体工作。

沈国明向与会者通报了 2010 年市社联开展的工作及 2011 年市社联的主要工作安排，回顾了 2010 年学术团体管理取得的成绩，并就新一年本市哲学社会科学学术团体的工作进行部署。

沈国明指出，2010 年市社联在市委、市委宣传部的领导下，紧紧围绕市委九届十三次和十四次全会提出的工作目标和工作任务，以召开市社联第六次代表大会为契机，团结和依靠本市广大社科工作者，围绕五大平台建设，服务大局，奉献世博，为推进马克思主义中国化、时代化、大众化，实现上海哲学社会科学的新繁荣、新发展作出了不懈努力。2011 年是实施“十二五”规划的开局之年，市社联要全面贯彻落实党的十七大、十七届三中、四中、五中全会精神，以邓小平理论和“三个代表”重要思想为指导，深入贯彻科学发展观，牢牢把握正确的政治方向，团结社科界五路大军，要以举办重大活动为契机，扎实推进社会主义核心价值体系建设；组织专题学术探讨和研究；办好马克思主义研究论坛；举办社联第五届学会学术活动月和第九届学术年会；办好东方讲坛，推动社科知识普及；提高服务水平，推进学术社团建设和管理。为上海实现“创新驱动，转型发展”，为促进“四个中心”和“智慧城市”建设，为实现上海文化大发展出谋划策，全力开创上海哲学社会科学发展新局面。

沈国明回顾了 2010 年市社联在学术团体管理和服务方面取得的成绩。2010 年，市社联认真履行市委、市政府赋予的本市哲学社会科学学术社团和民办社科研究机构的业务主管单位的职责，坚持正确导向，加强科学化、规范化管理，在完善工作机制、培育学术功能、加强社团党建、培养青年人才、关注资深学者、开展培训交流、促进规范发展等方面创新性地开展了一系列工作，取得了良好的社会效应，有力推动了学术团体的健康发展。

沈国明在讲话中重点部署了2011年学术团体工作，要求各学术团体在工作中要进一步解放思想，牢牢把握政治方向，推动理论创新，培育学术团体的各项功能，充分发挥学术团体的作用。

（一）把握政治导向，增强全局意识

各学术团体要从全局和战略的高度，深刻认识构建和谐社会背景下社科类学术团体工作的重要意义，自觉增强责任感和使命感。要切实把党工组的作用发挥好，进一步做到党工组的工作、运行机制化、常态化，及时总结，形成好的示范；要把学会党工组和领导班子融为一体，共谋社团工作创新发展。市社联将进一步加强交流、总结经验，对学术团体党工组如何贯彻、落实科学发展观，坚持正确导向，培育学术团体功能等进行研讨、交流；将进一步探索学术团体党工组的工作机制，充分发挥党工组在学术团体领导班子中的政治核心作用、在学术活动中的政治导向作用，保证社科类学术团体始终坚持正确的政治方向。

（二）推动理论创新，营造良好氛围

各学术团体在学术活动中要以发展中的重大理论和现实问题为主攻方向，扎实推进理论研究。加强对马克思主义基本观点和中国特色社会主义理论体系的研究，加强对科学发展、和谐社会、党的建设等重大课题的研究，加强对上海创新驱动、转型发展实际问题的研究，推出更多有价值、有影响的研究成果。要以中国共产党成立90周年等重大活动为契机，开展广泛深入的理论研讨。市社联还将进一步鼓励、支持各学术团体开展多种类型的理论研究和理论创新。继续以"基础学科资助"等多种方式对基础学科学会进行重点帮扶。结合重点学科、重点课题、热点难点问题，举办社科热点"一月一会"活动。要对学会举办的重要的跨地区、全国性或国际学术活动，以及相关学会联合举办的重要跨学科学术活动给予特别资助。支持本市优势学科、重点学科、新兴学科的有关学术团体在学科建设方面发挥整合、引领作用。市社联还将继续举办第五届学会学术活动月，办好《社联通讯》，进一步加强对于各学术团体学术动态和学会建设动态的报道。

（三）开展决策咨询，提供智力支持

各学术团体，尤其是应用学科学会和民办社科机构，在为党政部门和社会各方提供智力服务方面具有独特优势。要抓好全局性、战略性、前瞻性的课题，围绕"十二五"期间的难点、热点问题，围绕上海实现创新驱动、转型发展组织重点攻关。要抓好应用研究、对策研究，开展为有关决策部门的咨询服务工作。要积极开展为基层企事业单位或面向社会公众的咨询服务工作。市社联将进一步鼓励、支持学术团体发挥各自专长开展咨询服务。加强交流，促进学术团体增强咨询服务功能。充分运用市社联内部研讨的平台，扩大学术团体应用研究成果转化的渠道。

（四）推广社科普及，提高民众素养

各学术团体要围绕中心工作、当前形势以及干部群众关心的重大理论、实际问题，深入浅出地解疑释惑。要适应建设学习型社会和促进人的全面发展的需要，加强哲学社会科学知识的传播、普及，不断提高社会公众的哲学社会科学素质、道德素养和精神境界。市社联要继续搭建好“东方讲坛”和“社会科学普及周”等平台，还要加强总结交流，推广学术团体开展多种形式社科普及活动的经验和做法。

（五）注重队伍建设，加强人才培养

学术团体要把青年学者工作制度化、机制化，构建更多的有利于青年人才脱颖而出、发挥作用、增长才干的载体和平台，扩大青年学者的影响力，为学术团体、社科事业的未来发展提供坚实的人才保证。要鼓励和支持相关资深学者运用学术积累、工作阅历、人生感悟，在学术团体的学术功能培育和自身建设中发挥不可替代的作用。市社联将继续鼓励和支持各学术团体开展以青年学者为主体的学术活动，对青年学者论坛进行资助。继续策划资深学者交流活动，举办资深学者专题研讨活动。

（六）加强自身建设，提升管理水平

各学术团体要按照中央精神和有关法规、制度依法治会、治院所，按章办会、办院所，按照学会和民办社科机构的宗旨和业务范围开展各项活动，加强学术团体的自身建设，实现自主活动、自我发展、自律管理。学术团体领导班子要树立做好学术团体工作的自觉性，以高度负责的精神做好学术团体工作。要建立行之有效的内部治理结构、运行机制和自律管理模式，形成重大事项民主决策的机制。市社联要通过召开学术团体负责人会议、学术团体党组织负责人会议，传达上级和社联有关精神，总结、交流、部署社团管理和社团党建的相关工作。组织相关学科学会工作例会、所属民办社科研究机构工作例会，交流、协调、落实学术社团建设各项工作。通过举办社团党建研讨会、开展社团工作调研、学会干部专题培训班、“社科工作者看社会”、学习兄弟省市社联学会建设与管理工作经验等活动，加强相互交流，进一步提高学会负责人及专职干部对社团工作的责任感、事业心及工作水平。通过“达标创优”活动以及对所属学会与民办社科机构的财务审计监督等工作进一步提升学术团体建设与管理水平。

（七）拓宽发展渠道，促进民办社科研究机构健康发展

民办社科研究机构要充分整合各种资源，不断拓宽民办社科研究机构的发展渠道。要拓宽与政府联系的渠道，积极投入为党和政府服务的工作中来；要拓宽与民众联系的渠道，积极参与到服务民生的各项公益活动中来；要拓宽与其他社会组织的联系渠道，促进本专业联合攻关和跨专业交流协作。市社联要通过召开民办社科机构工作例会，开展民办社科研究机构专项调查研究，举办民办社科机构建设交流活动，及时了解其发展中的新需求和新问题，学习兄弟省市社联民办社科机构管理工作经验，促进本市民办社科机构规范健康有序地发展。

市社联举办部分学会负责人社团管理经验和“社科工作者看社会”活动

为了更好地发挥社联所属学会的学术功能，创新学会开展学术活动的方式，同时增强社科工作者对社会实际情况的了解，探讨新形势下如何深化社会组织发展，进一步促进学会工作，在社联领导的关心支持下，学会处于8月底和9月初组织部分学会负责人分赴辽宁沈阳和广东珠海考察学习，和当地社科联同行交流座谈，两批共有60多个学会的负责人参加了活动。

两地社科联对于上海市社联组织的考察交流活动非常重视。辽宁省社科联党组书记、副主席张沈立介绍了辽宁省社科联所属学会的概况。辽宁省社科联副主席杨路平作了关于中国社会科学类社团科学发展的战略选择的学术报告，并介绍了辽宁省社科联社团发展的具体经验。来自辽宁省哲学学会、省保险学会等学术团体的负责人介绍了各学会的发展现状、特色活动及办会经验。在听取辽宁省社科联介绍的经验后，市社联党组副书记桑玉成介绍了上海市社联的概况、所属学会的基本格局及社团管理的基本经验。参加交流的上海市各学会负责人从围绕学科特点，增强学会工作针对性；开展课题调研，增强学会工作深入性；进行决策咨询，增强学会工作应用性；举办科普活动，增强学会工作服务性；利用成果发布，增强学会工作辐射性；开展学术合作，增强学会工作协同性；注重青年培养，增强学会工作持续性；学习先进经验，增强学会工作丰富性；积极出谋划策，提升市社联服务水平等九个方面展开了研讨，会议还听取了学会负责人对社联相关工作的建议。

广东省社科联专职副主席李旭明携社团联络部主任张德馨、副主任李翰敏专程赶赴珠海进行交流，珠海市社科联副主席杨穆主持交流活动，珠海市发展和改革局领导王梦阳就珠海市“十二五”规划纲要向与会者作了解读，珠海市社科联学会科研部主任王玉琦介绍了珠海在探索社会组织发展方面的成绩与经验。通过介绍，上海的社科工作者对珠海的城市发展概况有了深刻印象，并了解到“十二五”期间珠海将以海港、空港、口岸建设为载体，基本建成珠江口西岸交通枢纽城市；以发展战略性新兴产业和“三高”产业为主体，构建生态型现代产业体系；以实施东部大转型和西部大开发为契机，高标准打造城市发展新格局等10个目标。在谈及社会组织发展时，王玉琦通过具体事例向与会者解读了珠海市党委领导、政府负责、社会协同、公众参与的社会管理格局，给了与会者很多启迪。参加交流的上海市各学会负人也围绕开展学会工作的经验和体会，以及社科类学术社团如何深入发展展开了研讨。与会者认为，随着社会主义市场经济的深入发展，社会组织正在成为参与社会管理新的重要力量，影响和作用日益扩大。充分认识社会组织的特点和重要作用，加强社会组织管理，支持社会组织发展，发挥其应有的作用，对于维护社会和谐稳定、促进经济社会发展、促进政府转变职能、促进社会管理体制创新等等，都具有十分重要的作用。哲学社会科学类的学术团体作为社会组织的重要成员，也担负着历史赋予的重要使命。与会者认为，要通过完善规章制度建设、加强学术理论研讨、发挥桥梁纽带作用、注重青年学者培养等措施，进一步做好新形势下社科类学术团体建设。

学会负责人社团管理经验交流和社科工作者看社会活动，开阔了社会科学学会骨干工作者的视野，提升了学会负责人组织策划学术活动的水平和能力，同时增强了市社联对于所属学会的凝聚力和向心力，获得了参与者的一致好评，充分实现了活动的预期目的。学会处也将及时总结经验，力争今后更好地开展这项工作。

探索运用各种发布形式 及时传播学术研究成果

——市社联举办学术社团成果发布平台建设研讨会

学术成果发布平台是社科类学术社团汇聚人才、促进学习交流、转化学术成果、传递政府决策、反映社情民意的重要渠道，是学术社团发挥自我组织、自我管理的职能，以及会员之间、专家学者与党和政府、社会大众之间的桥梁纽带作用的重要形式，是学术社团增强会员凝聚力、培育自身学术功能、推动学术成果评价、改善政府公共决策、促进社科知识普及的重要抓手。

近年来，市社联积极运用学术成果发布平台，所属各学会通过编纂书籍、发行刊物和建设网站、与媒体合作、向有关方面提交决策咨询报告、课题研究成果及参加学术会议等多种方式，发布、传播学会的学术研究成果，取得了良好的社会效应。

一、编撰学术书籍，发布研究成果。有的学会按照市社联要求或自行确定选题，组织编写学术专著，推出了系列丛书等成果，有的录入了网络数据库，供学界检索，如宋庆龄研究会的“宋庆龄文献与研究”、高等教育学会的《上海高等教育文库》等。有的学会举办学术会议、论坛，通过征文、评选具有一定代表性的会员学术成果，编印论文集，供内部交流，如中山学社的《近代中国》、教师学研究会的《于漪新世纪教育论丛》。经济学会等学会多年来坚持编写年刊、年鉴，全面记录有关领域的理论研究及活动情况。

二、主办学术期刊，扩大学界影响。社联所属部分学会主办、协办人文社会科学核心期刊，如人类学学会的《现代人类学通讯》、统战理论研究会会刊《上海市社会主义学院学报》，农村经济学会的《上海农村经济》、保险学会的《上海保险》、审计学会的《上海保险》、研究生教育学会的《上海研究生教育》，以及领导科学学会的《现代领导》、新四军历史研究会的《大江南北》、房产经济学会的《上海房地》，等等。这些期刊多年来坚持刊登具有一定学术水准的研究论文，在学术界获得了较高的声誉。

三、编发内部刊物，交流工作信息。如经济学会的《上海市经济学会学术动态》、人民政协理论研究会的《会讯》、国资企业思想政治工作研究会的《企业与文化》、信访学会的《上海信访》、科学社会主义学会的《上海科学社会主义学会简讯》、劳动和保障学会的《上海劳动保障信息》、会计学会的《新会计》、总会计师工作研究会的《上海会计管理》、编辑学会的《编辑学刊》，等等。这些刊物及时反映学会理事会会议、学会年度工作计划、学术讨论会综述、学会重要动态等本会及所属专委会举办的学术活动的综述和简讯，发到有关领导部门、理事，以及全体会员，起到传递学会工作情况，沟通工作信息，扩大学会影响力的重要作用。

四、加强媒体合作，打造工作品牌。有的学会通过组织会员向《解放日报》、《文汇报》、《新民晚报》等报纸投稿、在报纸开辟专栏、刊登学术活动专题报道和综述、组织学者专家笔谈、邀请相关记者对专家学者进行专访等方式，反映社科界对重大事件、重要活动、重点话题的思考、分析、观点和对策建议。如国际关系学会乐于搭建新闻媒体和科研单位之间的桥梁，在《解放日报》开辟“复旦——解放国际问题论坛”专栏，就重大国际热点和我国外交重大活动，组织学者专家笔谈，至今已坚持近 8 年，开办近 60 期，发表近 200 篇专业文章，成为上海国际问题研究的一项品牌工作。

五、建设网络平台，丰富传播手段。各学会重视网络的作用，在新兴媒体上发出专家学者的声音。经济学会、人类学学会、金融学会、中山学社、医学伦理学会、欧洲学会等 40 多个学会都开办了自己的网站，设立了学会动态、学术研讨、课题管理、刊物信息、学术资讯、会员专区等栏目，打造全方位的研究和宣传平台。一些学会加强与网络媒体合作，组织开展网友在线互动，有的学会正准备开通学会官方微博，探索利用网络媒体新形式及时发布学术成果。通过媒体发布学术研究成果、传播社科知识，既体现了学会的社会责任感，也扩大了学会对社会的影响力，赢得社会话语权，为自身的长远发展获取助力。

六、开展课题研究，提供咨询服务。有的学会根据领导部门要求或者有关单位委托，组织专家学者开展课题研究，把具有内部参考价值的研究成果，报送领导和有关需求单位，参与党和政府决策咨询评奖活动，发挥了决策参考的作用。如妇女学会、婚姻家庭研究会在“两会”期间，把握市人大审议妇女儿童法律法规之前征求各方意见的契机，在开展充分调查研究的基础上，向市“两会”提交了 50 多份议案、书面意见和提案，获得了上级领导机关的肯定。语言文字工作者协会为制定、宣传、贯彻《上海市中长期语言文字工作改革和发展规划纲要》，积极建言献策；劳动保障学会就非标准劳动关系开展调查研究，并日对完善相关的地方性法规提出了可操作性的建议。

学会学术交流

XUE HUI XUE SHU JIAO LIU

建党 90 周年

为纪念中国共产党成立 90 周年，市社联所属各学会开展了形式多样的学术活动，这些学术活动得到了本市高校、科研院所、党校、政府部门等的大力支持，推动了横向学科领域的交流，营造了社科界纪念建党 90 周年的浓郁学术氛围。现将部分活动刊登如下：

	活动主题及形式	举办单位
1	“建党 90 周年与马克思主义中国化”学术研讨会	上海市哲学学会
2	“中共建党与上海”研讨会	上海市历史学会
3	“中国共产党与中国现代化历史经验”学术研讨会	上海市中共党史学会
4	“以史鉴今，资政育人——纪念中国共产党成立 90 周年”学术研讨会	上海市中共党史学会
5	中共党史进百校系列活动	上海市中共党史学会
6	马克思主义美学中国化研讨会	上海市美学学会
7	“毛泽东新民主主义革命思想产生的历史前提条件”学术研讨会	上海市新四军暨华中抗日根据地历史研究会
8	“党在我心中”大型座谈会	上海市新四军暨华中抗日根据地历史研究会
9	庆祝中国共产党成立 90 周年纪念大会暨“理想在我心中”新书发布会	上海市新四军暨华中抗日根据地历史研究会
10	“加强和创新社会管理，提高党的执政能力”高端论坛	上海社会科学普及研究会
11	《影像中的红色记忆》、《弄堂里的红色记忆》专题讲座	上海市档案学会
12	《弄堂里的红色记忆》图片展	上海市档案学会
13	庆祝建党 90 周年上海市中小学教师“三笔字”邀请赛	上海市教师学研究会
14	“继承和发扬党的秘书工作传统”座谈会	上海市秘书学会
15	“庆祝建党 90 周年——志存高远抒情怀”上海市大学生演讲比赛	上海市演讲学研究会
16	纪念建党 90 周年语言文字学术座谈会	上海市语言文字工作者协会
17	党旗飘扬红歌嘹亮——庆祝中国共产党成立 90 周年群众歌咏大会	上海炎黄文化研究会

（续表）

18	“中国特色社会主义过去现在和未来”学术研讨会	上海科学社会主义学会
19	“世界社会主义理论与实践”学术研讨会	上海科学社会主义学会
20	纪念中国共产党建党90周年理论研讨会暨第二届青年学者论坛	上海科学社会主义学会
21	“马克思主义·中国特色社会主义进路·领导科学发展”研讨会	上海科学社会主义学会、上海市马克思主义研究会、上海市领导科学学会
22	中国特色社会主义政党制度与政治发展道路系列研讨会	上海市政治学会、上海市人民政协理论研究会、上海市法学会、上海市社会学学会、上海市党史学会
23	学习《中国共产党历史》第一、第二卷研讨会	上海市毛泽东思想研究会
24	纪念中国共产党成立90周年理论研讨会	上海市延安精神研究会
25	“追求民主法治90年”专题研讨会	上海市法治研究会
26	“追求民主法治90年”主题宣传活动	上海市法治研究会、上海市法学会
27	党建创新与社区治理——古美社区实践分析研讨会	上海市法治研究会、上海市社区发展研究会
28	《中国共产党历史》第二卷读书交流会	上海市领导科学学会
29	“中国共产党执政能力与领导哲学”理论研讨会	上海市领导科学学会
30	“中国经济发展与党的领导”专题报告会	上海市领导科学学会
31	“马克思主义·中国特色社会主义道路·领导科学发展”理论研讨会	上海市领导科学学会、上海市马克思主义研究会
32	现代领导与党的群众工作方法创新研讨会	上海市领导科学学会、上海市社区发展研究会
33	纪念建党90周年专题报告会	上海国资企业思想政治工作研究会
34	“浦江清风”理论研讨会	上海廉政研究会、上海市监察学会
35	党的领导与妇女发展——上海各界妇女纪念中国共产党成立90周年研讨会	上海市妇女学学会
36	市总工会纪念中国共产党成立90周年理论座谈会	上海市工人运动研究会
37	纪念建党90周年反腐倡廉理论研讨会	上海市监察学会、上海廉政研究会
38	社会组织与社会管理创新座谈会	上海市社会学学会
39	康乐工程与创新群众工作理论研讨会	上海市社区发展研究会
40	统一战线理论与实践——纪念建党90周年学术研讨会	上海市统一战线理论研究会
41	纪念建党90周年切实做好新时期信访工作专题研讨会	上海市信访学会
42	“中国共产党的光辉历程与伟大智慧”高层论坛	上海市形势政策教育研究会

（续表）

43	“百年道路与中国共产党”高层论坛	上海市形势政策教育研究会
44	马克思主义大众化与形势政策教育研讨会	上海市形势政策教育研究会
45	纪念中国共产党成立 90 周年上海两个中心建设与长三角区域经济发展研讨会	上海市经济学会
46	纪念中国共产党建党 90 周年主题报告会	上海生产力学会
47	市场监督・工商行政・经验启示——纪念中国共产党成立 90 周年理论研讨会	上海市工商行政管理学会
48	纪念中国共产党成立 90 周年系列活动(讲座、征文交流等)	上海市劳动和社会保障学会
49	我党对非公经济方针与政策历史演变研讨会	上海市民营经济研究会
50	长三角现代特色农庄恳谈会	上海市农村经济学会
51	上海物流业迎七一物流科技论坛	上海市物流学会
52	庆祝建党 90 周年系列座谈会	上海邮电经济研究会
53	纪念中国共产党成立 90 周年学术系列活动	上海市供销合作经济研究会
54	加强企业党建,促进企业和谐发展研讨会	上海市企业发展促进研究会
55	红旗招展忆往昔——纪念建党 90 周年中国革命根据地货币展	上海市钱币学会
56	纪念建党 90 周年企业创新论坛	上海现代企业经营管理研究会
57	纪念中国共产党成立 90 周年首届上海民间艺术成果展	上海工艺美术学会
58	“中朝关系发展”报告会	上海国际战略问题研究会
59	纪念中国共产党成立 90 周年学术讲座暨红歌会	上海海峡两岸学术文化交流促进会
60	纪念建党 90 周年创新与人才培养研讨会	上海市创造学会
61	“国际关系理论的自觉与中国学派”研讨会	上海市国际关系学会
62	“主动把握战略机遇期:体系变革背景下的中国与世界”研讨会	上海市国际关系学会
63	“中国共产党与当代世界”研讨会	上海市国际关系学会
64	走红路唱红歌——纪念建党 90 周年座谈会	上海市台湾研究会

中国共产党与中国现代化历史经验

——市中共党史学会举办学术研讨会

为隆重纪念中国共产党成立 90 周年，6 月 4 日，**上海市中共党史学会**举办“中国共产党与中国现代化历史经验”学术研讨会，此次研讨会系上海市社联纪念中国共产党成立 90 周年系列研讨活动之一，40 多位专家学者出席，上海市社联党组书记、专职副主席沈国明出席会议并讲话。

中央党史研究室原副主任石仲泉作题为《中国现代化必须正确认识和处理社会主义与资本主义的关系》的主题报告。报告首先回顾了在中国现代化过程中如何正确认识和处理社会主义和资本主义两者关系的艰难历程；报告第二部分谈在十一届三中全会后，中国共产党重新认识社会主义和资本主义二者的关系，并取得了历史性的新飞跃，如提出一国两制和中国特色社会主义理论等；第三部分谈正确处理好继承与借鉴、共存与补充、辨析与吸纳等三个关系，以充分认识和利用资本主义，为社会主义服务。

本次研讨会主题选择得当、适时，理论阐述准确，历史线索清晰，经验教训总结到位深刻。主要有以下三个特点：

一、抓住了中国共产党 90 年历程中一个带有拓展性的历史性课题。现代化是中国共产党成立以来一贯坚持的奋斗目标，历经艰辛，有成功经验，也有失误教训；有苦难，也有辉煌。在历史进程中终于取得飞跃，而这个飞跃是从十一届三中全会以后开始的，并逐渐形成了邓小平关于现代化建设等诸多理论。这一课题是多年来社会科学工作紧追不舍的研究对象。

二、从理论层面上对中国特色社会主义理论相关思想进行研究阐述。上海外国语大学胡正豪认为，从一定意义上说，中国共产党的 90 年就是承担“文化创新”、选择、建构中国现代化转型核心价值体系的 90 年，指出了中国现代化转型的核心价值体系是现代性与批评性的统一、普世性与主体性的统一，指明了中国现代化转型的核心价值体系是由文化创新、政治立国、经济转型、社会整合等四个主题贯穿其中，得出了中国特色社会主义核心价值体系是以马克思主义为指导、具有包容性与兼顾性价值取向、和谐文化价值为基本特征的结论。上海应用技术学院思想政治学院吴云翔阐述了早期陈独秀对中国政治现代化的思想，中国的政治现代化有其独特的历史沉淀和文化背景，又有具体的现实状况和运行模式，使得陈独秀得以提出了开明专制的政治现代化方案和中国政治现代化发展的目标，文中有很多观点特别是关于民主与专制的理解和认识，具有较为深刻的理论深度。

三、历史线索十分清晰。上海政法学院张远新在论文《民族复兴:中国共产党 90 年的不懈追求》中,主要从三个方面,即建立了新中国、建立了社会主义制度、开辟了中国特色社会主义道路,阐述了 90 年来中国共产党领导民族复兴的辉煌业绩,得出了坚持解放思想、实事求是、独立自主、全心全意为人民服务的宗旨、统一战线以及加强党的建设等五个方面的经验启示;上海对外贸易学院郇思源在论文《90 年来中国共产党党内监督的历程及其启示》中回顾了 90 年来中国共产党在执政前和执政后党内监督的发展变化,指出了在中共五大上成立了最早的监督机构即监察委员会,并总结了四点启示,对现当今监督机制的完善起到了重要的借鉴意义;南京政治学院上海分院吴其良在论文《军队党的建设现代化:应变与应对》中,主要从军队党组织方位的变化、建设主体的变化、构成方式的变化、制度的变化、管理手段和方式的变化等五个方面,探讨了军队党组织现代化建设;华东师范大学田锡全在论文《中国共产党与当代中国粮食问题的解决——以粮食统购统销制度为中心的讨论》中,梳理了自 1953 年至 1993 年近 40 年的时间里,中国共产党为解决当代中国粮食问题而采取的统购统销制度,主要对统购统销制度的由来、演变和正负效应三个方面进行探讨,并总结其中的经验教训,对于当今粮食安全问题的解决有相当的启示意义。

此次会议现场讨论热烈,引起了学术争论。同济大学唐培吉在点评中指出,中国共产党在领导中国人民走向中国现代化的过程中,没有全盘接受西方的文化和模式,而接受了马克思主义,这是因为中国文化几千年来形成了相对独立的文化,形成了自己独特的文化观念和价值观念,而马克思主义和社会主义的价值观念和理想与中国传统的价值理念有着许多共通之处。第二军医大学孙道同在点评中对中国的现代化即是围绕文化创新提出了自己的质疑。孙道同还认为对于新中国成立后的前 30 年的成就,不能只谈新中国成立初的几年,后来的一些成就也要充分肯定,如人民代表大会与多党合作制度、区域自治制度等;另外,他认为从历史的角度用一篇文章阐发中国共产党 90 年来的党内监督的历程,难免选题过大,另外对什么是党内监督的定义不很明确,对党内监督最早始于什么时候值得商榷。上海市委党校朱华在点评中对陈独秀早期中国政治现代化的认识过程的嬗变有着自己的看法,认为“五四”时期的先进知识分子很多从“不谈政治”到积极参与政治,是与当时中华民族的危机日益加深密切相关,陈独秀的开明专制思想在他思想中停留的时间并不长,就走上了创建中国共产党的革命道路。华东师范大学齐卫平在点评中指出,什么是政党现代化、党组织现代化,是需要进一步研究的概念,对军事技术现代化和军事管理现代化二者之间的关系可以做进一步的探讨和研究;另外,他认为,对于统购统销制度的历史地位与作用,应该有一个价值判断,这个制度在历史上的作用总体上应予以否定。

中共建党与上海

——市历史学会等召开学术研讨会

由上海市历史学会、上海师范大学共同主办的“中共建党与上海”学术研讨会于 6 月 25 日举行，40 多名党史、近代史学者出席会议。

会议着重探讨了中国共产党在上海诞生的时代背景、历史进程与政治意义。与会代表一致认为，90 年前中国共产党的诞生，是中国和上海社会历史发展的必然结果。作为工业化、现代化和国际化都市的上海，为中共的成立提供最适宜的地理环境；以上海工人为主体的中国工人阶级的壮大和阶级觉悟的提高，则为共产党的创建奠定阶级基础；上海发达的媒介网络为马克思主义的早期传播提供便利条件；伴随新文化运动的勃兴，上海成为先进知识分子的集聚与活动中心。而以陈独秀为核心的《新青年》编辑部和马克思主义研究会则为中共上海发起组提供了基本成员，上海发起组实际担当组建中共的“临时中央”。总之，中共在上海的成立是上海近代化的结果，而共产党的成立及其初期的有声有色的活动，也构成了上海近代史的华彩乐章。

与会者提出，20 世纪 20 年代的上海，是远东共产主义活动中心。第一，俄共(布)和共产国际几乎毫不犹豫地选定上海作为远东发起共产主义运动的基地。1920 年 7 月，俄共(布)中央西伯利亚局东方民族处成立，工作重心直接转移到远东国家，设有上海分部。8 月，共产国际成立由维经斯基、陈独秀、李汉俊等 5 人组成的上海“革命局”。1921 年，苏俄塔斯社在礼查饭店建立上海分社。上海成为共产国际指导远东共产主义运动的舆论中心之一。第二，自朝鲜被日本占领后，上海逐渐成为朝鲜革命和复国志士的大本营。1919 年 4 月，朝鲜志士在上海成立“大韩民国临时政府”。初到上海的李东辉当即担任大韩民国临时政府国务总理，韩人社会党总部也迁至上海。1920 年 3 月 1 日，七百多名朝鲜人和上百中西来宾参加了在上海举行的韩人独立节纪念会。5 月，在维经斯基的帮助下，韩人社会党部分成员组成朝鲜共产主义小组，其领导人是尹玄和金万谦。陈独秀与李汉俊也曾代表中国革命者与朝鲜共产主义小组进行联络。是年底，共产国际 26 位执行委员之一的朴镇淳在共产国际“二大”后抵达上海。1921 年 1 月，朴镇淳在上海成立“朝鲜共产党”。作为 20 世纪初朝鲜革命活动中心的上海，见证了朝鲜革命力量的壮大和博弈。第三，上海是日本共产主义运动的海外中转站。1920 年初，在上海约有 40—50 名日本社会主义者。李汉俊、施存统等与在沪的日本社会主义者有联系。日本警察当局对这些活动十分关注。第四，中国共产主义事业的起航地，尤其是陈独秀 1920 年 2 月由北京回到上海后，投身工人运动，改造《新青年》，建立共产党早期组织，创建社青团和外国语学社等，并推动各地建立党的组织。

会议代表们还就上海是远东共产主义活动中心、上海“二陈二李”（陈独秀、陈望道、李达、李汉俊）对建党的贡献，对共产国际代表维经斯基、马林在中国共产党建党中的作用等进行了深入研讨。

历史的关照　现实的回应　未来的展望

——上海科学社会主义学会等联合举办"中国特色社会主义过去、现在和未来"学术研讨会

5月30日，上海科学社会主义学会与上海建设交通党校、中共上海市委党校经济教研部联合举办纪念中国共产党成立90周年"中国特色社会主义过去、现在和未来"学术研讨会，40多人参加会议。市建设党校副校长喻晓荣主持会议。科社学会会长夏军和市委党校经济学部主任王志平分别致辞。

大力推进中国共产党执政理念转型的历史关照

华东师大陈锡喜通过对"革命党"和"执政党"概念的阐述，以及中国特色社会主义理论与"无产阶级专政下继续革命理论"的比较，认为中国共产党执政理念的转型表现在四个方面：首先表现在由革命意识转化为执政意识，由领导意识提升为执政意识；其次，由民主作风建设深化为民主制度建设，通过加强党的民主制度建设来提高党的执政能力；第三，在政治保障和执政基础的关系上，不仅重视政治保障（如坚持四项基本原则），而且还重视巩固执政的合法性，使党的执政有更广泛的社会基础；第四，在意识形态所代表利益的特殊性和普遍性关系上，不仅要代表表达政党、阶级的利益，更重要的还要寻求执政的社会基础所固有的共同利益，逐步实现共产党意识形态内容和形式的直接统一。实践证明，中国特色社会主义理论和实践的发展大大加速推进了中国共产党执政理念的转型，使中国共产党自身发展与中国特色社会主义建设形成了良性互动关系。从某种意义说，中国特色社会主义在很大程度上是中国共产党执政60多年历史教训警示不断反思总结的结果。

市委党校陈勇鸣从经济学视角谈到了中国共产党执政理念的转型。他认为，从1949年迄今，中国共产党执政60多年，第一个30年是使中国站起来，第二个30年是使中国强起来，今后第三个30年是使中国富起来。首要一点就是实现经济增长方式的转变。转变经济增长方式的评价主体是老百姓，转变经济增长方式，最主要一点就是转变经济发展方式，搞好企业创新，发展更多的中小企业，保增加，促就业，让更多的人分享经济增长带来的好处，切实提高老百姓的收入，扩大、巩固中国共产党执政的社会基础和合法性。

中国特色社会主义是中国共产党人集体智慧的现代结晶

上海市建设交通党校李鹏通过对党的第二代领导集体对中国特色社会主义认识的梳

理，认为胡耀邦对中国特色社会主义理论和实践作出了重要贡献。胡耀邦作为党的第二代领导集体中的重要一员，提出了许多有价值的思想和观点，如：改革的目的是藏富于民；改革和开放是不可分割的，实现四个现代化离不开改革开放；改革是全面的，包括经济体制、政治体制、文化体制、社会管理体制的改革；民主政治建设是社会主义精神文明建设的重要组成部分；要加强和改进党的思想建设，反对干部职务终身制，扩大党内民主，切实保障党员民主权利，严查处理党内腐败问题；实行尊重知识分子，关心、爱护知识分子政策，切实为知识分子分忧解难，以宽厚、开明的态度善待知识分子。胡耀邦的观点和思想对中国特色社会主义理论和实践产生了很大的正面影响，对目前正在进行的新一轮改革开放也有重要指导作用，是新世纪中国共产党执政的重要精神资源。

南政上海分院孙力研讨了领袖体制、民主与社会发展的关系，认为列宁关于阶级、政党和领袖的关系的论述，反映了现代政党政治的基本特征。在中国特色社会主义建设过程中，要成功地动员民众广泛参与，在这方面，邓小平、胡耀邦、陈云等中国共产党领袖发挥了很大的作用，党的第二代、第三代领导集体功不可没。领袖是一个集体，发挥领袖的作用，必须正确处理领袖与政党民主的关系。从社会发展的角度来看，阶级、政党和领袖的关系，不应该是固定不变的模式，而应该适应社会发展的要求和状态进行调整变化。

建设交通党校张欣亚认为，领袖对理论的创新受历史文本传递与使命的双重推动，不同领袖的个性赋予理论不同特色。中国特色社会主义理论到现实的转换，不断受到改革开放以来外部社会意识形态与内部教条主义的挑战。必须具有邓小平同志那样的政治勇气和博大包容的胸怀，实践创新是转换的关键。

中国特色社会主义发展的未来挑战与展望

市委党校鞠立新从发展中国家的经济安全角度谈到了中国特色社会主义经济面临的挑战，30 年来，中国经济地位在国际上有了明显的提高，但经济增长方式的转变没有实质性突破，这就带来了未来中国特色社会主义经济必然遇到的经济安全、能源安全、粮食安全等挑战。拉丁美洲的教训对我们有很大的警示，处理好经济快速增长后社会财富、收入分配、社会保障、社会群体之间的利益协调等问题，中国共产党需要智慧来化解这些难题。

市建设交通党校史晓平认为中国特色社会主义未来可能遇到的挑战表现在四个方面：一是在经济上能否真正实现经济发展方式转变；二是在政治上能否建立有效的权力制约制度，预防和遏制腐败问题；三是在文化上能否在价值观多元化中始终坚持马克思主义指导思想；四是在社会领域能否有效地缩小贫富差距、地区差距、城乡差距，实现社会公平正义。我们要应对挑战，走出一条独特的发展道路。

上海社科院胡键介绍了国外对中国特色社会主义的评论。西方学者中，有人把中国社会主义市场经济视为“自由市场＋威权市场的威权资本主义”，有人把中国特色社会主义叫做“国家资本主义”，还有人把中国特色社会主义当做是“市场社会主义”，但不管叫法多少不同，几乎都一致认为中国特色社会主义是一个有别于苏联模式的独特道路，更多人称之为“中国模式”。对于“中国模式”，我们自己要冷静，不要人云亦云。“中国模式”过去更多展现的是中国经济的崛起，GDP 总量等硬实力提升，我们还应注重以中国传统文化为主要内容的软实力提升，对中国传统文化做当今时代的全新阐释，消除西方对中国崛起的“歇斯底里式恐惧”，为中国特色社会主义建设创造一个良好的外部环境。

市建设交通党校王子奇认为，坚定、自觉地沿着中国特色社会主义道路走下去应成为全民族的共识与最佳选择。其主要依据就是，30多年来，中国不仅有经济上的巨大进步，而且还有政治上的很大进步。中国特色社会主义政治取得的进步表现在：一是中国共产党党代会和全国人大会正常按期举行，党和国家领导人实行严格的任期制；二是彻底摒弃“阶级斗争为纲”与不断周期性展开的“政治运动”，建设法治国家成为执政党共识；三是民间社会的维权态势发展迅猛，普通公民的个体自由度和安全度达到了很高水平，民意表达的渠道比过去宽多了。这些变化来之不易，为中国国际形象的改善贡献多多，为中国特色社会主义未来前景奠定了坚实基础。

科社学会副会长兼秘书长吴解生作了总结发言，他指出，理论的创新与实践都是历史过程的积累和发展，马克思主义之所以在当代仍然是破解人类发展难题的法宝，是因为其具有继往开来改变世界的生命力。中国的未来取决于能否坚持、运用和发展这一马克思主义中国化的成果，成功破解过去积累的遗留难题，科学化解现在面临的矛盾和障碍，持续战胜未来遭遇的各种挑战。

统一战线理论与实践

——市统战理论研究会等举办纪念中国共产党成立90周年学术研讨会

为纪念中国共产党成立90周年，上海市统战理论研究会和上海师范大学于6月8日共同召开了“统一战线理论与实践”学术研讨会。会议开幕式由上海师范大学党委副书记黄刚主持，上海师范大学党委书记周鸿刚致欢迎辞。市委统战部秘书长、研究会副会长徐力，市社联党组书记、专职副主席沈国明出席会议并讲话。

徐力指出，此次学术研讨会是上海统战理论研究领域纪念中国共产党成立90周年的一项重要活动。统战理论研究工作要着眼大局、坚持方向、登高望远，要准确把握统战理论研究的功能定位和主要内容，为上海创新驱动、转型发展做出积极贡献。上海市统战理论研究会和本市高校应加强统战理论研究的队伍和组织建设，进一步深化对统战理论和实践问题的研究，为丰富和发展党的统一战线理论、为推动统一战线事业的发展做出积极贡献。

沈国明认为，本次会议的主题既有理论意义，亦有现实意义。他结合自己的学习体会指出，政策与策略是党的生命，统一战线作为党取得胜利的三大法宝之一，与国运密切相连。统战理论研究会团结了一大批专家学者，要重视研究，多出成果，多出人才，应在推动学术研究深入方面留下印记，应在纪念研讨方面留下亮点。社联也会创造更好的条件、提供更大的支持。

研讨会第一个研讨主题为“统一战线事业发展的历史启示”。研究会副会长彭镇秋主持。

复旦大学余源培作“统一战线:具有中国特色的包容性政治”发言，论述了统一战线这一具有中国特色的包容性政治，是中国共产党把马克思列宁主义统一战线理论、政党理论和民主政治理论同中国具体实践相结合的伟大创造。统一战线的包容性政治已经从党的总战略发展到社会主义政党制度和政治制度的高度，成为社会主义民主政治建设的重要组成部分。历史和现实都昭示，统一战线这一具有中国特色的包容性政治确实生机勃勃，有着强大的生命力和广阔的发展前途。余教授在文章最后指出，包容性政治客观上要求扩大政治参与，拓宽利益表达渠道，加强社会主义民主政治建设。同时要处理好包容性与领导性之间的关系，处理好包容性与统一性之间的关系，处理好包容性与原则性之间的关系，处理好包容性与思维创新之间的关系，处理好包容性与政治模式的关系。

中共浦东新区区委常委、统战部部长张静以“重温历史悟新知，启迪未来续辉煌——浦东开发以来统一战线事业发展的启示与思考”为题，从浦东统一战线事业发展的主要贡献、工作启示和未来着力点三个方面探讨了浦东开发开放21年来统一战线事业发展的启示与思考。首先在主要贡献方面，统一战线的参政议政，对新区社会全面可持续发展起到了积极的推动作用；其次是工作启示，要做好统战工作，必须始终围绕中心，服从、服务浦东开发开放大局；必须始终抓住人物工作这一主线，不断加强党外代表人士的选拔培养；必须始终坚持解放思想、与时俱进，开创培育具有特色的统战工作品牌。第三在未来着力点方面，指出格局建设要抓拓展，地位影响要抓贡献，工作机制要抓创新，条线工作要抓品牌。浦东统一战线事业也在服务浦东开发开放过程中不断发展壮大。为浦东在更高的起点上实现跨越式发展做出更大的贡献。

上海师范大学洪小夏在《新民主主义革命时期中共统一战线的历程和启示》一文中，回顾了新民主主义革命时期中共统一战线的发展历程，从新中国诞生的途径、缔造新中国的政协会议本身以及该会产生的中央人民政府的组织结构三点对1949年的中华人民共和国进行了个案研究，得出结论：什么时候中共在统一战线问题上处理好了，中国革命就获得大的发展；什么时候在这个问题上犯错误了，革命的力量就受削弱。

研究会副会长邓伟志对以上报告点评指出，余源培的报告提出中国特色的包容性政治，可谓理论篇，有亮度；张静的报告生动论述了浦东统一战线事业的发展，可谓实践篇，有深度；洪小夏的报告概述了新民主主义革命时期中共统一战线的历程和启示，并强调了党内骨干和统战对象之间的复杂关系，可谓历史篇，有高度。

上海师范大学法政学院院长商红日在点评中指出，研究中国政治缺少工具，所以不得不经常从西方借用、套用，但是中国的发展实践需要自己的概念和理论，余源培提出的“包容性政治”对于我们扩展研究空间，打开思路很有帮助。张静的报告给大家提供了一个鲜活的个案。我们需要进一步思考统一战线与现代化建设的关系，思考在具体的工作部署中怎样加以衔接和深化。洪小夏的报告不仅仅是讲历史故事，更表达了对新时期统战事业的期待。

上海市社会主义学院副院长、研究会副会长兼秘书长张颖主持了“肝胆相照，同心同行”主题研讨。

民进上海市委专职副主委兼秘书长陈强努在“落实‘同心同行’要求，增进走中国特色社会主义道路的政治共识”发言中指出，参政党应进一步明确民主党派的政治承诺和政治责任；认清新时期民主党派组织及队伍构成发生的重大变化从而把好政治关；认清社会变化情况，在多元中确立主导；正确引领价值取向和行为准则四个方面入手，增进走中国特色社会主义道路的政治共识，巩固多党合作思想政治基础，坚持民主党派进步性，加强思想建设，为建成高素质的参政党夯实基础。

上海社科院法学所副所长殷啸虎以“同心同行：多党合作的历史经验与现实路径”为题，围绕多党合作政治格局的形成和确立，论述了中国共产党和各民主党派之间，从“同行”到“同心”，又以“同心”引导“同行”的过程。并从加强中国共产党与各民主党派的政治沟通；依托政协平台，发挥民主党派的作用；保证并扩大各民主党派的有序政治参与；健全民主党派的监督机制四个方面强调了实现中国共产党与各民主党派“同心同行”的基本路径。

上海师范大学吴珍美以“肝胆相照,引领同行——纪念中国共产党建党九十周年”为题,围绕怎样做才能保证共产党领导的多党合作和政治协商制度可持续健康发展,使各民主党派与共产党持久的同心同行这一问题进行深入的研究,提出目标确定,口号引导;领导有力,信心引领;立场坚定,信念引路三条经验,对中国共产党引领各民主党派携手同行的历史及发展规律作了一个很好的总结。

致公党市委原副主委、上海市社会主义学院原副院长陈昌福认为陈强努的发言从同心理念出发谈民主党派的自身建设,体现了政治责任和政治承诺。殷啸虎的发言在历史过程中强调以同心引领同行,表达了民主党派的历史传承,说明民主党派与中国共产党是相得益彰的。吴珍美的发言从党的统战切入,回顾携手共行的历史,以口号、信念、信心来引领同行,体现了统战工作的本质特征。

彭镇秋在点评中指出,三篇发言如同三个样板。陈强努的是工作型论文,标题点名主题,阐述细致具体,强调政治交接;结论简练准确。殷啸虎的是研究型论文,观点鲜明,逻辑严密,注释很多且格式规范。吴珍美的发言精炼深刻,四个“引”给大家很大的启示。

张颖在会议总结时指出,此次会议选择了两个具有重要意义的研讨主题。“统一战线事业发展的历史启示”主题是从统一战线和多党合作的历史,去回顾和总结统一战线事业的发展,对于巩固新世纪新阶段爱国统一战线有着重大的历史和现实意义。“肝胆相照,同心同行”主题是以现实实践的角度,不仅是对中国共产党领导的多党合作历史基本经验的总结,也是对多党合作现实目标的高度概括。有助于我们从理论和实践上推进“同心同德同行”品牌活动的开展,进一步完善中国特色的政党制度。希望理论工作者更加关心统一战线的实践发展,注重开展统一战线的理论研究;希望统战工作者在实践中注意理论的总结与提高,把统战理论研究作为一项重要工作。

中国特色社会主义政党制度与政治发展道路

——本市多家学会联合举办庆祝中国共产党成立 90 周年理论研讨会

“中国特色社会主义政党制度与政治发展道路——庆祝中国共产党成立 90 周年”理论研讨会于 6 月 28 日在市政协议事中心召开。此次研讨会由市人民政协理论研究会、市法学会、市政治学会、市社会学学会和市中共党史学会联合召开。市政协主席冯国勤出席并讲话。

华东政法大学张明军、复旦大学林尚立、上海大学邓伟志、华东政法大学朱应平、复旦大学郭定平作了主题发言。上海社科院法学所殷啸虎、华东师范大学吴铎、上海大学李建勇、上海大学严泉、上海政法学院王卫明先后发言。研讨发言主要围绕以下议题展开。

关于党领导中国社会主义民主政治建设的基本经验和规律。林尚立认为，创造团结与民主的统一，是中国共产党领导与执政中长期执行的基本方略。其实践的基本制度平台就是中国人民政治协商会议(以下简称人民政协)。建设和发展人民政协顺理成章地成为中国共产党提高领导水平与执政能力的重要战略选择，成为中国民主政治建设与发展的重要战略资源。邓伟志认为，在中国共产党的统战史上之所以有那么多党派、那么多民主人士，团结在中国共产党周围，原因很多，这是与共产党人的先进性分不开的，具体地说，是与党风分不开的。优良作风留人，不良作风走人，足以说明党风是关键。郭定平认为，中国共产党一直在国家建设与民主发展的矛盾过程中不断探索和前行，充满了困难和艰辛、曲折和动荡。从国家建设和民主发展的进程与结果来看，中国共产党在探索的过程中已经取得了一些重大的进步，主要体现在：在国家建设方面，从改革开放伊始中国共产党就确立了法制化的路径等。朱应平认为，我国形成了由中共党内监督、人大监督、政府内部监督、政协民主监督、司法监督、公民监督和舆论监督组成的具有中国特色的监督体系。各监督主体既相对独立，又密切配合，形成了整体合力。

关于中国特色社会主义政党制度的优越性。张明军认为，中国既没有走竞争型的政党制度，也没有走独裁型的政党制度，而是走一种和谐的政党制度，既有民主成分，又有集中内涵。对于中国这样一个地域广阔、民族众多的国家，在社会矛盾错综复杂的情况下，只有坚持中国共产党的领导，充分吸收民主党派意见，才有利于中国的稳定和发展。林尚立认为，统一战线以及建国的实践中诞生的人民政协，始终具有双重属性；其一是统一战线组织的属性；其二是人民民主制度的属性。这双重属性决定了人民政协的建设与发展，能够产生三重效应：一是提升党的领导力，巩固党的领导地位；二是实践人民民主，推进国家一体化与制度化建设；三是党的领导与人民民主有机统一，推进社会主义民主政治建设，从而在中国政治体系中，成为一个能够同时惠及人民、政党、国家与社会的重要政治空间和政治资源。

关于发展社会主义民主政治、完善社会主义政党制度的方式和路径。张明军认为，完善中国政党制度的路径，应当在制度与文化的互动中建立，制度如果缺乏相应的文化基础，将难以有效运行。正是在制度与文化的互动中，制度的建立有利于实现政治文化转型，政治文化转型又有利于促进制度的完善，两者互动渐进发展，最后形成比较完善的中国特色的政党制度。朱应平认为，应当完善制度建设，制定和完善立法，构建和完善他律性的监督组织体制，设置一些异体性的组织机构从事监督工作，或者严格落实异体性机关的监督职能。要完善权力运行和监督体制，保障监督者的独立监督权威。构建和完善民主监督体制，保障群众监督知情权和制约权，确保行使监督权的群体不受国家机关的非法报复；采取有效措施保障媒体舆论监督，要把主要精力放在监督公权力的行使上；保障党员党内民主监督；完善民主制度，最重要的是各级人大代表及其政府领导人的直接选举制度，民众的选票是非常有力的监督。要严格实施宪法法律规定的权利监督权力制度。前提是在中国共产党的领导下尊重现行的宪法框架，在宪法规定的政体框架之内实现党的领导、依法治国和人民民主，充分发挥制度弹性的作用；基本原则是党的领导、依法治国与人民当家作主的有机统一；具体路径是加强人大建设，进入人大、利用人大、激活人大、依法治国、依法行政，从而完成国家建设、实现人民民主。

张云、李琪、李友梅、陈金鑫、桑玉成分别对主题发言作了点评，并提出了有针对性的意见和建议，指出要进一步研究中国传统的政治文化在中国政党制度建设过程中起到了什么作用；在多党合作制度的实现过程中特别是在中共领导过程中如何合理、合法地运用中国共产党内部的民主集中制原则；怎样处理好多党合作制度中的各种关系，包括一党领导和多党合作的关系，一党执政与多党参政之间的关系，政治协商与民主监督的关系，政治领袖、政治精英与党员群众的关系等。

加强企业党建，促进企业和谐发展

——市企业发展促进研究会召开纪念中国共产党建党90周年研讨会

为了纪念中国共产党建党90周年，交流会员单位加强党的建设的经验和做法，市企业发展促进研究会于6月23日在社联大楼召开“加强企业党建，促进企业和谐发展”研讨会。出席会议的有会长高文魁、副会长陈兆忠、顾问逄树春及理事、会员单位党政组织领导30余人，会议由副会长宋荣宝主持。

宋荣宝指出，今年是中国共产党成立90周年，上海市社联对开展建党90周年的纪念活动十分重视，我会按照市社联的布置组织了一系列活动。一是组织撰写纪念建党90周年论文。共收到方名山、陈兆忠、闫航利、肖昌进、史文军、边风尧、张明忠、袁利生、雷雳、宿静、强建春、曲国强、曹建华、张健建、郑俊镗等提交的理论研讨论文15篇。肖昌进和袁利生的论文获得市社联二等奖。

二是组织会员参加纪念中国共产党成立90周年书画作品展。本会理事斯华申同志的书法作品入选市社联书画展。三是组织红色之旅，23人赴贵州遵义考察学习。四是组织会员参加东方论坛举办建党90周年专题讲座。五是组织今天的专题研讨会。

为了做好研讨会的准备，使发言的内容更为充实，逻辑性更强，结构更合理，高文魁会长在研讨会之前分三次约请发言的同志到研究会交换意见，逐一提出修改建议供发言的同志参考。

研讨会分为两部分，一是由市委党校党史党建教研部肖昌进教授作题为“曲折辉煌的90年”主旨报告；二是由上海市城镇工业合作联社党委书记陈兆忠、上海白猫股份有限公司纪委副书记郑云高、上海百联房地产经营管理有限公司党委书记边风尧、中国人民解放军4724厂党委书记闫航利、恒源祥(集团)彩羊集群党支部书记强建春等分别作交流发言。会后，与会者反映这次研讨会主题突出，内容丰富，有深度和广度，从不同侧面、从理论与实践结合上，交流了党建工作的经验和做法，很有启发，将对企业党建起到借鉴、推动、鼓励作用。

肖昌进讲了三个问题。第一，党的历程阶段划分和基本评价。阶段可划分为1921—1949年、1949—1978年、1978年至今三个“30年”，其主题词分别为革命、探索和改革；基本评价是：完成了反帝反封建的新民主主义革命任务，缔造了中华人民共和国，实现了民族独立和人民解放；确立了社会主义基本制度，在“一穷二白”的基础上建立了独立的比较完整的工业体系和国民经济体系;开创了中国特色社会主义道路,建立起社会主义市场经济体制。第二,曲折辉煌的历程。可归纳为:四种地位,四大课题,四个考验,四条经验,四点思考,1949年之前经历四种地位:地下党——参政党——在野党——执政党;面临四大课题:中国革命道路如何走?中国社会主义建设如何发展?共产党的执政地位如何巩固?中国特色社会主义如何发展?经受四个考验:长期执政的考验,改革开放的考验,市场经济的考验,外部环境的考验。第三,基本经验与思考——四条基本经验和四点思考。四条基本经验:必须始终坚持马克思主义基本原理同中国具体实际相结合,坚定不移地走自己的路;必须紧紧依靠人民群众,从人民群众中汲取前进的不竭力量;必须准确把握时代脉搏,保证党始终与时代发展同步伐;必须坚持党要管党、从严治党,保证党始终具有蓬勃生机和旺盛活力。四点思考是:从生存环境和执政环境的特殊性中来把握共产党的执政规律;变"矛盾积累体制"为"矛盾释放体制",变"逆向运行机制"为"顺向运行机制";如何使执政党的官员常怀敬畏之心,李源潮在2008年中国浦东、井冈山、延安干部学员秋季开学典礼上指出:当干部要有敬畏之心,一要敬畏历史,二要敬畏百姓,三要敬畏人生。

闫航利在题为"创新党建,推动发展"的发言中说,加强企业工作是贯彻科学发展观,落实党的十七大和十七届四中、五中全会精神的重要体现,也是提高企业核心竞争力的迫切需要。对于中国企业来说,党组织的政治核心作用是企业的独特的政治资源,是党的政治优势在企业的延伸。主要体现为理想信念、组织协调、保证监督优势。理想信念优势通过企业的价值理念建设能够转化为凝聚力,组织协调优势通过班子建设能够转化为领导力,党员队伍优势通过人才队伍建设能够转化为执行力,保证监督优势通过反腐倡廉能够转化为控制力。企业如果能将党的政治优势转化为经济优势和市场竞争优势,引导企业把握方向,塑造企业文化,培养人才队伍,就能在提高企业核心竞争力的同时,为企业又好又快发展提供思想保证、政治保证和组织保证。在做法上主要抓5个创新,5个加强。一是创新工作方式,强化企业党建拓展力。二是创新班子建设,强化企业发展领导力。三是创新学习活动,建设学习型党组织,强化发展壮大成长力。四是创新人文管理,强化思政建设亲和力。五是创新企业文化,强化持续发展软实力。

陈兆忠在题为"上海市城镇合作联社系统党建工作现状及发展前景初探"发言中讲了三个问题:一是加强党建联建工作是推动市联社发展的有效途径。主要体现在:有利于密切市社联党委和区县联社党委之间的联系,有利于加强企业的经营管理,有利于维护系统稳定。二是联社系统党建联建的基本形式与做法。基本形式有5种:市联社与区县联社党建联建、企业与社区党建联建,成员单位与成员单位党建联建、经济发展中的党建联建、城乡结对党建联建。三是进一步开展联社系统党建联建的设想。着重抓好以下三个环节:要进一步提高思想认识,切实增强搞好党建联建的使命感和责任感;要坚持以经济建设为中心,做到党建联建工作与中心工作合心、合力、合拍;要加强党建联建机制建设,首先要建立健全党建联建工作的领导机构,加强组织领导,实现上下联动和市区互动;其次要总结经验,树立典型,弘扬先进,发现问题,及时改进;再次要进一步制订党建联建的规划和活动制度,如"党建联建工作例会"制度等。

边风尧在题为"贵在坚持,重在真学,旨在应用"的发言中谈了百联房地产党委创建学习型党组织的认识、做法和体会。一是对建设学习型党组织的几点认识；二是主要做法有：坚持联系实际，坚持学习制度，坚持主题实践，坚持品牌活动，坚持专业培训，坚持理论思考。三是 4 点体会：要营造学习氛围，提高党员干部的学习力；要注意学习引导，扩大党组织的影响力；要学会对实际问题的理论思考，增强队伍的创新力；要强调对学习成果的应用，提升企业的竞争力。

郑云高在题为“与时俱进，建设创新和谐百年企业”发言中讲了 4 个问题。第一，党的群众工作在企业具有重要意义：党的群众工作理论是党建理论的重要组成部分；党群关系是考量企业党组织领导力的必要条件；党群工作是促进企业改革发展的重要保证；党群关系是巩固企业稳定，促进和谐的关键保证。第二，企业党群工作情况分析、工作定位和要点。职工队伍的主要特点是，因需求不同，形成思想的多样化和职工队伍结构和用工机制上存在差异化。根据以上特点，在党群工作中，要以真挚的感情去关心群众，以宽泛的思维去对待群众，以扎实的作风去联系群众，以良好的形象去影响群众。第三，在党群工作中的三点做法：改进提高，在传统的工作方法是注入新内容；以世博为契机，实践、巩固群众工作；创先争优，拓展党群工作。第四，今后群众工作的几点认识：强调领导就是服务，要切实尊重职工群众，关注人的精神需求，自觉增强工作压力，接受群众的评判监督，拓展党的群众工作的创新空间。

强建春在题为“论新经济组织党的建设”发言中讲了三个问题：一是恒源祥(集团)纪念建党 90 周年的几项活动。二是恒源祥(集团)的内部党建工作。包括恒源祥党建的架构、党建的导向性及内部影响力、党建的内部约束力。三是支部工作。四是党组织跨区域联建的初衷、要求、行动、反响和规划。

毛泽东新民主主义革命思想产生的历史前提条件

——市社联与市新四军历史研究会共同召开纪念中国共产党成立90周年学术研讨会

6月4日，由**上海市社联与市新四军历史研究会**共同召开纪念中国共产党成立90周年学术研讨会，主题是“毛泽东新民主主义革命思想产生的历史前提条件”。会长阮武昌、施渊脉、唐莲英以及中共党史研究室原副主任石仲泉教授，社联党组书记、专职副主席沈国明等40余人出席，副会长唐培吉主持了会议。

郭绪印在题为“陈独秀张闻天思想与毛泽东新民主主义思想的联系”发言中认为：陈独秀对党的幼年时期的组织建设和思想建设是有过贡献的。他倡导新文化运动，批判封建伦理道德，为宣传马克思主义提供阵地。在创建中共早期组织，到中共“四大”期间，发表的一系列文章提出过重要的理论，为以后党的建设奠定了思想理论基础；张闻天在毛泽东的《新民主主义论》发表之前，提出新文化的特质应当是：民族的、民主的、科学的、大众的。这一思想对于毛泽东提出“新民主主义革命思想”，产生过历史的影响。

陈增辉的《李大钊思想研究》分析了李大钊政治思想与毛泽东新民主主义革命思想的历史联系，认为毛泽东的新民主主义革命思想理论的提出，既渊源于马列主义基本原理，又以李大钊的新民主主义革命思想为前提。李大钊是马克思主义在中国的最早传播者，他运用马克思主义基本原理研究中国的现状，指明了知识分子与工农相结合和马克思主义大众化的方向。他关于中国的民主革命必须由无产阶级领导，必须依靠农民、必须建立民主的联合阵线、必须通过武装斗争才能达到革命目标等一系列论述，对党的新民主主义革命理论的形成作出了最早的宝贵贡献。这些教育了包括毛泽东在内的早期一代共产党人。毛泽东尊崇他为“我真正的好老师”。

陈挥与王关兴在《瞿秋白对中国新民主主义革命理论的贡献》中指出：瞿秋白对中国新民主主义革命的贡献是多方面的，最早深入十月革命后的俄国，真实而具体地向中国人民宣传了十月革命道路；为建立和发展第一次国共合作作出了巨大的努力；主持召开“八七”会议，批判和结束陈独秀右倾投降主义在党中央的统治；筹备主持召开中国共产党第六次全国代表大会，制定了由中国共产党单独领导中国革命的基本上正确的政治路线；主持党的六届三中全会，纠正和停止李立三的“左”倾冒险主义错误；开辟和坚守党的马列主义宣传阵地，为革命的宣传工作作出了卓越贡献等，特别是从1923年开始，瞿秋白和李大钊、毛泽东、周恩来，邓中夏等先后发表文章，对于中国民主革命的领导、动力、对象、步骤、前途等一系列重大问题展开论述，进一步发展了“二大”、“四大”提出的关于中国新民主主义革命的一些重要思想，为毛泽东在 1940 年系统完整地提出新民主主义革命的理论奠定了基础。

刘惠恕在题为“王明与中国抗日民族统一战线政策确立的关系”的发言中提出：王明曾对党的政治事业发展造成过巨大危害，但是，对于中共“抗日民族统一战线”政策的最初提出，王明却曾做出过历史的贡献。他最早向国内转达了共产国际有关建立“抗日民族统一战线”的思想，并将抗日民族统一战线政策具体化为《中国人民对日作战基本纲领》，强调中共对统一战线的政治领导与组织上的独立。王明又根据中共代表团的讨论意见，执笔起草了《为抗日救国告全体同胞书》，即著名的《八一宣言》。而对王明有关思想中正确主张的吸收及错误思想的批判，是毛泽东得以提出新民主主义革命理论中的“统一战线”思想的历史前提条件之一。

邵雍在《毛泽东〈新民主主义论〉与马列主义的理论关联》中论述：毛泽东的新民主主义革命思想中有关世界革命论、革命发展阶段论和先进文化论是对马克思主义的继承，而“保护民族工商业”、不采用苏维埃的政权组织形式以及高度重视农民问题则是对马克思主义的理论创新。

唐莲英在题为“试论中共一大到五大与新民主主义革命思想的形成”发言中认为：毛泽东新民主主义革命理论体系的形成与确立，蕴涵着一个长期的历史发展过程，具体则形成于中共五大。“五大”对新民主主义革命思想最重大的贡献是提出争取无产阶级领导权及措施、进行土地革命和建立革命民主武装及政权的主张，这标志新民主主义革命思想的基本形成。

陆俊青的《20 世纪 30 年代中国社会性质论战对于毛泽东提出新民主主义革命思想的历史影响》则认为：20 世纪 20 年代末 30 年代初发生的中国社会性质问题论战对于毛泽东提出新民主主义革命的思想具有深刻的历史影响。中国社会性质论战从理论上为中国共产党的民主革命路线提供了科学依据，为党正确地认识中国革命的性质，进一步探索中国革命的道路提供了理论基础。中国社会性质论战摆脱了共产国际及党内教条主义影响，为新民主主义革命理论形成作出了重要贡献。在大革命失败后，毛泽东以其独特的方式，对中国社会和国情作了深入的调查和研究。他的研究在社会性质大论战中独树一帜，初步总结了中国革命道路理论的思想依据。新民主主义革命的理论吸收了中国社会性质论战和社会史论战中的许多重要观点，集中了中国共产党集体智慧的结晶和时代思潮的精华。

王蔚与朱慧博在《新民主主义时期李达对毛泽东思想的影响》中指出：李达在中国 20 世纪 30 年代，在传播、研究唯物辩证法运动、推进中国马克思主义哲学向纵深发展方面，起了先锋和旗手的作用，他向中国译介了《辩证法唯物论教程》，并撰写了《社会学大纲》，这两本书为毛泽东的理论创造提供了丰富的思想资料和积极影响，并在它的基础上，发展了马克思主义的认识论。

华强的《中共早期领导人的军事实践与毛泽东军事思想的形成》认为：武装斗争是中国革命的三大法宝之一，是中国革命的主要形式。大革命时期，中国共产党最早从事军事斗争工作的领导人之一，并一度担任党内负责军事斗争的最高指挥者周恩来，以及朱德、彭德怀、刘伯承、邓小平、陈毅、粟裕、林彪等人的军事实践，对于夺取中国革命战争的胜利，对于毛泽东新民主主义军事思想的形成和发展，均起了重大作用，他们的军事思想与毛泽东军事思想融为一体，成为毛泽东新民主主义革命军事思想的一个组成部分。

唐培吉在《毛泽东新民主主义革命思想产生的历史前提条件》中论述：毛泽东新民主主义革命思想是在一定条件的产物，重要的是四个方面的条件。一是社会条件，即：必须认清社会的性质，才能正确确定革命的性质、对象、动力、前途，中国民主革命是经历了近百年磨炼，才认清了中国是半殖民地半封建的社会性质。二是思想条件，即：中国共产党人必须接受马克思主义，并以此理论联系实际来指导中国革命，才会产生新民主主义革命思想。三是实践条件，即：新民主主义革命思想中国共产党人总结了民主革命百年的正反两方面的经验教训才逐步形成的。四是集体智慧条件，即：人民是创造历史的主人，人民通常是分为阶级阶层，各阶级阶层会产生自己的政党，政党中的杰出人物组成领导核心，新民主主义革命思想就是中国共产党中杰出人物的集体智慧的结晶。

曹汉、孙道同、王建刚等人即兴发言指出，研究历史牢记历史，不要忘记苏联亡党亡国历史教训。

特邀嘉宾石仲泉在对大会点评时指出：本次学术研讨会有四个特点：一是尊重历史，二是思路开阔，三是史料充分，四是归纳全面。充分显示了在党史研究中上海学者的“海派”研究特色。对今后的党史研究方向，他强调不仅应重视文字资料，还应重视结合党的历史实践来研究党的历史。上海社联党委书记沈国民在发言中指出：本次学术研讨会议可用三句话来加以概括，即：言简意赅，观点鲜明，点评到位，因此使与会者深受启发。最后上海新四军历史研究会阮武昌会长致闭幕词。

坚定信念跟党走　巾帼发展立新功

——市妇女学学会等承办纪念中国共产党成立 90 周年妇女理论研讨会

由上海市妇联、上海社科院主办，上海市妇女学学会、上海社科院妇委会等承办的“党旗铸辉煌　巾帼创新业”纪念中国共产党成立 90 周年妇女理论研讨会 2011 年 6 月 23 日在巾帼园召开。市委宣传部副部长、社科院党委书记潘世伟到会讲话，市妇联主席、市妇女学学会会长张丽丽作主旨报告。社科院副院长谢京辉主持会议。著名社会学家邓伟志，时任《解放日报》理论部主任周智强作专家点评。

市委宣传部副部长、社科院党委书记潘世伟在讲话中充分肯定了在建党 90 周年之际讨论妇女发展问题的重要意义。他希望妇女理论研究要聚焦社会转型发展中的重大问题，分析新时期中国妇女地位面临的新挑战，关注妇女组织自身成长，加强妇女理论学科建设和分类研究。市妇联主席张丽丽从“妇女只有在党的领导下才能取得全面的历史性进步”、“妇女是推动人类社会文明进步的一支伟大力量”、“坚持党的领导是实现妇女持续全面发展的根本保证”等方面阐述了上海妇女在党的领导下所取得的全面进步和发展，并希望上海妇女更加牢固地树立始终跟党走的坚定信念，为上海“十二五”经济社会发展和建设社会主义现代化大都市做出新的贡献。

会上，来自社科院的有关历史、哲学、社会学、文学、妇女学等领域的专家学者，围绕党对妇女运动的领导、解放思想与妇女解放、上海妇女 60 年发展等主题开展交流。

——党的领导为妇女发展指明方向。自中国共产党成立之日起，就非常重视对妇女解放运动的领导，并根据对妇女的阶级分析，逐步确立了妇女运动的指导思想，明确了妇女运动的主体力量和奋斗目标。1921 年党的“一大”提出将妇女工作“交未来的中央处理”；1922 年党的“二大”通过的《关于妇女运动的决议》明确指出“只有社会主义社会才有可能实现妇女解放”。1949 年 3 月，中国妇女第一次代表大会的召开标志着各族各界妇女在中国共产党的领导下实现了前所未有的大团结，中国妇女有了统一的组织。新中国成立以后，社会主义制度的建立为我国妇女发展提供了极其重要的政治保障，不仅实现了妇女人权发展的历史性转折，也为妇女人权的进一步发展奠定了坚实基础。《宪法》、《婚姻法》、《妇女权益保障法》等相继颁布，明确妇女在政治、经济、文化、社会和家庭生活等方面享有与男子平等的权利。1995 年，联合国第四次世界妇女大会在京召开，江泽民提出把实现男女平等作为促进社会发展的一项基本国策。同年，第一个妇女发展规划——

《1995—2000 年中国妇女发展纲要》颁布实施，妇女发展目标、任务纳入国家经济社会发展的总体规划，保障妇女同步发展。迈入新世纪，胡锦涛指出全面建设小康社会应是当代我国妇女运动的主题，为中国妇女事业进一步发展指明了方向。回顾党领导的中国妇女事业发展历程，与会者认为，中国共产党的成立，对于中国妇女运动具有划时代的意义。关心和重视占人口半数以上的妇女的发展，充分发挥妇女“半边天”作用，是党领导和推进中国革命及现代化建设的一条基本经验。国家以法律法规、政策措施、制度建设等形式大力推进男女平等基本国策，使广大妇女从婚姻自由、同工同酬、劳动保护，到融入社会、平等发展、参与决策，各方面发生了深刻变化和巨大发展。

——党领导下的妇女进步与妇女作为。90 年来，中国妇女运动在中国共产党的领导下，经过新民主主义革命和社会主义革命与建设以及改革开放的伟大实践，取得了举世瞩目的成就。与会者认为，上海作为中国妇女解放运动的发源地之一，从“五四”新文化运动开始，上海女性就努力争取性别平等和自身发展。新中国成立后，广大妇女在党的领导和“以发动和组织妇女参加生产为中心”的方针指引下，积极投身社会主义建设，涌现出一批批先进集体和劳动模范。改革开放以来，广大妇女进一步解放思想，积极应对经济转轨、社会转型，把握机遇、迎接挑战，开拓出欣欣向荣的新局面。近年来，1 100 万上海女性通过全面参与社会管理和公共服务，意气风发地活跃在经济、政治、文化、社会生活各个领域，成为上海经济社会发展中一支不可替代的重要力量。

——新时期妇女持续发展的启示和展望。展望“十二五”，与会者认为，妇女发展要遵循“和谐发展”的理念，深刻认识到妇女发展目标要与社会经济政治发展目标保持一致，全社会共同努力来推动上海女性在政治、经济、法律、婚姻、教育以及观念等方面的全面发展；妇女发展是一个渐进稳步的过程，不能急于求成；两性和谐平等发展，是当代社会真正实现性别平等的基础。对于进一步推动新时期妇女不断进步，与会者还提出，一要坚定不移地坚持党的领导，这是实现妇女发展的基本前提和根本保证；二要同步推进妇女发展与社会发展，妇女只有投身国家和人民的伟大事业中才能大有作为、才能实现自身的不断进步与发展；三要倡导妇女发展成为一种自发的内生性发展需求，激励广大妇女持续进步与发展。

市妇联历届老领导以及妇女理论和婚姻家庭研究领域的专家学者、妇女干部和热心妇女事业发展的社会人士等 150 余名嘉宾参加了本次研讨会。

哲学·史学

成就写够　错误写透

——市中共党史学会召开学习《中共共产党历史·第二卷》资深专家论坛

市中共党史学会3月11日召开学习《中国共产党历史·第二卷(1949—1978)》暨第七次资深专家论坛,学会资深专家及党史工作者50余人出席,会长张云主持会议,并传达北京"全国党史学会换届会议"精神。

与会专家研讨认为,时值建党90周年来临之际,《中国共产党历史·第二卷(1949—1978)》(以下简称《党史第二卷》)正式出版,这是献给建党90周年的"生日礼物"。开展学习《党史第二卷》活动,对于在"十二五"开局之年以史为鉴、资政育人意义重大。通过中共党史的学习,使广大党员干部进一步了解党的艰辛历程,更加深刻认识"没有共产党,就没有新中国","没有共产党的领导,就没有中国的现代化"的道理。更加深刻认识中国共产党在过去90年的历程中取得一系列的重大成就,其成功的因素与原因,要认真总结,继承下来,发扬光大。同时,也要总结错误和失误,警示自己和后人改进和加强党的领导,推动党的事业不断向前。

与会专家认为,从《党史第二卷》看,党的工作在大部分时间里是做得好的或比较好的,也有一段时期走过弯路,犯过错误。就如何正确看待建国后29年中党在前进道路上出现的失误和曲折,大家回顾了一些曾主管该书编撰修改工作的领导同志对这个问题的看法,如原中央党史研究室副主任张启华所说:"错误是不能回避的,这一时期我们党在工作上、指导思想上,犯过错误,有些是严重错误。关键是怎么写的问题。所以我提出要成就写够,错误写透,评价公正。"再如中共中央党史研究室主任欧阳淞所说的:"第一,错误与成就相比,成就是主要的;第二,发生失误和曲折与当时的国际环境和国内条件密切相关;第三,党主要是依靠自己的力量纠正失误的;第四,党是注重从经验教训的总结中开辟未来的。"以及中共中央党史研究室副主任章百家所说的:"这本书没有刻意寻求多方面的新突破。对一些有争议的观点、一时仍难以弄清的问题,以及个别仍比较敏感的问题,都没有写进这部书里。"与会者认为这些看法都是值得肯定的,是研究我们党的历史的科学态度。

与会专家对《党史第二卷》所涉及的一些重要问题也发表了看法。有的学者谈了《党史第二卷》对华国锋的评价。对于华国锋在粉碎江青反革命集团斗争中的贡献、“两个凡是”问题、真理标准问题讨论问题、赞同邓小平复出工作问题、平反冤假错案问题，都比过去更为客观。对于三年灾害死亡问题的表述，《党史第二卷》中说“据正式统计，1960 年全国总人口比上年减少 1 000 万”，至于三年的死亡人口总数，《党史第二卷》则未给出答案。说明这个问题还需要党史工作者继续深入研究才能解决。

与会专家认为，《党史第二卷》是经中共中央批准的权威党史基本著作。它以《关于建国以来党的若干历史问题的决议》的基本精神和基本论断为指导，吸收了多年来党史研究的积极成果，以翔实的材料，大大丰富和充实了《历史决议》的内容，它反映的是党对自身历史的总体认识和党史学界业已形成的主流观点。它的出版，将真实的历史呈现在读者面前，对于那些否定和丑化党的历史，否定和丑化党的领袖人物，刻意渲染和夸大党的缺点和错误，把党的历史说得一团漆黑，造谣诽谤、无中生有、断章取义、以偏概全、颠倒是非等种种手段，欺骗那些善良的不了解情况的人们，在群众中间散布对中国共产党的不信任感，以达到他们别有用心的目的的行为，起到了澄清事实、正本清源、以正视听的作用，对于我们正确认识和了解这段历史具有十分重要的意义。

与会者认为，通过学习《党史第二卷》，对于了解这 29 年的历史，认识中国共产党为什么会选择中国特色社会主义道路，以及中国特色社会主义理论体系是怎样产生的，都会有很大的帮助。要把握这一时期党的历史发展的主流，认真学习历史，宣传党的中国特色社会主义理论，坚持改革开放，坚持走有中国特色社会主义道路，为人类文明的发展做出贡献。

如何用马克思主义分析和解答中国的问题

——市马克思主义研究会举行2010年年会暨学术交流报告会

3月26日，上海市马克思主义研究会在中共上海市委党校举行了2010年年会暨学术交流报告会。时任上海市委党校常务副校长、研究会会长吕贵作研究会2010年度报告并汇报2011年工作计划。与会专家学者就近期研究的前沿问题进行了交流。

复旦大学石磊就"中共主政以来民生实践及其政治经济学基础"进行论述，他认为，民生问题是一个重要问题，多年来中国共产党和政府始终关注民生问题，但关注不等于解决。现在民生问题的关键是结构性问题，民生水平和结构见证了经济社会发展水平和社会形态。结构的失衡，导致相互挤占生存空间，从而萌生社会不合理现象，使社会矛盾加剧。比如公共物品严重短缺，大量的人口拥向城市等问题导致一系列的公共安全和生活安全问题。要想有效解决当前的民生问题，他认为可以从三方面予以破解：第一，要改变我们的发展思路，只有发展这个抽象的硬道理远远不够，不能将其具体化，只会加深社会矛盾。第二，要利用体制安排、机制设计、政策选择来逐步解决民生问题。第三，要发展中等收入阶层，增加中等收入阶层数量。

华东师大陈锡喜围绕"马克思主义理论学科建设何以是可能的"的问题，辩证地分析了在已有马克思主义研究的二级学科存在的情况下，建设一个独立的一级学科的可能性价值。他认为马克思主义学科具有比较优势，因此要发挥马克思总体性批判的优势与价值，这就需要使批判性和辩护性保持必要的张力，不能把马克思主义误解为革命时期是批判的，建设时期是辩护的。

复旦大学陈学明发言主题是"改革开放30周年和西方马克思主义研究"，他认为中国改革开放以来关于西方马克思主义的研究，大致可分为三个阶段。第一个阶段是1980年到1991年，主要功绩是打破教条主义的束缚，促进思想解放。第二个阶段是1990年到20世纪末，苏东剧变，对社会主义的前途产生了怀疑，但苏东垮台并不是马克思主义的垮台，马克思主义已经成为人类的文化遗产。第三个阶段是本世纪以来，西方马克思主义所提出的市场社会主义理论、生态主义、现代性理论，给我们带来新启示。

中国浦东干部学院刘靖北以"关于党内矛盾问题的思考"为题，提出党内仍存在着矛盾和斗争，因为一切事物都是在矛盾运动中发展的，所以党内矛盾也必然是存在的。但这种矛盾是社会矛盾和新旧事物矛盾在党内的反应，是非对抗性的矛盾。我们应当用科学的机制和方法处理党内矛盾：要坚持正确的原则；坚持正确的方法；加强批评和自我批评；

健全科学的制度。

时任上海市人大常委会法工委周锦尉以“以问题导向看中国特色社会主义理论的与时俱进”为题，论述了我们党四代领导人如何破解中国发展中的难题。邓小平破解的难题：如何突破穷的社会主义、斗的社会主义、僵化的社会主义、封闭的社会主义、把知识分子作为异己的社会主义。江泽民破解的问题：如何扩大党的群众基础；解决了我们走出短缺经济后，新的经济情况下的允许条件；初步构建起社会主义市场经济的运行机制，其中，着重解决了关于股份制的认识和分配中资本也可以获利的两个关键问题；坚决迈出加入WTO的步子，使中国获得很大成功；解决道德滑坡问题。胡锦涛也有五个破解：GDP崇拜；社会主义的主体弱化、边缘化的倾向；生态环境危机问题；诚信体系缺失；与国外的矛盾越来越大等问题。

华东师范大学周尚文在“理论创新是中国共产党生命力的源泉”的报告中，提出我们党90年来有着生生不息、不断前进的生命力，很重要的一条原因就是坚持理论创新。主要体现在三个方面：一是毛泽东的《新民主主义论》很好地解决了民主革命和社会主义革命的衔接问题。二是创造性的发展，比如在革命力量配置问题上毛泽东解决得非常成功。三是革命方式、革命道路的创新，工农武装割据和农村根据地本身就是创新。当然创新并不是抛开马克思主义，而是要与中国的实际相结合，走自己的路，同时还要善于在曲折中总结经验。

解放军南京政治学院上海分院孙力论述了“社会发展规律认识中的军事因素”。他指出，中国革命很关键的问题，就是谁能解决中国的暴力革命问题、谁能够理解中国军事斗争的规律，谁就掌握了中国革命。中国共产党在遵义会议接受毛泽东，是首先接受毛泽东对军事问题的认识。在现代化的发展中，军事和国家安全密切联系，因而邓小平在建设时期，提出“军队要忍耐，要以经济建设为中心”，使综合国力得到大幅提高。随着经济的发展，国家利益需要保护，江泽民确立了军队的新使命。现代化发展中，胡锦涛解决了解放军新时期应该如何定位问题，把军事问题与整个社会现代化糅合起来，为国家利益提供有力的战略支撑。

上海市委党校王建国以“科学预测方法论研究的若干问题断想”为题，从科学预测的必要性、可能性及科学预测的条件等方面阐述了马克思主义的强大生命力。

此次年会具有创新性的特点，一方面，本次报告不定主题，让发言人自己选题讲述新近的思考及其成果，因此讲得比较深入、透彻、新颖、鲜活，富有启迪性；另一方面，是坚持用马克思主义的立场、观点、方法来分析和解答中国革命、建设与改革开放新时期的问题，并且着眼于和着力于马克思主义理论与方法的创新。

太平天国与社会问题

——市历史学会与《探索与争鸣》杂志社联合举办学术研讨会

1月22日,市历史学会太平天国史研究专业委员会和《探索与争鸣》杂志社联合举办“太平天国与社会问题”学术研讨会。来自复旦大学、华东师大、上海师大、东华大学、南京师大等40多名学者出席会议。与会学者就太平天国与近代社会发展、太平天国运动研究现状、研究态度、研究方法等问题深入研讨,取得了很多共识。

对太平天国的评论和研究可以分为三个时期四个阶段:第一个时期,从1840年鸦片战争爆发到1912年清王朝灭亡。清王朝灭亡前,太平天国一直被称为“贼”和“匪”,晚清有关文献皆如此记载。第二个时期,从1894年孙中山发起兴中会到1949年中华人民共和国成立。孙中山在1894年创立兴中会,立志反清。从那时起,以孙中山为代表的革命党人开始弘扬太平天国。留日学生刘成愚在1904年完成《太平天国战史》,这是第一部为太平天国翻案的专著。第三时期从1949年到现在,可以分为两个阶段:1949年以后到十一届三中全会召开前为第一阶段。1951年1月,太平天国起义100周年,人民日报专门发表了社论。受此影响,学术界对太平天国是一片赞扬之声。十年“文革”期间,随着阶级斗争的白热化,学术界对太平天国的拔高到了登峰造极的程度。太平天国研究在新中国成立后29年中虽然有拔高现象,但这一时期太平天国史研究成果斐然,成就有目共睹,太平天国史研究成为一门显学。在太平天国史研究的队伍中出现了一批领军人物。十一届三中全会召开以后为第二阶段。太平天国史研究在七十年代和八十年代非常活跃。

与会学者认为,从社会问题的角度进行研究,有助于理解农民战争在中国历史上的作用这一问题,有利于以史为鉴。戴鞍钢指出,总结太平天国运动经验教训,视野应该更广更高,但要落脚到当时的社会环境。秦维宪提出土地大量兼并、宗教信仰、地方官僚与豪强狼狈为奸、弱国政治等社会问题是太平天国运动爆发的重要原因。

与会学者认为,应当以历史事实和近代变革实践为基准,全方位立体化地透视这场农民运动,它对近代中国社会的变革与发展起到了“催化剂”和“加速剂”的作用。郭绪印认为,太平天国运动改变了清朝的政治制度,造成政府权力下移;促进了江南一带城市的发展;影响了长江一带帮会的发展和海外华侨力量构成。

对于当前太平天国史研究过于情绪化、片面化和非理性化等现象,与会学者提出,太平天国史研究应该依据史实,正本清源。华强和刘学照对太平天国史研究进行了总结和回顾,提出应从历史本义上进行研究,并对太平天国史研究中的若干问题进行了批驳。

与会学者还主张采用多维视角重新审视太平天国运动。谢世诚建议从政治学的角度总结太平天国经验教训，为现实服务，不要拘泥于个别史实的考订。丁骏认为应将太平天国运动爆发的背景放到世界背景中去分析。胡训珉和唐国东提出，太平天国史研究单从史学研究角度是不够的，应当从政治、经济、军事、行政、心理多角度充分展开研究，注重定量和定性分析相结合。

时代进步需要思想的智慧与力量

——市哲学学会等举办“党的光辉历程与马克思主义哲学时代化”专题论坛

由市哲学学会、中共上海市委党校哲学教研部、中共杨浦区委宣传部、中共杨浦区委党校联合主办的“党的光辉历程与马克思主义哲学时代化”专题论坛，于6月25日举行。市社联党组书记、专职副主席沈国明到会讲话。中共杨浦区党校常务副校长徐松亮主持。

中国浦东干部学院首任常务副院长奚洁人就“党的群众路线的时代意义与特征”作了阐述。他认为，党的群众路线渗透着马克思主义哲学的基本原理。马克思主义的唯物史观指明，历史创造的主体是人民群众，推动历史前进的动力也是人民群众；马克思主义认识论关于实践与认识的辩证关系，体现在先进政党的活动中，就是坚持从群众中来，到群众中去；马克思主义还有价值观问题，当前在科学发展与社会和谐的实践中，突出公平正义的价值导向，把着力解决好人民群众最关心最直接最现实的利益问题作为贯彻群众路线的战略重点；马克思主义的哲学方法论贯穿到领导方法中，就有一个领导与群众相结合的基本方法。概括地讲，党的群众路线与马克思主义哲学的唯物史观、认识论、价值观及方法论在中国革命、建设与改革的实践中相统一，取得了丰硕的成果。他还指出，党的群众路线有一个与时俱进的时代化问题，在新民主主义时期，集中表现在如何集聚和发挥人民群众推翻三座大山闹革命的能量；党的十一届三中全会，不仅恢复了党的思想路线，同时恢复了党的群众路线，邓小平同志围绕着改革激发出人民群众的激情与力量；“三个代表”重要思想明确指出代表中国广大人民的根本利益；科学发展观对群众路线的贡献集中在价值观，要不断满足人民群众的主体需要，“权为民所用、情为民所系、利为民所谋”。

上海大学邓伟志作“党风是统一战线的法宝”主题发言。他认为中国共产党之所以从小到大、从弱到强，其中一个重要原因是培养和造就了优良的作风。作风的作用有时胜于重炮、胜于十万大军，共产党人的先锋模范作用往往通过作风得以体现。着眼于统一战线的实践可以思考一个问题，为什么有的党的骨干变成了统战对象，而有的统战对象则变成了党的骨干？是党的优良作风和模范行动感染了知识分子。例如旧中国上海的知识分子，被习惯称之为“亭子间的知识分子”，当时有些人朝蒋经国的赣南实验区跑，而有些人则追求进步奔赴延安。大浪淘沙，党风是统一战线的法宝，而统一战线是党的政治优势和优良传统，我们今天仍然要坚持和发扬。

复旦大学哲学学院余源培围绕“党的建设与社会管理创新”的主题展开研讨，他指出，经济的增长并不必然带来社会的发展。长期执政的中国共产党要实现从统治向治理的理念转变；社会管理的思路要从“稳定压倒一切”转为“构建社会主义和谐社会”；管理对象要从传统单位人向市场条件下的社会人转型。社会管理创新之关键在于贯彻群众路线，维护好、发展好人民群众的利益，切忌唯管理而管理，视管理为“牧民”，应把社会管理纳入社会发展大范畴。社会转型最容易丧失共识、秩序与意义，而社会管理的实质是对社会的整合。他由此提出应从共识、共通、共融、共享四方面进行理念创新。其一为共识，社会管理归根到底是人心稳定，社会主义核心价值体系很有必要，关键是要在其指导下，抓好社会共同价值的提炼与认识；其二为共通，这体现为人与人之间的关系。没有共通，人就没有家园感，像“无根的浮萍”，要有所针对性地认识三点，即身份认定、公平正义、诚信建设；其三为共融，防止和避免社会群体的相互排斥和疏离，有容乃大、宽以养民，要避免和克服社会伤人、权力贬人、文化伤人。这就需要换位思考，倡导思维方法的求实、求异、发散、逆向等，干部要有雅量，要“目中有人”；其四为共享，改革与发展的成果让人民群众共享，要致力于解决先富、后富和共富相统一的问题。

上海交通大学陈章亮在“维护马克思主义的主流意识形态地位”的发言中提醒，在充分认识中国改革开放巨大成绩的同时，要增强忧患意识，时下“中国模式”的呼声不低，要自觉坚持马克思主义在中国模式研究中的核心地位，切忌用西方的眼光与标准来度量与衡估。他简要地列举了颇有代表性的思潮：一是新旧自由主义，以资本主义价值观衡量是非，主张社会民主主义，倡导私有化、多党制，认为资本主义代表社会未来；二是以孔学为核心的新保守主义，竭力提倡孔学复兴，认为只有靠儒学才能重振中国当下的道德与文化；三是新老“左”派与教条主义，从质疑改革到公开否定改革。这些错误思潮必须得到抵制和澄清，我们要注意划清几个界限，明确现代化并非西方化；传承文化并非实行儒学化；批判资本主义并非回归传统教条主义。他指出，加强马克思主义理论建设是根本。马克思主义的被边缘化其实是自我边缘化，贴标签、搞附加、曲解、肢解、消解马克思主义，使之商业化、功利化和实用主义。因此，执政党加强理论建设与武装尤为重要。坚持马克思主义的开放性体现在：理论联系实际是原则；与时俱进是特征；创新是本质。

中共杨浦区委党校宋黔晖作了“以人为本与社会主义的实践”的主题发言。她指出“以人为本”原本就是社会主义价值取向。苏联的解体至今已有20年，苏联社会主义模式恰恰忽视乃至丢掉了“以人为本”，教训十分深刻。我国在探索中国特色社会主义道路的实践中也非一帆风顺，改革之初，大力发展经济，但也使得贫富差距逐渐拉大，环境被污染破坏。如今在反思人与自然、人与社会的关系时，固然有多重因素的分析，但十分肯定的是“以人为本”的目的不能缺失。当今杨浦区正在进行国家创新型城区的试点，从“以人为本”的视角看校区、社区与科技园区的“三区融合”，就不仅仅是经济的考量，不能单纯追求产业转型，还要努力建设宜居环境，使百姓生活越来越幸福。

在论坛的自由发言中，与会者参与了互动与交流。上海社科院哲学研究所胡振平指出，回顾党的光辉历程，中国共产党首先接受的是马克思主义的哲学世界观。毛泽东思想的成熟是以写作《实践论》和《矛盾论》为其标志的。改革开放前夕的思想解放运动，来自马克思主义哲学思想的发动，实践是检验真理的唯一标准，最深终入人心。“以人为本”、

"和谐社会"、"求真务实"都是哲学层面的命题，反映出思想的力量。华东师范大学陈锡喜认为，既要慎提革命党向执政党的转型，又要强化领导向执政的转化。运用马克思主义哲学主客体的理论分析，在"为人民服务"的观念中，人民是客体，而在"以人为本"的观念中，人民则是主体。上海电力学院李家珉认为，马克思主义哲学时代化需要从三方面努力：一是从哲学思辨上概括、提炼并确切表述当今的时代精神；二是为当今社会管理与改善民生提供思想智慧；三是为吸引、感召、激励青年一代肩负使命、继往开来创造理论魅力。

世界历史进程与中国发展道路

——市世界史学会举办2011年年会暨学术研讨会

11月26日，主题为“世界历史进程与中国发展道路”的上海市世界史学会2011年年会暨学术研讨会在华东师范大学举办。华东师范大学党委书记童世骏，市社联党组书记、专职副主席沈国明、学会会长潘光先后致辞，学会秘书长余建华作学会2011年工作报告，副会长周春生、郑寅达主持。

在学术研讨中，华东师大的崔丕作了题为“美日对中国研制核武器的认识与对策”的演讲。他立足于近年来解密的美国和日本的机密档案，解读了美国对中国研制核武器的认识变化、美苏的联合谈判、美国对华对日政策的相关性，以及美日在空间技术方面的合作。

上海国际问题研究院张忠祥在题为“从利比亚事件看非洲的国际关系”的发言中，阐述了非洲国际关系发展的新趋势，以及西方国家特别是美国对非洲的政策。特别强调利比亚局势的形成是针对中国的新冷战，是大中东计划的一部分，成为了新的“干涉主义”。并指出中国对非洲的大趋势不会改变，但中国企业应该重视走进非洲的风险评估。

上海大学的张智慧介绍了上海大学世界史学科的建设与发展。上海大学着重“两希文明”与西方文化传统研究，社会文化史和政策史研究以及全球问题研究。研究方向已发展为包括区域与全球研究、西方社会文化史研究、西方古代文明研究以及世界近现代史在内的四个方面。最后介绍了上海大学成立的全球学研究中心和马斯托禁毒政策研究中心。复旦大学周兵介绍了田汝康教授在新文化史领域的开拓与创新的成就。田汝康曾在马来西亚就华人社区的问题做过15个月的研究调查，为新文化史的研究做出了卓越贡献。其研究领域涉及海外华人的社会经济结构、中世纪中国航运史及中国云南省的宗教，人类学，华人华侨史及航海史等。上外附中林镇国谈了关于目前中学世界史教学的几个问题，指出历史教学应该是情感的体现，应该重视对人文情怀的培养。

在会议的信息交流报告中，华东师大梁志介绍了近来的冷战史研究，指出我国的冷战史研究与国际的差距已日益缩小，并开辟出经济冷战、冷战与科学、国际关系理论等新方向。今后应利用双边以上档案研究冷战史，并着重对美苏档案文献的发掘整理翻译。华东师大的孟钟捷围绕亚欧教科书叙事特征的不同，比较了对冷战、对世界史的表述与反思，并讨论了全球史的书写应该怎么摆脱中心论以及全球交往与全球历史演进的关联。

潘光介绍了近期国际形势信息，并指出了以下五点值得世界史学界研究的问题：一、国际格局的改变与新兴力量的产生；二、国际问题中的非传统安全因素日益凸显；三、思想文化领域中的软实力发展，历史各自发展的文化要素以及欧洲右翼极端主义和“新左翼思潮”；四、中国与周边国家的关系；五、中东近期的局势。

儒家的公正与民生思想

——市伦理学会、市中西哲学比较研究会等联合举办“与孔子对话”上海文庙第六届儒学研讨会

上海市伦理学会、上海市中西哲学比较研究会和上海市文庙管理处于去年底联合举办“与孔子对话——儒家的公正与民生思想”上海文庙第六届儒学研讨会。来自本市各高校的30余位专家学者参加。

传统公正观的含义

与西方一样，中国古代哲人尤其是儒家也早就提出了具有民族特色的公正观和公正思想。在公平正义的诉求日益凸显的今天，必须重视传统公正观的研究。华东师范大学朱贻庭认为，研究中国传统的公正观，对于纠正忽视中国传统公正思想，改变只从西方的公平、正义思想中寻找依据和学术滋养，从而找到符合中国传统和中国人思维方式与习惯的公正话语具有重要的意义。中国古代不但有着丰富的公正思想，而且给公正以极高的价值定位。这一优良的传统，对于我们今天促进公平正义，维护社会主义制度的道义性具有重要意义。华东师范大学施炎平认为儒家的公正观的源头在《易经》与《礼运》，表现在两个层面。一个层面是天道公正，一个层面是人事公正。“推天道以明人事”，由天道公正推衍并转化为人事公正。儒家的公正观在荀子那里表现得最为清晰，例如“王道公正”，意指君主治国要不偏不党，权力要符合民众的倡议，执政者要以自身为百姓的榜样；再如“明分使群”，主张以礼义为原则的分配公正，使人各尽其职，各有所得。“分”以承认社会差异为前提，但差异不能太大，要合理调节收入差距。上海师范大学夏乃儒从儒墨之争的角度讨论了传统公正观。儒墨之争体现在如何达到社会公正上，儒家主张要达到公正，先小康后大同。墨家则主张直接通向“尚同”社会。儒墨两家的正义思想是中国古代正义论的两面大旗，墨家的正义符合罗尔斯关于正义的第一原则，即每个人都有平等的自由权利；儒家的正义符合罗尔斯关于正义的第二原则，即差别与机会平等原则。儒墨之争还是文化保守主义和文化激进主义的冲突，表现为“文士”和“武侠”两种风格。华东师范大学付长珍认为，罗尔斯的公正观与儒家的公正观的基本预设不同，儒家强调群体原则的优先性，罗尔斯预设的是对个人权利的尊重。由以公灭私到个体意识的觉醒再到对民族国家的认同是当代中国伦理的主题变奏。上海大学刘长林从“五四”新文化人的理想社会的角度探讨了公正社会。他认为公正最根本的是人心之欲的合理限度，牵涉到人与人之间、人与社

会之间的关系。在这些问题上,"五四"新文化人认为首先要把每一个人当成一个"人",主张人人平等,提出了民主、自由的观念,并从社会层面上提出了制度设计的问题。

经济公平与民生

中国传统公正观的一个重要内容是关注民生,与会者着重讨论了经济公平和民生问题。复旦大学施忠连认为儒家的经济公平思想首先表现为"见利思义","义然后取",经济发展必须维护社会正义,社会正义是至高无上的原则,财富的占有、分配和流通都要遵循公平的原则,符合规范,合情合理。同济大学朱义禄讨论了黄宗羲的"公天下"观念与民生思想。他认为黄宗羲的"公天下"观念以"天下为主,君为客"否定了"君为主,天下为客"的"家天下"。黄宗羲提出自私自利的人性论,具有近代意识因素,是他民生思想的理论基石。治理国家是公共领域,自私自利是私人领域,治理国家应该做到这两个领域的两安。落实到民生上,黄宗羲主张"授田以养民",统治者应该给老百姓土地,有保护私有财产不受侵犯的思想。上海师范大学陈泽环认为马克思主义、儒家和西方自由主义传统都有民富的思想,中国社会与传统体制有相承之处,儒家是传统治国理论,可从中汲取可操作的思想资源。

儒家公正观的现代意义

探讨儒家公正观的目的在于关照现实,与会者还围绕传统公正观的现代转化与意义展开了研讨。同济大学邵龙宝认为儒学在当今凸显的原因主要有三个,一是随着经济实力的增强,文化强国需要儒学;二是资本的扩张导致道德沦丧等人性危机,儒学在应对人性危机上有其价值;三是进入金融文明以后,以更加文明的面孔掩盖了劳资对立、两极分化等更野蛮的一面,儒学的价值更加凸显出来。儒家的公平正义思想中包含的和谐思想对于调节、缓和劳资对立、两极分化具有重要的作用。上海应用技术学院张自慧在分析了儒家均平思想是保证合理差距为前提的公平以及儒家在应得标准上的局限之后,进一步探讨了儒家均平思想对今天的启示。她认为适度的等差有历史的必然性,均平的实质是人人各安其分,各得其所,在今天就是以能力、素质、天赋和道德的不同来决定什么是应得的。适度的等差是社会发展的动力,社会公正的真正实现需要合理的社会制度。儒家把社会公正的希望寄托于英明的君主,没有在制度层面考虑,我们今天更需要从制度层面来保证社会公正。在保持合理等差的基础上保持适度的均衡,使社会既能有前进的动力又能有和谐的发展。上海应用技术学院孔文清认为,隐含在传统公正观中的平等、权利的观念与现代社会的个人权利的观念有着相似性,它可以成为传统公正观与现代化过程中形成的强调个人权利、平等与独立的现代社会相结合的基础。民间儒学研究者王佩玲讨论了王艮的心性教化思想对促进社会公正的作用。在当今中国,王艮的全民教化思想具有重要的意义。通过社区教育等方式可以提升民众对公正的认识,合理对待自己的诉求。同时,民众对公正认识的提高又有助于推动社会公正的实现。

辛亥革命

走向现代中的传统

——市哲学学会等召开“辛亥革命与中国传统思想”国际学术研讨会

5月21日至24日，市哲学学会和上海师范大学中国传统思想研究所共同举办“辛亥革命与中国传统思想”国际学术研讨会。上海市哲学学会副会长杨国荣在开幕词中指出，辛亥革命体现的现代社会变迁为全面反思中国传统思想提供了前提，但其本身又受到传统思想的种种制约。因此，在辛亥革命百年之后，重新认识在这期间走向现代中的传统思想的演化，无疑具有独特的意义。

辛亥革命时期的思潮、观念与中国传统思想

上海师范大学张允熠认为，辛亥革命时期的国民党元老派理论家对马克思主义的介绍和宣传，为“五四”时期马克思主义在中国的传播起到了铺垫作用。他们主要把马克思主义归结为社会主义，而对社会主义的诠释带有较多儒家大同思想的色彩，这对“五四”以后的马克思主义也有影响。台湾大学安井伸介博士分析了中国无政府主义的人性论与传统人性论的关系，指出无论是刘师培还是吴稚晖、李石岑等新世纪派，他们从不认为“性本善”，认定古代人或者现代人都有私心等导致“恶”的成分，因此，为了实现无政府社会，如何克服“恶”或发展人性，就成为问题的焦点，这种思考方式实际上与孟荀的讨论方式极为相似。

台湾政治大学的杨瑞松指出，邹容《革命军》的“反满”革命的论述，划出了“我族”与“他者”的界限，这是由来自西方的人种论和来自传统的华夷之辩方面共同打造的，由此达到构筑中国国族共同体和集体动员的目的。中央民族大学孙宝山论述了黄宗羲和清末民族革命的关系。他指出，黄宗羲传统的民族思想在辛亥革命期间被西学激活，中国传统的以“文明”为内涵的民族思想也经由“种族”意义上的民族主义而转化为“政治”意义上的民族主义。

上海师范大学陈卫平指出，整个中国近代知行观，包括辛亥革命期间的知行观，既确立了认识论品格也依然保持着伦理学的内涵。这使得中国近代知行观不是西方近代认识论的简单移植，而是与中国传统知行观有着内在的精神继承。

华东师范大学高瑞泉认为平等观念在中国经历了一个古今之变，即从古代主要是人的相同性的形上学嬗变为以人的权利平等为中心的政治平等，并扩展为社会、经济、文化的全面诉求；从中可以看到传统在现代的延续表现为三种方式：新知附益旧学、异端翻为正统、边缘进入中心。民国建立之后，国家至少在根本大法的层面上肯定了“平等”的价值，并承诺将其转变为社会政治法律的制度安排。

“革命”观念的凸显，是辛亥革命时期出现的。武汉大学李维武讨论了辛亥革命前十年间中国现代革命观念的形成。他认为中国现代革命观念的形成赋予了中国古代革命观念不曾有过的新的内涵与新的意义，给中国人带来了新的理想和新的希望，使“革命”具有了正面的时代价值。同时，中国现代革命观念的形成除了时代条件、世界大势、中国时局等社会历史因素外，还在于对中西古今革命观念的吸取、融汇与重构，因而不仅包含了反清、反对封建君主专制制度的内容，还包含了反对资本主义剥削压迫的社会主义理想追求。

“自由”观念也在辛亥革命期间得到很大的普及。上海师范大学蔡志栋认为，辛亥革命的理论先导章太炎从认识论上对自由的一些问题，如其获得的机制、人的认识能力、真理与科学等，都提出了独到的看法；但其佛学的立场又将现实的认识论问题归结为虚幻的心灵立场。在伦理学领域，章太炎论述自由人格问题的核心，在于通过重新解读中国传统思想，从中提炼出“依自不依他”的原则，并试图复活传统道德条目以应对现代处境。

中国社会科学院郑大华研究了清末的国民观，从传统臣民观的瓦解、近代民族国家观念的产生、近代知识分子的国家思想和救国呼唤新国民等几个方面，论述了清末国民观的兴起。

辛亥革命时期的人物、学术与中国传统思想

康有为、梁启超虽然是戊戌维新时期的思想家，而到了辛亥革命时期则更多的是站在呼唤革命的主流思想的对立面，但他们在整个辛亥革命时期仍是十分有影响力的。中国社会科学院汪学群讨论了康有为《礼运注》的礼学思想。他认为，康有为对礼的起源、范围、特征、功能等展开了伦理学分析，确定其核心在于礼本天地契人道，立礼即是确立人道，礼与人道的构建与发展同步。他还对礼进行了历史学考察，认为礼的动态过程分为小康和大同两个阶段。这意味着康有为尝试在传统礼学中开出近代人道主义之新。上海师范大学苟小泉考察了康有为的国民意识思想。他认为康有为对国民意识的构建，提出了全民共奉孔教的主张，这往往被人诟病为保守，但其主张中暗含着国民意识问题最终体现为宗教或信仰问题。上海师范大学陈泽环则考察了梁启超思想中爱国主义和世界主义的关系的问题，指出梁启超早期主张“传孔子太平大同之教于万国”，中期倡导“今世界以国家为本位”的国家主义，晚期主张“建设一种世界主义的国家”，将爱国主义和世界主义统一起来。这一思想历程表明，传统思想为梁启超处理好爱国主义和世界主义的关系问题提供了智慧。这些分析和考察，表明不能简单化地以保守来概括康有为、梁启超等重振儒学的努力。

黑龙江大学柴文华分析了孙中山思想和传统文化的相关性，讨论了孙中山对中国传

统道德的弘扬。他认为孙中山用传统的“三达德”,即“知”、“仁”、“勇”,阐释军人精神,弘扬忠孝、仁爱、信义、和平等道德精神,挖掘了其中的普适性元素,但同时或多或少忽视了其中的负面因素,过分夸大了传统文化的先进性。河南省社科院高秀昌认为,正是因为蔡元培的君子人格,成就了北京大学之“大”。而蔡元培的君子人格主要是继承了孔子所倡导的“三达德”。

南洋理工大学严寿澂认为,虽然章太炎前后思想发生转变,但变之中存在着不变:一个是尚独行,重气节;一个是体忠恕,倡平等。而其背后实为传统的儒道思想。

上海大学朱承通过考察辛亥革命发生时远在海外的胡适的思想以及后来胡适对辛亥革命的评议,指出胡适看到辛亥革命为重塑国民意识开辟了道路,这意味着他“五四”时期提倡新文化运动,批判旧的国民心理,在一定意义上也是对辛亥革命的继承。

辛亥革命与上海

——上海中山学社、市历史学会等承办国际研讨会

8 月下旬，由市政协、民革上海市委联合主办，上海中山学社、市文史研究馆、市历史学会、上海孙中山故居纪念馆承办的“辛亥革命与上海”国际研讨会在沪召开，90 余名海内外专家学者深入探讨上海在辛亥革命中的地位、作用，以及辛亥革命对上海发展的深远影响等。综合与会专家主要观点如下：

一是上海是辛亥革命的中心城市。有学者重点论述了辛亥革命时期上海作为当时革命舆论宣传和实际斗争重镇的独特地位。武昌起义后，上海积极响应，连带推动了江苏和浙江的光复，为南京临时政府的成立奠定了基础。有学者认为，在武昌起义后南方各省纷纷响应的过程中，上海作为中国最近代化的工商业都市和交通枢纽，群集各省之力，实际成为了担当领导辛亥革命的中心城市，并自此一直成为各派政治力量争夺的目标。

二是辛亥革命前后上海已具备现代出版、教育业的雏形。一些学者向研讨会提交的论文以上海商务印书馆为例，论述了辛亥革命后，旨在培养一代新国民的国文教科书出版业的兴起，并对那时的上海绅商郁怀智办学善举的褒扬，佐证了上海在辛亥年间已出现现代出版、教育业的雏形。一些学者从军事政治学的视角，考察了辛亥时期的上海报业，论述了辛亥前后“三民”报与近代国家观念的传播，评述了《民立报》有关陈其美的报道，剖析了面对革命浪潮风起云涌，清政府应对新式传媒无方的窘境肇因，探讨了清末上海出版的革命期刊对辛亥革命的贡献。

三是辛亥革命推动了上海现代金融业和民营经济的发展。一些学者从辛亥革命前后上海城乡经济的变迁，论述了上海铁路和中华银行、交通银行期间的发展，强调了辛亥革命对上海民营经济的推动作用。也有学者从辛亥革命前的上海禁烟斗争，制造工人同盟会的成立，或从竹枝词入手，条分缕析了光复前后的上海社会风貌演变，进一步丰富了对当时社会生活各个侧面的认识，印证了上海作为近代中国的经济文化重镇，对辛亥革命的贡献以及革命对它的影响。

四是对孙中山和列宁笔下“数十上海”一词新论钩沉，凸显百年上海在中国的历史地位。有学者主要利用俄文资料，讨论了孙中山和列宁笔下的“数十上海”一词由来，指出孙中山在辛亥革命后，期望通过和平而非暴力革命的途径发展经济，他提出了“造就数十个上海，带动国家的发展”的设想，很快引起国内外广泛关注，列宁也立即与之互动。这段以

往很少有人知晓的史实,引起与会学者的很大兴趣。这更有力地表明上海在当时的中国和世界上已具有重要的影响力。也有学者结合当代上海的建设实践,论述了孙中山有关建设"东方大港"计划的历史地位,及其对今日上海现代化建设的借鉴意义。

辛亥革命的价值标榜和启示

——上海科学社会主义学会与江苏科学社会主义学会联合举办“辛亥革命与中国道路”学术研讨会

10月27日至28日，上海科学社会主义学会与江苏科学社会主义学会联合举办的“辛亥革命与中国道路”学术研讨会在南京召开，两地高校的学者专家及媒体参加了研讨。江苏科社学会会长王庆五主持研讨会，上海科社学会会长夏军致辞，上海科社学会副会长吴解生做了研讨总结。黄福寿、孙力、张衡、俞良早、胡连生、陈锡喜、桑学成、史煦光、段刚、邹宏议等学者围绕研讨主题做了发言。

辛亥革命的历史起因和性质超越了革命的阶级属性

与会学者认为，鸦片战争后，面对中国饱受帝国列强的侵略、欺凌和国内不满清政府的腐败与无能的危机态势，清政府的变法和改良缺乏制度和文化的支撑，无法满足社会各界和广大民众的期待，内外矛盾集中爆发，辛亥革命顺势而起，席卷全国，腐朽没落的封建专制顷刻土崩瓦解。辛亥革命的发起者和参加者是广大学生、知识分子、华侨、社团组织、新军下层官兵和下层民众等，民族资产阶级既不是这场革命的主力军，也没有领导这场革命。孙中山先生作为共和知识分子代表，打出反帝反封建旗帜，提出“民族、民权、民生”的三民主义政治纲领与建立“民主共和国”、“推进民族复兴”的奋斗目标，代表了整个中华民族的利益，获得广泛的认同。这场革命把“拯救民族、重建国家与维系民生”的共同利益诉求结合起来，激发了社会各阶层民众极大的爱国热忱和为民族复兴的牺牲精神，超越了革命的阶级属性，其性质是完全意义上的“民族民主革命”。

辛亥革命与中国道路的紧密联系

与会学者认为，辛亥革命作为民族民主革命，推动了中华民族顺应世界发展潮流的思想大解放，推动了近代中国社会迈向现代化的大变革，为中华民族加速向现代文明发展探索了道路。辛亥革命的失败或者不彻底，主要是因为没有形成一面鲜明的广泛认同的思想旗帜，没有严密的组织，没有权威的政党，没有深入地依靠和发动群众等等。但是，辛亥革命奠定了中国特色发展道路的里程碑。辛亥革命后，社会主义思想在中国迅速广泛传播，为中国共产党的诞生创造了思想条件和组织基础，中国共产党人继承与弘扬辛亥革命精神，继续顽强地探寻救国救民道路，中国共产党领导中国人民经过艰苦卓绝的革命斗争,建立了人民当家作主的人民共和国,完成了辛亥革命以来无数民族革命志士抛头颅洒热血所追求的民族独立和人民解放的目标任务。新中国成立后,中国共产党为实现孙中山先生关于建设人民享有民主权利和幸福生活的现代化国家的理想,走上了一条不同于苏联发展模式的中国特色的社会主义现代化建设道路。这条道路展现了中华民族伟大复兴的前所未有的光明前景。100年以来,中国经济发生了翻天覆地的变化,然而,辛亥革命提出的民族复兴、国强民富的目标任务未彻底完成,我们仍然行进在辛亥革命开创的民族伟大复兴的道路上,我们仍需充分发挥中华民族的聪明才智,善于利用宝贵的历史资源与人类文明发展新成果,团结凝聚一切爱国的力量,调动国内外各种积极的因素,克服各种困难和危机,战胜各种挑战,勇于改革、实践,实现民族复兴新的历史突破,这样辛亥革命开创的中国发展道路将越走越宽广。

辛亥革命的价值标榜和现代启示

与会学者认为:随着时代的发展和史料史实研究的深入,人们对辛亥革命有了新的认识与评价。辛亥革命为后人留下了宝贵的精神财富,这场革命所产生的动力仍在决定中国未来可能发生的历史,而那些历史又将决定后人对这场革命的评价。毫无疑义,纪念辛亥革命具有价值标榜与现代警世作用。

孙中山先生的"三民主义"思想吸收了社会主义思想内涵,结合了中国国情的实际,具有与时俱进的先进性。他的"民族"、"民权"、"民生"理念不同于、甚至高于和超越了西方世界倡导的"民族"与"人权"思想,是基于对中国社会演变的科学分析,以及社会生活长期处于人治的特点客观考察,得出的思想观点。这些观点将政治革命与民族解放结合起来,将发展个人利益与维护集体、国家利益结合起来,将维系生存权利与发展经济与文化平等权利结合起来。学习研究、继承发展、丰富和实践这些思想观点,对于实现中华民族伟大复兴具有巨大的现实意义和发展价值。中国共产党人秉承了孙中山先生的进步思想和遗愿,在不断吸取人类文明发展的成果同时,遵循人类文明发展规律,探索和实践一条适合于中国国情的文明发展道路。

中国忧国忧民的知识分子,在辛亥革命中开始分化,逐步转变了政治立场。其中一部分接受并坚定了社会主义思想,他们虽然未掌握生产资料和公共产品,但获得了广大人民群众的支持,成为领导革命的中坚,代表了先进生产力的发展要求和先进文化发展的方向。对于当今的中国知识分子来说,牢固确立"天下为公"的信念,坚持中国特色社会主义道路,发展和丰富先进的理论,才能自觉担当起服务于民众富裕、国家富强和中华民族伟大复兴的历史责任。

对于通过革命执掌政权的政府来说,面临复杂的全球化竞争态势,必须顺应时代发展潮流和广大民众的意愿,摒弃权力与利益无限扩大的倾向,真正将依法执政和民主执政有机结合,才能扫除和摆脱影响科学执政的羁绊,才能自觉科学推进改革开放的伟大实践,才能开创富民与强国双赢新局面。

理想的文明：传统文明与现代文明互补

——炎黄文化研究会召开2011年学术年会

10月28日，上海炎黄文化研究会举行以“辛亥革命与中华文化的近代转型”为题的2011年学术年会。郭绪印、戴鞍钢、陈卫平等三位专家做主题发言，副会长丁锡满做大会总结。

辛亥革命猛烈地冲击了旧的传统、思想和习俗，带来了一系列符合中国社会发展要求的新变化。对此，上海师范大学郭绪印在以“晚清新政与辛亥革命”的发言中阐释：早在预备立宪的诏令颁布后，国内学习西方宪政便蔚然成风，人们心目中皇权不可侵犯的观念打破了，再加上清末新政废除科举制度，势必造成知识分子脱离儒家传统理念，而投向标榜民主、共和的辛亥革命。复旦大学戴鞍钢在“辛亥革命与移风易俗论纲”的发言中指出：南京临时政府的诞生和一系列政策法规的颁布，彻底否定了君主专制制度，国民不再被看作是专制君主的奴仆，开始认识到自己是国家的主人，就产生了强烈的震撼力，对人们的思想观念、精神风貌和日常生活都有很大的触动。

那么，我们的文化传统是否还有价值？上海师范大学陈卫平在“绝圣排孔与保存国粹”发言中的观点是：儒学在中华文化的近代转型中，不仅仅是批判的对象，也是提供正面价值的资源。以家庭伦理为核心的传统文明对以契约关系为基础的现代文明具有互补性，取代现代资本主义之后的新的理想文明形态实际就是现代与传统的互补。

自革命派始，当时批判的矛头直指孔子，提出了在思想上拆除经学殿堂的要求。这是继康有为之后，给儒家经学以更为沉重的一击，成为“五四”时期“打倒孔家店”的先声。中华文化的近代转型实际是在西方文化冲击下发生的，因而在否定儒家经学权威的同时，不对传统文化的精华予以价值认同，确实有走向“委心向西”的“欧化主义”的危险。革命派意识到这个问题，于是在绝圣排孔的同时，又提出保存国粹，指出儒家经典的原本面目是反映中国古代社会进化的史料。

这意味着辛亥期间革命派绝圣排孔和保存国粹，到“五四”时期发展为“打倒孔家店”的激进主义和“维护孔家店”的保守主义的对峙。这一对峙的核心是儒学对于中国走向现代化是包袱还是财富？用陈独秀的话来说，就是孔子之道“适用于现代与否”？陈独秀的回答是否定的，认为儒学与现代社会的人格独立等是格格不入的，因而儒学在中国没有现代价值；而梁漱溟的回答是肯定的，在他看来儒家“尊重对方”的伦理道德，可以补救现代社会算账式生活的弊端，因而在现代中国依然有其价值。值得注意的是，这样的对峙，在中国重新明确以现代化为发展方向之后的近30年来似乎又重演了一次:贯串于20世纪80年代以“彻底反传统”为旗号的激进主义,视儒学传统为走向现代化的“包袱”,因而要把“五四”没有完成的“打倒孔家店”进行到底,其典型代表就是《河殇》;兴起于20世纪90年代以“国学热”为现象的保守主义,则表现于基本认同和呼应海外新儒家的“儒学复兴”说,那种主张以“儒教”为国教的呐喊,更是认为唯有儒学才能使中国走上康庄大道。其实今年孔子像在国家博物馆前历经“矗立”和“移走”反复遭遇的背后,仍然是以这样的思想对峙为根基的。可以看到辛亥时期绝圣排孔和保存国粹这两者如何统一的问题,至今仍困扰着我们。走出这样的对峙,正是我们提高文化自觉的题中之义。

辛亥革命与民俗变迁

——市辞书学会、市民俗文化学会等联合主办专题研讨会

由市辞书学会、市民俗文化学会等单位共同主办的“辛亥百年与民俗变迁”研讨会，10 月 14 日在长宁民俗文化中心举行。

市民俗文化学会会长仲富兰根据他的新作《老镜头——中国百年风物与民俗过眼录》做了发言，他认为，帝国主义列强给中华民族带来了深重苦难，但客观上也传播了西方的工业文明，中国人的价值认同也发生前所未有的变化，这是在外国器物乃至观念的影响下发生的变化，它使晚清时代的风尚变迁走上了一条与传统不同的道路，即风尚的变化不再沿着传统的轨迹循环往复，而是朝着求新求变的新的趋向发展，为甲午战争后趋新的时代潮流奠定了思想基础，也为辛亥革命的爆发奠定了基础。

市辞书学会秘书长徐祖友指出，上个世纪中国辞书编纂有两个高峰：一二十年代和八九十年代。辛亥革命后到 30 年代前，有 500 多种辞书出版，如《辞源》、《中华大字典》。1979 年后又出现了爆发式的增长，现在，我们已经成为辞书大国，但还不是辞书强国。

田兆元就“辛亥革命前期组织的盟誓习俗研究”做了发言。他指出，逮至近代社会，随着半殖民地半封建的中国社会日益衰败，救国图强的资产阶级人士积极组织各种盟会，夹杂于庞杂的旧会党之间，谋求推翻清政府的事业。二十世纪初，这类资产阶级团体日益兴盛起来，如“华兴会”、“光复会”、“日知会”等。孙中山对天地会的起源及其发展有精辟的分析，于《建国方略》等书中申述甚详，可见其深思熟虑。而陶成章著有《教会流考》、《浙案纪略》，这位领导者不仅是盟会的实践者，更是一位资深会党研究专家。这些事实说明，资产阶级的革命组织，起初是从带有封建色彩盟誓组织中脱胎而出的。

上海书店出版社完颜绍元着重就“大清王朝在上海最后一年春节”为题，分析了社会转型期，阳历和阴历的冲突屡有显现。新中国成立后，也采用了阳历，但并没有禁止阴历的使用，出现公历和农历并存局面。至今一部历书如果没有标注阴历就不会受到欢迎。中国有许多的节，都是按照古时的传统保持下来，中国共产党能够得到拥护，源于其更务实，对中国民俗文化(尤其是传统的民俗节日)进行了传承和保护。许多优秀的民俗文化得以被传承下来，许多旧时的节日得到了认可。

华东师大历史系陈江、嘉定古建筑与历史文化研究会会长黄振渭、华东师大社会发展学院王均霞也围绕各自研究领域做了发言。

政治·法律·社会·行政

文化统战:柔性原则和对话原则

——市统战理论研究会举办2010年度学术年会

以“统一战线与社会主义核心价值体系”为主题的市统一战线理论研究会2010年度学术年会于2月24日召开。研究会理事和专家学者等100余人出席。市委常委、时任市委统战部部长杨晓渡出席会议并作讲话。

会议由市社会主义学院副院长、研究会副会长兼秘书长张颖主持。市社联党组书记、专职副主席沈国明应邀发言。市委统战部秘书长、研究会副会长徐力传达了中国统战理论研究会第五届会员代表大会精神。市人大副主任、研究会副会长郑惠强作研究会2010年度工作报告。华东师大、民建上海市委和上海师大获学会颁发的“马克思主义中国化、时代化、大众化与中国发展道路”征文优秀组织奖。

复旦大学余源培、华东师大章义和在会上分别做题为“新时期文化统一战线的形势、任务和原则”以及“文化自觉与文化统战”的专题发言。

余源培认为,文化可以成为人与人心灵和情感沟通的桥梁,可以成为国与国加深理解和信任的纽带。文化交流比政治交流更加久远,比经济交流更加深刻。在构建和谐世界中,文化统战作用不可忽视。在当今世界越来越重视文化软实力的大背景下,将以“柔性原则”(潜移默化)和“对话原则”(和而不同)为特点的文化统战纳入统一战线工作的社会资源配置和总体格局,不仅对于促进新时期爱国统一战线工作很有必要,而且对于促进中国特色社会主义事业的健康发展亦有重要意义。要做好文化统战工作,不仅文化人自己要努力,党和政府从整体上都应该高度关心。为了使文化统战工作开展更加顺利,统一战线工作者应该努力提高自己的文化知识、素质和修养,为文化统战创造一个良好的文化氛围。

章义和指出,在新形势下,中国共产党越来越把文化发展与文化创新作为中国政治、经济和社会进一步发展的源泉和动力。从建党前后对马克思列宁主义的自觉追寻和选择,到第二代、第三代领导人对文化问题一脉相承、与时俱进的思考和阐述,大量事实已经证明中共建党90年的历史即是自觉选择和自觉发展先进文化的历史。新世纪以来,以胡锦涛为总书记的中央领导集体,面对经济与社会发展中出现的新情况、新问题,面对我国生产力实现跨越式发展的目标和任务,在江泽民关于“建设中国特色社会主义文化”、“文化是综合国力的重要标志”和中国共产党“代表着中国先进文化的前进方向”等论述的基础上，对文化的自觉探索进入了一个崭新的阶段。实际上，文化自觉是民族凝聚力和民族提升力的自觉行为。目前全球化进程日益加快，国家文化软实力逐渐成为国家竞争力的重要部分，文化统战的提出正是对这些挑战的回应，同时也是统一战线理论在新的历史阶段发展的重要表现。

最后，杨晓渡就做好 2011 年统战理论研究工作提出了四方面的要求：一是着眼大局、坚持方向，促进统战理论研究的发展繁荣。要深刻认识开展统战理论研究的时代大背景，从中国共产党执政兴国的高度和根本政治制度、基本政治制度建设的高度来认识统一战线，从党和国家发展的大战略、大格局中思考统一战线。特别是在当下社会、思想、利益多元，国际形势动荡复杂的情况下，更要保持高度的清醒和警觉，站稳立场。要围绕纪念中国共产党建党 90 周年的主题，按照胡锦涛总书记在党外人士座谈会上提出的“思想上同心同德、目标上同心同向、行动上同心同行”的要求，开展统战理论研究工作。二是围绕主题主线，突出关键重点，准确把握统战理论研究的功能定位。统战理论研究必须坚持围绕科学发展的主题和加快转变经济发展方式的主线，抓住创新转型这个关键，明确服务大局、服务实践、服务决策的功能定位。三是立足实践、求真务实，在中国特色社会主义理论体系的框架中推进统战理论创新发展。要紧跟中国特色社会主义理论研究的大进程，深入实践，把握现实的发展变化，更好地感受马克思主义中国化的最新成果，认清眼前的使命，为统战理论创新提供前进的动力，不断研究出切合实际的理论成果。四是拓宽平台、健全组织，打造高素质的统战理论研究工作者队伍。要继续健全和完善以统战部门为主导、以研究机构为主体、以专家学者为骨干的理论研究工作模式，不断健全和壮大工作组织，提升和发展研究工作者队伍，进一步增强工作凝聚力。要关注统战理论研究的传承和发展，培养更多优秀的学术新人，搭建更多的学术交流和协作平台，为统战理论研究队伍的未来发展提供人才保证。

职务犯罪的预防与惩治

——市犯罪学学会等举行专题研讨会

3月18日，市犯罪学学会、市高级人民法院联合举办了“职务犯罪的预防与惩治”研讨会。本市法院、检察院、公安系统、市法学会、市犯罪学学会、华东政法大学等有关单位的法官、检察官、专家学者150余人参加。

本次研讨会旨在共同研究和探讨职务犯罪的防治对策。市高级人民法院罗开卷法官在“期权腐败行为分析与治理研究”的发言中指出：期权腐败即权力的期权化，是与领导干部职权直接或间接相关的以权谋私并期待获得远期利益的行为。期权腐败具有隐蔽性强、时空跨度大、查处困难的特征。其表现形式有封妻荫子式、发挥余热式、人身依附式、投桃报李式等。罗开卷认为，权力扩张的本性及将升官与发财联系在一起的官本位思想是领导干部搞期权腐败的主要根源。期权腐败也是腐败分子与反腐败力度不断加大博弈的阶段性产物。他建议加强权力的制约与管理，减少政府对市场的干预，健全权力的监督机制，完善廉政立法；抓好廉政教育，提高政府官员待遇，从而使领导干部不能、不敢、不愿利用权力进行期权腐败。

华东政法大学罗槐茂围绕“职务犯罪中的情感驱动”做了发言，他认为，情绪和情感是基本的动机系统。情感驱动，是职务犯罪动机产生的重要前提条件，并贯穿于职务犯罪的全过程 。在职务犯罪的诱生期、事实构成期和恶化期，正是由于刺激物的量和质的变化，使情感的量和质也发生相应的变化，职务犯罪主体才有可能在不同的阶段作出不同的选择。职务犯罪中的情感驱动不同于一般刑事犯罪，很少表现为激情，多表现为心境；情感驱动一般比较隐蔽，常不为一般人所察觉；情感驱动中情感博弈十分激烈；情感驱动的力量是巨大的。另外，情感具有感染性，这正是职务犯罪窝案、串案发生的重要原因。为有效地遏制职务犯罪于萌芽之中，罗槐茂建议：要对公职人员进行情商教育，引导公职人员管理好自己的情绪和情感；要健全和完善干部的考核制度，要注重干部的兴趣、情感、意志、气质、性格等非智力因素的考察；要完善诫勉谈话制度，突出其预防功能。

市第一中级人民法院康乐法官发言主题是“论社会压力与贪官人格的形成”，他指出，分析贪官人格形成的原因，不能简单地甚至是错误地将贪官人格视为一种心理意义上的变态或病理性人格，而应当放在社会与文化的范畴中理解。他认为，特定人群的人格特征的形成原因来自社会压力。康乐在发言中以“贪官人格形成——压力催逼”模型分析和阐述了“社会压力”，论证了“是在特定社会情境中的不良压力，影响甚至改变着其自身保持较为稳定状态的人格中的'可变成分',进而产生贪官特有的心理与行为表现"。他认为,只有减少甚至消除这种压力,才是科学实在且有效束缚贪官们的贪念的方法。

市第二中级人民法院沈言法官在"关于受贿案中被告人翻供问题之证据审查和认定研究"的发言中,以该院 2008 年至 2010 年审结的 32 起受贿案为例,分析了受贿案被告人翻供的原因,认为对受贿人的翻供既不要不予理睬或轻易否定,也不要盲目认同或轻易相信。据此,她认为可以从六个方面去建构受贿案件翻供的证据审查和认定:审查案发经过以排除串供和诬陷之可能;查证赃款去向;重视证人出庭作证以贯彻直接言词原则;审查分析被告人的翻供理由;把握间接证据的关联性;合理运用事实推定。

市普陀区人民检察院胡绍宝检察官做了"贪污、挪用公款案件的财务特征研究"的发言,他详尽地分析了贪污与挪用公款行为的一般财务特征后,提出了对具体行为的界定方法:首先看行为人对财产的占有或控制是否已经完成;其次看行为人是否实施了消除财产指标的行为;再次是看行为人是否实施了推卸财产经管责任的行为;第四看行为人有没有事实拒绝承担经管责任的行为;最后是看行为人能不能按时归还公款。

市人民检察院反贪局张炜检察官在"交易型受贿犯罪疑难问题探析"的发言认为,交易型受贿具有"市场交易"与"权钱交易"的双重"交易"性质,是以其形式上的"市场交易"掩盖了本质上的"权钱交易"。他围绕 2007 年最高人民法院、最高人民检察院《关于办理受贿案件适用法律若干问题的意见》中规定,就"明显低于"和"明显高于"的认定问题、"优惠购物不算受贿"的认定问题、受贿数额的计算问题,从理论和实践两方面进行了分析和探讨。

研讨会邀请了市犯罪学学会常务副会长、华东政法大学刑事司法学院院长杨正鸣,中国刑法学研究会副会长、华东政法大学法律学院院长刘宪权对上述发言进行了点评。两位专家在点评中充分肯定了发言者根据职务犯罪预防和惩治的实践中的热点、难点选择研究课题,研究成果对现实司法实践具有指导意义。

华东政法大学校长、市犯罪学学会会长何勤华,市高级人民法院副院长、市犯罪学学会副会长孙建国在研讨会上分别做了发言。

环境问题:人口经济发展中的矛盾

——市生态经济学会召开2010年年会暨“十二五”上海环境发展规划报告会

市生态经济学会于1月11日召开2010年年会暨“十二五”上海环境发展规划报告会。会议由学会副会长洪民荣主持,学会会长王荣华和学会副会长、市环保局局长张全分别做了题为“发挥世博低碳效应,促进低碳发展”以及“‘十二五’上海环境发展规划”的报告。

王荣华在报告中指出,中国2010年上海世博会在世博会历史上首次提出了“低碳世博”的理念,在筹备、举办过程中汇聚了世界各地低碳发展的智慧和实践,成为全球倾力打造的低碳发展的典范。从国际国内形势看,低碳发展已成为引领新一轮经济发展和变革的助推器。我国低碳发展工作应根据基本国情和发展阶段确定低碳发展的战略定位;加快产业、能源结构和布局的调整优化;加快构建高效、清洁的低碳交通运输体系;全面提高建筑能效水平;加强技术攻关和关键技术的研发储备,推进低碳产业发展;积极探索低碳发展实践区新模式;营造全社会共同参与的氛围,努力构建低碳绿色的消费模式。

张全回顾了“十一五”期间本市环境指标完成的情况,并分析了当前的主要环境问题,表现在人口经济发展中资源消耗和污染排放承受巨大压力,工业结构性布局性污染特征明显;复合型、区域型环境污染和城乡环境差异问题逐渐凸显;环境基础设施、环境风险防范、环境管理有待进一步提升。他认为,“十一五”上海环境发展总体处于还历史污染欠账阶段,而“十二五”上海环境发展所面临的形势有很大不同,应持续加强全过程污染预防与控制,加快建设资源节约型、环境友好型城市,促进绿色增长和低碳发展,促进人与自然和谐发展。

中国下一站:机遇与选择

——上海金融与法律研究院等召开学术研讨会

由上海金融与法律研究院等主办的"中国下一站:机遇与选择"学术研讨会于1月8日召开。会议综述如下:

历史、现实与选择

上海金融与法律研究院季卫东在《风险社会中的法律与公共政策》的报告中强调了把不同利益诉求和问题纳入公共决策的重要性。他指出,中国要加强社会沟通,有效的沟通要在公开、透明、平等的话语空间中进行,并以程序民主为前提。上海证大集团戴志康认为,如果说中国过去二三十年的发展是靠和欧美的交换来赢得发展的话,那么今后中国的路子就是要去海外拓展,以求压住供给价格。中国的视野应放宽到全球(如非洲等国),而不能认为欧美衰退了,中国的市场也没了。中国的下一站,是中国人走到世界各个角落,和世界人民和平共处,才有中国以及整个世界的和谐。复旦大学李维森则发表了不同的看法,认为当今中国除非靠劳动力优势走出国门,如果仅靠企业走向世界,难度相当大。苏格兰皇家银行(RBS)中国区李权在其《欧洲主权债务危机》的演讲中对比了中国与西欧发达国家的财政模式,指出西欧的赤字来源于对本国居民社会保障和福利的高开支。相比而言中国是个大财政的国家,应学习欧美的财政支出方式,以真正达到还富于民的目的。

该院周子衡则从历史的视角寻觅了中国经济未来的走向,对比了毛泽东时代的实物经济与最近30年的发展路径。他认为,中国廉价竞争的时代已经过去了,一个"贵"的时代已经悄然来临。如果说欧美可以总结为"高物价,高消费,高收入",那么中国也到了需要思考提高收入途径的时候,但单纯靠劳动工资的提高是很难达到真正扩大内需的目标的。要实现这一突破,中国还要以货币和法律这两方面入手,在公民的基本权利和利率、汇率问题上做文章。

复旦大学陆铭为大家演绎了中国城乡经济发展的逻辑,认为农民工进城压低了城镇劳动工资,增加了企业利润,利润转化为储蓄之后提高了劳动生产率,于是造成了劳动生产率的增长速度快于工资增长速度,其结果就是消费(以劳动收入为主要来源)跟不上供给的步伐。这样的发展模式带来了一系列特殊的宏观经济现象,例如工业部门投资非常高,企业储蓄率持续上升等。

经济增长与分享机制

李维森把中国经济的发展形势概括为市场化进程的畸形化。这主要体现在货币化不断加速,证券化在萎缩,政府行政控制化不断加强。他指出,中国经济和体制都是连在一块的,而体制改革必要先进行财政改革,并普及有限政府的理念。天津财经大学李炜光在《社会分殊化与政策走向》的演讲中,介绍了韦伯的社会化理论。韦伯以德国的崛起为例,说明一个长期经济很弱的国家突然在世界上崛起并非是一件好事,它将加速暴露落后民族政治的不成熟。落后民族的政治弱点主要体现在大多数国民被排斥在政治过程之外。因此,现代民族的真正强盛应以大众民主为政治基础,形成真正的政治民族。上海财经大学夏纪军在《富民才能强国与中国改革实践的一个经济学分析》的发言中提出,市场成熟的时候,政府应逐步退出。市政府法制办顾长浩总结道,政府内部决策过程,需要更多的民主投票和法律规则来保障结果的公正性。另外,政府决策的论证过程不能太复杂,要做到民众都能参与,这样才能更好地推进民主政治。

制度转型、社会危机与公共治理

国家行政学院的胡颖廉为与会人员梳理了新中国成立以来前后两个30年中国社会建设所走过的路径,他把第一个30年高度概括为"国家包容社会和市场",而在第二个30年中,我们释放了市场,却依然没有释放社会。市场运作过程中产生的很多矛盾没有一个有效的社会渠道把它宣泄出来。因此今后我们要做的事情是国家释放社会。湖南大学杜刚建点评道,社会建设的问题主要是要弄清它的主体是每一个公民,因此首先要给主体们存在的资格权利。中国人民大学毛寿龙认为,政府职能的转变在中国实际上是越来越难,从中国历史看来,尽管制度的转变可能非常迅速,但政治的核心运作资源还是一些非常封闭的理念。因此改革最重要的是把基础理念融入进我们的体制当中去,并和现实紧密结合起来。北京航空航天大学的高全喜表示,中国的下一站是社会建设和法制建设,如果不走这个道路,中国将是没有希望的民族。

中国国际金融有限公司彭文生认为,相对于通胀,房地产泡沫带来的风险更应为我们关注,房地产带来的庞大的财富转移和对新一代中国年轻人的创新能力的损害,足为我们警惕。并且无论如何,调控不应是周期性的调控,而应该是长期的对经济发展模式的调整。全国人大财经委副主任委员吴晓灵在发言中主要谈了她对转变经济增长方式的一些想法。第一,中国的价格体系必须有利于资源的节约。只有理顺资源价格,才能不通过过度消耗资源的方式来增长GDP,才是对中国未来负责。第二,中国要控制好政府和市场的关系,要使价格真正成为市场配置资源的信号,要让每个个人对自己的财产和行为的效率负责任。第三,提高生产力首先要降低交易成本,而中国目前主要是要通过约束公权力来降低制度成本。只有把以上三点做好,才能突破中国未来经济发展的瓶颈。

中国对外经贸关系的热点问题评析

——商务部条法司司长李成钢应市法学会国际法研究会邀请开设专题讲座

2011 年 3 月 31 日晚，中国商务部条法司司长、市法学会国际法研究会名誉会长李成钢应市法学会国际法研究会邀请在上海对外贸易学院举办了一场题为《中国对外经贸关系的热点问题评析》的讲座。上海对外贸易学院法学院院长、市法学会国际法研究会会长陈晶莹教授主持讲座。讲座正式开始前，陈晶莹会长向李成钢司长颁发了市法学会国际法研究会名誉会长证书。

李成钢司长主要围绕我国近年来对外经贸关系的热点问题展开论述。李司长引用百度文库侵权门等最新实例，实证分析了当前我国对外贸易摩擦的主要特点，即当前我国对外贸易摩擦主要呈现为贸易救济案件数量减少但涉案金额增大，知识产权纠纷凸显频发，中美汇率争端僵持不下和外资国民待遇冲突再起等四个方面。他指出，由于新型贸易摩擦方式的不断出现，我国已连续 9 年成为美国 337 调查的头号目标，2010 年的贸易纠纷更是达到 20 起之多。他还结合当前对外贸易摩擦形势，提出具体应对机制，对 2011 年我国对外经贸发展趋势作出预测并再次重申知识产权保护的重要性。

陈晶莹教授对李成钢司长的讲座作了点评，并对李司长的讲演内容作了简短的延伸解读。李司长的讲座引起了与会嘉宾的强烈共鸣，大家就“中国对外经贸关系”这一议题向李司长踊跃提问，讲座在积极热烈的互动交流中落下帷幕。

系统分析领导决策方法

——市领导科学学会举办领导学青年学者学术沙龙

3月21日，市领导科学学会举办了领导学青年学者学术沙龙，主题为“领导决策方法”。此次沙龙邀请了加拿大女王大学城市与地域规划学院院长梁鹤年作为主讲嘉宾，会长奚洁人在研讨中发言。

梁鹤年就领导决策方法特别是政策制定和政策分析方法做了如下探讨：首先要决定“主导观点”，即决定这个分析是为谁去干的，是从哪个观点去看的；继而要鉴定这个“主导观点”的价值、权力、物力、人力、信息和时限；再从“主导观点”去鉴别相应的“相关观点”。第一个分析是“逻辑”，即分析“主导观点”的价值与政策目标、政策手段和预期或实际结果相互之间的逻辑和因果关系，其分析的焦点是效应。第二个分析是“经济”，即分析政策所用的手段、工具和资源是否过多或不足。第三个分析是“法理和实践”，即分析政策的合法性和可行性。从“主导观点”去分析政策成败所依赖的关键目标与手段以及关键的人物与组织。从“法理与实践”分析中可以鉴别出对政策成败的关键人物或机构，即关键的“相关观点”。分析者应该鉴定每一个“相关观点”的价值，权力、物力、人力、信息和时限，然后从这些观点出发，再次分析政策的逻辑（效应）、经济（效率）、法理（合法性）和实际（可行性），并找出这些关键人物或组织对政策的看法和倾向，从而做出适当的应对方法。这个“观点法”即“主观——一致、足够、依赖”。分析程序是先定观点，然后按这观点去分析政策的效应、效率、合法性和可行性。

梁鹤年说，以上这套办法所用的都是常理，只不过是把它系统化了。经得起这些分析考验的政策将会是一个知己知彼、逻辑性强、效率高和成功机会大的政策。

中国共产党的执政能力与领导哲学

——市领导科学学会等举办论坛

6月24日，由市领导科学学会、中共上海市嘉定区委党校联合主办的“中国共产党的执政能力与领导哲学”论坛在嘉定区委党校举行。学会会长奚洁人，中共上海市委党校副校长徐卫出席论坛并讲话。60多名从事领导科学理论研究和实践探索的专家学者围绕主题展开研讨交流。

奚洁人在主题发言中指出，执政能力从狭义来看，就是运用国家权力的能力。从现代领导角度看，不仅仅是简单地运用法律和国家行政权力的能力，应该包括对于理论、思想和组织制度等多方面手段和方法的领导能力。革命时期的经验是宝贵的，但是执政规律更值得探讨。要学会区分硬权力和软权力的关系，这都在现实意义上要求我们去探讨。

奚洁人认为，90年来，我们党始终保持着创造性的六种智慧：一是马克思主义的世界观；二是历史的眼光和胸襟；三是开拓的创新道路；四是唯物史观与群众路线；五是和谐的执政方式；六是执政方略。他重点提到了群众路线问题，群众路线在不同的历史时期内涵是不同的，他说马克思提出了人民群众是有中国特色的创造者，要从群众中来，到群众中去。中国共产党把认识论同群众路线结合起来，把群众路线同领导价值结合起来，提出了人民群众的主体不仅创造了成果，还要享受成果。

东华大学贺善侃从执政党的执政观念的更新与价值取向的关系为题，从领导的价值观、领导的辩证法、领导文化三个方面进行了阐述。第一，以中国特色的社会主义政治目标为价值取向，标志着中国执政理念的成熟，表明中国已经从革命党向执政党的转换。中国共产党在长期的革命和建设过程中，始终把建设和发展社会主义民主政治作为自己的政治目标，执政为民是我们党的根本价值取向和我们党的基本执政经验。第二，以经济建设为中心的价值取向确立，从政治斗争为中心转向经济建设为中心，是我党执政理念的一次重大飞跃。如何开展社会主义经济建设，关键在于思想解放，邓小平的南方谈话是我党执政理念的又一次重大飞跃。第三，社会主义核心价值体系的建立，形成了“和谐”为指导的社会建设的价值理念。“和谐”理念的核心在于倡导一种互助、合作、团结、和谐、稳定、有序的价值取向，“和谐”的理念是重在建设的领导理念。

中国浦东干部学院于洪生、外贸学院母天学、中共嘉定区委党校顾承卫、浦东新区潍坊街道党工委李国弟等也围绕主题从各个方面进行了阐述。其一，执政能力建设是一个历史范畴，从中国共产党成立开始，以夺取政权为目标，成为执政党。前30年表现为武装斗争，中间30年领导社会主义革命和社会主义建设，现在30年领导现代化建设。其中人民的要求是变化的，执政能力的建设也是变化的。在执政能力的建设中，它的前提是政策正确、实行民主。其二，我们党从开始建立就已经在思考角色定位，并在发展中不断调整，做该做的事，调整自己的行为方式，与时俱进，从而能够不断加强自身建设，即怎样适应时代，如何对待历史，针对不确定性和流动性的特点怎么去做。其三，执政能力建设没有价值作为前提是不行的，价值规范了能力的发挥方向。当前部分基层党组织的凝聚力不强、个别党员能力虽强但在思想上还不能被大家认同等现象的出现，原因就在于能力与价值的脱节，所以能力建设必须用价值来规范。执政党的使命比革命党的使命更加艰巨。

基层领导在群众工作中遇到新挑战

——市领导科学学会、市社区发展研究会等举办“现代领导与党的群众工作方法创新”研讨会

6 月 26 日，由市领导科学学会、市社区发展研究会和浦东新区潍坊街道党工委联合主办的“现代领导与党的群众工作方法创新”研讨会召开。有关领导、专家学者和社区党务工作者近 120 人出席。

潍坊街道党工委书记李国弟在发言中首先分析了目前基层领导在开展党的群众工作中所遇到的新挑战，包括社会群体构成多样化，社会舆论传播网络化，社会矛盾冲突复杂化，社会心态表现功利化，社会管理“失误化”。其次介绍了潍坊街道在面对这些新挑战中创新的几种群众工作方法：即精心创作红色段子，让红色段子在群众中起潜移默化作用；热心培育社会组织，让社会组织参与群众工作；悉心指导基层自治，让群众自己教育自己；用心探索长效机制，让行之有效的机制化解群体矛盾；真心当好群众“喉舌”，让群众获取最大的合法利益。李国弟认为，在创新党的群众工作方法中，一是必须围绕各界群众的需求来开展工作；二是必须坚持党的群众路线来开展工作；三是必须因地、因人、因时制宜来开展工作；四是必须凸显正确价值取向开展工作；五是必须在主动扬弃中开展工作。

闸北区大宁街道党工委书记王叶庆、中交第三航务工程勘察设计院党委书记沈明达做了交流发言。市委党校陈熙春认为，群众工作应当在坚持中创新，在需求导向中创新，在实事求是中创新，在核心价值观引领下创新，在辩证扬弃中创新，从而形成文化引领、社会组织培育、基层自治建设、长效机制等各个环节构成的一套比较系统化的工作体系。上海市曲艺家协会主席王汝刚认为，基层工作的领导者应该具备的要素是：第一，考虑问题要从老百姓角度出发。第二，尊重群众智慧，学会群众的语言，并善于创新。市社区发展研究会常务副会长徐中振认为，社会研究需要草根社会情结。时任《解放日报》理论部主任周智强认为，第一，群众方法要创新。第二，群众工作要注意群众的利益诉求，要注重利益诉求中的整合。第三，做好群众工作要抓住关键点、难点和重点问题，要有所突破。市党建文化研究中心张克文认为，当前党建方式创新很多，支部建在什么地方也是多元化的，现在支部建在楼宇是一个好方法。具体来说，一是稳定性；二是非功利性；三是实行体外循环，即公转带自转。他认为，党建动力的传递靠党务工作者，他们是动力，是组织的人格化，基层党组织的理论很重要，智慧更重要。党组织就是要培养出优秀的党务工作者；四是要有规模效应。要通过党建活动渗透到各单位去。

市领导科学学会会长奚洁人在讲话中指出，群众工作要注重三个结合：一是与基层社会管理相结合；二是与注重弘扬文化相结合；三是与现今的热点问题相结合。他指出，要重视把马克思主义的认识论融入到群众路线之中，群众路线的本质是对人民群众的感情、态度、立场问题，有了正确的立场，才会去也才能够创造出新的行之有效的方法。他强调，一是要提高解决实际问题的能力；二是要讲法制，在维护群众的合法权益的同时，用法制引导群众；三是将优良传统注入到新的思想工作方法之中；四是着力构建群众工作新格局，要用法律、经济、文化、行政、信息等方法去开展工作。

青年学者聚会上海研讨老龄问题
——市老年学学会承办首届全国青年学者老年学和老年医学论坛

首届(2011年)全国青年学者老年学和老年医学论坛8月26日—28日在上海举行。本次论坛由中国老年学学会主办、市老年学学会承办。

上海市老年学学会第一次尝试促成老年学和老年医学两个青年学者团队的大会师，力图推动凝聚一支整体的、多学科的、专业指向老年人的老年医学和边缘链接的学科力量。正如市老年学学会会长左学金在开幕式上所指出的:老年人问题的研究，应该跨学界、跨学科、多元化，甚至连老年学这个专用名词的翻译，也需要考虑是否从现在带有医学背景的词汇，更换成更具宽泛和包含的一个词。

此次论坛设有多个专题，包括“和谐社会建设和老龄问题”、“农村养老保障问题”、“高龄照料与长期护理”、“社会保障制度建设”、“老年人权益和以房养老问题”等专项研讨主题。共收到来自到陕西、山西、江西、湖南、湖北、江苏、云南、福建以及香港、台湾等地的论文近200篇，组织了大会报告3场，分会场报告6场、青年学者自组专题论坛26个、壁报展示25个，有100多位青年学者获得了发言报告和展示的机会。由青年学者评委会和专家学者评委会组成的专业评委，分别推选出两个学科的“十佳论文”、“十佳演讲”、“最佳投影制作(PPT)”、“最佳壁报”奖项共计71项。青年学者中蕴藏的宏大的学术能量和积极性，得到了一次释放和展示;青年学者的学术水平和成果，得到了一次检阅和评估。随着专家队伍的年轻化，青年学者研究老年学问题必将成为学界值得重视的趋势。

新《刑法修正案》实施后的新情况、新问题

——市监狱学会召开专题研讨会

8 月 29 日，市监狱学会在南汇监狱召开了“监狱工作新情况、新问题”专题研讨会，与会者围绕中心议题，各抒己见。

在犯罪特点方面，上海在押犯中外省籍犯、25 岁以下的青年犯、短刑期犯、累犯、外国籍犯与交通肇事犯的人数攀升；并呈现出外省籍犯多、青壮年多、暴力犯多、重刑犯多、前科劣迹多、老病残犯（特别是精神病犯）多、短刑犯多等六大特点；但从总量上看，上海犯罪总量仍然处于平衡期，并未出现明显的拐点。

《刑法修正案（八）》颁布实施后，遇到的新问题是罪犯的减刑幅度将会缩小，刑事激励的强度在下降，这会给监狱的监管安全与教育工作带来新的冲击；罪犯的维权意识的增强也给狱政管理带来新的难题；环境变化也会给监狱问题犯的化解工作产生重要的影响。监狱应重视颁布后所引发的刑事法律思想的变化，特别是要在管理与教育上要有系统性的设计。

与会者认为，在新形势下，监狱民警要重视执法证据，要学会用证据说话，自证清白；对罪犯的认识还应突出三个特点，即重视犯罪原因、重视社会因素以及重视动态变化、发展。

中国邮政:处于快速发展期

——上海邮电经济研究会召开"构建邮政综合服务平台,实现'三流融合'"主题研讨会

10月27日,上海邮电经济研究会召开了以"构建邮政综合服务平台,实现'三流融合'"为主题的研讨会,研究会副会长、上海邮政科学研究院院长周焕德主持会议,20余人出席。

与会者认为,邮政拥有行业背景优势、"信息流、实物流、金融流"合一的独特优势、遍布城乡的网络渠道、良好的信誉基础,这些优势为邮政打造综合服务平台创造了有利条件;同时,邮政还存在一些劣势,比如服务成本普遍较高、传统国有企业面对市场的应变能力欠缺等等,如何在发展过程中化劣势为优势,扬长避短,因势利导,是今后发展过程中应当考虑的。在平台的建设过程中,应注意经营内容不可贪大求全,而应坚持有所为有所不为,围绕邮政的核心竞争力开发设计产品,创新服务品牌,提升市场竞争力。邮政综合服务平台离不开信息技术的支撑,信息技术和新兴的物联网技术的应用需进一步加强,应该把邮政综合服务平台打造成技术先进的服务平台。

上海邮电经济研究会和上海快递业协会于11月1日联合召开的"上海快递业持续发展专题研讨会"上,中国快递业行业协会邵忠林副秘书长就中国快递业发展现状、当前中国快递服务的特征以及"十二五"发展展望做了主题发言。快递业作为新兴产业在过去五年内得到快速发展,当前中国快递服务呈现的特征有以下方面:快递服务整体规模扩大,业务收入、业务量持续提高;快递市场协调发展,三个板块都在健康发展;电子商务的迅速发起,形成快递业新的增长点,是快递企业的机会和挑战;区域发展特征明显,主要集中在东部;快递服务已渗入生产、流通和消费各个领域;市场集中度进一步提高,企业格局在不断调整;快递服务沿着产业链向两端延伸,突出体现在电子商务,有些电子商务运营商参与了线下快递配送;科技投入增大,劳动、资金、技术三流融合态势明显;行业整体能力仍显不足。在展望快递业"十二五"发展前景时,邵忠林从业务规模、业务能力、业务水平、业务质量、企业培育以及人员培训等方面做了全面阐述。

城市运行安全是一个系统工程

——市固定资产投资建设研究会等举办“筑藩篱，设屏障·城市运行安全”专题研讨会综述

11月4日，市固定资产投资建设研究会和市建设安全协会联合召开“筑藩篱，设屏障——城市运行安全”学术研讨会。市建设安全协会副会长张维国和研究会理事长孙熙宁致词，研究会常务副理事长柴荣华主持会议，研究会副秘书长杜静安做点评。研讨会和主要观点综述如下。

关于城市运行安全与社会稳定

市市政市容管理联席会议办公室王永文在“后世博上海城市安全运行保障体系研究”的发言中提出，上海世博会成功举办提供了城市安全运行的良好典范，但是城市安全不能依靠运动式进行，要有长效机制，要参照世博会模式建立城市安全运行保障体系和运行机制。上海投资咨询公司社会风险评价部秦春从近几年来中央加强和创新社会管理的角度，阐述了建立健全社会风险评估机制的必要性，提出应进一步从源头上预防和减少不稳定因素。其安全评估的目标导向对城市安全运行具有指导意义。上海社科院城市与房地产研究中心戴晓波在“影响上海中长期城市安全的因素与管理体制研究”的发言中，指出中长期城市安全具有长期性和连续性、自然性和社会性、重大性和影响性、突发性和积淀性。中长期城市安全影响因素主要有自然条件因素、发展和历史因素、社会和人为因素等三个方面。上海未来在社会、经济、资源、信息和城市等五大领域以及食品安全、公共卫生、金融安全、生产安全、网络安全、环境污染等30个方面，存在长期的安全风险。上海中长期城市安全的管理模式和体制应从应急管理转向危机管理，从事故处置转向控制预防，从分散管理转向网络协调，实施“政府主导和领导、专业部门指导和组织、社会参与和行动、企业支持和服务”，通过全社会行动实现城市安全和防范风险的目标。

关于城市建设、基础设施与地下空间的安全

市施工现场安保体系第二审核认证中心张良予回顾了“十一五”期间上海工程建设成果和安全状况，指出当前建设系统安全生产形势依然十分严峻，事故总量仍然很大，并通过莲花河畔倒楼事件和“11·15”火灾两个事故案例分析，阐明了目前建筑市场安全生产方面存在的问题，提出了规范本市建筑市场加强建设工程质量安全管理的意义。

上海投资咨询公司聂磊提出，当前国内城市基础设施运行安全事故频繁发生，城市基础设施运行安全和保障越来越受到人们的关注和重视，已成为城市管理转型重要挑战和任务，他还分析了当前在城市轨道交通、道路交通、城市排水、污水处理、城市供水、垃圾处理等基础设施运行安全的严峻形势。市交通港口局安监处范志康针对地铁十号线追尾事故，指出上海交通运行安全工作存在行政管理和执法效能有待进一步增强、人员数量和业务能力两方面严重不足、轨道交通部分线路呈现过度饱和的情况，提出应研究从源头上解决大客流运营风险。同时，轨道交通法规和规章有待进一步完善。他还针对危险品运输等提出，当前法律法规对危险化学品跨界运输安全监管几乎是空白，伪装货物、非法超载、绕道行驶、逃避检查等行为时有发生，危险品运输管理亟待加强。另外，公交行业存在硬件设施有待完善、乘客安检难度较大等问题；省际客运行业存在对省际包车监管难以全部到位、违规经营行为难以杜绝等问题，需要整改解决。

虹口区建设交通委张雷在题为"城市地下工程建设地质灾害防控"的发言中指出，我国大中城市目前正在大规模地开发和利用地下空间，如兴建地铁、隧道、地下车库和地下商铺。随着隧道工程建设的展开，工程质量、工程安全事故等问题不断涌现，如何在保证工期的同时确保工程的质量和安全已成为我国工程建设中亟待解决的问题。他统计和分析了国内近年来发生的地铁隧道工程事故，总结了经验教训，并对比国外管理模式，对我国隧道工程建设期的地质灾害防控提出了若干合理化建议和改进方案。

关于城市减灾与消防安全

上海财经大学马祖琦围绕"国外灾害治理体制初探——经验借鉴与思考"做了发言，在对美国、印度与日本的灾害管理体制概况进行简要介绍的基础上，总结了国外灾害治理的基本经验。认为上海要从战略视角进行灾害治理的规划与部署，提高防灾标准，从源头上增强城市抵御防范灾害的能力；要降低社会脆弱性，追求社会公平与公正，促进社会和谐；要充分发挥城市规划与管理在灾害治理中的综合调控作用。

市城市建设投资开发总公司王强通过对国外消防体制建设做法的收集和阐述，归纳出可供上海借鉴的五点经验：一是深入人心的全民消防理念，树立"人民财产人民管"和"重在防御"的思想，政府主要起到引导和管理的作用；二是全面、细致、务实、严格的法律体系，包括立法、司法和执法；三是持续、深入、扎实的公众消防安全普及教育；四是基于预防为主，责任明确的消防监督制度；五是加大对消防基础设施和技术装备的公共财政投入。

统一战线事业发展的历史启示

——上海市统战理论研究会召开2011年学术年会

以“统一战线事业发展的历史启示”为主题的市统一战线理论研究会2011年学术年会于11月24日召开。市委常委、时任市委统战部部长杨晓渡出席会议并做讲话。市人大常委会副主任、市统战理论研究会副会长郑惠强做研究会2011年度工作报告。市社联党组书记、专职副主席沈国明应邀出席会议并讲话。会议由市社会主义学院副院长、研究会副会长姚俭建主持,研究会理事和专家学者等100余人出席。

市社会主义学院杨爱珍、上海社科院殷啸虎和上海师大商红日在会上分别做了题为“统一战线事业发展的历史启示”、“中共早期统一战线理论的形成与发展”和“为文化建设服务的统一战线文化”的交流发言。

杨爱珍认为,中国共产党领导中国人民90年来取得了辉煌成就,统一战线在其中发挥了重要作用。它经历了革命统一战线和爱国统一战线两大发展阶段,先后服务于夺取政权建立新中国、社会主义改造和社会主义建设、改革开放这些前后相继的重大历史任务。考察统一战线90年来的发展历程可以看出,统一战线的特质是具有中国特色的包容性政治,包容性政治是统一战线90年发展历程给予我们的历史启示。在新的历史时期,为了更好地发挥统一战线包容性政治的作用,需要处理好以下几个方面的关系:包容性与领导性之间的关系,包容性与统一性之间的关系,包容性与原则性之间的关系,包容性与思维创新之间的关系,包容性与政治模式的关系。

殷啸虎指出,中共早期统一战线理论是从中国新民主主义革命的实际出发,根据党的目标、任务而提出的,是将马克思列宁主义与中国革命具体实际相结合的一个成功的范例。它丰富了马克思列宁主义关于统一战线的理论,构成了中国共产党统一战线理论的基本内容。对于后来的统一战线理论与实践的发展都产生了重要影响。它经历了一个不断探索、不断实践的过程。这中间,有逐步积累的经验,也有失败的教训。尤其是早期统一战线理论,是在特殊的历史条件下提出与形成的,它经历了大革命时期的反帝反封建的民族统一战线,到反封建压迫、反国民党统治的工农民主统一战线,再到抗日民族统一战线的发展过程。中共早期统一战线理论的形成与发展,对于当时统一战线实践具有重要的指导作用,并且在统一战线实践中不断丰富、完善了统一战线理论。从中国共产党早期关于统一战线的理论及主张的内容来看,主要具有以下几方面的特点:统一战线的目标,是联合各方面力量实现中国共产党的政治任务;统一战线的关键,是处理同国民党之间的关系;统一战线的首要问题,是正确认识敌人和朋友;统一战线的前提,是正确区分并处理好两个联盟的关系;统一战线的核心,是领导权与独立自主问题。

商红日认为,统一战线文化是一种政治文化,它是当代中国政治文化的重要组成部分。它体现为统一战线的指导思想、原则和理论,也体现在统一战线主题和任务等实践的几乎所有方面,具有中国历史的政治文化的现代转换和当代中国的社会变革实践两大特征。贯穿于当代中国经济、政治、社会及文化建设的过程,渗透于人们的物质与精神文化生活之中,外显于政治生活形态上。统一战线与一般文化建设的关系和作为具有独特性的统一战线文化建设是统一战线文化建设的两个基本向度,在本质上具有统一性,但在组织、活动、内容安排等诸多方面有所区别。明辨二者区别,将有助于文化建设,也有助于统一战线的科学发展。实现最广泛的大团结大联合是统一战线的安身立命之本,是统一战线永恒不变的主题。统一战线主题的实践化,是当下统一战线事业的核心与关键,而统一战线文化则是统一战线主题实践化的"纲",纲举则目张。统一战线文化建设核心在于形成一定的政治文化效应与成果。牢牢把握统一战线主题,大力加强统一战线文化建设,目的在于形成共同性,这是实现社会整合的基本途径,意义重大。

社会建设与社会管理创新

——市社会学学会召开2011年学术年会

11月26日，上海市社会学学会召开主题为“社会建设与社会管理创新”的2011年学术年会。本次年会以“社会建设与社会管理创新”为主题，是上海市社联主办的品牌学术交流活动“学会学术活动月”系列活动之一。上海市社联党组书记沈国明出席会议并讲话。来自全市各高校和科研机构的100余名专家学者和研究人员参加会议。上海大学党委副书记、副校长、上海市社会学会会长李友梅，著名社会学家邓伟志，华东师范大学党委副书记、副会长罗国振，名誉会长吴铎，副会长文军、张文宏，秘书长张钟汝，副秘书长刘拥华等出席会议。上海应用技术学院承办本次年会，校党委书记祁学银出席会议开幕式并代表学校致欢迎词。党委副书记、副校长康年出席开幕式。

本次学术年会设立了“社会建设与社会管理创新”、“社会转型与社会参与”和“社会工作与社会组织”三个分论坛。来自华东师范大学、上海社会科学院、上海应用技术学院人文学院等高校和科研院所的19位学者在三个论坛中分别从不同的视角探讨了社会建设、社会转型、社会工作的研究议题，引起了与会者的高度关注和积极讨论。

上海海洋大学吴永红运用“依赖结构与行动策略”这一概念框架研究发现，居委会与政府之间形成了非对称性的依赖结构。在这种特有的资源依赖结构下，居委会也基于其自身的理性采取了主动行政化的策略以强化其与政府的依赖关系。社区设立“社工站”的组织模式在某种程度上改变了居委会所处的微观组织环境，居委会与社工站之间形成了竞争性依赖关系，居委会采取了排斥和冲突的行动策略，并由此导致社工站模式的改革。因此，“居委会减负的困境”并非是结构性力量独自产生的，而是居委会与复杂的环境相互建构的结果，是居委会与其环境中的其他行动者的策略性互动所“生产与再生产”的结果。同济大学孙明从制度约束与代际资本传递的关系出发，探讨了改革前家庭背景对教育地位获得的影响，认为国家的政策干预无法消除家庭背景的作用，只是改变了代际间优势传递的具体形式。复旦大学徐拓倩通过对西方社会运动理论的逻辑推演，比较了20世纪90年代的传统产业工人和本世纪以新生代农民工为主的新产业工人这两类产业工人抗议性集体行动的模式差别，并指出了其在利益诉求、机会结构、组织网络和诠释框架等方面的不同。与会者还就存在于社会管理中的一些新问题做了进一步探讨。

上海生产力学会举办“社会管理创新”研讨会

11 月 22 日，上海生产力学会就社会管理创新这个热点问题举行了研讨会。

会长周瑞金在主旨发言中谈了他学习胡锦涛总书记就社会管理创新问题所作的多次谈话后的体会，并提出了自己的思考。他认为：我国长期是小农经济，挤压了社会空间，因此今天提倡社会管理创新，前提是还社会一个空间；不同国家存在不同社会管理模式；我国社会经济转型带来的变化，成为社会管理创新的新课题，目前我国社会管理创新还存在政府职能转变不到位、民间组织发育不良等主要问题；当前强调社会管理创新有利于促进以人为本、公平正义、社会和谐；社会管理创新需要从社会管理资源、社会管理秩序、社会管理的权力配置、社会政策制定、社会管理主体、社会管理方式、社会管理重点、社会管理手段等方向着手，需要制度、体制的重建，需要网络平台、舆论监督，需要努力提高领导干部“媒介素养”，促进官民沟通，凝聚共识。他还认为，社会管理创新，要贯彻宪政民主精神，切实保障宪法规定的公民民主权利和民主权益，谨防把“依法治国”变成“以法治民”。

与会学者和专家对社会管理创新问题展开讨论认为，社会管理的观念确实需要创新，但也要符合中国的实际情况。社会组织的设立和登记，要降低门槛，加强指导。我国公民素养对社会管理的改进有重要影响，但是我国教育的现状令人担忧，只重知识传授，忽视道德和公民意识的培养，阻碍了社会管理的改革。对政府在社会管理创新中的作用，与会者认为应该改变“管理为主”的职能，实行“服务为主、管理为辅”的方针。和谐社会的形成，需要政府、社会组织、企业、公民的共同努力才能完成。

加强对城市地下空间的公共安全管理

——市民防协会等举办理论研讨会

2010年底，上海市民防协会与上海市民防办联合举办“上海城市地下空间公共安全风险抵御”理论研讨会。来自本市涉及城市地下空间安全管理的院校研究机构、抢险救援部门、保险公司以及市区两级政府相关部门的专家、学者和管理人员共70多人出席。

与会者一致认为，随着我国城市的快速发展，人口膨胀和其他要素的集聚，导致地面建筑、设施日趋饱和，地下空间作为城市建设的宝贵资源，其作用日益显现。与此同时，随着本市地下空间的大面积开发利用，各类地下空间灾害、事故也呈多发趋势，且救援难度大，极易造成比地面更为严重的人员伤亡和财产损失。因此，科学加强对城市地下空间的公共安全管理已成为确保城市安全运行的重大课题。

上海市防灾救灾研究所李文艺在分析了大型地下空间公共安全风险形成机理后，就“规划、勘察、设计、施工、运营管理”层面以及对进一步完善大型地下空间综合防灾减灾的有效管理机制等方面提出了对策建议。同济大学地下空间研究中心在完成《上海市地下空间使用安全的评介体系与实施办法研究》课题的基础上，采用该项研究成果，对全市范围161个人员密集经营性的重要地下空间设施近两年来的使用安全现状进行了安全评价。同济大学束昱结合实例就各类业态“地下空间的主要安全问题与风险管控”做了主题发言，重点就应急救援的组织指挥系统、应急疏散逃生、加强消防专业培训、建立跨部门安全协调联席会议制度，以及对早期人防工程的风险普查评估等提出了风险管控的措施建议。

市消防局作训处朱伟峰在分析了地下空间应急救援中存在的人员流量大，疏散任务重；内部空间杂，人员搜救难；救援通道少，应急抢险难；排烟途径少，烟热排除难；排水设施少，善后处置难；屏蔽范围广，应急联络难；信息平台少，联防联动难等七大难点后认为，要加强地下空间应急救援的对策研究，当务之急是要开展地下空间防火设计规范研究，提升应急救援基础建设标准；构建地下空间应急救援联动平台，强化应急救援联动联处机制；加大地下空间应急救援硬件投入，提升应急救援的攻坚能力。上海环亚保险经纪有限公司哈崴列举大量事例，阐述了尽快建立和完善与城市安全运行管理相配套的地下空间风险保障体系的必要性与可行性。他认为，上海在全国率先实施推广地下空间综合责任保险，在地下空间灾害事故处理中引入责任风险机制，是一项创新举措，有助于落实民事赔偿责任，及时化解社会矛盾，也有利于增强责任人的风险防范意识，提高城市地下空间安全管理效能。

研讨会上，市、区两级民防部门的专业人员，从不同层面、不同角度分析了当前地下空间使用安全管理模式，普遍认为，要从立法层面，进一步界定地下空间使用管理的范围，明确地下空间安全监管的职责分工，制定安全使用技术标准，建立综合执法队伍，在现有的机制下，继续推进和深化地下空间联席会议制度的落实，推进网络化管理的力度，从而全面提升上海城市管理和城市安全运行的能力和水平。

妇女幸福指数:社会进步的重要标尺

——市婚姻家庭研究会等举办“促进创新发展　共享和谐幸福”妇女理论研讨会综述

2011年11月18日下午,市婚姻家庭研究会、华东师范大学妇女委员会、华东师范大学妇女研究中心、市理论学学会等单位联合在华东师范大学小礼堂召开华东师范大学“妇女之家”揭牌仪式暨“促进创新发展 共享和谐幸福”——妇女理论研讨会。来自社科院、高校的专家学者和妇女干部约70人出席了研讨会。华东师范大学党委副书记朱 民、市妇联主席、市妇女学学会会长张丽丽分别在会上致辞。会上,市社会科学院研究员徐安琪、华东师范大学教授郭秀艳、上海师范大学副教授潘文岚、市社会科学院副研究员徐浙宁、华东师范大学社会科学部研究生张帅、华东师范大学博士研究生高芳祎分别做了《关于经济因素对女性家庭幸福感的影响机制》、《当代社会生活中的女性及其心理状态剖析》、《幸福的“性别化”》、《女性幸福感的自我建构与社会建构——从健康风险谈起》、《妇女幸福指数与社会进步的关系》、《发挥高校优势,提升女大学生体验与创造幸福的能力》报告。现将会议综述如下:

一、 多维视角厘清“幸福感”的含义

“幸福感”问题是千百年来一直被哲学伦理学研讨的重要课题,与会者从学理上作了新的探讨。从心理学的角度看,人的“主观幸福感”是指个体依据自己设定的标准对其某个阶段生活质量所作的整体评价,即对生活整体的满意程度愈高,体验到的积极情感愈多,则个体的幸福感体验愈强;从经济学的角度看,经济因素对幸福感有相关的影响。市社科院徐安琪研究员认为,其一从收入决定论分析,具有更高收入的人能满足他们的基本需要,更容易达到更高水平的主观幸福感;其二相对收入论分析,主观幸福感是一个相对而言的概念,绝对收入水平的提高并不意味着自己相对于其他人而言生活得更好,当别人的收入水平提高得比自己更快时,即使个人的绝对收入有增加,主观幸福感在这时也是下降的;其三适应理论分析,收入发生变化,引起幸福感暂时的升高或降低,尤其当收入不能满足个人的基本生活需要时,幸福感会降低,但从整个时间维度来看,可逐渐适应新的收入等级,从而削弱收入变化对幸福感的影响自我的心理适应机制会降低外界影响的作用;其四欲望理论分析,效用与欲望都是不同个体的主观感觉,当效用给定时,欲望越大,幸福值越小。从社会学的角度看,幸福是人类永恒的追求,而女性作为社会、家庭中的重要角

色，对幸福的感受和追寻不仅事关女性自身的幸福，也关系到每个家庭和整个社会的幸福和谐。

二、 新媒介对女性幸福感的负面影响

来自上海师范大学马克思主义学院副教授潘文岚认为，在飞速发展的互联网时代，新媒体过多地推出"追求幸福"或"炫耀幸福"的女性，由此幸福与"性别"挂靠。从传统媒介和新媒介看，女性始终成为常谈常新的热点话题和"眼球经济"的代言人。媒体自觉或不自觉地向公众过多的宣传了"(我)宁可坐在宝马车里哭，不愿坐在自行车后面笑!"的嫌贫爱富的"拜金女"、"炫富女"、"征婚女"，让女性不知不觉地沦为消费品，从负面影响了青年女性的择偶观、婚恋观和价值观，同时也产生部分女性以物质至上、金钱至上作为女性的"幸福"。来自松江妇联对 500 名女大学生调查显示，有 78.4%的人认为大众媒体负面的宣传对自己幸福观有一定的影响。从某种程度上说，是媒体造就了一个"干得好不如嫁得好"的时代，锻造出时下最流行的女性幸福模式——用性感和美丽征服男性才能获得女性的幸福。与会者指出，当下需从媒介的责任与女性的自觉两方面入手，提倡媒介的社会责任，构建媒介的职业道德规范和建立社团组织对媒体监察网络和"媒体产品"的评估体系；从女性自觉而言，一是以自尊、自爱、自信、自立为前提，必须充分认识到，男权社会对女性的角色期待往往是以"贴标签"形式充斥于女性的生活、工作之中；二是以女性群体的力量加以保证。各级各地的妇女组织应该真正承担起为女性呐喊、呼吁、维权并理直气壮反对男权社会对女性的隐喻的责任。

三、 树立正确的人生价值才能守望幸福

来自上海理工大学管理学院公共管理研究所罗国芬博士认为，"幸福"与"痛苦"一对孪姐妹，得不到所谓的"幸福"必然会带来痛苦。从不同女青年群体生活痛苦指数分析，女学生幸福感分数最高为 81.01 分，青年职业女性幸福感分数为 74.49 分，来沪青年女性为 69.78 分，社区青年女性的幸福感分数只有 63.00 分。由此看出，不少女性的痛苦指数的内容与政府施政有关，与有无就业岗位的因素有关。与会者建议，一是注重女性"五自"即自爱、自尊、自信、自强、自理的教育，促进女性正确的幸福观和人生的价值观的形成，让其懂得幸福能力可以创造，创造的过程就是幸福。对家庭而言，家庭幸福观的内涵具有多元性和复合性，金钱不是幸福的唯一源泉，家庭和谐才是幸福的重要要素。二是注重上海大都市的文化建设，从社会主义的文化、健康的心理、社会公共政策诸方面提升女性的幸福指数，焕发女性参与社会、经济，快乐生活的精神面貌。三是注重解决女性的实际问题，如政策引导、就业指导、心理辅导等措施，为她们提供更多的参与生活、参与社会和见识社会的机会，共同感受人生的幸福之光。

四、幸福是妇女进步的尺度

与会者从社会主义核心价值观体系的视角分析了提升女性"幸福感"和"幸福观"的重要意义，提出女性的幸福指数是衡量社会进步的重要标尺，也是妇女进步的重要标志之

一。华东师范大学社会科学部研究生张帅认为，幸福指数的高低已成为当今各国最为看重的非经济因素的指标，女性幸福指数的高低则对社会整体幸福指数的发展状况有着重大影响，因此政府公共政策应该从“GDP”的崇拜到“GNH”(国民幸福指数Gross National Happiness)的关怀，成为衡量社会进步的重要指标，成为女性进步与发展的标准。与会者指出，提升女性幸福感受、提高女性幸福指数是一个复杂的课题，需要从家庭生活、政治生活和经济生活诸方面解决制约女性幸福指数提升的现存问题，遵循公正性和科学性的原则制定相关政策，确保女性与社会的和谐发展。

会上，华东师范大学终身教授、原传播学院院长王晓玉、上海伦理学学会会长、教授朱贻庭还做了精彩的点评。

市婚姻家庭研究会等举办“社会公共政策与老年妇女问题”论坛

2011 年 11 月 28 日下午，由市婚姻家庭研究会、上海政法学院女性问题研究中心、上海政法学院妇委会联合举办的“社会公共政策与老年妇女问题”论坛在上海政法学院召开，市妇联副主席、市婚姻家庭研究会会长翁文磊，上海市政法学院党委副书记霍光以及政府有关部门、社会养老机构、各高校妇女研究中心负责人、专家学者、妇女干部 50 余人出席了论坛。霍光副书记、翁文磊副主席分别在论坛上致辞。

会上，市人大常委会法工委处长刘伟东，华东师范大学心理认识科学学院教授崔丽娟，上海理工大学管理学院研究所王波、罗国芬，上海政法学院教授李有亮，市婚姻家庭研究会办公室李汉琳分别做《做好应对老龄化的制度建设》、《老年人心理健康的社会预防研究》、《社区养老:问题与模式创新》、《家有社区青年的都市老年女性之“养老需防儿”初论》、《女性文学中“老年缺席”问题探讨》、《上海老年生活掠影与思考》的报告，报告从政策、心理、文化、人力资源开发、实施建设等方面阐述了上海养老事业的现状、存在的问题并提出积极应对的建议。

——人口老龄化是世界面临的共同课题。与会者认为，社会老龄化是各国政府关注的重点问题。市人大常委会法工委刘伟东认为，中国特色的人口老龄化社会有六个特点：一是老年人口基数大。第六次全国人口普查数据显示，截至 2010 年 11 月 1 日，60 岁以上的老年人达 1.78 亿，占总人口的 13.26%，其中 65 岁以上老年人为 1.19 亿，占总人口的 8.87%。二是老年人口增加快。2014 年我国老年人口将超过 2 亿，2025 年达到 3 亿。2042 年将超过 30%。三是困难老人数量多。近 10 年来，80 岁以上高龄老年人增加了近一倍，已超过 2 000 万；空巢老人越来越多，2010 年城乡空巢家庭接近 50%；失能半失能老年人已达 3 300 多万，占老年人口的 19%。四是老龄化先于工业化。发达国家在进入老龄化社会时都实现了工业化，进入后工业化时期，而我国现在仍处于工业化、城镇化的进程之中，1999 年进入老龄社会时人均国内生产总值还不足 1 000 美元、2010 年才突破 4 000美元。五是老龄化与家庭小型化相伴随。第六次全国人口普查数据显示，目前我国平均每个家庭 3.1 人，家庭小型化使家庭养老功能明显弱化。六是老年抚养比快速攀升。2010 年老年抚养比(每百名劳动年龄人口负担老年人的比例)为 19%，大约 5 个劳动年龄人口负担 1 个老人。据最新预测，2020 年约 3 个劳动年龄人口负担 1 个老人，2030 年约 2.5 个劳动年龄人口负担 1 个老人。

从上海来看，已进入老龄化社会，到2010年底，上海老年人口已经达到331万，占人口23.4%。与1998年的235万，占人口18%相比，净增了近100万老年人口和5.4个百分点。预计至“十二五”末，本市老年人口将突破430万，约占总人口的30%；2020年达到542万，约占总人口的36%；2030年达到631万，约占总人口的40%。2013年起，本市进入老年的独生子女家长将占新增老年人的80%以上，纯老家庭和独居老人的比例将显著增加。尤其是老年妇女群体呈现基数大、增速快、寿龄高、空巢多和困难老年妇女群体数量加大等特点。随着“421家庭人口”模式的普及，家庭养老功能逐渐弱化，家庭养老模式与多元化养老需求不相适应。高龄、失能老年人比例急剧上升，对社会照料和服务以及机构养老的压力在逐年增加。老龄工作经费不足、机构设施短缺、政策法规滞后等新情况、新问题凸显。老龄化程度对人们的社会生活、经济发展产生了各种影响，也对政府和社会管理提出了新要求。

——当前上海养老存在的主要问题。与会者认为，从硬件看，养老服务设施建设面临用地瓶颈，现有的社区硬件设施难以支撑居家养老，服务的非专业和非体系性以及市场运作机制发育滞后等等，严重影响了上海社会养老的发展，需要在制度建设方面进行探索。复旦大学郑桂珍教授指出，从上海老年高级知识女性反映的主要问题依次是：养老金偏低(59.3%)；看病难、看病贵仍是老年人的心病(54.5%)；社区照料尚不够周全，散居老年人的吃饭问题尚未完成解决(42.1%)；散居老年人聚会、交流活动场所缺乏，且无人管理(29.7%)；独居老人无法排除“寂寞”、“孤独”，以致“孤独死”的险情(25.4%)。从软件看，积极要关心老年妇女的“心理世界”。人生的规律要经历婴儿期、幼儿期、童年期、少年期、青春期、青年期、中年期和老年期，进入老年期后，将面临从“组织人”到“社会人”再到“家里人”等方面的变化，老年人的心理调整尤其重要。华东师范大学心理与认知科学学院教授崔丽娟从130余名社区退休老人调查看到，退休事件对老年人群体个数及重要性有显著影响，她们对生活满意度、生活质量、生活提升存在很大的心理问题，需要运用“社会医治”的方式来帮助他们适应退休后的生活。

——应对人口老年化的制度建设。与会者建议，应对人口老龄化，依法保障老年人权益，事关经济社会发展全局和国家长治久安。要从社会保障、人口政策、就业形势、产业结构、医疗卫生、文化传统以及经济发展方式转变等多方面，研究制定应对人口老龄化战略，完善制度保障。一要完善社会保障体系、养老服务体系，不断满足广大老年人包括老年妇女的日益增长养老服务的需求，维护社会公平正义，保持社会和谐稳定；二要坚持政府主导与社会参与、家庭养老与社会养老、公益性服务与经营性服务相结合，让老年妇女安享晚年生活，共享经济社会发展成果；三要针对老年妇女退休后被边缘化的情况，要干预老年人的心理健康的社会预防，倡导对老年妇女的“精神赡养”；四要将老年妇女作为依赖者和被抚养者变为开发老年妇女的人力资源，促进她们经济参与和社会参与，不仅能够降低老龄化社会的运作成本，也对增进女性老年人口的健康和福利，以及促进家庭和整体社会的福利都具有重要贡献；五要针对当前老年妇女文学数量少、非正位、非常态、少平民、缺当下的状况，希望积极开发老年妇女的文学作品和影视产品；六要作为老年妇女由财富的创造者变为享受者，由社会舞台的表演者变为观赏者，需要全面转变角色，确立“健康、快乐、充实”的人生目标。

上海大学教授邓伟志，市社科院研究员徐安琪，上海政法学院社会学与社会工作系主任、教授章友德做了精彩的点评，市婚姻家庭研究会副会长、上海政法学院女性问题研究中心主任陈晓敏主持了本次论坛。

理论经济·综合经济·产业经济

集体经济改革和发展为何“尤为迫切”

——市集体经济研究会举办专题讨论会

市集体经济研究会于3月22日召开专题讨论会。会长严镇博主持会议。会议围绕中宣部理论局《划清“四个重大界限”学习读本》中提出的“在国有经济不断壮大和非公有制经济迅猛发展的同时，集体经济的改革和发展显得尤为迫切”的议题，联系上海企业改革发展的实践，开展了热烈的研讨。

会议认为，“十一五”期间上海城镇集体经济深化改革，创新驱动，涌现出一批成功的联社、企业集团和骨干企业，成为上海建设“四个中心”的重要力量。然而，面对“十二五”重要战略机遇期，与不断壮大的国有经济和蓬勃发展的个体私营经济相比，城镇集体经济必须突破现有发展理念、发展模式、发展路径的瓶颈，积极争取政府的支持，学习农村集体经济改革发展的做法，积极融入多元化，在上海城区新一轮发展中，为经济社会持续稳定发展做出新贡献。

建设“四个中心”，关注民生福祉，离不开城区集体经济

研究会顾问刘刚提出，集体经济是公有制的重要组成部分，是基本经济制度的主体部分，是建设中国特色社会主义的重要力量。集体经济员工当家作主的民主精神，劳动和资本共享利益的分配机制，倡导互助合作，实现共同富裕的发展愿景，是市场经济中具有前瞻性的制度安排和发展模式。当今，发达国家的合作经济、员工持股得到政府和社会的支持，不断创造多种多样的新形式，成为经济发展和社会稳定不可或缺的制度保障。在“十二五”期间，我国经济社会发展要“做大蛋糕、分好蛋糕”，更加离不开集体经济。因此，政府部门乃至全社会都要认识集体经济的改革发展尤为迫切。

城区集体经济改革发展亟待突破现有模式和法规滞后的瓶颈

研究会副会长孙志伟认为，现在城区集体经济改革发展有诸多瓶颈，一是历史发展的模式瓶颈。几十年来，从里弄、街道、区属到市属，集体企业发展了，规模大了，但是资产的归属却不清晰。深化改革要认真梳理，分类界定集体资产。如对其中政府扶持部分、个人

出资部分以及劳动积累部分等等要界定所有、占有、处置和收益权，支持企业探索新的组织形式和发展模式，提高广大劳动者创新发展的积极性。二是现有法规和政策滞后的瓶颈。目前农村集体(合作)经济有村集体产权制度改革的政策支持，有农民专业合作社法的保障。然而，城镇集体经济在机构改革中，市集体办撤销，区集管局也相应撤销，政策呼声不畅通，快成了"没人管的孩子"。20 世纪 90 年代曾有过关于股份合作制的 3 个政策，即 1992 年的暂行办法，1994 年的补充意见，1997 年的条例，这是集体企业改制为股份合作制的最好时期。但《公司法》颁布后，股份合作制成为不伦不类的产物。2010 年上海提出对股份合作制进一步深化改革的意见，其中有一条提出今后不再设立新的股份合作制企业。这些瓶颈如何突破？正是"尤为迫切、尤为重要"。

城区集体经济改革发展需要理论创新、制度创新和政府扶持

研究会副会长黄文忠说，中宣部的《划清"四个重大界限"学习读本》第三部分题为"划清社会主义公有制为主体、多种所有制经济共同发展的基本经济制度同私有化和单一公有制的界限"，其中对集体所有制经济合作经济的实际和理论创新都有肯定的论述。黄文忠参加了市委宣传部有关课题研究，课题其中有部分是集体经济和股份合作制改革发展的研判，共约四万字，曾分成四篇论文，发表在核心期刊《毛泽东思想邓小平理论研究》上，被中国人民大学复印报刊资料全文收录。

研究会副会长陈仑说，认识集体经济的改革和发展为什么会显得尤为迫切，需要政府部门的引导，一是要正确看待集体经济改革和地位作用，二是要积极支持和鼓励多种形式集体(合作)经济的发展。实践证明，集体经济具有国有经济、非公经济无法取代的优越性，是多种所有制并存的需要。但是集体经济必须适应市场经济大环境。

研究会顾问袁恩桢说，研究会要进一步探索新情况、新问题。老集体企业发展是重要的，但能否多总结新的集体企业、合作企业，怎样为新的集体(合作)经济产生和发展，创造一个良好的环境？今后的工作能否搞些有利于集体经济发展的政策建议？比如企业核心人员的稳定、激励机制等问题，这是集体企业有能力可以办到的。

研究会副会长陈兆忠认为，集体经济改革和发展尤为迫切，我们要多研究改革发展中可以做些什么事情，要理清改革中存在的问题。宣传要拓宽思路和方式，有些企业案例可以通过有关领导、专家的渠道送到政府部门领导的手里。要在"尤为迫切"上做文章，改革什么？发展什么？专家研究成果要影响政府的"顶层设计"。

住房保障:构建和谐社会的重要内涵

——市房产经济学会举行“党的群众路线与住房保障”研讨会

6月28日,市房产经济学会举行“党的群众路线与住房保障”研讨会。综述如下:

住房保障是构建和谐社会的重要内涵之一

住房是人们的主要物质利益,住房问题是当前民生问题的重中之重。住房问题集中表现为住房配置的贫富悬殊,一部分人由于利益受损而影响到基本生存需要,滋生出强烈的被剥夺感,可能导致紧张的阶层对立乃至社会冲突。缓解住房配置贫富悬殊的措施之一,就是加快保障性住房建设。党的十七大报告进一步丰富了构建和谐社会的内涵,再一次强调“健全廉租住房制度,加快解决城市低收入家庭住房困难”。这些都为构建和谐社会指明了具体方向。

住房保障制度的生命力在于生产的可持续性和分配的公平性

保障住房生产的可持续性,首先要解决的是为谁建、建在哪、谁来建、建多少、怎么建的问题,即研究并完善保障范围、土地供应、建设主体以及分配机制等一系列问题,要求从生产到分配的过程维持在一个闭合的循环,使保障住房的投入产出形成良性循环。保障住房分配的公开与公平,是住房保障制度健康运行的基础,是集中体现党的根本宗旨的关键环节。

中国要有适合国情的住房政策

今年初,温家宝总理提出:“中国要有适合自己国情的住房政策。”中国的基本国情是人多地少,这个国情要求住房政策,一是住房建设必须以节能省地型为原则;二是住房资源配置必须由市场化和保障化并重;三是住房市场化必须以效率优先为前提,住房保障化必须以公平、公正、公开为原则;四是住房市场化和保障化两者配置比例以民众的实际需求为依据;五是住房市场应当主要发挥居住消费的功能,限制投资消费的功能;六是住房保障方式应当租售并举,而且以租为主等。这些政策的核心是,我国应当形成保障住房和商品住房两种类型的住房供应体系,这是支撑现代住房制度的两块基石,由此满足人民群众的住房需求。

健康的市场经济:市场规律和道德情操

——市伦理学会举办首届“财经伦理大家谈”论坛

由市伦理学会创办的“财经伦理大家谈”论坛,于2月26日首次举行。哈佛大学经济学博士、香港浸会大学经济系教授、哈佛大学和波士顿大学访问教授、上海社科院经济伦理特色学科客座研究员林洁珍(LAM, Kit Chun)做题为“从基督教伦理看自由经济主义及金融危机”的演讲。林洁珍在经济学、经济伦理学以及神学领域颇有建树,对劳动市场分析、移民、收入分配、经济及商业伦理等问题有深入研究,并热心香港社会公共服务,香港特别行政区政府委任其为特别行政区存款保障上诉审裁处成员, 投标投诉审裁组织之委员以及会计师公会纪律小组A成员等多个政府部门委员。

林洁珍认为,基督教伦理强调关爱,尤其是关心贫穷人及社会上有特别需要的弱势社群。因此基督教群体在历史上曾积极推动政府制定一些社会福利及经济政策,以确保社会上弱小社群的基本需要得到保障。自由经济主义发展至今,只顾个人利益而罔顾别人及社会的得失,个人的贪婪,导致殃及全球的金融危机,亦受到基督教人士广泛的批评。她首先分析现代流行的自由经济主义的思想观点,主要解读了“自由”和“公平”概念在现代自由经济主义视野中的含义;接着分析了《圣经》以及各个历史时期中,基督教伦理学者关于“自由”、“公平公义”及“私有制”的看法。与自由经济主义不同,《圣经》及基督教伦理反对金钱崇拜和完全的市场分配法则,强调侧重帮助弱势群体的重新分配机制。林教授最后结合金融危机,提出了她自己的看法。她认为,这次金融危机的发生提醒我们:斯密对市场规律和道德情操双方面都重视的处理方法,对自由市场经济的健康运作,非常重要;基督教伦理思想将自由看作爱及真理的表达,私有产权与财富的累积有其社会性,工作也有群体性,将自由与公义连接,在对个人自由与私产推崇的同时,也尊重社会团体的公正这些做法,值得现代自由经济主义学习。当自由的定义,不再是狭隘的个人自由,而是加上社会性的考虑时,个人的自由,便不应成为社会上其他人享受自由的障碍。

市伦理学会经济伦理专业委员会主任陆晓禾在讨论中提出,在经济伦理学的兴起过程中,基督教等宗教伦理曾经起了很大作用,现在通行的很多经济伦理主张是与基督教伦理交叠共识的,尤其是两者都认为,一方面不能把人视为狭隘的经济人,人是社会的人、道德的人,另一方面,也反对不受限制的经济自由,强调经济自由只是人的自由的一个部分。

论坛上，大家还就“新教”伦理、《圣经》中的“家庭工资”的概念、后经院学派和自由经济主义对私有财产的不同观念、慈善的文化根源与基督教传统、多宗教多文化的融合以家庭之爱与普世爱心的关系等问题展开了热烈的讨论。

创新驱动、转型发展

——市宏观经济学会研讨区域发展问题

2月12日，市宏观经济学会与杨浦区联合举办“创新、转型——2011年新春专家研讨会”。

会议以“创新驱动、转型发展”为主题，结合深入贯彻市委全会和市“两会”精神，围绕杨浦区“十二五”规划实施、建设国家创新型试点城区、“三区融合、联动发展”等发展问题，进行了专题座谈和研讨。会议由会长蒋应时主持。学会顾问、市政协副主席王新奎、李良园，市发展改革委副主任肖林等和杨浦区有关领导参加会议。

会议分两阶段举行。与会者首先实地考察了杨浦区规划展示馆和创智天地；接着，集中听取了区委书记陈寅关于杨浦区发展问题的介绍、区长金兴明关于杨浦区“十二五”发展思路和规划情况的介绍，专家们与杨浦区领导进行了专题座谈研讨，围绕深入推进国家创新型试点城区建设，重点在“三区融合、联动发展”、优化调整产业结构、聚焦产业链拓展、新兴产业培育的制度安排等方面，提出咨询意见。

蒋应时提出2011年学会专家委员会拟针对全市和区域发展的前瞻性和综合性问题，进行专题研讨。这次活动选择在杨浦区，就是一次探索。下一步，设想再逐步选择一些区县、企业集团，围绕区县和企业的发展实际，组织专题研讨。

既不虚无自己　也不虚无西方

——市经济学会等举办专题座谈会

4月16日，市经济学会与上海社科院经济所举办了“社会主义经济学理论研讨会暨祝贺袁恩桢研究员荣获上海市学术贡献奖座谈会”。会议由学会会长、市政府发展研究中心主任周振华主持，上海社科院经济所所长、时任社科院常务副院长左学金作总结。学会会员及社科院经济所资深学者、研究人员、学生代表等40余人出席。

袁恩桢是上海经济学界著述丰硕的老学者、社科院经济所和市经济学会德高望重的老领导，自1960年从上海社科院毕业留经济所工作，至今已逾半个多世纪，一直从事社会主义经济学研究，特别在国有企业改革与发展、温州经济发展与“温州模式”、社会主义市场经济理论等研究领域进行了大胆而富有成效的探索，在“上海市第十届哲学社会科学优秀成果奖”评选中荣获“学术贡献奖”。与会者高度评价了袁恩桢的学术贡献，赞扬了他的学识、学风和学德。复旦大学洪远朋等在发言中认为，袁恩桢坚持马列主义基本原理与中国实践相结合，研究有深度、有创意；联系国情、市情，推进改革实践；选题有远见和胆量，取得丰硕学术成果，同时在学术人才培育和学术社团建设方面作出了突出的贡献，荣获“学术贡献奖”当之无愧。

研讨会上，大家认为，改革开放30多年来，中国在市场经济体制改革的大背景下，出现了社会经济的巨大发展，创造了让世人“震撼”的辉煌。但是，中国体制改革的任务远没有完成，还有许多问题需要进行深入的研究和解决。

社会主义市场经济理论需要在实践中发展和完善　与会者认为，改革开放前的30年，我国确立了社会主义公有制，但对市场经济的探索几经挫折，改革开放后，逐步破解了社会主义公有制与市场经济有机结合的难题，社会面貌发生了巨大变化。而目前社会上出现的种种令人担忧的问题，诸如经济犯罪、贫富差距、环境污染、生态恶化等，说明社会主义与市场经济还没有结合好，还有很大的研究空间。上海社科院沈开艳指出，经济学人要坚持正确的立场和独立的观点，研究如何解释骄人的发展业绩与严重经济、社会问题并存的特殊社会环境。复旦大学顾钰民指出，市场经济发展如何更好地体现社会主义要求，如何处理好公有制经济与私有制经济的关系，如何划清以社会主义公有制为主体、多种所有制经济共同发展的基本经济制度同私有化和单一公有制的界限等等问题，需要经济学人坚持马克思主义经济学，进行理论联系实际的研究和创新，作出科学的有说服力的回答。

社会主义初级阶段的基本经济制度需要坚持和完善 与会者认为,公有制为主体、多种所有制经济共同发展的基本经济制度的确立带来了生产力的极大解放。实践证明,民营经济的发展是当代中国社会生产力发展的一个重要因素,是落后农村脱贫致富的一条重要途径,也是坚持对外开放与吸引外资的一个重要条件,因此,促进多种所有制经济共同发展,充分发挥多种经济之长,正是初级阶段社会主义迅速发展的必由之路。但是,社会主义经济理论与实践的探索远没有到位。浦东改革发展研究院万曾炜指出,目前突出的问题是公有制经济如何进一步深化改革,真正有效地发挥主体作用。集体所有制的土地归集体所有,农民是有产者。原来城里人是无产者,现在城里人有产了,农村生产力大解放,土地被国家征用,农民没产了,成了无产者,进城做没名分的工人,以低廉的收入创造低成本的产品同外国竞争,这些新问题值得进一步研究。上海交通大学孙仲彝指出,农民进城成了无产者,成了低收入的人群,目前如何研究农民的土地财产性收入非常必要。上海社科院钟祥财指出,经济学界对一些重大问题如房价、收入分配、应对经济危机等,还需要进行深入的研究。

国有企业改革与发展"滞后"的难题需要逐步破解 对国有企业的改革与发展,袁恩桢曾提出过"两个滞后"的重要观点,认为现有国有企业状况存在改革与发展两个滞后。与会者认为,目前国有企业"两个滞后"的问题仍然存在。左学金指出,一些垄断性央企高收入已经成为收入分配差距过大的热点。同为职工,垄断企业职工一年收入可以是普通企业职工几年的收入。国有企业是属于国家的,属于人民的,应该受到人民的监督,否则就会谋取私利,有悖于改革的初衷。顾钰民强调,公有制、特别是公有制如何与市场经济相结合,建立怎样的制度、走什么道路?实践中的许多问题都与国有企业的改革发展相关联。

社会主义经济学需要在实践中丰富和发展 与会者认为,社会主义经济学是马克思主义与当代中国实际和时代特征相结合的产物,是随着实践的发展而不断发展、不断丰富的理论体系。复旦大学袁志刚指出,中国的改革开放与发展离不开经济学家的贡献,离不开原来的历史积淀。中国发展的成就,让人们想到:一定是做对了什么。世界在研究中国,中国问题变成了世界问题。中国学者责无旁贷。如何对中国经济成就做出总结,需要坚持马克思主义,又要以世界公认的学术语言,进行长期、深入的科学研究。目前许多学者做了大量工作。张维为的《中国震撼》开了个头。事实说明,我们既不能虚无自己,也不要虚无西方,要坚持马克思主义经济学。华东师大陈伯庚提出,社会主义经济学的创新和发展需要正确处理好四方面问题:科学理论与当代中国实际的关系,马克思主义经济学与西方经济学的关系,生产力与生产关系的关系,市场经济与社会主义关系。左学金在总结时强调,中国经济与全球经济已经联系在一起了。中国的经济学不仅要研究、解释并解决中国发展中的新问题,也要努力研究、解释和解决世界问题。

市经济学会等举办 2011 年度宏观经济形势分析会

6 月 7 日，市经济学会与上海社科院、上海汽车战略研究中心联合召开经济形势分析会。会议由副会长、上汽集团副董事长张广生主持。上海市发展改革研究院副院长陆国樑，全国乘用车联谊会秘书长饶达，上海交通大学经济学院执行院长陈宪，复旦大学经济学院院长袁志刚，上海市政府发展研究中心副主任周国平，名誉会长袁恩桢，长江证券汽车行业分析员谭焜元，上海社科院世经所所长张幼文等先后发言，就 2011 年上半年宏观经济运行、下半年经济走势以及各种经济因素变化对汽车产业的影响进行了分析。

一、 2011 年上半年宏观经济分析

专家们认为，从总体上看，上半年经济走势尽管保持了较平稳发展，但有几个新情况需要引起关注。(1)从产出看，工业生产出现减缓趋势；(2)从投资看，地方的投资增幅要大大超过中央投资；(3)从房地产市场看，保障房成为主要增量环节；(4)从价格走势看，出现成本结构性通货膨胀。

二、 2011 年下半年经济走势判断

(1) 国外经济复苏出现分化。专家们指出美国自第二次量化宽松货币政策退出后，成为西方世界复苏最快的国家，欧洲国家出现大国强小国弱的局面，亚洲国家情况不乐观，尤其表现在印度、韩国、香港和新加坡增长开始下降。

(2) 中国经济增长发展将趋缓，但仍具有增长动力。与会专家还对中国汽车产业未来发展态势作了研判，认为从长期因素看，汽车产业仍具有较大发展空间。

市场供应和住房保障

——市房产经济学会举办第七届江浙沪房地产经济论坛

10月26日，上海市房产经济学会、江苏省房地产经济学会、杭州市房地产学会在上海松江新城共同举办以“市场供应和住房保障”为主题的第七届江浙沪房地产经济论坛。上海市社会科学界联合会党组书记、专职副主席沈国明出席论坛并讲话，中国房地产研究会副会长、上海住房保障和房屋管理局副局长、上海市房产经济学会会长庞元和江浙沪三地的9位房地产界专家、学者分别做了研讨发言。

一、创新思路，健全住房保障体系

（一）关于保障性住房建设

“十二五”期间，我国将建设3 600万套保障性住房，使保障性住房的覆盖率达到20%。这是中国历史上惠及人口最多的社会保障计划。

1. 保障性住房建设应当强化政府主导，全面协调推进控规编制、土地供应、项目核准、环境评估、建设管理等各环节的工作。建立“以区为主、市区联手”的新机制，强化各区政府的责任主体地位。采取公开招投标（项目法人招标等）方式，确定实施开发建设的房地产企业。进一步加强质量安全监管，工程质量验收。推进公共基础设施和社会事业设施的建设，引进优质教育和卫生资源，完善银行、邮政、文体、商业等设施，努力满足入住居民的基本生活需要。

保障性住房建设应当变集中为分散建设，要深刻汲取法国、英国骚乱的“双城记”教训。分散建设的目的是“让高中低收入者同在一个屋檐下”，以消除贫富，有利社会稳定、和谐。

2. 保障性住房建设应当实施住宅产业化，其核心是PC（工业化预制装配式）模式：先由工厂生产加工建筑主要部件，通过运输工具运送至建设现场，拼装成建筑。推行住宅产业化，不仅有利于高效率完成保障住房建设任务，还将大大提升我国房地产业的技术创新升级，是未来房地产业发展的方向。

3. 房地产企业参建保障住房可以采取三种方式：一是委托代建模式。建设资金由政府筹措，土地由政府划拨，企业负责开发建设，待开发建设完毕后，政府面向保障对象出售或出租。二是配建模式。在土地出让和规划设计中明确项目的保障住房和商品房各自比例，土地出让收益直接转化为保障住房。配建模式有两种：一、在商品房土地中搭配一部分保障住房土地，开发商的利润主要来自商品房销售部分；二、允许开发商将保障住房地块拿出一部分建商品房对外销售，利润由商品房的售房款构成。三是直接招标模式。通常适用于安置房（经济适用住房或棚户区改造）的建设，资金初始由开发商支付，后期由政府购买并负责销售，政府按照3%利润率和1%左右的代建费支付开发商。

鼓励企业和金融机构投资公共租赁房建设的措施：一是放开对公共租赁房建设的资金性质限制，准许企业和金融机构投资建设。二是改变公共租赁房建设用地无偿划拨状况，实行限制用途（即只能用于建设公共租赁房）的拍卖方式，由此获得的土地出让金用于公共租赁房的配套设施建设。三是公共租赁房在若干年内只能用于出租，在规定期满后，住房的所有权归投资建设方并允许出售或出租经营。四是在公共租赁房的租金稳定的前提下，准许出租方进行资产证券化。

4. 实施住房保障必须兼顾国情、民情与房情。在保障住房分配、管理与退出制度尚未建立，保障人群底数未调查清楚，资金来源未到位的情况下，一上马就搞几千万套，一上场就与商品房各占半壁江山，有违住房改革的初衷。政府强势在保障住房这块田地里大施“催化剂”，将导致其他资源的匮乏和其他工程建设速度的减缓甚至搁置，最终造成社会资源的浪费或者枯竭，而保障住房建设计划实施也难以为继。

（二）关于住房保障的方式创新

1. 建立城市政府（单位）与受助家庭共有产权制度，可归纳为三种方式：一是明股份制产权制度。凡由政府提供补贴的住房，由政府（或授权住房保障机构）与受助家庭按出资比例共同拥有相应比例的产权。二是准股份制产权制度。即按照当地现行经济适用住房政策所确定的政府指导价由符合条件的对象购买，产权比例在合同约定，住满5年后上市交易时，按地方政府规定交纳土地收益，取得完全产权。三是差额股份制产权制度。对被拆迁的住房困难户按住户原被拆住房面积补偿后，超过的住房面积由地方政府（或单位）购置其产权的份额。建立政府（单位）与受助家庭租金共担的责任制度，即受助家庭所能承受交纳的租金占市场化租金的比例，就是该住户租金应担的责任。政府（单位）补贴租金占整个租金的比例就是政府（单位）占租金的责任。政府（单位）租金的责任越大，住户越困难，依此类推。

2. 我国的保障房制度应该多谋“市场化”：一是理清保障住房的市场需求，调查究竟需要建设多少保障住房。二是明确我国的住房制度仍坚持市场为主、保障为辅的方针。就保障原则而言，坚持“百姓自住其力和补人头为主，补砖头为辅”的原则；就保障方式而言，对城市最低收入者、夹心层及中等收入者实行不同的保障方式：向无力购房的最低收入者提供廉租房；向无力购房的夹心层提供公租房；而对有一定能力、但又差一点才能够买房的人群“扶一把”。

3. 公共租赁住房实行货币补贴方式是市场化的必然要求：一是可以降低政府支付成本；二是增强低收入家庭通过市场解决住房的能力；三是增强居民住房的市场选择，有利于解决其就业问题、降低城市交通压力和居住成本。公共租赁住房货币化补贴的实施，需要成熟健全的市场环境：一是住房市场房源结构合理，数量充足，租赁市场规范；二是收入体系透明，收入审核严格；三是法制基础完善，社会信用体系健全。公共租赁住房货币化补贴可以随住房市场成熟、规范程度分三个阶段实施:一是扩大廉租住房货币补贴范围;二是公共租赁房以货币补贴为主,实物供应为辅;三是保障对象经资格审核后,自行在租赁市场寻找房源,分层次享受货币补贴。

4. 江苏淮安的"共有产权"模式主要有个人占70%,政府占30%和个人、政府各占50%的两种形式,保证保障房资金、数量到位,受到市场欢迎。对于已经建成的经济适用住房可以按照"共有产权"配售,借鉴腾讯模式,引入市场机制,向被保障对象提供低息或免息贷款,政府还息,被保障对象还本金。贵阳成立国有控股企业"公共租赁住房服务中心有限公司",作为公租房收储配租主体,按照"房屋银行"的模式在社会上广泛收购或承租住房,统一租赁给经住房保障部门确认的保障家庭。这些模式都值得借鉴。

(三) 关于进一步健全住房保障体系

1. 中国特色的住房保障体系的建立可比拟一棵"常青树":政府主导社会化(树干),资金筹措基金制(地基,即通过财政资金为主的三大类渠道筹措资金),规范运作市场化、股份产权(租金)合理化(树冠,即分别为推进住房保障制度的动力)、和谐居住人性化(树顶,即以和谐居住人性化为目标)。

2. 住房供应体系可以形成完全住房市场(由有支付能力的消费或投资层构成的群体)、住房社会促进与有限保障(借助社会力量的中低收入"俗称夹心层"通过市场实现住房消费)、政府基本保障(低收入者)等三个层面的制度安排,实现住房消费和保障全覆盖。其中保障对象的条件是区分其住房通过市场或保障解决的关键。按照此思路,上海的住房供应体系以市场和保障并重,在推进以公共租赁房为重点的住房保障政策中,创新共有产权房(经济适用住房)制度,其目的:一是满足市民拥有住房产权的意愿;二是为拥有经济适用住房的市民提供财产性增长的基础;三是将政府一次性收取土地出让金的模式,改变为购房者转让住房时陆续缴纳土地收益的中长期收入,有利于双方共赢。

3. 我国部分住房供应短缺和市场欠发达的城市,可以借鉴新兴国家的经验,保障住房可以以实物的方式提供。特别是人均居住面积和经济水平低于某些标准(如全国平均住房面积、人均GDP和人均收入等指标),明确住房总量增长中,应该将占多少比例的住房用于住房保障的实物供应。而经济发达地区可以借鉴国际经验,住房保障逐步从实物援助走向货币援助,并将两者结合起来。货币援助最通常的是租金补贴制度,其优点:一是政府开支比提供实物低得多,减少实物管理成本,提高管理效率;二是能够与房地产市场机制有效结合,提高享受者的住房支付能力,提高住房消费水平;三是租金补贴额可以根据保障对象的收入变动及时进行调整,避免"终身制";四是享受对象可以根据自身需要灵活选择住房;五是符合土地资源短缺和充分利用存量房的要求。租金补贴的其他手段,还包括直接的财政补贴手段,如购建房低息贷款或政府贴息和税费减免等;间接的金融扶持手段,如提供低廉实物、购建房贷款政府担保、支持建立民间性住房金融等。

商品住房价格高、租赁房源紧张、高校毕业生和外来人口多的城市(如上海、杭州),应加大公共租赁住房建设力度,政府提供实物配租;二手房源充分、市场租金较低的城市,应以租赁补贴或购房补贴为主,充分发挥货币补贴效率高、管理压力低等优势;中心城市应以出售、租赁、货币补贴并举。

二、 促进房地产市场健康发展

（一）限购政策的争议

我国的几轮房地产宏观调控，对于现金流充裕的投资性购房抑制作用并不明显。因此，在金融、税收政策尚未进一步完善、企业投资经营环境恶化、居民投资渠道有限、流动性过剩导致投资需求大量膨胀的客观背景下，限购措施显得十分必要。从调控效果来看，限购政策能有效遏制投资投机性购房，合理引导购房需求，调整供求结构，起到抑制房价上涨的作用。限购政策的实施，在现阶段有利于实现宏观调控目标，有利于体现宏观调控政策的社会价值与民生价值。

包括限购措施在内的房地产调控已经取得明显成效，楼市“拐点”已经出现。但对于限购政策需要反思，限购令由于具有扭曲和扰乱市场秩序、误伤改善性需求、干扰实体经济等弊端，不能成为调控市场的长效手段。

（二）充分发挥税收政策调控市场的功能

充分发挥房地产税“自动缓冲器”的功能，自发调节房地产市场的“冷热”，对于稳定房地产市场以及推进我国的税收体制改革具有积极的意义。根据中央“改革要有顶层设计”的精神，制定统一开征新购房产税的改革方案，即借鉴上海和重庆房产税改革试点方案，对居民新购商品房超免税标准部分按规定开征房产税。开征房产税的初期，对本市居民家庭新购的人均面积超过 60 平方米以上的住房和非本市居民家庭新购的住房征收房产税。每年按应税住房市场交易价格的 70％计算缴纳。税率 0．4％～0．6％。最终过渡到按房地产评估价的一定比例（70％左右）计算缴纳。税率可根据房地产市场运行的实际情况进行调整。在条件成熟时，根据房地产市场的运行状况，扩大税基和调整税率，再对居民的存量房开征房产税，实行双轨并轨。用二十年左右的时间，实现房地产开发流转环节税收为主向房地产保有环节税收为主的房地产税制转型。

（三）建立促进房地产市场健康发展的长效机制

一是进一步完善差别化税收政策和以分税制为基础的财税改革。加大财政转移支付力度，逐渐降低地方财政对土地出让金和房地产流通环节税收的依赖。逐步探索开征房地产保有环节税收，从根本上改变市场预期，抑制投机性购房，促进房地产市场的稳定。二是深化土地供应制度改革。加大土地供应指标尤其是建设用地供应指标与城镇化进程的协调力度，从源头上解决大城市城镇化进程中人口大量导入而产生的住房供应紧张问题。三是改革现有的土地供应方式，推动土地供应由“价高者得”的单一目标向完善市场、保障民生等多目标管理转变。其中，“限房价竞地价”、“双向竞价”、“综合评标”等住宅用地出让模式应得到鼓励和推广。四是强化市场监管，维护房地产市场交易秩序。五是加快推进住房保障工作，完善住房供应体系，从根本上改变市场供求结构，完善房地产市场体系。

三、 住房保障与住房市场化的关系

大力推进保障性住房建设，着力完善住房保障体系，逐步建立一个供求基本平衡的住房供应体系，让不同收入的人群在不同的领域都能得到解决住房问题的途径。完善的住房保障制度和成熟的房地产市场机制是支撑现代住房制度的两块基石，缺一不可。

（一）房地产发展走市场化道路是基于以下要求：一是通过市场供给实现多数人的住房需求。二是通过市场机制实现房地产资源的优化配置。三是通过市场化运作为GDP、固定资产投资规模和财政收入做出了贡献。四是房地产与其他产业的联动发展。市场供应是住房资源配置的最佳选择。市场机制使住房资源配置得到优化，在市场面前人人平等的机制极大地激发了人们的积极性，由于市场经济的核心是自由竞争、优胜劣汰，市场主体的出现形成了产品数量、质量、价格的竞争。实践证明，市场化在住房问题上所发挥的作用功不可没。

（二）市场供应和住房保障的比例关系

市场供应和住房保障各自承担不同的社会功能，彼此之间不可能互相替代，但两者是此消彼长的关系。住房供应总量与社会需求总量基本平衡、供应结构与实际需求基本相符，是房地产市场的最佳运行状态，也是住房保障工作追求的目标。因此，要加强研究，根据本地的户籍家庭、常住人口、年度导入人口及增长趋势合理确定商品住房量和保障住房量。由于现阶段保障住房覆盖面还比较小，可适当扩大保障住房比例，以弥补前几年的“欠账”。中长期还应当坚持市场化方向，保持房地产市场体系与住房保障体系的合理比例、协调发展。在供应结构上要解决好高档商品住房与中小套型普通商品住房供应与总量的关系，保障住房的各个种类的比例以及货币与实物、配租与配售之间的数量关系等，

（三）市场供应效率和住房保障公平

对房地产业而言，其经济运行的效率和公平仍然是必须遵循的原则。效率主要解决持续发展问题，公平则直接涉及社会的和谐稳定。因此，市场供应应当坚持“效率优先、公平并重”的原则，在突出效率的同时也要体现公平；住房保障应当坚持“公平优先、效率并重”的原则，既突出公平也要兼顾效率。

（四）住房保障运作充分利用市场机制和资源

从保障住房建设开始，到居民入住后的运行管理，和房地产市场一样，有着很长的链条。在每个环节上充分利用市场机制和资源，可以取得以下效果：一是节约利用资源，房地产市场这一领域的服务资源非常充分，可以有效利用；二是提高效率，房地产开发的周期很长，保障房的周期可能更长，利用市场资源可以加快进度；三是可以协调发展，包括小区资源共享、居住融合，避免保障房建设对房地产市场的冲击等。

上海发展现代服务业任重道远

——市经济学会等举办“当代大都市：创新、转型和发展服务经济”国际学术研讨会

10月22日，由市委党校和市经济学会共同举办“当代大都市：创新、转型和发展服务经济”国际学术研讨会。包括来自英国、德国、美国、加拿大、意大利等7个国家的20多位外国学者在内的100余名专家学者参加了研讨。

与会专家学者围绕大会主题，分别就“当代大都市经济创新转型的国际经验与发展趋势”、“现代服务经济发展的特点与趋势”、“大都市功能的提高与发展服务经济”、“上海大都市服务经济的新发展”和“产业经济的转型升级与服务经济”等专题展开了研讨。在研讨中，国外学者不仅介绍了发达国家大都市的创新转型和发展服务经济的经验和做法，还对我国尤其上海在创新转型、发展服务经济方面的举措提出不少积极的建议。国内学者就世界级大都市的创新转型和产业结构的演变轨迹、新时期世界经济的不平衡发展的新格局、我国发展现代服务业、我国经济发展模式的转型和产业结构的调整、上海打造成国际现代服务型大都市和建设金融中心等作了深刻分析，还对大都市的创新以及上海打造现代服务型大都市、大力发展服务经济等提出了诸多战略思考。

市委党校副校长王国平认为，要坚持“服务业应该服务实体经济”的基本理念，不能片面强调发展服务业。总结这场国际金融危机的教训，过度发展服务业特别是过度发展虚拟经济是其中的一大教训。周振华会长指出，国际金融危机的爆发，虽然冲击了全球大都市体系，但并没有削弱大都市的地位和作用，上海应该建设世界级大都市，因为它能够在全球集聚和配置资源要素。同时，上海的新发展必须转型与创新、充分发挥大都市要素集聚功能，上海在国际大都市建设过程中必须建立健全全球性的资源要素平台。意大利国家行政学院院长特里亚比较了欧洲和美国的产业结构特别是第三产业结构的不同特点，指出脱离实体经济的虚拟经济过度发展是一个深刻教训。中国社科院经济研究所裴长洪指出，我国不仅存在着供求的不平衡问题，而且还存在着供求结构的不合理问题，包括第三产业发展的严重失衡。中国社科院财贸经济研究所夏杰长以北京和上海作比较，认为谁将引领我国现代服务业的发展，关键要看北京和上海的GDP、城市定位及两大城市的全球性能力。复旦大学经济学院袁志刚认为，上海应该优化创新环境、深化转型发展，同时还应该造就新时代的“冒险家乐园”。目前的国际主权债务危机揭示了国际上两个不平衡：即贸易不平衡与储蓄结构不平衡。对此，应当发展现代服务需求转型。国家层面可以

转变需求结构，而上海不能提倡转变需求结构，上海应该学习香港经验，转型要素投入。上海拥有丰富的金融资源，有望成为全球资金配置中心。

不少专家学者坦率地指出，包括上海在内的大城市的创新转型和发展服务经济将是一个崭新而又艰难的过程，当代世界政治经济格局中，服务经济特别是现代高端服务业的发展同样存在着非常激烈的市场竞争，一些发达国家已经占据着有利的地位。上海经济结构调整和大都市功能提升所遭遇的“平台性困境”，是一个多维的矛盾综合体，必须从制度、体制、机制、税制和法制等许多深层次领域全面推进制度性的改革创新，才能从根本上带动经济技术结构、产业结构和大都市功能的调整和提升。

后危机时期上海民营经济发展及对策

——市民营经济研究会举行学术讨论会

上海市民营经济研究会于2011年第四季度举行“后危机时期上海民营经济发展及其对策”学术讨论会，会议综述如下：

后危机时期民企怎么做大做强？学会副会长王克忠首先分析了当前民营经济面临的国际背景，重点介绍了美国经济的状况，认为美国经济复苏缓慢，但不太可能会陷入新一轮经济危机。原因在于：美国企业的运行状况较好；美国海外企业盈利比重不断上升；美国有很强的创新能力；美元体系比想象的稳定得多。其次，他指出美国经济复苏缓慢和欧债危机一定会影响中国经济，相应地出口、投资、消费增速都会减慢。他提出，金融危机的发生是我国民企突围大发展的最佳时机。民营企业应紧紧抓住这一难得的机会，做大做强做好，要充分利用上海科技资源十分丰富的优势，坚持科技创新，加快转变经济发展方式；要坚持金融体制改革，切实解决民企融资难问题。其主要办法是从制度上着手，向民资开放金融领域，建立和发展包括民间银行在内的中小金融机构体系，包括民间商业银行或区县城镇银行、小额贷款公司、民间合作基金等；要坚持降低商务成本，提高园区的建筑密度和容积率，建造更多的“工业大厦”，为投资者提供一个产业集聚效应更高、商务成本更低的产业发展环境；要坚持“请进来，走出去”相结合，鼓励民企与境外企业联合、并购、合作，实施跨国经营；要坚持管理创新，特别是提高企业发展战略管理水平。交通大学孙仲彝强调：一是以市场需求为导向，选准适合自身优势，有发展前景的产品、产业，搞准企业生产经营的定位，扎实搞好实体经济体；二是以技术创新为核心，对有市场需求前景的产品，狠抓技术创新，加快产品的升级换代；三是以体制创新为保障，建立健全科学的体制机制和规章制度；四是以管理创新为动力，通过对管理人员、企业负责人的不断进修培训，才能使企业具有持续发展的动力。

后危机时期园区怎样转型升级？上海展望进修学院黄宝平指出，上海区县、镇工业区在产业、功能、体制、机制等方面转型面临的困境包括：一是园区未形成真正的产业集聚，引资对象仍然处于随机性状态，企业之间的关联度普遍不高，缺少相互支援、相互依存的专业化产业网络；二是绝大多数园区的产业集聚对优惠政策依赖性较强，园区之间恶性竞争，使优惠政策的底线一破再破；三是园区研发能力不强，没有建立“产学研”一体的研发机制，缺乏创新能力；四是园区的政策和邻近的省市间、甚至中西部地区的政策相比，已失去优势。五是园区数量过多，布局分散，产业集聚度较低的现象没有实质性的改变。有与会者指出,传统园区模式的路越走越窄,已经到了迫切需要转型的关键时刻,并分析了转型的几种途径:一是由传统的招商收税的行政型园区向主要为企业提供生产服务和管理服务的园区转化;二是由一般引资招商园区向产业链招商园区(即产业集群方向)转化;三是由粗放型平面铺开的园区向节地、集约型立体化园区转化;四是由无选择的什么企业都可进入的园区向有选择的以科技创新型、实业型为主的园区转化。

2011 年经济形势分析和 2012 年展望

——上海城市经济学会、上海市宏观经济学会共同主办学术沙龙

11 月 17 日下午，由上海城市经济学会、上海市宏观经济学会共同主办的学术沙龙，在上海展览中心序馆会议室成功举行。本次学术沙龙的主题是："2011 年经济形势分析和 2012 年展望"，同时也是上海市社联 2011 年学术活动月的主题论坛之一。应邀出席论坛的专家学者来自上海市发改委、上海市建交委、中国人民银行上海总部、上汽集团、上房集团、上海财经大学以及两家学会的领导和专家等共 23 人。

本次学术沙龙由上海市宏观经济学会会长蒋应时主持。围绕本次学术沙龙先后有 6 位专家学者作了交流发言，从预测今年世界经济发展中的不确定因素对我国的影响开始，分析了今年国内宏观调控的主要特点及其对上海经济运行的影响，提出了明年上海产业结构调整的推进重点和推进创新改革、驱动转型发展的主要着力点方面的决策咨询建议。参与学术沙龙的专家学者还进行即兴发言，交流互动，全场学术气氛认真热烈。

本次学术沙龙的主要特点体现在：一是沙龙主题紧扣上海经济发展面临的国内外宏观形势分析。专家学者们在发言中指出，明年国际经济形势不确定因素增多；世界经济受欧美影响增长乏力；全球贸易呈低迷现象，保护主义倾向加剧。我国经济总体向上，但增速放慢；受国土资源、能源环保、社会管理成本等因素影响涉及面增大。上海明年经济需进一步注重科学发展，注重完善社会保障，增强创新发展转型驱动的信心。二是专家发言更加专注积极为政府部门出谋划策，提出建设性意见。与会专家学者在对上海明年经济发展整体向上、高位平衡运行上达成共识，一致建议市政府主管部门要审时度势、抓住创新思路、转型产业结构运行重点，从财税体制、市区共建、软实力建设等诸多方面下真功夫，驱动上海经济健康发展。三是两家学会共同举办学术论坛，拓宽了学术研究领域，增强了对上海发展提供更好决策咨询的能力。本次学术沙龙上两家学会的专家学者分别从不同的学科领域对上海经济发展提出了针对性很强的真知灼见，学科的交叉融合更促使大家拓宽视野，增强评析能力，更完善了决策咨询建议的准确性。

上海市城市经济学会江绵康会长在本次学术沙龙结束时致辞，对两家学会共同举办学术活动的形式作了充分肯定，并希望今后要多举办类似学术活动，使学术研究能更加关注战略决策思路问题，更加关注宏观形式的科学分析，更加关注上海经济发展的创新驱动、转型发展。

金融财税・会计・审计・其他经济

后危机全球通胀时代与上海金融服务创新

——市世界经济学会等举办学术研讨会

6 月 24 日由上海市世界经济学会主办的“货币通胀预期与上海金融服务创新”学术研讨会在上海社科院召开,此次会议是上海市社联举办的社会科学普及活动周的系列活动之一。上海市世界经济学会会长张幼文教授致开幕词,上海市世界经济学会副会长丁剑平教授主持会议。会议重点讨论了两个方面的内容:当前通货膨胀的成因、上海金融服务创新的设想及面临的问题。来自政府部门、知名院校和业界研究机构的 40 多位专家就会议的主题展开了热烈的讨论。

一、 本次通货膨胀的成因

后金融危机时期,通货膨胀将在一段时期内在全球持续存在。资源、实物资产的有限性与信用货币的无限创造性将使通货膨胀成为全球经济复苏难以避免的泥潭。通货膨胀从根本上说,是一个货币因素。为了阻止经济崩溃,国际货币与国内货币的超发,诱发了此次通货膨胀。

从外部经济环境角度来看:自从布雷顿森林体系崩溃,美元与黄金脱钩,以美元为主导货币的世界货币体系就埋下了长期通货膨胀的祸根。20 世纪 90 年代美国之所以能够在国内维持高增长、低通胀的经济奇迹,一方面是互联网新经济的发展,另一方面是由于中国外向型经济的发展,生产的大量质优价廉的商品进去美国市场,平抑了美国的物价。自从本世纪初美国 IT 泡沫破灭后,美联储就是通过增加流动性的方式来刺激经济发展,不断地调低利率,吹大了房地产市场的泡沫,为 2008 年的金融危机爆发埋下了种子。由于美国的实体经济已经转移或者放缓,国内最具有竞争力的是以军事技术为代表的高科技和金融产业。金融危机爆发之后,美国为了早日走出危机,对金融机构进行了政府注资救助。之后,为了进一步刺激经济,又实施了量化宽松的货币政策,通过美联储购买国债的形式向市场直接注入流动性来延缓经济衰退。流动性的泛滥,使得石油、铁矿石、稀有金属等大宗商品、原材料的价格迅速上涨,由于中国经济的外向型程度很高,大量资源、原材料都需要依赖进口,这使得输入性通货膨胀成为推高国内物价的重要因素之一。

从国内经济结构角度来看:2008 年我国为抵御金融危机所进行的 4 万亿投资与当前

的通胀形势有密切关系。4 万亿主要是通过信贷扩张进行投放，大量的货币进入实体经济领域，虽然促进了投资，保持了就业，但是也拉动了实物商品的价格。特别由于实体经济的融资成本太高，而利润相对较低，社会闲置资金都纷纷涌入农产品市场进行炒作，2010 年开始的大蒜，绿豆等等农作物的价格波动行为上，就可以看出这一点。信贷的热钱化加剧了物价水平的上升。

二、 上海金融服务创新的设想及存在的问题

改变中国的"外围"地位的关键之一是改善中国的金融市场环境，让资金可以在本土的金融市场中进行投资活动，进而减少美国等国家对中国经济的影响。而吸引资金在中国的金融市场进行投资的关键是在本土的金融市场上提供更多、更好的金融服务以及金融投资产品。上海金融服务创新可以从金融安全的保证、金融服务的对象、金融产品的种类、金融服务机构的门槛以及上海金融市场的交易机制等方面开展，上海金融创新存在的问题也与之相关。

金融创新要考虑金融安全问题，主要风险最小化问题，加强对风险预期的评估，将工作做在前面，对金融创新的开展是有好处的。这里所谈到的风险涉及金融交易平台的技术风险，以及金融交易的操作风险。上海金融服务创新是以技术网络为依托，首先是安全，然后是方便。这就意味着科技与金融应该相结合，以提高网络技术的利用水平，保证金融服务的方便与安全。此外，法律制度的创新是保证金融交易操作风险最小化的关键要件。中国金融行业目前对于从业人员的监管仅限于证监会的规章制度，监管能力较弱，只有法律严格规范从业人员以及金融投资者的行为，对危害金融安全的行为进行严厉的处罚，才能保证金融活动健康、有序，并正常、良性的开展下去。因此金融服务创新必须考虑金融交易平台的技术创新以及法律制度的创新。

从服务对象上，也应该有所创新，比如以企业对对象，以产业为对象，以上海这个区域为对象等。全国 3 500 万家中小企业，不到 2%能享受到金融服务，面对这么巨大的一个金融市场，如何将科技和产业相结合，如何为他们创造新的产品，如何从企业和产业的角度提供服务，如建立产业基金等，可能是今后可能考虑的问题，"四万亿"很多投入到了大企业，因为从银行角度来说，它是追求利润，规避风险的，这就必然导致钱流入了大企业，小企业缺乏政府的支撑和保障。完善的金融体系，可以为实体经济注入资金血液，避免信贷的热钱化，拉动实体经济，在一定程度上缓解当前存在的通货膨胀与实际经济低迷的问题。

从金融产品创新的角度来看，有两个方面的提议可供参考。首先，上海要建设成为国际金融中心，就必须有更多的可供投资的产品。其次，上海应抓住人民币汇率波动弹性的增加以及人民币国际化的契机，提供更多的人民币汇率避险产品，更好地为有需要的企业提供服务，抓住未来人民币回流的机遇，完善人民币国际化。

从目前上海发展金融服务创新的现有条件来看，开放金融行业，降低金融服务行业的门槛，让更多的民间资本进入金融行业，为金融行业注入新的血液，带来新的活力，是现阶段可以做，也是非常有益的策略。现在一些大的国有机构的领导者并不以追求利润为目

标，更有一些机构由于其本身规模较大，不能很好地为投资者服务，如国有商业银行对于中小企业信贷中相对于了中小银行，就不具有优势。因此，把门槛下降，让个人、民间企业更轻松地进入一些金融行业，如比如小额资本信贷放得更开，在人民币国际化进程中，货币经纪公司对民间放开，给金融行业带来竞争与活力，有利于金融行业的健康发展。

金融市场的交易机制也应该有所创新，比如提供 24 小时的交易机制等。以国内黄金交易为例，国内黄金交易主要在上海黄金交易所和上海期货交易所，上海黄金交易所的开市时间为周一到周五，上下午各一场，周一到周四夜场。但是黄金价格变化主要是在欧美交易时间有突变，中国市场这样的交易时间不能及时的反应市场动向。而天津的贵金属交易，电子牌黄金交易是 24 小时制的，这就给投资者以便利，更好地抓住赚钱的机遇。中国的资本市场不是领先的市场，是跟随的市场，因此，交易时间的创新，有利于上海吸引投资者在此进行金融活动。

在当前的形势下，对流动性泛滥不是靠堵，而是靠疏。开展金融服务创新，为资金提供更好的疏导途径，为实体经济提供更好的金融支撑，加强中国本土金融市场的吸引力，对于缓解通货膨胀，巩固实体经济的发展是十分有意义的。而实体经济的发展壮大也为上海金融服务的发展提供了坚实的基础。货币通胀预期与金融服务创新看起来不甚相关，但是它们是具有紧密的内在联系的。从微观角度来治理宏观层面上的问题。上海应该抓住当前经济体存在的问题，创造机遇，进行金融服务创新，以达到上海国际金融中心建设和促进实体经济发展，遏制通货膨胀的目的。

利率市场化:挑战与应对

——市金融学会专题研讨会综述

7月8日,市金融学会举办"利率市场化:挑战与应对"研讨会。综述观点如下:

一、 利率市场化的背景与内涵

"十二五"规划将"利率市场化"改革作为重要内容之一,央行也明确提出"有规划、有步骤、坚定不移地推进利率市场化"。市金融学会常务理事王世豪系统分析了我国利率市场化的背景。他指出,近年来,我国的经济地位大幅提升,与此同时,我国的金融地位也发生了重大转变,从过去的外汇短缺大国发展成为全球最大的外汇储备国(2010年底为2.8万亿美元),从一个吸引外资的大国变成了全球资本输出的大国之一,从过去的一个对外债务国,变成了全球第二大的对外债权国。

正是在这样的背景下,为了取得与中国经济地位和金融地位相适应的国际货币地位,人民币必须走向国际化,而汇率和利率的市场化是人民币国际化的必要条件和保障。此外,中国商业银行体系在三次中央金融工作会议的指引下经过十多年的改革,已走上健康发展之路。这是当前人民银行提出并推进利率市场化的背景。上海交通大学胡海鸥认为,对于市场经济而言,"利率市场化"是一个形式,其实质应该是利率自由化,是一种利益均衡的状态。

二、我国利率市场化的基础条件和进程

经过多年的改革,我国利率市场化已经取得一定进展,为进一步推动利率市场化改革打下基础。人民银行上海总部调查统计部顾铭德全面回顾分析了我国利率市场化已经取得的进展。他认为,国内利率市场化进程已经走到了"半山腰",这是基于当前利率市场化三个方面的进程而得出的结论。

人民银行上海总部金融市场部王欣欣提出,虽然目前利率的许多品种都已放开,但存款利率是基础,只要存款利率没有放开,资金定价还是受到管制的,利率市场化就远未达成。他认为,利率市场化从本质上来讲,是实现整个社会利益的再分配,从当前中国的宏观经济条件、宏观调控状况以及外部条件看,利率市场化现在还不具备基础,原因有二:首先,国内商业银行的贷款规模是受到控制的,这与利率市场化相矛盾;其次,从宏观经济状况角度来说,利率市场化是形成一个社会平均利润率,这需要具有市场自主权的个体具备

利率敏感度,通过利率敏感度,将存贷款利率变化传导到整个社会利润的变化,但当前国内主要的四大资金需求主体,即政府、房地产企业、大型垄断集团、居民,利率敏感度都较低。

交通银行金融研究中心陆志明认为当前利率市场化进一步改革的时机渐趋成熟。在商业银行业务方面,当前商业银行开始对中小企业信贷支持表现出较大的兴趣;在政策方面,"十二五"规划政策支持推进利率市场化;在宏观环境方面,当前高通胀压力、紧信贷调控的环境下,适度放松存款利率上限,可以起到加息效果;在利率市场化的幅度方面,渐进可控的利率市场化政策选择不会导致经济大幅波动。

三、 推进利率市场化的路径分析

学会顾问洪葭管提出,利率市场化的过程应该同时配套资本项目放开、人民币可自由兑换协调开展,而不能单独地进行利率市场化改革。同时,利率市场化推进时机也非常重要。

浦发银行战略发展部李麟认为,应该按照"划定范围、提供激励、自律秩序"的原则,继续坚持"先贷款、后存款;先长期、大额,后短期、小额"的总体改革思路,采取"先试点,再推进"的方案审慎地推进利率市场化。

上海交大胡海鸥提出,利率市场化改革,必须要有一个"纲举目张"的"基准利率",带动利率体系的走势,并作为宏观调控的抓手。

交通银行上海市分行杨军提出,人民币利率市场化进程内含在人民币国际化的路线中,通常先有金融市场开放,再有自由兑换和资本项目逐步开放,才会有全面的利率、汇率的市场化,最后水到渠成地实现人民币国际化。

四、 利率市场化的应对举措

李麟指出,为了应对挑战、抓住机遇,商业银行只有及早转换经营理念,调整经营策略,理顺管理体制,改进风险管理,加快金融创新,才能培育新的竞争优势,赢得可持续发展。具体而言,应当采取以下措施:(1)实施以效益为核心的集约化经营战略,确立以效益为核心的经营管理目标和评价体系,按照效益原则进行资源配置,实施全面的成本管理策略;(2)努力推进盈利来源多元化,大力拓展中间业务,增加中间业务收益,将个人理财业务作为一项战略性业务来发展,不断拓展商业银行的客户资源和渠道资源;(3)构建健全的利率定价机制,构建严密的内控制度,完善金融产品定价机制,合理确定内部资金转移价格;(4)推进利率风险管理体系建设,制定科学的利率研究与决策机制,建立利率风险管理的基本流程,积极推行利率风险管理工具的开发和运用,加强对利率走势的预测和分析。

杨军在对我国利率市场化进程进行基本判断的基础上,建议中资商业银行要进行转型,提出:(1)中资商业银行应当配合监管当局逐渐理清所面对的主要利率风险,包括资产负债匹配风险、内含选择权风险、利率决策风险、收益率曲线风险等,并采取多项配套措施和手段;(2)要大力发展个人贷款,合理控制居民部门负债走势,增强银行风险防范能力;

(3)监管当局应推动中资商业银行积极进行国际化运作，在境外布局业务网点，尝试在上海及亚洲地区建立人民币离岸市场，中资商业银行积极服务市场中的人民币固定利息产品、保险产品、ETF基金产品、人民币IPO业务；(4)以上海为中心，积极创新金融服务，支持后世博的上海新兴产业，推动建设“智慧上海”。

金融消费者合法权益谁来保护

——上海金融法制研究会等举办立法研讨会

由上海金融法制研究会和市立法研究所共同举办的“金融消费者合法权益保护”立法研讨会于9月18日召开。全国人大常委会法律工作委员会副主任李飞、上海市人大常委会副主任吴汉民、上海市人大法制委主任委员、市立法研究所所长张凌以及有关专家学者出席。

各发言嘉宾从不同视角对金融消费者合法权益保护的理论和实践进行了分析和解读。上海市人大常委会法工委副主任黄钰从关于金融消费者权益保护立法的角度阐述了在尊重现有的金融立法权限划分与金融监管资源分配的基础上，积极探索地方金融消费者权益保护的立法工作；金融学专家刘晓虹从金融定价权关涉国家金融安全角度说明了应在立法上明确金融产品的主权归属问题；市政府咨询决策专家、城市商业银行结算中心王世豪对于金融消费者保护机构设置、体系现状、发展趋向及功能定位提出了独到见解；中国太平洋财产保险股份有限公司上海分公司戴国文从金融企业的经营者角度，面对日益增多的金融消费纠纷，对纠纷产生的原因、解决机制及如何有效保护金融消费者等三个方面做了精辟的分析；市政府咨询决策专家、上海证券同业公会冯国荣以自身的证券从业经历，从理论和实践的层面研讨了证券投资人作为金融消费者保护的问题；上海国有资产经营管理有限公司徐菲就立法效果、消费者期望及立法初衷可能存在较大反差，立法意愿、地方立法权限、行业监管与中央集权之间的矛盾做了简要论述；市第一中级人民法院金融庭庭长宋航对理财产品交易中的金融消费者司法保护问题进行了探讨，分析了当前理财产品交易中忽视金融消费者权利的主要表现，并提出构建以金融消费者保护为核心的司法保护体系。华东政法大学经济法学院院长吴弘对本次活动进行了述评。

语文·教育·文化·新闻

上海比较文学研究事业进入发展新阶段

——市比较文学研究会召开第十届年会暨学术讨论会

2011年1月15日上午,上海市比较文学研究会第十届年会暨学术讨论会在同济大学四平路校区中法文化中心报告厅隆重开幕。来自上海各高校和科研机构的近90名会员及多位嘉宾聚集一堂。开幕式由学会秘书长宋炳辉教授主持。同济大学副校长伍江教授首先发表了热情洋溢的欢迎辞,并着重介绍了同济大学文科的发展情况,强调了在同济这样一所以工科为主的综合性大学建设比较文学学科的重要意义。同济大学国际文化交流学院副院长孙宜学教授代表承办单位致辞。

年会上午的首要议题是学会理事会换届选举。会长谢天振教授就上一届学会开展的各项工作做了具体详尽的总结和报告,副秘书长胡荣博士则对学会财务审计和章程修改的情况进行了汇报和说明,受到与会会员一致鼓掌通过。理事会换届选举程序遵照有关规定有条不紊地展开,最后在会员的掌声中诞生了新一届学会理事会。理事会随即召开第一次会议,以无记名投票方式选举出本届领导集体。谢天振教授连任会长,孙景尧、陈思和、陈建华、叶舒宪、吴洪、杨乃乔、刘耘华、宋炳辉等8位任副会长,宋炳辉兼任秘书长。相比往届,在人员构成上,本届理事会中青年学术骨干的比重明显加大,学术背景更加丰富多元。陈伯海、郑克鲁、朱静、杨心慈等13位年事较高的资深理事被聘为学会名誉理事,又增设张汉良、王宁和刘康等3位学界领军人物为特邀理事,同时新设了青年工作委员会和海外汉学研究中心,显示了未来学会发展的新动力和新方向。

精彩纷呈的专题学术报告是年会上午议程的一大亮点。复旦大学中文系主任陈思和教授以"关于比较文学精英教育的思考"为题,结合复旦大学的教学实践,对于新世纪以来我国大学人文教育质量的明显滑坡现象表示了沉重的忧虑和深刻的反思。他尖锐地指出,通识教育的开展,固然有效拓展了本科生的视野,但其导致学生所受专业教育时间缩短的弊病也不容忽视。目前学生正式接受专业授课的时间实际只有两年半,仅相当于以往的大专,而各类快餐化、大卖场式的课程泛滥,功利浮躁的不良学风亦有所助长。在这样的大势下,坚守人文教育的精英思路尤为困难而珍贵。比较文学正是复旦中文系作为与国际学术接轨的精英学科重点培育起来的。近年来随着一批国际学界高端学者专家的引进,古希腊语、拉丁语、梵语等古典语种的开设,硕士三年博士四年学制的确立,以及派送研究生出国进修的常态化、制度化，复旦对于十年后培养出真正与国际水准接轨的比较文学青年学者寄予了厚望。陈教授的发言引发了在座许多会员的强烈共鸣。

上海外国语大学英语学院院长查明建教授的报告主题是“世界文学新论之于比较文学的意义”。他摘引了美国学者大卫·达姆罗什关于“世界文学是一种阅读和理解的模式”的新论，佐以意大利学者弗兰科·莫雷蒂等人对于“世界文学”概念的不同阐释，结合歌德、马克思等人提出“世界文学”口号的历史溯源，全面深入地剖析了这一比较文学重要概念的意义流转过程，特别是全球化时代赋予其新的内涵和光彩。在批驳了种种关于世界文学与比较文学关系的误解之后，提出了“诗学意义上的世界文学即比较文学”这一独特思考。论证细致、缜密而极具启发性，可谓比较文学理论研究的一次富有说服力的个案展示。

同济大学德语系吴建广教授则以“人之本性的投射:《红楼梦》与《浮士德》中的镜像隐语”为题，从两部名著中的“镜子”意象着手，从哲学的深度分析各自折射出的中西文学主题异同，是比较文学平行研究的典范示例。吴教授指出，《红楼梦》中出现的道具“风月宝鉴”，其两面性正是弗洛伊德精神分析学说中关于性本能和死亡本能的绝妙反映；而《浮士德》中主人公在“女巫的厨房”中见到了“魔鬼的宝镜”，镜中绝代美女的浮现亦同样指向主体内部的欲望深处。“镜子”在中西方文化语境中有着不同的含义和功用，但其在上述两部名著中也呈现出某种共性，即都被赋予了超现实的形而上的出处、镜中出现了“他者”、镜外人有与镜中人合而为一的冲动等等。

年会下午的主要活动是学术分组讨论。本次年会分设了 6 个学术讨论小组，分别是比较诗学研究、世界文学与经典、翻译文学研究、宗教文化与文学研究、海外汉学研究、城市与文化研究。各小组均由来自沪上各大高校、科研机构中比较文学学科带头人担任主持，面向全体会员征集论文和发言，进行甄选、排序、落实，经过精心准备后形成了平等交流的学术平台。小组讨论分为两场，每场 1 个半小时，约 3—4 人进行学术报告，再由主持人进行评议和广泛讨论。本届年会会员提交论文踊跃，参加旁听和讨论的会员更是将各分组会场挤得满满当当，气氛十分热烈。值得一提的是，不少来自复旦、上师大和上大的比较文学专业在读研究生甚至博士后也纷纷提交论文，积极参加分组讨论，如上海大学中文系硕士研究生徐一川的《1900—1930 年中国旅美游记中的美国》、复旦大学中文系王琳琳的《分裂的自我与重构——乔伊斯主体的越界寻找》等。这批学术新人的出场和他们带来的丰富论题，为年会学术研讨增添了别样的活泼和蓬勃的朝气。

分组讨论结束后，还举行了第十一届理事会扩大会议暨 2011 年全国学会年会筹备组会议。全国比较文学学会的年会将于今年 8 月在上海召开，由上海学会与复旦大学、上海师范大学等单位共同协力承办。借此次年会之机，学会牵头联络各方人员，就筹备事宜进行了简要而有效的协调和安排。

本次年会暨学术讨论会的圆满举行，标志着上海比较文学研究事业已进入一个新的发展阶段。青年会员的不断增长、学会制度的进一步规范化以及新一届理事会的奋发有为，都让我们有理由相信，一个更具活力和影响力的学会正在成长和壮大。

回归文学性:当代比较文学与方法论建构

——市比较文学研究会承办第10届中国比较文学年会

中国比较文学学会(CCLA)第10届年会暨国际学术研讨会于2011年8月9日至11日在复旦大学和上海师范大学举行。本届年会由中国比较文学学会主办,复旦大学、上海师范大学与上海市比较文学研究会承办。会议分为两个会场,8月9日和10日在复旦大学召开,11日移师上海师范大学。此次会议是30年来上海各大高校的比较文学学科第一次全面合作,齐心协力,高度配合下筹办的学术盛会,收到论文450余篇,来自海内外的400余名学者到会。

会议开幕式于8月9日在复旦大学举行,由复旦大学中文系主任陈思和教授主持,中国比较文学学会会长乐黛云教授、复旦大学副校长林尚立教授、上海师范大学孙景尧教授、上海外国语大学谢天振教授、斯洛伐克科学院东亚研究所高利克教授分别在开幕式中致辞。

本次会议主题为:"当代比较文学与方法论建构",设有三次大会主题发言。第一次大会主题发言由复旦大学杨乃乔教授主持,北京大学乐黛云教授、复旦大学张汉良教授、法国巴黎第七大学的弗朗索瓦·于连(Francois Jullien)教授、上海交通大学刘康教授分别作了发言。乐黛云在题为"后现代思潮的转型与文学研究的新平台"的报告中指出,后现代思潮引领"世界进入了一个多元多变的时代",也为文学研究提供了新的平台,"过去相对孤立的国别文学研究注入了新的、有机的世界文学因素,比较文学的互为主观、互为参照、双向阐发等理论不可阻挡地突破了国别文学的自我设限"。而在中国当代的学术研究中,"这种全球化的、世界文学和比较文学的新精神正在渗透到文学理论、文学批评、文学史、古典文学研究、现代文学研究等各个学科领域。这无疑会带来整个文学研究的重建和更新。这也正是我们提倡比较文学和世界文学的根本目的"。张汉良报告题目为"'文学性'与比较诗学——历史回顾与前沿发展",他围绕"回归文学性"的主题,对"文学性"这一来自1919年雅可布逊著作的概念进行探源,回到复杂的历史语境,从"贯时性"和"并时性"两个层面叙述它在雅可布逊著作中的前后发展,以此打通"文学性"的语言形式主义脉络和生理科学脉络,透过这项汇通,提出了比较诗学研究的新的可能。于连的报告"Re-penser La Comparaison"("对比较的重新思考")对中西文化之间的比较进行哲学层面的思考,他认为中国思想和欧洲思想的相遇是一种机遇,这两者之间的比较是一种"多样可理解性的流通"。作为欧洲的哲学家,他提出不要再把"远东"视为一种欧洲理性的神话式反面，因为“研究这样的反面，依然还是停留在他自身内部”，指出在解构并且重构思想范畴时，应该把理性重新放置在思考里，并在这之上打开一个新的“作坊”。刘康在题为“中国比较文学的国际模式”的报告中指出，中国比较文学从 1982 年天津会议起至今走过了三个阶段，正好跟中国改革开放和人文社科发展轨迹同步。他提出“国际模式”应该有以下要点：掌握国际话语权；建设国际团队；设置国际学术议程。

第二次大会发言由上海外国语大学宋炳辉教授主持，发言人为复旦大学陈思和教授、四川大学曹顺庆教授、清华大学王宁教授、美国宾夕法尼亚州州立大学托马斯·比比(Thomas O. Beebee)教授。陈思和作了题为“作为学科的比较文学之精神基础——试论勒内·艾田伯的‘比较文学是人文主义’”的大会报告，他从早期的比较文学学者相关论述出发，重新梳理和深刻阐释了“比较文学是人文主义”这一来自法国比较文学学者勒内·艾田伯(René Etiemble)的命题，在当代比较文学研究的语境下，结合现代科学研究所获得的新成果，重新来理解“比较文学是人文主义”的意义。他最后指出：“比较文学的研究对象是文学，必须是文学，这样它才紧紧联结到人类生命内核的同一性之上。通过对于人类不同民族、文化、甚至个体生命的差异现象的比较和展示，最终是为了一个严肃的使命：在更高的生命层面上探索和了解人类相通、世界和谐的途径。这就是我们所探讨的比较文学学科的人文主义精神基础。”曹顺庆在题为“东西方文学比较的合法性与比较文学变异学的提出”的报告中，对比较文学的可比性与合法性问题提出质疑。他所说的变异性是指“国际文学关系和相互影响中，由于不同的文化、心理、意识形态、历史语境等因素，在译介、流传、接受的过程中，存在着语言、形象、主题等方面的变异”。他认为异质性才是比较文学的可比性，而突出异质性，正是比较文学变异学研究的最终目的。王宁在“World Literature and China”(“作为世界文学的中国文学”)的报告中认为，在世界文学和中国文学之间应该处理两方面的关系，即中国文学走向世界以及中国文学包含于世界文学之中，他倡导中国学者应从跨文化的角度重新定义和重构世界文学。托马斯·比比题为“Friedrich Nietzsche and the Question of World Literature”(“弗里德里希·尼采与世界文学问题”)的报告探讨了尼采的世界文学概念是如何符合《悲剧的诞生》的整篇讨论以及如何与他的总体思想相关联，检视了尼采世界文学的“慰藉”观念的现代应用以及他在 19 世纪末所关注的问题与全球化的现在之间的联系。

第三次大会主题发言由上海师范大学刘耘华教授主持，中国人民大学杨慧林教授、台湾东吴大学袁鹤翔教授、中国社会科学院叶舒宪教授、上海外国语大学谢天振教授分别发言。杨慧林在题为“读经之‘辩’”的报告中通过对读经之“辩”的宗教阐释与历史梳理，指出“经文辩读”正是破除狭隘的“身份”立场、在多元处境中寻求价值共识的必要前提，如此的“辩读”，“也应该成为当今宗教对话、文化对话、区域对话、意识形态对话中最根本的精神基础”。袁鹤翔在题为“Reflectivity and Reflexivity—Looking Backward and Looking Forward: Chinese-Western Comparative Literature in Brief”(“反射性与自反性——前瞻与回顾：中西比较文学简述”)的报告中，就多年前提出的中西比较文学的可比性问题进行了新的厘清与补充，认为一部作品的“反射性”涵盖两个方面：即反映社会和时代以及反映作者观点，异质文化的文学作品的“反射性”为可比性提供了空间。而“自反性”与传统有关，主宰了对外来文化和作品的客观评价以及对自身民族文学的客观批评，这也是一个中西比较文学可比性的一个可能路径。叶舒宪在题为"'世界文学'与'文艺人类学'——论当代文学观的人类学转向"的报告中认为，中国学者对新兴交叉学科"文学人类学"的诉求在何种意义上可以替代植根于西方中心主义的"世界文学"的老话语，取决于文学人类学理论的普世性建构及其可操作的推广应用潜力。谢天振在题为"中国文化如何走出去?"的报告中，运用译介学理论视角，对制约中国文化走出去的诸多因素进行考察与分析，同时结合中国文化走出去的具体案例，对中国文化如何才能真正有效地走出去这个问题进行比较全面深入的探讨。

围绕"当代比较文学与方法论建构"这一主题，大会设定 16 个讨论议题，分别为：回归文学性：作为文学研究的比较文学；中外比较诗学；中外文学关系；比较文学与翻译研究；世界文学经典的跨文化诠释；流散文学与海外华人文学；比较文学视野下的海外中国学；文学与宗教；文学人类学；中国比较文学学科理论及教学研究；东亚文学关系研究；中华多民族文学关系研究；新媒体与文学书写；城市：观念、历史与文学再现；文学期刊的作用与现状；古典学与比较文学。2011 年是中国比较文学学科复兴 30 周年，大会还特别设立"回顾与展望：中国比较文学 30 年"圆桌会议，邀请了李达三、袁鹤翔、周英雄、张汉良、高利克等海外老一辈比较文学研究学者，与内地学者共话比较文学 30 年历程。

在"回归文学性：作为文学研究的比较文学"的分组讨论中，高利克对"互文学性"与"互文学社区"两个概念进行了阐释；四川大学赵毅衡教授从叙事学的角度出发，意欲找出所有媒介文体的叙述源形态。"中外比较诗学"组进行了 7 场讨论，香港岭南大学丁尔苏教授在报告中指出跨文化研究可以把外国文本看作解决本土问题的潜在资源；南京大学周宪教授探讨了文学的跨文化研究如何从其他相关学科的跨文化研究中寻找资源；复旦大学周荣胜教授通过考察钱钟书阅读《拉奥孔》的方法与洛夫乔伊的观念史之间的关联以及这一方法对跨文化诗学研究的启示，探讨了"包孕时刻"这个单位观念及其内在困境；北京大学张沛副教授指出因不再承载或指向"世界精神"而终结的现代"文学"需要重新回到世界，与世界共在同行；台湾辅仁大学赵中伟教授以"一阴一阳之谓道"以及"形而上者谓之道"为例探讨《易传》创造意义的转化与发展；中国人民大学博士后姜哲从汉代经学诠释学的角度重新审视"《诗》无达诂"的生存论意义。

"中外文学关系"一组同样汇集了众多学者，南京大学钱林森教授以 17 世纪法国作家费讷隆的《苏格拉底和孔夫子的对话》为例，探讨了这一对话文体生成发展的特征及其在中法文化(文学)关系史上思想、学术意义；香港浸会大学钟玲教授重点讨论了 21 世纪唐朝诗人寒山及其诗作在西方的流传；同济大学孙宜学教授探讨了梁启超的浪漫启蒙精神与西方滋养；台湾师范大学许俊雅教授通过对契诃夫与巫永福二人作品的检视，从"世界性因素"角度出发探讨不同民族文化背景下的文学在面对相同环境时产生的平等对话的可能性。

在"比较文学与翻译研究"的小组讨论中，上海外国语大学查明建教授提出翻译文学研究要扩大透视文学翻译现象的理论视野，提倡带着有价值的学术问题进入文学翻译现象所产生的社会历史细部进行研究；香港中文大学王宏志教授对西方翻译理论进行了反思;南京师范大学杨莉馨教授对 20 世纪英语女作家汉译与研究现状进行思考;中国社会科学院赵稀方研究员从《毒蛇圈》看晚清侦探小说的翻译进而探讨了翻译与文化协商的问题。

在“世界文学经典的跨文化诠释”小组中,华东师范大学陈建华教授着重考察了改革年代俄苏文学研究;中国人民大学高旭东教授对世界文学的跨文化研究进行反思;匈牙利科学院文学研究所彼特·豪伊杜(Peter Hajdu)教授对作为社会主义语境下的文学理论的灵感源泉的文学经典进行了探讨。在“流散文学与海外华人文学”的小组中,马来西亚拉曼大学许文荣教授对马华文学进行个案分析,探讨了边缘文学的困局与突围。在“比较文学视野下的海外中国学”的小组中,北京大学康士林(Nicholas Koss)教授考察了作为早期英语汉学著作的曾德昭的《大中国志》;复旦大学戴燕教授从高桥和巳看日本的中国研究,进而探讨了文学、学术与现实、历史之间的复杂关联。在“文学与宗教”小组中,台湾“中央研究院”文哲研究所李奭学教授讨论了晚明宗教翻译与清末文学与新知的建构。“文学人类学”小组中,上海戏剧学院王云教授阐明了“枝连枝”、“手牵手”和“心连心”意义原型的生成原因及其逻辑关系。“中国比较文学教学研究”小组中,天津师范大学孟昭毅教授从比较文学教学的角度探讨了“回归文学性”这一主题。“东亚文学关系研究”小组中,韩国外国语大学朴宰雨教授探讨了韩中现代文学的比较研究。“中华多民族文学关系研究”小组中,新疆喀什师范学院姑丽娜尔·吾甫力教授讨论了维吾尔文学中的苏非神秘主义。“新媒体与文学书写”小组中,北京大学比较文学与比较文化研究所博士生秦兰珺通过《丢失的圆环》来探讨另类现实游戏的概念、特征和现实意义。“城市:观念、历史与文学再现”小组中,上海大学陈晓兰教授在当代中国的语境中对英国维多利亚晚期城市小说家乔治·吉辛的作品进行重新阐释。“文学期刊的作用与现状”小组中,清华大学罗选民教授通过英语季刊《翻译学研究》(*Perspectives: Studies in Translatology*)探讨国际学术期刊的跨学科研究方法。“古典学与比较文学”的圆桌会议中,复旦大学中文系博士生吕健在充分阅读韦尔南对赫西奥德种族神话研究的基础之上探讨赫西奥德诗篇中一直潜隐的“诸神与凡人”主题。

会议闭幕式于 8 月 11 日在上海师范大学举行,由孙景尧教授主持,上海师范大学校党委书记陆建非教授致闭幕词。中国比较文学学会秘书长陈跃红教授宣布了新一届学会理事会换届改选结果,经过会议选举,北京大学乐黛云教授继续担任中国比较文学学会会长,同时增选中国人民大学杨慧林教授为副会长。第 11 届年会将于 2014 年由山东大学承办。

围绕《让子弹飞》等贺岁片的价值取向展开争鸣

——市美学学会等主办专题学术研讨会

4 月 2 日，由市美学学会和上海大学电视文化研究中心联合主办的“贺岁片的审美形式与价值取向学术研讨会”在上海大学举行。来自影视界和美学界的 20 多位专家学者与会，上海大学影视学院院长金冠军致开幕词。

对于贺岁片的总体认识

复旦大学周斌提到最初的贺岁片大都是喜剧片，这是为了适应新年时节喜庆的氛围。但由于贺岁档的巨大票房量，近年来各类影片都开始进入贺岁档，这使贺岁片的概念几乎被等同于在贺岁档里放映的影片。贺岁片的这种发展变化一方面适应了市场，另一方面也适应了广大观众多元化的审美需求。但是，贺岁片的发展在近年来也出现了诸多问题。他认为，贺岁片在进一步发展中应处理好以下几方面的问题：第一，在创作中应当更为重视影片本身的艺术质量，而不能只依靠包装和明星效应；第二，政府部门应对电影市场进行进一步的规范，使一些影片的档期安排更趋合理；第三，贺岁电影创作中要合理使用资源，使创作生产进入可持续发展的良性轨道；第四，贺岁片创作中还要更加鼓励和加强高质量的喜剧片创作。上海大学葛颖提出，在中国电影的进一步发展中，应当开发出更多的具有票房潜力的档期，除了贺岁档、暑期档，我们可以在中国的传统节日上做些文章。《让子弹飞》的成功主要是电影营销的成功；影片宣传团队成功利用了姜文对当下一批年轻娱记的感召力，形成了覆盖各种媒体界面的巨大宣传力度，从而促成了市场的成功。上海大学林少雄认为贺岁片应该符合以下要求：第一，应该体现东方文化的特殊诉求和中国年节文化的特有内涵，表达中国人对时间的体验，对生命的感悟；第二，贺岁片应该是对以中国家庭为中心，以血缘关系为纽带的伦理观的呈现；第三，贺岁片的表达风格应该是喜庆、吉祥、温馨的，并且应当以民间视角为主，体现民生的诉求，而并非是关涉主旋律的宏大叙事；另外，贺岁片应当充分发挥明星的巨大感召力。复旦大学梁艳丽认为，2010 年的贺岁片其实大多都寄寓着创作者对当前社会文化状况的思考，如《非诚勿扰 2》就包含着对现代人婚恋观变化的思考，而《赵氏孤儿》的创作者也针对当前中国社会前现代、现代与后现代交错的文化状况在创作中作出了必要的调整。

关于《让子弹飞》等的交锋

上海大学陈犀禾认为《让子弹飞》符合中国传统艺术观所要求的艺术的兴、观、群、怨等功能，影片中，导演姜文巧妙地运用了一种隐喻手法，表达了对当前中国社会中被广为关注的“民生”问题的看法，从而实现了电影参与社会现实的功能。上海大学曲春景认为影片《让子弹飞》中其实包含着对“革命”主题的隐喻，其叙事结构中就潜藏着对中国“革命”问题的看法，因此她认为《让子弹飞》中蕴含着导演姜文对社会、对现实的严肃思考。上海戏剧学院张仲年表达了自己对影片《让子弹飞》的喜爱之情，他认为这部影片想象力丰富，更为难得的是表现出了对当前中国社会中一些重要话题的隐喻性思考，具有对社会现实的批判意味，有一定的预警性和批判作用。这表现出了姜文作为一名艺术家的时代责任感。他认为贺岁片需要对社会问题发言，在这种意义上讲，《让子弹飞》是一部具有重要意义的作品。

上海社科院许明对贺岁片《让子弹飞》持强烈的批评态度。他认为姜文在这部影片中虽然较好地处理了电影的节奏，较为突出地表现了电影的视觉冲击力，但他过多运用了性和暴力等手段来吸引观众，其实宣扬的是一种“恶”的文化价值理念。该片是对当前社会状况不满情绪的一次非理性表达，有悖于人类社会的普世价值，甚至可以说是一种对当下观众心灵的腐蚀。上海政法学院祁志祥更为强烈地批评了影片《让子弹飞》，认为该片欠缺理性，逻辑混乱，痞子味十足，文化品格低下，并认为不应只以票房多少来评定一部影片的成功与否。

上海社会科学院陈伯海认为《赵氏孤儿》这部古典悲剧本身是有其深厚的人文内涵的，但在电影改编中，这种人文向度被大幅淡化，而且影片中一些基本逻辑也是不通的，这就导致影片价值观混乱，丧失人文深度，意义指向不明。

一些思考

许明针对当前电影批评界对国产电影中消费主义泛滥现象集体失语的现状提出了批评。他认为自 20 世纪 90 年代以来，批评界一味提倡消费主义，盲目消解崇高、反叛权威，但却无力重建，这是导致当下的影视创作思想品格低下的重要原因之一，他提倡电影批评界要勇于参与现实，改善当下影视创作中文化价值贫乏的现状。曲春景则认为电影批评界的集体失语很大程度上是由当前的社会文化语境造成的。在当前这个以经济为主导的时代中，批评家的地位被严重边缘化，得不到创作界的重视，也不能被大众所理解。上海大学聂伟针对电影批评界集体失语的现象提出自己的意见，认为电影批评界应当关注和介入越发具有影响力的网络批评之中。华东师范大学聂欣如则在发言中提醒大家，应当从类型的角度来分析一部电影的成败，他指出喜剧的功能主要是破坏性的，如果我们赋予它太多建构意义的话，我们是不是站错了位置。

上海大学金丹元作了总结发言。他指出当前关于贺岁片，在社会上引起了广泛的讨论甚至是争论，而我们从审美形式和价值取向方面对贺岁片的讨论，事实上还可以继续深入下去；同时他还强调我们对贺岁片的讨论必须面对中国电影要走向工业化、产业化这样一个现实。具体到当下的贺岁片创作，他认为，总体上看来，在这些影片中，导演都希望融入更多的“现代性”因素，但从审美形式和价值取向这两个维度来讲，这些影片又的确都存在值得我们推敲的问题。总的来说，当前的贺岁片创作普遍显现出人文关怀弱化，对现实的关照不够等现象。虽然这与当前消费主义、娱乐至上的文化氛围有关，但中国电影若要取得更好的发展，就需要实现影片审美形式上的多元化，而不能一味沉溺于消费主义之中不能自拔。因此，金丹元提倡今后的贺岁片创作者们要勇于担当，在创作中增强对现实的关怀、反思的力度，并在文化层面上有所提升。他以奥斯卡获奖影片《国王的演讲》为例，认为这部影片既是励志的，同时又折射出了历史的某些真实面，虽然影片叙事是比较传统的，但却很值得中国影片，特别是贺岁片创作去借鉴。

全面提升校长领导力

——市领导科学学会等举办研讨会

11 月 4 日，市领导科学学会和普陀区教育党工委、教育局共同举办“贯彻落实总书记七一讲话，全面提升校长领导力”研讨会。学会副会长陆沪根、学会顾问陈熙春主持了会议。

普陀区教育党工委书记范以纲在致辞中指出，认真学习深入贯彻总书记“七一”讲话，既是一次把握规律、把握未来的理论学习，也是一次坚定信仰和坚定方向的党性教育。校长的引领作用以及校长的领导力，是优质学校建设的关键。

普陀区教育局局长李学红从五个方面谈了提高校长领导力的途径：一、领导者要关注发展的“大势”。二、领导者要善于谋划全局。三、领导者要注重思想的引领。四、领导者要聚焦重点工作。五、领导者要着力提升自身素养。

晋元高级中学校长王丽萍认为，校长的课程领导力体现在校长引领教师进行课程改革、课程建设的能力，体现在校长调动和激发教师的内驱力并积极投身学校课程建设的能力。曹杨第二中学校长王洋认为，校长在创新素养培育方面的领导力应在总体设计能力和组织实施能力两个方面予以提高。江宁学校校长吴庆琳认为，教育思想领导力是校长首要的领导能力，校长应自觉提升教育思想领导力，创设用精神力量、组织文化和理性目标影响学校全体成员树立正确的人才观、教育价值观和教育过程观，不断优化教育行为，完善学校管理环境，保证办学目标的实现。华东师范大学附属小学校长严玮懿认为校长的领导力一是需要明确而又有感召力的核心目标；二是要有前瞻与规划；三是要善于激励和授权。市医药学校校长陆国民以理论和实践的经验，从四个方面谈了提高校长领导力的体会。一是与时俱进的发展力和推动力；二是发展愿景的规划能力；三是对课程的领导力；四是领导团队和制度建设的能力。

市委党校科研处郭庆松认为，我国的干部选拔工作具有鲜明的中国特点，所以很难借鉴西方国家领导科学现有的做法、经验、理论，需要我们去认真探索研究。要强调竞争性选拔工作，特别是加大公开选拔干部的力度。

学会副会长郑金洲认为，提升校长领导力需要处理好六个关系：一是个人认识与全校共识之间的关系；二是愿景提出与实践落实的关系；三是目标实现与内部协调的关系；四是常态领导与危机领导的关系；五是自我领导与领导他人的关系；六是思想感召与制度规范之间的关系。

华东师范大学教育管理系郅庭瑾着重谈了学校的道德责任与校长的道德领导力。他认为，校长作为学校的领导者，要通过制度伦理实现道德领导力。教育制度的伦理化能够释放出远比个体的美德更为明显的效益。

普陀区委副书记顾顺祥从四个方面讲了如何提升校长领导力。一要发挥好决策和实施学校发展的作用；二要发挥好建构实施和研究课程体系的作用；三要发挥好沟通协调和凝聚干部教师队伍的作用；四要发挥好落实重点项目推进的作用。

文化发展与道德建设

——市伦理学会召开学术年会

为掌握和深入学习十七届六中全会精神，大力推动社会主义文化大发展大繁荣，上海市伦理学会于 11 月 12 日召开主题为“文化发展与道德建设”的学术年会。学会会长朱贻庭和副会长兼秘书长周中之主持会议。与会专家学者紧密结合当前社会现实，从不同层面、不同角度对文化发展与道德建设的问题进行了深入的讨论。

当今中国社会的道德生态

朱贻庭认为，道德是文化的核心部分，道德变革也是文化变革的重心，应把道德问题摆在文化发展战略中的重要位置。他从历史学和文化学的角度，分析当今中国社会道德生态的内在紧张：第一、“人的独立性”和“物的依赖性”并存，造成了人性的两分结构。一方面人获得独立的个性自由，另一方面由于强烈的物欲、私欲而支配了前者，使个性片面化、同质化。第二、权利意识和责任意识、个人利益和国家利益（义利）关系失衡。第三、效率至上，市场泛化冲垮了传统伦理关系，人际关系紧张。第四、官商勾结、权钱交易。“权力拜物教”和“金钱拜物教”干扰了社会资源通过市场机制进行合理分配，致使未能建构起适应社会主义市场经济秩序的伦理道德体系。第五、社会不公严重。实现社会公正应为构建和谐社会、建设良好伦理道德生态的根本。第六、诚信缺失、社会公信力低。第七、社会公共领域的扩大和公民公共道德意识的缺失。社会风气是当今中国伦理道德生态的综合体现。当今中国的社会道德失范，不是一些人，而是一种普遍风气。同时，他指出，要对“道德失范”做正确的解读。道德失范并不是指社会没有制定出一套道德要求和道德规范，而是指行为的失范，是道德的实践问题；道德失范虽不等于道德败坏，但从另一方面却反映了道德败坏。

上海社科院陆晓禾对市场经济条件下的道德现状进行了分析，认为市场经济进步的正面价值，流通领域中的自由、权利、平等、公平，并没有得到充分全面的肯定，更不用说生产过程中的推进了。在接受和推进市场经济正面价值的同时，要依靠并发挥中国文化吐故纳新的活力，来重建道德，重塑中华文化的道德脊梁。

文化发展中道德建设的重大价值

复旦大学邓安庆分析了文化发展的现状，认为文化有其自身发展逻辑，伦理学的任务在于制造文化之魂，为文化提供发展原则，为整个文化发展制定一种目标。在目前的状态下，伦理学要能够参与到我们的文化建设当中，参与到国家的整个精神文化中，发挥它的建构性、规范性作用，恢复哲学的批判功能。

陆晓禾在论述市场与道德、文化与道德关系的基础上，认为我们现在需要的是以自由并不放任的市场经济为基础，以中国优秀传统文化为根，吸收借鉴中国和世界一切优秀文明成果，在内容上打造“有根”的道德文化。同时，对当前的道德滑坡需要下猛药，必须借助法律这把“正义之剑”紧急制闸。当然，和风细雨的思想和道德教育也不可或缺，并要注重施以长期的持续不断的教化。当务之急，我们必须重塑中华民族的道德脊梁，尤其是领导群体的道德脊梁。

同济大学邵龙宝以“文化自觉与道德自觉”为题着重分析了资本的两重性，资本的逻辑与文化和道德发展的逻辑背道而驰的原因，阐发了“文化自觉”与“道德自觉”的内涵。社会主义文化大发展大繁荣应该内在地突显道德建设和人文指向，脱离了以道德为核心的人文内蕴的文化发展一定会跌落进文化发展的物化沉沦，导致与道德建设相反和对立的结果。“文化自觉”主要着眼于对中外民族、国家、社会的文化传统的认识和觉解；“道德自觉”主要着力于个体自身道德人格的完善，人与人、人与社会、人与自然的关系的协调。“文化自觉”与“道德自觉”的主体主要指三种人，即知识精英、政治精英和企业精英，通过治理、管理、法理、伦理和心理这五个渠道，高扬人性、仁爱、厚德、慈悲等美德，以形成官民、劳资、师生和谐的关系。“文化自觉”和“道德自觉”在行为上的落实即知行合一主要靠制度创新、人格建构和各阶层的人们在生产实践、交往实践中的平等对话、沟通等的互动。

上海师范大学陈泽环回顾了新中国成立之后的道德发展问题，对文化传承和道德进步的关系做了探讨，提出了如何把儒家的人生哲学和中国特色社会主义政治社会哲学结合起来，并积极吸取西方科学精神和自由个性理想中的积极因素，以形成符合小康和和谐社会建设要求的微观个人道德和心理结构的问题。

社会主义核心价值体系在文化发展中的引领作用

复旦大学吴新文就如何确立社会主义核心价值观作了发言。他指出，在确立社会主义核心价值观时，要切忌概念拼盘。首先，确立中华民族的大我，确立当代中国的大我。如果不确立自我，就要被同化、弱化、分化。其次，要“见往而知来，见古而知今”，核心价值观的确立也是一个总结经验和教训的过程。再次，建立核心价值观需要凝聚共识。他指出，确立核心价值观还要纠正偏颇，要有一些相对中立、中和的价值观来纠偏。

周中之着重阐述了大众文化的价值导向问题，认为无论是与国外竞争，还是中国的进一步发展，文化都是一个很重要的“领地”与经济增长点。文化产业当中与道德影响最密切的是大众文化，以影视、网络消费为主，它考虑更多的是流行、吸引眼球。要着重加强大众文化的价值导向，尤其要特别注意大众文化对青少年所产生的道德影响。

上海文广集团张义华对社会主义核心价值体系引领电视文化产业进行了深入思考，主要阐述了以下观点：一是与国外发达国家相比，在文化产品的制造方面，我们是远远落后的，因此发展还是硬道理。二是广播电视节目非常多，但缺乏社会责任感，因此要坚持科学发展。三是要深化改革，包括体制的改革和机制的创新、模式的转变等等。

推进高等学校招生入学制度改革

——上海市高等教育学会举办第七届高教所所长、招生办公室主任沙龙

为贯彻落实国家、上海中长期教育改革与发展规划纲要关于“以考试招生制度改革为突破口，推进素质教育实施和创新人才培养”的战略部署，上海市高等教育学会于 2011 年 11 月 9 日下午在上海师范大学举行上海市社联学术活动月专题研讨活动暨第七届高等教育研究所所长、招生办公室主任沙龙。活动由上海市高等教育学会和上海市教育考试院联合举办，上海师范大学承办。上海市教育科学研究院高等教育研究所所长晏开利研究员主持会议，上海市教委副主任、教育考试院院长李瑞阳教授、上海市教育考试院前院长胡启迪教授等出席会议并做了专题发言。共有来自上海高校高教所、招生办、教务处、规划处的 40 余位所长、处长、教授等与会。会议研讨主题为“高等学校招生入学制度改革”，与会人员围绕高校招生入学制度政策动态、高校自主招生制度改革反思以及来自不同类型院校的实践探索等方面展开了热烈的研讨。

一、上海普通高校招生考试改革走向及趋势

1. 调整方案。李瑞阳副主任介绍了 2012 年招生考试政策的四方面调整内容：即自 2012 年开始取消统一高考科目设置中的“综合能力测试”；普通高中学业水平考试成绩将在专科层次自主招生中被应用；普通高等学校艺术体育类本科分批次招生；从 2011 年 9 月入学的高一年级学生起，对其将来高考时的加分政策进行调整。具体调整方案为：取消“综合能力测试”后的本科类别的考试科目定为“3＋1”门，总分满分为 600 分。明年本市高考时间将从两天半缩减为两天。2012 年，首届完成 10 门高中学业水平考试的考生将参加高考，上海高校专科自主招生中将依据学业水平考试成绩招收高中毕业生。普通高校艺术体育类本科类别招生将分为两个批次，增加非平行志愿的艺体类本科考生的录取机会。市教委从加分项目设置、分值确定、约束条件、监督管理、违规惩处等 5 个方面，对本市高考加分政策进行相应调整。

2. 改革难点。李瑞阳副主任指出，目前招生考试方面上海主要面临两大难题：一是外来务工人员随行子女能否在沪考大学的问题。二是上海高校自主招生考试在高考前进行还是高考后进行的问题。

3. 未来走向。未来上海招生考试制度改革设想能够取消录取批次，鉴于目前一本、

二本分批次依据已经淡化，有的学校既招一本，也招二本，现阶段是平行志愿设分数优先，希望能够再进一步，专业优先，直接平行到专业，鼓励考生立志，改变招生考试与录取专业匹配度较低的现状。

二、对高校自主招生政策质疑与对策

当前集中统一的高考考试模式已经松动，多样化的招生模式开始探索。高校自主招生作为深化高校招生录取制度的一项重要改革措施，进一步扩大了高等学校招生自主权，在选拔培养优秀创新人才，促进教育创新和素质教育的全面开展方面做出了重要的尝试，但存在的问题也不容忽视。

1. 方向上出现了偏差

东华大学规划处处长、高教所副所长方建安教授指出：当前的自主招生政策最根本的是在方向上出现了偏差。自主招生政策总的来说只是针对少数考生的，也应该只是针对少数考生的，较大规模自主招生联盟的出现，提高了自主招生笔试环节的效率和便利，但笔试基本上仍考学生的学业成绩，选拔出来的人才与高考选拔出来的人才没有区别，实际仍是选拔学习尖子，成为“另一次高考”，或者高考之前的“重点高考”，且“唯分数论”，在增加考生根据兴趣和定位选择学校的额外机会的同时，也加重了学生的负担。另一方面，自主招生实际已演变为高校争夺生源的“掐尖”大战。据有关方面数据，每年以自主招生形式录取的考生大约1.5万人左右，其中2/3的学生没有自主招生的优惠也可以进入同样的学校，即真正享受到自主招生优惠的考生仅0.5万人左右，占全国每年1 000万考生总量的0.05%。因此从某种意义上讲，迄今为止的自主招生与99.9%以上的考生没有直接联系。“华约”有6.5万人考，如果严格按照教育部5%的规定，按各校上年度招生计划估算，每所学校自主招生数平均在200人左右，7校一共只有1 500个左右的名额。

随着自主招生规模的不断扩大，剩下的“裸考”名额明显减少。此外，结盟招生还造成了不同类型高校之间的壁垒，对没有结盟的大学造成了压力，甚至不公平，某种程度影响了优秀学生的报考。究其原因：一是自主招生的目的或目标偏差，选拔目标为“德智体美全面发展，综合素质高，学习成绩优秀或特长明显，具有发展潜力和培养前途”，但实际上仍是选拔学习尖子，成为“另一次高考”。二是政府和教育主管部门对自主招生的监管和指导不力，甚至是不作为，加剧了自主招生高校的放任或放纵行为。为此，他建议：一是自主招生制度的发展路径亟待探索，顶层设计急需进一步合理、完善，现阶段自主招生只能作为高考的一种补充。二是应该目前取消愈演愈烈、规模越来越大的自主招生三大联盟考试。鉴于在达到一定分数线区段水平之后，高考分数在进一步的人才筛选和区分方面实质性意义弱化。在高考分数接近的学生群体中，综合素质，尤其是兴趣、抱负、专业使命感和社会责任感等非智力因素，将是个人未来成长的重要因素。三是自主招生作为统一入学考试为基本方式的高考制度的补充，主要进行专业笔试或专业面试，申请对象是有专业特长的高考落榜生，申请资格主要依据高中学业水平成绩（如8A2B，7a3b）或高考成绩。专业笔试或专业面试时间应该是在高考之后，暑假而非寒假。同时应该大幅度减少自主招生规模，比如，总招生数的2%或1%，而不是5%甚至更多。这需要政府和教育主管部门加强对自主招生的监管和指导，要做顶层设计，特别要在方向上和规模上全面把关。

2. 自主招生政策现存“五大不公平”

上海市高等教育学会常务副会长杨德广教授指出，目前中国高考制度以知识为本，以高考分数为唯一标准，导致中学教育出现应试教育、简单追求分数的现象。素质教育无从谈起，无法解决能力导向问题，无法尊重学生个体的兴趣、爱好等与创新密切关联的问题。

目前的自主招生考试制度存在五大严重不公平现象：一是标准不公平。但是目前考试招生标准仅有文化知识分数一项，无法体现学生德智体美能和心理六方面的素质和能力；二是高校地位不公平。严格按照批次招生录取，对高校划分等级，对普通高校不公平；三是权利不公平，高端学校有招生自主权，而普通院校没有招生自主权，学生适合接受什么样教育的问题不能有效解决，导致“高分进明校，名校全高分”，至于入学后的培养过程则关注较少；四是资源分配不公平。中小学教育过程中，存在严重的地区差异、城乡差异，但高考分数全部按照从高到低录取，导致农村学生、贫困学生进重点大学的机会下降，由社会不公平和教育资源分配不均衡导致这些学生进重点大学的难度加大。五是统一高考录取模式不公平。有些学生本来进不了一本、二本院校，但仍然必须参加国家统考，最后以失败者角色进入民办院校和高职高专类院校，导致学生自卑感加强，自信心不足，给“因材施教”理念落实带来了困难。

基于以上问题，杨德广教授提出了有针对性的建议：一是“放开两头”。高端院校和高职高专、民办放权，实施自主招生。二是按专业招生，高校依据专业选择合适人才，学生依据兴趣和基础选择适合自己的专业学习。三是充分发挥高中学业水平考试的作用，对处于不同层次水平的学生给予不同的报名资格，充分发挥学生的个性特征。四是针对“偏才”、“怪才”网开一面。五是高等教育实行“宽进严出”。目前的宽进宽出和严进宽出无法保证毕业生质量，系统配套要跟上。

创新人才培养的实践探索

——市高等教育学会举办第六届大学校长沙龙

2011年1月13日下午，上海市高等教育学会第六届大学校长沙龙在上海中医药大学召开，会议由上海市高等教育学会张伟江会长和杨德广常务副会长主持，上海中医药大学校长陈凯先院士致辞。会议围绕“创新人才培养”议题展开，来自上海交通大学、复旦大学、上海大学、上海海洋大学、上海工程技术大学、上海第二工业大学、上海中医药大学、上海杉达学院、东华大学、上海市教育考试院、上海市教育评估院等30余位校(院)长参加了此次论坛。

1. 教育本原回归：上海交大“知识、能力、人格三位一体”的育人模式

上海交通大学坚持“三位一体”的育人模式，由原来的“知识传授，能力建设和人格养成”改为“知识探究、能力建设和人格养成”，注重教师和学生互动和相互影响，形成使学生终身受益的创新能力和素质。围绕着三位一体，推行六个举措：

(1)进行人事制度改革，建立以人才培养为终极目标的运行机制。将教师分成三类，即纯教学型，教学科研型和纯科研型。(2)促进学生人格养成。将第一课堂融入到能力培养当中去，交大的试验从工程导读课开始，把学生分成导读团队，做具体的工程项目，培养本科生的团队合作精神和实践动手能力，同时将“三位一体”与课程建立联动关系。(3)大力推进课程建设。通过“基础学科拔尖人才培养体制改革项目”、“卓越工程师计划”、“研究生的培养改革方案”和拔尖人才培养计划，积极探索跨学科的，复合型人才培养。(4)建一批创新实践基地。(5)优势转化战略。把以往的学科优势、国际化优势和科研的优势，逐步转化成人才培养的优势，通过优势转化战略，将现有的许多国家重点学科，重点实验室转化为创新人才培养的强大资源。(6)大力推进国际化进程。通过很多与国外的联合培养的，交换学生，使所有本科生在四年当中，有出国经历的已经占到接近三分之一，进而提高学生的国际视野。

2. 产学研战略联盟：上海工程技术大学创新人才培养模式探索

上海工程技术大学深化产学研合作，构筑校企战略联盟，创新人才培养模式。从上海战略发展需求出发，紧贴产业发展重点，积极主动将大学发展融入产业和社会发展格局中，依托产学研战略联盟，推进学校人才培养模式改革与质量提升。在学科专业设置方

面，学校以主动服务地区经济为办学宗旨，将学科链、专业链对接产业链，积极进行学科专业布局结构调整，建立适应地方经济发展的学科专业体系，同时在产学研联盟中，探索出了多种校企合作的育人模式。将合作教育融入课程体系建设，不断增加合作教育学生数量。学校总结了产学合作教育模式的28字特征，概括了“三个结合”的教育特点，即产学合作教育与教学内容紧密结合、与就业紧密结合、与大学生创新实践紧密结合。学校建立了三个阶段的工作学期，实施了“产学合作、工学交替”一年三学期制的运作方式，构建了三纵三横的管理体系和三大支柱体系的运行机制，打通学校管理体系中决策层、组织层和执行层对产学合作的认识和开展环节，使产学合作教育模式具有时代特征、中国特色和“工程”的特点。依托产学研战略联盟，加强学校专业结构调整力度，强化特色学科，扶持新型学科，推进交叉学科，密切与产业和行业的联系；加强紧缺人才培养，通过与企业共建联合实验室和校外实习基地，共建产学研合作教育基地，不断改善实践教学条件。通过优化课程体系，实践环节，使学生了解、掌握现在产业最新技术，培养学生的创新精神和创新能力。

3. 知识、能力、团队与系统集成：上海第二工业大学借鉴CDIO工程教育探索

国际上CDIO培养模式已经有了相对成熟的体系，但是在中国还只是试点阶段。CDIO模式有12条标准作为能力培养大纲，将工程毕业生的能力分为工程基础知识、个人能力、人际团队能力和工程系统能力四个层面，大纲要求以综合的培养方式使学生在这四个层面达到预定目标。在工程基础方面，采用课程加项目的方法，将课程中心与专业中心两种模式结合起来；在个人能力方面，注重课程和综合性的项目，进行一体化课程计划设置；在人际团队能力和工程系统能力培养方面，强调以综合性项目为载体，进行学生的实践训练和培养。

上海第二工业大学在CDIO工程教育模式探索方面起步较早。二工大改革主要围绕三个方面要点展开：首先扩大工科教育的领域，增加课程，是教育内容覆盖从构思、设计、实现到运行的全过程，并且注重增强在不同文化背景下的工作适应性；其次是丰富综合环节的内涵，突出强调综合项目覆盖的理论知识面要更广，承载更多的功能，包括团队合作能力和领导能力等，以及为学生提供更加专业化的工作环境；再次是拓展课程的功能，除了常规的课程传授基本理论和知识以外，拓展课程在学生综合能力培养中的作用。通过对课程的梳理和重组，以及对综合性环节的重新设计，二工大的CDIO模式实践取得了较大的成果。

4. 传统与现代结合：上海中医药大学“一体两翼”创新人才培养探索

上海中医药大学依据比较优势，突出中医特色，以研究教学型为目标，走“特色型、外向型”办学之路。在学科建设方面，强调“优和特”的理念，在人才培养过程中，坚持继承创新，致力改革开拓，注重知识交融，促进个性发展，强化素质能力，形成了独立的“一体两翼”的人才培养模式，即以培养学生较扎实的中医药理论和实践能力为主体，以较宽广的

现代科学、医学知识和创新思维为一翼，以较深厚的中医传统文化底蕴为另一翼，全面建立创新人才培养体系，强化实践体验，提升中医药本科人才的职业素养和创新意识。实践方面，学校建立开放的中医药教育体系，提高学生自主学习和科学探究的能力，重视人才的中医药价值取向，在同类院校中率先以学分制改革为先导，探索中医药人才多元自主发展培养途径，改革中医药课程体系，按照认知规律引导知识建构交融。坚持师承与学位衔接基本原则，采取“统一管理，集中上课，分散带教，定期考核”的教学方针，坚持理论与实践结合，口传面授与统一讲课相结合，继承与整理相结合的教学原则。在完成课程学习的同时，认真继承老中医专家的学术思想、辨证规律、临床经验、诊疗技能，以提高中医临床水平。对于今后如何培养高层次中医药人才，学校提出：继续深化和不断完善现代中医师承与专业学位衔接的培养模式的研究与实践；以上海中医流派的传承为基础，探索中医流派传承与学位衔接的中医人才培养新模式；综合中医研究生教育和现代中医师承培养的优势，试点将中医师承培养模式的优点引入到全日制临床医学专业学位研究生的培养之中，探索传承与创新并举的中医药研究生培养新模式。

5. 具有国际视野的复合型创新人才：上海海洋大学坚持培养行业精英人才的探索

上海海洋大学“十二五”规划提出建设“国际知名的，高水平特色海洋大学”。校长潘迎捷对这一理念进行了阐述，首先是要培养有国际视野的创新型复合人才，并为此创设比较完善的学科体系。将“在国际上得到同行认可，在国内同行领先，要有明显的优势，在地方高校中间要有鲜明的特色”，作为学科体系建设的要求。立足于创新性复合人才的培养，主要标准包括三个方面：(1)要让每一个学生在海大校园里受到最好的教育；(2)要让每一个学生在毕业时都能找到合适的工作；(3)要让更多的学生在工作中受到用人单位的好评。为满足以上三个方面的标准，海洋大学致力于资源和管理两项改革，注重为学生提供较好的环境，同时加强师资队伍建设，将学风、校风和教风建设结合起来。

在大众化背景下，上海海洋大学坚持精英教育，结合国家教育综合实验区改革，创设品牌专业，将特色、品牌和重点专业优势形成合力，凸显学科专业优势，同时与企业合作，整体调整人才培养计划，保证本科生要有一年的企业实践，形成完整的体系。另一方面，不断更新培养计划和教学内容，满足企业和行业发展对人才培养提出的要求，培养创新型行业人才。

发挥宣传服务六大功能　正面引导凝聚惠及群众

——市建设政研会就如何利用网络开展思想政治工作举办系列座谈

网络是利用文字、图像与声音等表现形式来进行传播的一种媒介。而网络思想政治工作则是人们(领导干部、党务政工干部及相关工作人员)依托沟通便捷的网络载体,实施以人为本,与教育、服务客体对象进行开放、平等、坦诚、互动的思想交流、交融,以正面宣传教育引导帮助,法理情兼容,释疑解惑,服务并重,达成思想共识和行为规范的一种手段。建设交通行业工作具有对外开放度高、民生关联度高、管理风险度高、窗口服务度高、群众关注度高的“五高”特点。网络舆情的复杂性越来越凸显。思想政治工作必须利用网络媒介的特点,融入、渗透其中。2011 年 3 月到 4 月,市建设交通系统思想政治工作研究会共召开 3 次座谈会,研讨如何利用网络开展思想政治工作。市住房保障和房屋管理局、申通地铁集团、市燃气管理处、松江区建交委团委、市政设计总院、浦东新区建交委、市水务局、隧道股份公司等 20 余家单位参加座谈,交流了以下做法和意见:

一、因势利导正面宣传功能。在多元文化、多元观念的碰撞中,难免产生人的思想困惑和心理震荡。上海城建、三航局、三航院、绿化市容局、水务局等依托网络传播的渗透性,始终坚持正面宣传,开辟“网上学习”、“网上征文”、“网上论坛”,“廉政视频”等栏目,以正面教育引导人,以先进典型激励人,以现代知识培育人,以创新理念鼓舞人。城建集团还开辟了《上海城建手机周报》每次可以有 3 张图片、6 000 个文字,至 2011 年底已发送了 15 万条,内容涉及集团经营管理要闻、重要数据披露、重大工程建设动态、科技成果、企业文化等,以彩信的形式,每周一早晨八点,准时发送到全国及上海 50 多位主流媒体记者、集团上级领导、业主、合作伙伴及集团全体干部和员工的手机上。这样不仅向社会宣传了企业,提高了企业的社会知名度,确保信息的准确与权威,以减少不实信息产生的不良影响,同时也满足了员工对企业一切活动的知情权和表达权,起到了正面宣传和引导的作用。

二、引导社会市民参与功能。本行业大多关系民生切身利益,依据网络受众对象的广泛性,政府行政部门设立官方网站,开设“热点聚焦”、“调查征集”、“在线访谈”等栏目,畅通民意征询渠道,引导社会市民参与,集中民智,吸纳民意。市住房保障和管理局在 2009 年初、2010 年 6 月,先后在网上推出《上海市经济适用住房管理试行办法(征求意见稿)》、《本市发展公共租赁住房的实施意见(征求意见稿)》两个文件时,引起了网民的热烈讨论,积极参与,提出了很多有价值的修改意见,被政府部门予以采纳。正式文件公布后,重点就市民关心的问题，及时利用网络为群众咨询解答。

三、沟通交流双方互动功能。隧道股份公司针对公司外地工程增多，开通了“隧道党建网”，内容涵盖各基层单位创先争优活动、市内外各重大工程建设、党建课题招投标、思想政治工作及多种娱乐活动等。外地党员可以不受地域的限制，随时登录了解公司、工程的最新动态、查看最新、最全面的学习资料，明确形势任务，接受思想教育。三航院、申通地铁在党建网上建立党员学习、考核评价体系。有的单位开设“领导信箱”，职工通过网络向领导干部表达自己对本单位工作的意见和建议，领导则积极对话。

四、便民利民信息服务功能。依据网络通道的及时性和辐射性，适时传递政策法规和便民服务信息。市房管局在网站首页专设“便民中心”栏目，将有关公共信息整合发布。申通地铁官方网站(www. shmetro. com)已经形成了以官方公告、动态新闻、实时客流、运营信息、咨询互动等为主的信息平台，成为市民乘客重要的信息来源。他们还开设了“上海地铁 shmetro”新浪微博每天发布地铁信息、安全文明出行信息、地铁一线先进人物等图文并茂的及时信息。取得了很好的社会效果，网民反映“上海地铁这样的公开形式很好，感觉亲切，很人性化。”公路处等单位也坚持每天网络公布道路交通运行状况和服务信息，便于市民出行。

五、关注舆情应对危机功能。网络时代人人都是“麦克风”。依据网络容易诱发社会效应的特点，不少单位都形成较为完善的网络舆情的监测、预警、应对机制。他们有专人每天对纸质、网媒及专业论坛等的舆情进行监测和研判，并与各大媒体及专业论坛及时沟通，有效引导新闻舆情。注重网络舆情收集和处理，形成了上下联动、横向牵动和内外互动，合力应对网络舆情的工作格局。如上海铁路局面对网络的传播、媒体的跟进、信息的多元化、真假难辨的情况下，他们利用一定的技术手段全天候跟踪，对负面舆论早发现、早报告、早介入、早处置。做到先声夺人，先入为主，不回避、不隐瞒、不掩饰、不夸大，加大对突发事件舆论的引导。上海城建还组织宣传信息人员培训，内容有：微博新媒体的兴起与应用；突发事件下的媒体管理；网络舆情的热点、特征、趋势与应对等。

六、依托微博、QQ 群主导渗透功能。行业内有些单位依据微博、QQ 群准入门槛和成本低、原创功能大、便捷度高的特点，尝试微博、QQ 群思想政治工作。申通地铁集团公司于 2010 年 7 月 12 日在新浪官方网站上专门开设了《轨道交通论坛》微博，截至 2011 年 3 月 31 日拥有 295 059 人的“粉丝”队伍，申通动员公司青年注册参与论坛，形成了一支微博队伍，他们善于运用网络语言进行正面引导，起到了很好的主导渗透作用。上海城投下属污水处理公司针对所属基层单位经营项目分散、35 岁以下青年员工较多的特点，领导利用午休时间上线，与职工聊天，及时了解职工思想动态，疏导不良情绪，把握心理需求。党支部对员工反映的问题及时处理，并在 QQ 公告栏公布，密切了干群关系，也为公司相关决策的出台和实施起到事半功倍的成效。2011 年 3 月 29 日，市房管局微博“房可圆”在新民网和东方网开通后，发布了新修订的《上海市住宅物业管理规定》、市民房屋安全告知等民生服务内容，以及指出令人反感的不文明居住行为等，吸引了不少“粉丝”，开通当日新民网和东方网的“粉丝”量分别为 22 人和 34 人；第二天，两大网站的“粉丝”量就分别增长了 536%和 232%。松江区建交委团委从 2010 年 10 月开始，针对微博可以给青年更多平等“话语权”特点，尝试网上组织生活会，在微博上学习了全国“两会”精神，对今年入党发展对象进行推优表决，既解决了时间和空间上的限制，给予青年们充足的发言权；还运用微博图文并茂、趣味性强的交流方式，满足青年情感活动发展的需要，得到了团员青年们的认可。

上海市建设交通行业的有关单位在发挥“六大功能”，开展网络思想政治工作过程中，创造了“六个注重”的特色做法，即注重网络舆情，正面回应；注重微博平台，积极引导；注重市民投诉，化解矛盾；注重征询民意，完善管理；注重信息服务，惠及民生；注重人文关怀，凝聚群众，使网络思想政治工作具有针对性和时效性。

上海建设交通行业网络思想政治工作尚属初级阶段，初见成效：

一是促进了行业传统思想政治工作方式的五大转变。在形式上，从单向性的“一言堂”、“灌输式”向互动性的“群言堂”、“交流式”转变，它有益于思想政治工作在敞开心扉中的直接抵达；在内容上，从简单化讲大道理，向切合实际，法、情、理兼容，把解决人的思想问题与解决实际问题结合转变，它有益于思想政治工作在求真务实中被人接受；在主体上，从教育者与被教育者身份、“话语权”的不平等，向主体地位的对等转变，它有益于思想政治工作在开放包容中实现以人为本；在空间上，从有形受限的地理空间，向无形广阔的网络空间转变，它有益于思想政治工作在拓宽视野中激发活力；在时效上，从以往缺乏与时俱进新的方法手段以致思想工作缺位、滞后，向依托网络达到思想政治工作便捷到位有效转变，它有益于思想政治工作在便捷通道中消除空白盲点。

二是促进了新形势下职工群众凝聚力工程建设。网络思想政治工作拉近了行业、单位内干群之间、党群之间、职工之间的人际心理距离。其次，网上企业文化的传播，先进典型的宣传，也使单位向心力、凝聚力增强了。

三是促进了上海重大工程建设和行业民生工作。建设交通行业涉及城市基础设施重大工程和市民的住、行等民生服务，诸多工作急难重，网络思想政治工作赢得了社会广大市民对行业重大工程建设、民生工作等的理解、配合和支持。

四是促进了本行业所涉及的一些民生矛盾的化解。在城建、隧道、地铁、公路、市政、环保、水务、燃气、建筑、房管等领域中，常与民生打交道，在行业网络思想政治工作等综合维稳因素的作用下，投诉量比以往减少，且处理投诉的及时率、解决率和市民满意率都比以往有所提升。

五是促进了思想政治工作的资源整合。运用网络思想政治工作，整合行业与其他相关行业，行业“条”与社区“块”，行业与基层单位，单位党务、政工与行政业务，行业与人民群众等方面的资源整合、优势互补。同时，它聚焦了建设工地、物业管理、旧区改造、动拆迁等领域，创造了思想政治工作事情共做、责任共担、难题共解的党建联建模式。

下一步，我们将在工作理念上，要强化领导干部“利用网络开展思想政治工作”的新观念；在软硬件设施上，要加大对网络思想政治工作的支持投入力度；在内容形式上，要注重营造网络思想政治工作的吸引力；在日常运行上，要将网络思想政治工作纳入制度化、长效化管理轨道；在服务对象上，要把本行业单位员工和社会群众列入受众重点；在系统工作上，要强化网络思想政治工作事前介入机制。我们坚信，通过网络思想政治工作的自我完善，它将有更大的空间和更大的作为。

企业文化建设要不断创新

——市建设政研会召开建设交通行业企业文化建设研讨交流会

12月23日，为进一步贯彻落实党的十七届六中全会的精神，市建设交通系统思想政治工作研究会召开企业文化建设研讨交流会。参加会议的有上海建工集团股份有限公司、上海申通地铁集团有限公司、中交第三航务工程局有限公司、中交第三航务工程勘察设计院有限公司、中交上海航道局有限公司、上海核工程研究设计院、上海市邮政公司、上海船舶运输科学研究所、中远集装箱运输有限公司、中波轮船股份公司、上海长江轮船公司、上海城建(集团)公司、上海隧道工程股份有限公司、上海市政工程设计研究总院、中国建筑第八工程局有限公司、中冶集团上海企业工作委员会以及上海市建设工程安全质量监督总站等单位的有关部门的领导共22人。市建设交通工作党委宣传处领导和政研会秘书长也共同参与了研讨。

会上，有7家单位作了研讨交流发言，他们的交流发言配以PPT音像播放更显得生动形象。通过研讨交流，大家一致认为，文化是一个政党和一个国家的精神旗帜，对一个企业来讲，企业文化是企业的灵魂，文化力也是一种生产力。有序推进企业文化建设是创新企业思想政治工作的重要内容，也是凝聚职工、提升管理、内强素质、外树形象的有力举措。现将研讨交流会的情况综述如下：

一、 树立高度的企业文化自觉性和自信性是推动企业文化建设的前提条件

在研讨交流中，与会者都讲到，企业文化建设已经开展了多年，回顾走过的岁月，确实有一个从不自觉到自觉；从不自信到自信；从单纯的学习模仿到创新建立体现本企业特色的企业文化体系的过程。

大家普遍认为，企业文化是“领导文化”“一把手文化”，要切实有效的推进企业文化建设领导是关键。他们的企业领导都十分重视企业文化的建设，因为他们从激烈的市场竞争中感受到了文化力的内化于心，外化于行的强大作用。如建工集团股份公司是上海市首批企业文化示范基地、中国政研会命名的“企业文化示范单位”。集团每年召开精神文明和企业文化建设工作会议并把企业文化纳入集团五年发展规划之中。他们结合实际明确主题，虚事实做、项目化推进。他们的领导身体力行，亲自传经布道。

二、坚持企业文化建设的灵魂是社会主义核心价值观，强化“以人为本”的理念，把先进的文化理念固化于制

通过研讨交流，与会者对如何开展企业文化建设工作形成的共识是：企业文化没有定律，但一定要坚持社会主义核心价值观是企业文化的灵魂，注重宣传提炼；“以人为本”是企业文化建设的根本出发点，注重强化：企业文化也是管理文化，注重固化于制。

各单位从实际出发，紧紧抓住是社会主义核心价值观和“以人为本”的根本理念，提炼宣传企业精神。如建工“以人为本”的和谐文化，“和谐为本、追求卓越”的企业精神；三航局“至诚天下、大道唯新”为核心的文化建设理念；中远集运“求实创新、图强报国”的企业价值观；核工院提升员工的“幸福感”、加强企业的“归属感”、升华全员的“使命感”的人文文化；城建集团“以企业品牌塑造为核心，推动企业文化建设”作为企业发展的导向；隧道工程公司的以文化力提升企业核心竞争力；申通集团“培育讲真话的环境、形成讲诚信的氛围”等企业理念都可以看到社会主义核心价值体系在不同企业文化中表现出来的导向作用、引领作用、凝聚作用和提升作用。

大家讲到，企业文化是人文文化、是管理文化，是要靠大家来做的文化。因此要靠多样的表现形式和支撑的载体，企业文化建设的思路要清晰，形成系统，固化于制，注重可操作性。

如，建工股份根据“出精品、出精英、出精神”的指导思想，通过每一个重大工程的建设，他们总结成果，搞“时空交响”的案例荟萃，“璀璨瞬间”的职工摄影展等。中远集运的企业文化建设注重体系和特色，如通过青年志愿者活动、青年文明岗活动开展青年文化建设；以凝聚力工程为抓手，保障职工心理健康，开展安全文化建设；通过各种活动和网站、台历、笔记本等物品开展廉政文化建设；通过走访、大讨论等开展保持常青的服务文化。

又如，三航局在企业发展过程中坚持文化培育、文化践行、文化引领，他们认为文化建设本质上是一种文化管理，制定了“文化建设发展纲要”，确定战略规划、管理大纲，推出单元手册和岗位职责，使企业和职工明白“要成为什么”、“做什么”“怎么做”。他们把企业文化建设融入到思想宣传工作、精神文明建设和文明创建工作中，通过企业形象标识、主题活动、落地工程、品牌塑造、项目文化等工作体系，确保企业文化建设不断推进。城建集团不断打造新平台，推动企业文化的发展。他们召开新闻发布会通报近期工程，向社会传递企业理念，注重与新闻媒体的沟通协调；建立新闻联络会议制度，对信息宣传岗位人员培训；开辟城建手机周报、编辑出版“城建观察”、“城建画报”；建立城建网站、电子报等。

三、进一步推进企业文化创新，增强企业文化发展活力

与会者一致认为，企业文化建设取得了一定的明显成效，各家都做了不少各具特色的工作，积累了一定的经验，但还需不断创新发展，增强活力。下一步要继续深化干部职工对企业文化是企业的软实力、竞争力的认识，提高执行力。要认真贯彻十七届六中全会的精神，突出社会主义核心价值体系这一根本任务，社会主义核心价值体系是兴国之魂，是

社会主义先进文化的精髓。因此，在推进企业文化和行业文化建设中必须抓住这个根本。要突出企业特色，从建设交通行业的特点出发，大力加强诚信文化建设，深化诚实守信为核心的职业道德建设。窗口单位要大力加强服务文化建设，不断提高服务质量和水平。要重视品牌文化建设，扩大社会的知名度和美誉度。要不断拓展企业文化建设的内涵和外延，如安全文化、质量文化、廉政文化、管理文化、服务文化，行业文化，行政文化、机关文化等，全面推进建设交通行业的文化建设新发展。

少数语种专业面临的挑战与可能的对策

——市外文学会召开第十二次专题学术研讨会

2011 年 11 月 26 日上午，上海市外文学会在复旦大学外文学院召开了第十二次专题学术研讨会，主题为“少数语种专业面临的挑战与可能的对策”。在沪各高校少数语种的负责人及教师五十余人与会。来自上海外国语大学、同济大学、复旦大学等单位少数语种专业的负责人在会上作了主题发言。五个主题报告之后，与会者围绕“少数语种专业面临的挑战与可能的对策”的问题畅所欲言，展开了热烈讨论。

来自在沪高校法语、日语、德语、俄语和朝鲜语专业的代表均着重提到了目前少数语种专业(指一般所说的“小语种”专业，即英语之外的通用语种专业，以及非通用语种中的朝鲜语专业)面临的问题和对策。其主要观点如下：

目前存在的问题之一，少数语种招生规模不断扩大与教学质量不断下降的矛盾。爆炸式的扩招现象，及其规模扩大对教学质量、就业、师资等方面带来的巨大压力和造成的不良后果。上海外国语大学朝鲜语系主任李春虎教授以长三角地区朝鲜语教学为例指出，该地区目前已开设朝鲜语专业的各类学校超过 50 多所，在校生 9 000 多名，而仍有新建专业不断涌现。同济大学德语系主任黄克琴教授也指出，目前全国已经有 90 多个院校开设德语专业，增长势头依然强劲。同济大学日语系主任刘晓芳教授提到，目前全国有 466 所高校开设日语专业，在校生数十万。而复旦大学俄文系主任姜宏教授则直言，近 10 年来大学连续的扩招致使教育和教学质量下降已经是不争的事实。有资料统计，1999 年开设俄语专业的学校有 40 余所，在校生 3 000 余人。而到 2004 年这个数字就翻了一番，达到 65 所院校和 6 000 学生的规模。更令人吃惊的是据 2011 年中国俄语教学研究会提供的资料，目前开设俄语专业的高校达 120 所之多，在校学生人数达 13 000 人。外语教学，尤其是少数语种教学所面临的爆炸式发展给与会代表带来更多的是担心：这样规模的扩招，究竟是国家建设发展的需要还是高校教育产业盲目扩张所致?

问题之二，少数语种专业人才培养模式趋同化与社会需求多样化的矛盾。这种少数语种所面临的大跃进式的发展给外语教学带来了诸多问题和挑战。姜宏教授在报告中指出，“百校一面”是目前我国俄语培养的一个事实，即俄语教学都是按照俄语语言文学的模式进行的，执行的也是同一个教学大纲，因此不同类型学校间无法形成人才培养的多样化，而大学的发展也未充分体现出个性。这一问题同样存在于其他少数语种的教学中，因此姜宏教授的发言在与会者中产生了广泛共鸣。无序和盲目的扩招现象带来的直接后果就是教学质量的滑坡趋势。上海外国语大学法语系主任肖云上教授提到，某些学校在全国专业法语等级考试中甚至出现零及格率的情况。另外，少数语种专业发展水平很不平衡，有些学校在基础建设、师资、教材、图书资料等诸方面还面临困难。而在许多综合性院校，小语种教学处于边缘化的地位，得不到应有的重视。同时，良莠不齐的毕业生充斥就业市场，给各方面都造成巨大压力。

针对目前小语种教学普遍存在的问题和困难，与会者提出的对策主要有：从源头入手，教育管理机构应首先制止并解决目前这种无序扩张的发展状况。能够从长远或战略高度统筹，以确保小语种专业的健康生态和可持续发展。其次，与会者在多个层面上提出了具体对策和解决问题的方案。黄克琴教授提出加强师资培训，鼓励青年教师提高专业素质。肖云上教授则强调加强学生的跨文化能力，以应对全球化的发展趋势。刘晓芳教授提出日语专业应及早规划，对自身定位、办学特色有清楚认识，着重培养学生发现问题和解决问题的能力，而非仅强调技能培养。姜宏老师则强调应加强对人才培养模式的多样化与教育、教学改革的讨论，提倡加强合作，使有限的教育资源得以共享。

本次会议由复旦大学外文学院院长褚孝泉教授主持并作简短总结。此外，复旦大学教务处负责人王颖教授代表复旦大学领导对与会代表表示欢迎，并介绍了通识教育的理念及复旦大学对促进学生国际交流所做的努力：目前复旦大学已与世界各地 165 所学校签署了行之有效的校际交流项目，并将进一步加大力度培养国际化人才。上海市外文学会会长、华东六省一市协作组组长卢思源教授在会上介绍了外文学会的宗旨及最近几年的主要活动和所取得的成就。

国际化进程中的外语教学:模式与对策

——市外文学会召开第八届华东地区外语论坛

2011 年 11 月 4 日至 11 月 6 日,第八届华东地区外语论坛在上海外国语大学召开,来自浙江、江苏、安徽、江西、山东、福建和上海的 250 多名外文学会会员高校的外语学院院长和外语界的著名专家、教授和教师代表出席了论坛。论坛由上海市外文学会主办、上海外语教育出版社协办,以“国际化进程中的外语教学:模式与对策”为大会主议题。与会代表们深入探讨了当前外语教学的问题与对策、如何贯彻《国家中长期教育改革和发展规划纲要(2010—2020)》、如何加强学生基本功,提高英语综合应用能力等。论坛主题鲜明,主旨嘉宾和分组讨论的发言切中当前外语教学的要害,并将视野扩展到人文教学和师生创造力的培养,为促进华东地区乃至全国的外语教学与研究、提高教师职业素养与科研能力作出了积极的贡献与有益的探索。

在各地外文学会的通力合作下,华东地区六省一市外语教学研讨会已成功举办了七届。2004 年,华东地区六省一市外文学会协作组成立并在上海外国语大学召开了首届华东地区外语教学研讨会。之后的七年,来自华东六省一市 200 多所高校的 2 000 余名代表先后参加了分别在各省、市召开的研讨会。每年一次的研讨交流密切了各兄弟院校的联系、传递了国内外最新的外语教学发展动态、促进了教师科研的能力。为扩大论坛的影响力,为华东地区的外语教师提供一个广阔的学术交流平台,自 2006 年起上海外语教育出版社每年根据协作组遴选并经各外文学会推荐的优秀稿件,汇编推出多本《华东外语教学论坛》。这些论文集涵盖语言学、文学、翻译、外语教学等各个领域,收录了华东地区青年外语教师的优秀论文,已被香港中文大学图书馆列为收藏书目。2011 年,《华东外语教学论坛》更名为《华东外语论坛》,由上海外文学会卢思源教授担任总主编。今年的论文集除了收录很多优秀青年教师的优秀论文外,各省还特邀了多篇专家论文,并对论文进行了评比,对论文质量和优缺点进行了点评,以进一步推动华东外文学会学术交流工作的开展。

论坛由上海外国语大学史志康教授主持,上海外国语大学曹德明校长和上海外文学会卢思源会长作了欢迎辞和开幕词。论坛邀请了葡萄牙里斯本大学的马丽莲博士(Dr. Marilia Resende)做题为“东西方外语教学模式对比”、华东师范大学黄源深教授做题为“当前外语教学的问题与对策”、华南理工大学的秦秀白教授做题为“有关实施有效教学的几点看法”的主旨发言。

黄源深教授在题为“当前外语教学的问题与对策”的讲话中指出，我国外语教学成绩突出，表现在外语人才以前所未有的态势大批量出世，数目非常可观，活跃于各条战线，成为我国对外交流的有力支撑，对经济社会发展作出了重大贡献。每一桩外贸交易、文化往来、外交活动、科技研发、军工项目，后面都站着一个懂外语的人，每三十人(次)使用外语的人前面站着一名外语教师。但目前外语教学的问题显露，具体来说，外语教学人文性有所削弱；外语的工具性过度强化；外语人才的创造能力几乎被忽视；专业外语教学和公共外语教学出现趋同倾向。为此黄教授提出的对策是：(1)外语教学改革刻不容缓，热切呼唤人文性回归，提高外语人才的人文素养是今后外语教学的重头戏；(2)课堂教学要讲究实效，化解难点，练在“用”处。不搞花架子，不一味图像化、浅化、低龄化。多媒体课件只能起辅助作用；(3)练习形式多样化，填充、问答、改写、写概要、翻译等传统练习形式，仍很有效果。尽量少用打钩练习。打钩练习泛滥是我国外语教学质量降低的一个重要原因；(4)保持“听、说”能力提高的同时，要大力加强“读、写”；(5)思辨是评判和创造的灵魂，课程、教材、教法、练习、测试等多方面要协同作战，提高学生思辨能力，努力培养创新型人才。

秦秀白教授在谈“有关实施有效教学的几点看法”中指出，近年来，随着多媒体和网络技术的迅速普及和应用，我国高校英语教学课堂的确发生了根本性的变化。教学理念更新了，教学设置得以完善，教学手段多媒体化，师生互动加强了，课堂气氛活跃了，学生自主学习蔚然成风。然而当今的教学质量和教学效果怎样？是否实施了有效教学？以2011年英语专业八级考试为例，存在着以下情况：语言基本功存在很大的问题，思辨能力差，读写方面存在的问题令人忧。为此(我们要警惕课堂娱乐化的倾向；把握课堂教学的真谛，努力实现有效教学；实施有效教学应该借鉴我国语文教学的优良传统和有效做法。课堂教学是一种目的性和意识性都很强的活动。通过教学，要使学生掌握知识，习得技能，发展智力，陶冶情操，养成良好的思辨能力。有效性是课堂教学的生命。有效教学是建立在课程的教学内容和教学目标基础上的，它体现在教学的整个过程。有效教学是在学生为主体、教师为主导的教学生态环境中实现的，是一个引发思考、启迪智慧、培养学生的思辨能力的过程。学生的语言基本功只能靠有效教学才能得以夯实。

厦门大学的纪玉华教授对入选论文集的论文进行了点评，上海外语教育出版社社长庄智象教授对将近两天的会议研讨进行了总结。论坛还举行了优秀论文的颁奖仪式，厦门大学的林斌老师等分别获得了一、二、三等奖。

2011年是华东地区六省一市外文学会论坛新一轮的开始——新的议题、新的方向。专家们发言发人深省、代表们研讨寻求对策，本届论坛取得了圆满成功，产生了积极的影响，华东地区六省一市的兄弟院校在相互学习、相互借鉴、取长补短、共同提高中，促进了华东地区乃至全国外语教学和研究的发展。

薪火相传话师魂

——市教师学研究会承办于漪老师从教 60 周年庆典活动

2011 年 11 月 5 日,“薪火相传话师魂——庆贺上海市教师学研究会名誉会长、全国首届教书育人楷模于漪老师从教 60 周年”活动在上海远程教育集团国际会议中心隆重开幕。本次活动由上海市社会科学界联合会主办,上海市教育发展基金会、上海增爱基金会、中国教育学会中学语文教学专业委员会、上海市杨浦区教育奖励基金会、上海市杨浦高级中学协办,上海市教师学研究会承办。

1951 年,于漪老师自复旦大学教育系毕业后,60 年来一直坚守在基础教育改革的最前沿,长期从事语文教学和教育管理工作。“一辈子做教师,一辈子学做教师”是于漪老师的从教格言。她认为教育是心对心的事业,倡导教师要用自己高尚的人格引领学生,用自己的真才实学启发学生旺盛的求知欲,努力使学生把“学知识”和“学做人”结合起来。她的语文课,激情洋溢,循循善诱,全天候对外开放,据不完全统计,60 年来,她开了近 2 000 节公开课。20 世纪 70 年代末,于漪老师便因高尚的师德、厚实的功底、精湛的教学闻名遐迩,并被评为全国首批语文特级教师。80 年代,她在教学与学校管理岗位上,以“一身正气,为人师表”创建学校精神文明,使学校成为全国先进教育单位。90 年代,新一轮课程改革启动后,于漪老师参加了教育部语文课程标准的审查和上海市二期课程改革从小学一年级到高中三年级的语文教材审查,继续发挥她的向导作用。

于漪老师多次强调,一所学校的质量说到底是教师的质量,教师队伍的希望在于青年教师。她首创了培养教师的三级网络——师傅带徒弟、教研组集体培养和教研组长负责,有效地促进了青年教师队伍的成长,并亲自带教 100 多名来自全国各地的青年教师,经她指导的青年教师更是不计其数。1986 年,为了更好地研究教师的战略地位和独特功能,研究教师成长和发展的途径,进一步丰富和充实教育学理论,于漪老师发起并创建了上海市教师学研究会,在现代教师学的理论和实践研究中取得了可喜的成绩,上海市教师学研究会连续两次成为全国教师教育学会先进单位。2010 年,上海市教师学研究会受市教委委托,由于漪老师带队,对 28 所中小学进行了教师专业发展暨师范生实习基地的调研和评审,开展了“种子教师”的培训工作,共培训农村骨干校长和教师 634 名,并成立专业委员会 15 个,集聚了上海市中小学特级教师和特级校长等优质资源,成为基础教育的人才高地。

60 年来,于漪老师坚持“出口成章,下笔成文”,出版了大量著作,其代表性成果《于漪语文教育论集》、《语文教学谈艺录》、《于漪文集》、《于漪教育文丛》、《岁月如歌》、《于漪新世纪教育论丛》、《现代教师学概论》、《现代教师自我发展》等，在教育界产生了广泛而持久的影响，有的已被教育部指定为教师教育培训教材。

本次会议由上海市教师学研究会副会长谭轶斌主持。上海市教委主任薛明扬，上海市教育发展基金会会长、教师学研究会名誉会长王荣华，上海市原教育局局长袁采，上海市教委副主任、教师学研究会会长李骏修，上海市社会科学界联合会党组副书记桑玉成，中国教育学会中学语文教学专业委员会理事长苏立康等领导和专家在庆典仪式上先后讲话。语文报社社长兼总编辑蔡智敏、副总编辑任彦钧会前专程探望于漪老师，随后参加庆祝活动。正在住院治疗的于漪老师特地请假亲临会议，发表了情深意切、感人肺腑的答谢词。论坛上，陈小英、陈寅、顾燕文、郑朝晖、程红兵等中青年教师代表，先后从不同角度论述了于漪老师崇高的人格魅力、与时俱进的教育理念和卓越的教学实践。活动期间，还举办了《于漪教育视点丛书》首发仪式。全国各地与会老师、专家多达四五百人。

国际问题·港澳台问题

世界的实力重心并未从西方转至东方

——上海欧洲学会召开 2010 年会暨学术研讨会

1 月 25 日,上海欧洲学会 2010 年会暨学术研讨会在同济大学召开。本次会议由同济大学德国学术中心、德国研究所、欧盟研究所共同承办,来自上海各高校和科研院所的 60 余位欧洲问题研究专家和学者受邀出席。同济大学德国学术中心副主任李乐曾、学会会长戴炳然分别致辞,学会副会长兼秘书长曹子衡做 2010 年度学会工作报告,汇报了 2010 年度学会主要工作情况和活动情况,并提出 2011 年的工作计划。

在随后举行的"国际体系变革中的欧洲与中欧关系"学术研讨会上,各位专家和学者就当前国际格局变动,主要就欧债危机对欧洲在国际上地位的影响,后危机时代欧洲与各大国包括与中国间的关系,以及欧洲的政治、经济、外交及其他领域政策的变化等进行了热烈讨论。

华东师大冯绍雷作了题为"大国关系与国际体系变革"的报告。通过分析新形势下的东西方关系,他认为虽然亚洲的发展迅速,但西方仍然拥有不可忽视的深厚根基,东西方关系虽然在发展,但仍处于初级阶段,世界的实力重心并未从西方转移到东方。如今大国关系的转型,是一种从未有过的不断"被预言"的过程,这是现今媒体社会发展的必然结果,媒体将新兴国家兴起的因素放大了,但也使变化更具预见性。

上海国际问题研究中心潘光就"后危机时代的中欧关系"作了发言,他从六个方面分析了当前逐渐走出欧债危机的欧洲和中国之间的关系,双方在很多领域是谋求互利共赢的,相比危机发生前的中欧关系有了好转。同济大学李乐曾也针对欧洲主权债务危机背景下的中欧关系,以中德关系为具体分析对象做了报告,简要回顾了自默克尔任德国总理以来中德两国从伙伴同时是对手的关系,再恢复到伙伴关系,至 2010 年升为战略伙伴关系的发展历程。他认为中德关系转变期间,默克尔个人对中国态度的转变固然重要,但金融危机的发生促进中德双方加强合作,而欧债危机则是推动中德关系达到新高度的主要因素。同时他也对当前中国、欧洲、美国三者间的关系和定位发表了看法。

上海社科院徐明棋主要就"金融危机后的欧洲经济政策走向"发表了看法。首先他分析了此次欧洲债务危机爆发的三大因素:过高的债务比重,市场炒作及欧元区本身内部机制的缺陷。从这三大因素着手分析,今后短期内主权国家债务危机再次爆发的可能性不大，但也不能根除，波罗的海三国、保加利亚及匈牙利等国会是再次爆发危机的国家。金融危机之后的欧盟经济政策有一定的改变，开始大幅削减福利、减少债务比重，各国制定宽松的货币政策，加强财政政策的协调及金融监管力度。

与会的专家和学者还围绕如今国际体系究竟是否发生了根本变化，中欧关系是否得到了根本好转，以及如何看待中国的发展和中国在国际政治格局中的地位等问题展开了讨论。

一种观点认为，当前国际体系并未发生根本变化，美国的实力实为明弱暗强，在各种力量整合的过程中，很多力量其实都在向美国靠拢，虽然国际金融体系进行了调整，但美国在例如 IMF 所拥有的否决权并未被削弱，所以并不能对新兴国家力量的兴起，尤其是中国力量过于乐观。此外，中欧关系确实相比 2008 年要改善很多，但长远来看中欧间的矛盾、结构性问题并未得到解决，当今的中欧良好关系只是短期的，是欧洲出于眼前利益考虑作出的实用主义选择，反而是欧洲在此次国际关系调整中赢得了更大的活动空间。欧美国家在体制构建和软实力塑造方面的力量不可小视。中国现今还处在工业化、城市化的起步阶段，不能对中欧关系短期的良好持过于乐观的态度。

另一种观点则认为，虽然当前国际体系没有发生根本转变，但发展是实实在在的，尤其是新兴国家的发展是导致现今国际关系发生变化的原因；如今对权力的探讨不应局限于政治领域，在全球化的今天，权力结构的变化使政治因素的影响力在下降，而经济和文化因素的影响力则在上升。除了安全方面，美国仍然保持着超级大国地位，经济上尤其是非传统安全问题上是需要全球合作才能解决，这正是国际体系的转变所在。

美国是中国改革开放的海外最大受益者

——上海未来亚洲研究会和上海市美国学会共同举办学术报告会

上海未来亚洲研究会和上海市美国学会于1月14日共同举办学术报告会。清华大学国际关系学院的周世俭和人民大学国际关系学院副院长金灿荣分别作"中美经贸关系回顾与展望"和"中美政治关系与中国安全形势展望"的报告。

周世俭指出，中国30多年的改革开放，不仅使中国人民受益，而且使美国成为海外最大的受益者。他通过列举大量美方统计数据表明：自奥巴马政权以来，中美经贸关系虽然摩擦不断，但从全局来看，合作仍是主流。中国出口到美国的大量物美价廉的消费品帮助美国减轻通胀，使美国消费者减少了超过6 000亿美元的支出，同时使美国产业结构调整顺利实现。中美经贸关系中的另一标志性事件是2010年中国对美直接投资达到28亿美元，首次超过当年美国对华直接投资的25亿美元，这还是在中国对美直接投资受到重重非经济性因素干扰下实现的。如果美国对华进一步放宽民用高新技术贸易，美国对华出口将实现更大的增长，对华贸易逆差也会得到有效弥补。特别应当指出的是，金融危机以来，中国大量购买美国国债，有力支持了美国的经济复苏，其作用并不亚于美国"二战"后对欧洲实施的"马歇尔计划"，当年美国对欧洲的复兴共投入600多亿美元，约合现在的9 000亿美元，与现在中国持有的美国债券总额差不多，因此中国大规模购买美国债券对帮助全世界应对危机作出了突出贡献，也应当与"马歇尔计划"一样载入史册。

金灿荣对2010年中美关系现状作出总结，认为美国由于不自信而夸大了中国的力量。尽管中国事实上的高速发展引起外界的紧张，但中美关系的基本架构并没有改变，仍然是既竞争又合作的关系，完全不同于当年美苏之间的关系，不必夸大新冷战风险。对美国的能力和意图不必过度解读。未来10年中国仍然要专注于国内。中国新的国防现代化进程速度很快，一些重大项目发展速度之快出乎意料，使中美军事力量对比态势提前进入新的阶段。中方军事现代化建设已经进入进攻性装备开发，使中美军控谈判进入议事日程。经济关系中的竞争性内容增加，5年后，中方的大飞机、航天等产业的开发、人民币国际化等都会与美国形成竞争关系。中美之间更为可行的是取功能性伙伴与制度性伙伴之中，与1815年维也纳会议后的欧洲相似，议题合作，用对话机制控制分歧。特别需要注意的是，美国对竞争对手的容忍度似乎存在集体心理边界，当对手的GDP达到美国的60%时，美国会产生集体无意识心理反弹，无法继续容忍而作出反应。而据预计，2015年至2016年间，中国将会达到这个心理边界。

日本学者谈日本地震及其经济影响

——市世界经济学会召开学术报告会

3 月 29 日，上海市世界经济学会和上海社科院世界经济研究所共同主办“日本东北地区大地震与世界经济”学术报告会。这次报告会由日本知名学者、日本早稻田大学名誉教授木下俊彦主讲。

木下俊彦认为此次地震堪称日本历史上最严重的自然灾难，由于地震导致的核泄漏危机至今没有一个合适的解决办法，两者的综合破坏作用将对日本经济产生严重的伤害，其影响将大于以往的关东大地震。首先，从国民财富来看，地震及核灾害给日本带来的财富损失估计会达到 3 000 亿美元以上。实际上地震以后，日本的制造业活动正以有史以来的最快速度萎缩。其次，从全球产业链角度来看，此次地震让诸多产业的产业链受到影响。日本是多种先进零部件的重要来源地，这些零部件在世界其他地区被广泛用于成品组装。例如日立制造的空气流量传感器占世界总供给的 60%，此次地震中日立公司被迫停产，之后，通用汽车公司(General Motors Co.)被迫关闭了美国路易斯安那州的一座工厂，标致雪铁龙集团(Peugeot-Citroen)旗下大多数欧洲工厂也因此被迫减产。

最后，木下俊彦还分析了此次地震对于中国经济可能造成的影响。木下先生认为，尽管日本是中国的第一大贸易伙伴国，但是在中国整个贸易额中所占的比重有限。而且日本对于中国的直接投资额也并不多，因此他认为，不论是从短期还是从中长期看，此次地震对于中国整体经济基本没有什么影响。而且由于某些日本厂商受到地震影响，生产类似产品的中国厂商反而会迎来一个赶超的机会。

“金砖机制”仍处于初级发展阶段

——市国际关系学会等举办专题座谈会

4月16日，市国际关系学会与解放日报报社举办专家座谈会，对金砖国家三亚峰会进行效果评估和学术研讨，副会长苏长和主持会议。

一、金砖机制的发展

上海外国语大学朱杰进认为，三亚峰会对金砖机制的发展起到了巨大的推动作用，具体表现在五个方面：机制成员构成更具代表性；议题设置更加广泛；治理架构进一步完善；内外部关系初步理顺；机制实施初步得到保障。与此同时，这次峰会也暴露出金砖机制仍处在初级发展阶段，机制化建设亟待加强，表现在机制的宗旨与目标模糊，机制议题设置回避矛盾、避实就虚，内外关系有待进一步理顺，支持能力有待进一步加强等四个方面。

华东师范大学杨成指出，金砖机制对于新兴大国参与全球治理和国际体系转型具有重要意义，但也不能过于高估它的价值。为此他建议，限定峰会的议题设置，集中于峰会擅长的核心议题能提高金砖机制有效性。

上海国际问题研究院张海滨认为，当前不仅是全球经济需要再平衡，全球经济的治理机制同样也需要“再平衡”，金砖机制就是其中一个。金砖机制未来的发展需要采取更加主动的姿态，改变发达国家主导全球经济治理的被动局面，同时金砖机制还需要开展自下而上的合作，包括经济部门合作、产业合作等，改变现在单靠自上而下的局面。关于三亚峰会的议题设置，她认为这次峰会有虚有实，银行间合作和本币结算可谓实实在在的成果，交流对当前国际体系转型的看法可谓务虚的典型，但有时虚和实也难以区分。同时她建议，金砖机制未来可以作为领导人交流治国理政经验的平台，相互分享、相互学习，共同克服发展中国家在当今世界面临的难题。

复旦大学陈玉刚认为，金砖国家峰会的召开是整个国际体系转型的一部分。2006年金砖国家财长央行行长会议召开，就与国际经济金融治理体系的转型密不可分。2008年国际金融危机爆发后，金砖机制进一步推动了新兴大国在国际体系转型中的地位提升。在后危机时代，一是世界经济是否已经真正步入复苏的轨道，二是全球治理的架构是否已经真正发生变化，这两个变数影响到金砖机制发展的前景。毋庸讳言，金砖机制的基础还比较薄弱，金砖五国的共同标签是“非西方”，这本身就表示机制合作的基础和动力是外生的，另外，一些成员国的国内政治也会对机制发展产生或正面、或负面的重大影响。

二、 成员国政策

上海外国语大学汪宁认为，作为金砖机制的积极倡导者，俄罗斯在机制中参与愿望迫切，收益颇为可观。俄罗斯目前是八国集团、二十国集团、金砖国家机制的共同参与者，这种多重身份表明俄罗斯对多边机制的参与较为积极，意图把自身在能源资源上的优势转化成现实的国际影响力，具体来说，俄罗斯希望通过多边机制来吸引外资和技术，推动国内的转型和经济发展。

上海国际问题研究院李新认为，三亚峰会上金砖国家成功扩员，这是新兴大国加强全球治理的一个"成功故事"，但不容忽视的是，金砖国家之间的差距还是很大，经济总量的差距非常明显，政治上也有不少分歧，这就决定了金砖机制建设到底准备走什么样的道路，换言之，金砖国家追求什么样的机制化？是不是搞联盟？通过决议能不能执行？可能从务实的角度看，只作为论坛就够了。寻求共识和政策协调是最大的目标。

上海国际问题研究院赵干城指出，与俄罗斯不同，印度对多边机制不太热心，但印度认为，多边机制有比没有好，多边机制就是一个协商的论坛。这次三亚峰会印度没有外长参加，只有财长和央行参加，这表明印度认为金砖机制是一个经济治理机制。从战略上看，印度担心中国在金砖机制扮演领导角色，中国对金砖机制的热心以及经济总量超过后面四国的总和，巴西的经济总量也在印度之前，印度认为短期内超过巴西是完全可能的，但超过中国难度很大，因而印度对金砖机制采取了目前这种半心半意的态度。

上海师范大学刘伟才认为，南非加入金砖机制可能是三亚峰会的最大亮点。南非的加入从长期来看，将对金砖机制产生长远影响，一是南非在非洲具有极为特殊的地位，二是金砖国家可以借助南非进入广大的非洲，具体来看，这次三亚峰会在金融银行领域的合作就充分表明了南非加入金砖机制使得机制在非洲的代表性和渗透能力大大增强。不容忽视的是，一些新兴大国在非洲也有一些利益争夺或潜在冲突，如中、印在南非就有族群冲突的可能性，因而要大力加强对金砖国家内部的国情研究。

复旦大学万瑜指出，巴西对这次三亚峰会的政策可谓"充满期待、收获颇丰、比较乐观"。新任总统罗塞芙继承了前任总统卢拉南南合作的精神，对金砖国家机制的参与态度积极，希望通过金砖机制这一集体平台来深化新兴大国之间的合作以及新兴大国在国际事务中的合作。其中，巴西特别注重发展同中国的双边经济关系。虽然目前巴中经贸关系面临很多难题，如贸易失衡、汇率争端等，但三亚峰会达成的贸易本币结算协议以及银行合作框架协议，还是取得了实实在在的成就。巴西国内对三亚峰会评价较高，认为罗塞芙总统中国之行加强了巴西同其他新兴大国的联系，也提高了巴西的国际地位。巴西在金砖国家机制化中的态度也倾向于循序渐进，认为约束力很强的机制化不太现实。

三、 金砖机制的出路

苏长和指出，三亚峰会是金砖国家合作机制发展的一个重要里程碑。峰会提出了一系列问题：金砖机制究竟如何定位？将来如何发展？怎样处理与其他国际组织的关系？中国如何在金砖机制中发挥更大作用（包括议程设置、话语权提升、南南合作等）？这些都需要峰会外交的实践者和研究者共同努力。

冷战后欧亚国际关系的演进

——市世界史学会等举办学术研讨会

上海市世界史学会与上海社科院欧亚所于 6 月 15 日联合举办了“后冷战时代欧亚国际关系的演进”学术研讨会。来自上海国际问题研究院、复旦大学、同济大学、上海外国语大学、华东师范大学和社科院等单位的四十余名专家学者与会，分别就欧亚地缘政治、地缘经济、战略安全以及中国欧亚外交等议题发表了看法。

一、冷战后欧亚国际关系的转型

在冷战时期，由于当时中亚国家都还没有独立，欧亚国际关系主要是中苏两国的关系。

有学者指出，冷战结束以后国际关系中的一个最大变化就是制度变迁，这也是战后最大的事件。其他所有的变化恐怕都和这一问题有关，而且这个变迁至今还没有完成，还没有定型。

有学者指出，冷战后欧亚关系的转型实质上就是从两极体制向多层次的区域和跨区域机制转变的过程。冷战后 20 多年来，欧亚大陆基本上是两极体制。目前，在东亚已经形成了 10＋3、10＋3＋3，以及东亚首脑会议这样的合作体制。在西面，欧盟的一体化也在逐步推进，现在虽然碰到很多困难，但一体化程度在全球都是比较高的。在这两大板块当中，是介于东亚和欧洲之间的中亚地区，上合组织的成立实际上推动了中亚的区域合作。另一个值得注意的是跨区域性的亚欧会议。在去年的首脑峰会上，亚欧会议又跨出了惊人的一步，把俄罗斯、新西兰、澳大利亚吸收了进来。所以亚欧大陆确实是世界的一个枢纽了。亚欧会议是当前唯一一个没有美国参加的横跨亚欧两大洲的跨区域合作机制，这在历史上也比较罕见。

二、冷战后欧亚及周边地区的国际安全与合作

有学者通过援引冷战的历史指出，在任何一个历史阶段，大国之间的关系如果要避免走向对抗的话一定要去寻找利益的共同点。即使在冷战时期，美苏之间也是长期在缓和中寻找到合作点，否则的话就很难形成一种稳定。

当前欧亚地区国际关系面临的挑战有三个特征：一是中亚地区的国家，包括中国和俄罗斯在内，属于转型国家，都处在转型过程当中。这个转型意味着大家都在摸索现代化发

展的道路,各国将会以内部的发展为主,并将面临各种困难和不确定性。二是非传统安全和传统安全相结合表现突出。三是国际因素对地区安全的影响非常明显。在全球化背景下,中亚既非俄罗斯的后院,也不是中国的后院,当然也不是美国的后院或是欧洲的后院。它应该是多种力量、多种国家、多种组织开展战略合作与竞争的区域。

三、 未来十年欧亚地区面临的新挑战、新机遇与中国的外交战略

未来十年欧亚地区面临的新机遇至少应当包括两个层面:第一是未来全球对于能源和资源的需求仍在急剧上升,所以这个地区的战略意义还是在不断提升。第二是这个地区目前处在一个非常好的外部环境中,"金砖五国"中有三个围绕着这一地区:中国、俄罗斯、印度,还有新兴起的地区大国,像哈萨克斯坦等等都发展得很好。

欧亚国际关系的转型本身是一个动态的发展过程,机遇和挑战是可以互为转化的,没有固定的挑战也没有固定的机遇。其对于中国的含义取决于三个方面:一是中国自身的综合国力、国家定位和身份认同的发展;二是国际体系的转型过程以及中国与世界的互相认知的变化;三是基于前面两个发展所产生的中国与世界互动问题。就我们国内的问题来说"韬光养晦"是老话题,但这个问题越来越突出,究竟是"韬光养晦"还是"有所作为"?还有"被动应对"和"主动塑造"的关系,过去30年我们基本上都是以"被动应对"为主,未来十年会不会"主动塑造"?还有就是内向型的发展和外向型发展,以前我们一直说是注重国内的发展,但是未来十年,到底怎么发展。

中国对于欧亚地区的外交战略思想总体上经历了三个转变:首先是从应急性考虑开始转变为长期性考虑。所谓"应急性"主要来自三个方面,一个是苏东剧变和中国的外交困难;第二个是当时与台湾存在"争夺"空间问题;第三个是我们西部边境的安全问题。现在中国对于欧亚地区外交的考虑是从更为宏大的全球战略、地区战略出发来进行。其次是从意识形态安全的考虑转向综合全面的战略考虑,上合组织讲的"三条腿"走路就是安全、经济、文化,这确实是一个很大的发展。最后是从双边性外交向多边性外交的转变。现在我们在上合组织内部的小多边战略思想已经比较明显,中国同哈萨克斯坦等的输油管道已开始加速运行,这对促进中国和俄罗斯方面的能源合作都有很大的促进。未来上合组织的继续发展,需要我们把握好三个角度:一是要从全球的角度界定中国自身的欧亚地区战略,也就是自定位与他定位要准确;二是要从全球体系建设,建章立制的角度来加强上合组织的内外机制的建设,这方面的工作相对比较滞后;三是要从全球大国的角度来考虑,中国可以向欧亚地区提供什么样的公共产品,从市场到投资,从能源到建设,从物质的到非物质的公共产品。这方面我们还有工作要做,现在中亚国家更多的是从俄罗斯或者是从美国那里分享这些公共产品,中国提供的相对较少。

国际关系理论中应有"中国学派"

——市国际关系学会等举行专题讨论会

6月16日,市国际关系学会与市政治学会等联合召开"中国国际关系理论的自觉与中国学派"专题讨论会,与会者近100人。

市国际关系学会会长杨洁勉致辞并做主题发言。他认为,外交理论讲如何操作,而国际关系理论要回答世界是什么,因此要有总体思想构建,表明总体上国际关系是什么。中国共产党已经成立90周年,新中国已成立60多年,我们国际问题学术界要有理论自觉,建构国际关系理论的中国学派,基础是中国传统文化和对中国与世界的认知。当然建构中国学派的国际关系理论一要有理论自觉,二是确实有难度,要有基础理论、代表性著作、代表性机构、代表性人物。目前我们处于初级阶段,所以应优先突出中国外交理论研究。20世纪80年代,日本崛起,是日本建构国际关系理论日本学派的好时机,但是日本依然沿用美国国际关系理论,失去了自觉创新的机会,所以至今困难重重。我们一定要抓住中国发展的大好时机。

黄仁伟认为,中国国际关系理论与中国和平发展道路应该是一致的。当前国际上流行的美国国际关系理论与美国发展道路是一致的。中国要坚持和平发展道路,遵循美国国际关系理论是行不通的。当然我们可以吸取其中合理内容,不能完全排斥,但是必须从根本上划清界限,从根本上摆脱美国国际关系理论架构。他认为我们必须弄清中国道路是什么。和平与发展是中国道路的两个核心概念,已经与传统大国的道路划清了界限。中国的传统文化特别是春秋战国时代的诸子百家中有深刻的外交思想。还有中国改革开放以来积累的丰富经验。中国国际关系理论是适应中国和平发展道路的理论,这是建构中国国际关系理论的基本点。

伍贻康认为,改革开放取得了史无前例的成就,中国已经登上世界舞台的中心,这都是中国国际关系理论发展的重要背景。当代中国国际关系理论发展,起步于对西方国际关系理论的移植,也取得了有自己特色的一些成果,但是要形成有中国特色的国际关系理论体系,有学理、成系统,而且在论点、论据、架构上有自己的成果,并得到别人的承认,还有大量工作要做,目前还处于探索之中。

朱威烈认为,要有文化传承和理论自觉,首先要有重大问题意识,要有国情意识,研究重大现实和理论问题。国外理论优秀成果要引进,但要从中国和平发展需要出发,兼容并包,融会贯通。俞正樑认为中国和平发展已面临内外挑战的战略机遇期,所以应加强国际关系理论研究的自觉性，这需要有体制环境的支持，以促进学术研究的发展。刘杰认为，中国和平发展到现在，国际问题学术界要有建构中国学派的理论自觉，为中国和平发展提供理论支持。首先需回答：(1)学理上的概念是什么？(2)学理上的语境是什么？(3)学理上的场域是什么？以改变目前存在的碎片化的状态。冯绍雷认为，树立中国国际关系理论的自觉，要解决如何从西方国际关系理论与西方政治思想史转换的问题。

苏东剧变20年与中国发展道路

——上海科学社会主义学会等举办学术研讨会

11月5日,上海科学社会主义学会与复旦大学国际关系与公共事务学院联合主办"苏东剧变20年与中国发展道路"学术研讨会,60多位专家学者参加了研讨。

上海社联主席秦绍德、科社学会顾问王邦佐在开幕式上分别致辞。他们指出,对苏东剧变的反思具有十分重大的理论和现实意义,20世纪末,苏东急剧变化,对世界产生了深远影响。苏东剧变的深层次原因,剧变后的国家都走了何种发展道路,苏东剧变对中国有什么样的启发,这些问题都值得进行多角度系统的研究和反思。

华东师范大学冯绍雷认为,马克思曾指出如果一定要将其基于西欧经济基础之上得出的结论,无限的引申到非西欧的社会中去,那会给他带来太多的荣誉,也会给他带来太多的耻辱。研究苏俄不能简单地依据所谓的社会发展阶段论来解读,我们应该从真正的马克思主义的核心来反思这些问题。同时,俄国的特殊性在于其处于东西方文明的结合部,深受东正教、拜占庭帝国和蒙古的影响。这导致俄国的思想是多元化的,其外交具有高度紧张性。此外,苏联解体还有社会结构方面的原因。苏俄问题的复杂性比欧美更强,因此要从多方面、多角度深度介入进行个案分析研究。

上海社科院的徐觉哉认为,东欧政治转型分为两类:一类是自由民主类转型,一类是民族分裂类转型。中东欧国家目前由共产党转型而来的社会民主党逐渐赢得民众支持,有人把它看做社会主义的回归,虽然有一定道理,但不能完全做出此种解读。因为,此时的社会民主党已经完全变为西欧式的政党,性质上说也不是过去的共产党,其政治目的和信仰与原来的共产党完全不一样。同时,这些政党是通过其有吸引力的政策而竞选上台执政的,与过去的权力的垄断资本是完全不同的,而且还有着下台的可能。目前中东欧的政党大致可以分为四股力量:左翼政党、中左翼政党、中右翼政党和右翼政党。虽然中东欧的政治制度变了,但很多旧制度仍然运作,如安全系统。但不同类型政治转轨的国家与俄罗斯越来越远,离西欧越来越近。

南京政治学院上海分院孙力从社会主义运动进程发展的视角对苏联解体作了解读。他认为按照经典作家的理论,社会主义意识形态具有鲜明的整体性,但是现实的社会主义却出现了多样化的特点。从19世纪末20世纪初开始,各种类型的社会主义开始出现,这就使社会主义运动陷入关于谁是正统的社会主义问题的争论之中。这种争论不仅没有促进社会主义的发展,反而使社会主义变得僵化和滞后。最后随着社会主义阵营的解体,宣告这种单一形式的社会主义运动走向终结。苏东剧变后,以中国为代表的社会主义运动,不再陷于正统与非正统的争论,而是独立探索社会主义道路,并承认相互间的不同。上海社科院刘杰认为中国共产党在吸取苏联共产党的失败教训的过程中实现了三个功能的转变:第一是将共产党的革命功能转变执政功能。第二是将共产党的包揽功能转变为统揽全局、协调各方的功能。第三是将共产党的社会动员功能转变为社会管理功能。

上海师范大学倪稼民从文化建设的角度分析了苏共垮台的原因。他认为,尤其是勃列日涅夫时期,为保持政治上的超稳定性,更加强了对意识形态的控制和党员思想的监控。这导致苏共的文化能力、全局判断能力、敏感度逐渐萎缩弱化。同时,这些人对经典理论却有着深深的误读,用现代农民的思维来解读马克思理论,将马克思主义简单化,绝对化。将自己定位在各方面都优于资本主义的更高阶段,排斥一切资本主义的衍生物,并始终把防止资本主义复辟作为主要任务。由于误读,导致将马克思主义平等正义的思想曲解为平均主义,而将高度发达的社会主义建设视为可以简单的一蹴而就的事情。长期以来苏共高层越来越以国家和宪法缔造者身份凌驾于国家与社会之上,对于党与国家的关系、权力限制、民主法治、公民社会等现代理念都缺乏认识。

上海交通大学陈锡喜指出,斯大林主义认为历史的发展是线性的铁定的规律,人类社会有五种社会形态,每种社会形态都有固定的上层建筑,这种规律像自然规律一样。但在事实上,这种观点与马克思的理论是有区别的。马克思的理论立足于西欧,我们并不能把其理论推广至无限。对马克思主义的运用,要根据具体的实际情况,只有具体的马克思主义,没有抽象的马克思主义。斯大林将马克思主义无限扩大,是对马克思的误读。斯大林从物质来推导整个人类社会发展规律,将物质第一性,精神第二性无限扩大,导致了错误的意识形态的判断。因此,斯大林模式和真正意义上的社会主义是不同的,斯大林体制的失败也不能代表社会主义的失败。

上海社科院潘大渭以详细的数据和史料分析了苏联解体的原因。他指出苏共曾有过辉煌的过去,俄罗斯主要社会舆论研究中心的调查数据表明,俄罗斯民众都为苏联解体感到惋惜。苏联解体实际上是一场自上而下的革命。复旦大学赵华胜指出,苏联的民族自治意识是导致其解体的一个原因。在任何国家民族意识中,民族独立的追求作为一种精神,很难消失。这种意识在一定条件下会重新激活,即使之前隐藏淡化了。再者,俄罗斯人也希望独立出去,以摆脱其他成员国的拖累。

复旦大学唐贤兴认为,俄罗斯政治转型方向是向民主过渡,经济上转向市场经济,但是俄罗斯的两大转型目标仍没有完成,现在处于何种阶段仍然不清晰。目前对俄罗斯政治转型的直接评价还很困难,但是否一直在进步? 转型过程中是否有失败? 仍然需要进一步研究。

世界变迁与中欧关系发展战略

——上海欧洲学会联合上海市国际关系学会举办研讨会

11 月 8 日，上海欧洲学会联合上海市国际关系学会举办了“世界变迁与中欧关系发展战略”研讨会。学会会长戴炳然主持研讨会，与会专家就世界形势的发展变化、中欧双边政治关系、经贸关系及欧债危机等做了主题发言。

伍贻康：欧盟若分裂，多极化将越来越碎片化、无极化

学会名誉会长伍贻康在关于世界形势发展和国际格局变迁的主题发言中指出，当前，欧债危机暴露了欧洲深层次的严重问题，这些问题不是偶然的，也不是政治人物的失责，而是欧洲一体化中出现的问题，欧洲的体制、结构出了问题。欧洲一体化本身是一个创新的体制机制，但欧洲内部差异太大，现行的体制适应不了。更重要的是大背景也出现了问题。现在，整个世界都在变。这就对资本主义体制及其意识形态打上了问号。这不仅仅是哪个国家的问题，也不仅仅是欧洲的问题。欧洲的政治家们无法适应这样的变化，虽然出台了很多“降火”的措施，但是没有办法解决现在的问题，因为根源是大背景变了，而且各种背景因素交叉感染，让世界发展脱离了常轨，世界在向更多元化发展。

关于欧盟和世界形势发展的未来前景，伍贻康认为，如果任由危机发展、扩散，极而言之，欧盟有可能会垮，欧元可能会分裂成小欧元，欧盟可能会分裂成小欧盟。如果欧盟解散，多极化将越来越碎片化、无极化。如果欧洲失去稳定，将会对世界造成重大冲击。欧洲的分裂，对美国有利，对中国不利。如果欧洲能挺过危机，将来中欧合作前景广阔。

陈志敏：中欧双边关系的主题将由对称发展到对等

复旦大学陈志敏全面阐述了中欧双边关系问题，他认为，现在中欧关系已回归正常，但合作有限。现在所有的双边会晤和磋商都已恢复，在不少问题上双方也有协调，都表现了合作意愿。但是，总体上看，并不是每个重要问题都有紧密合作。

关于欧洲在中国对外战略中的地位。2003 年中国对欧政策文件认为欧洲将发挥越来越重要的作用，现在看，欧洲在世界的作用不太可能越来越重要，但是是不是越来越不重要呢？欧洲在中国外交中有重要战略地位。温家宝总理曾说我们不会改变欧洲战略地位，我们也公开拒绝 G2，表示了对欧洲的重视。这个重要性体现在双边和多边两个方面。从双边看，欧洲的一体化即使出现了倒退现象，剩下的一体化状况还是高过其他地区的一

体化。中国与欧洲集团的关系很重要，它涉及同占世界15%人口的这个集团的关系，而且也涉及同世界上几个主要大国的关系，其中不乏与中国旗鼓相当的世界一流或二流大国。从多边角度看，中国有三方面利益：维护世界秩序稳定的利益，欧洲是自由贸易、繁荣稳定、联合国宪章等的创始者，这些也符合中国的利益；均势利益，欧洲可以平衡美国的单边主义，虽然现在中欧在这方面的合作淡化了，但是我们要考虑消极的均势利益，即防止欧美紧密联系、结成战略联盟对付中国；国际体系改革中的利益，有些改革是改革欧盟的利益，有些改革是改革美国的利益，比如货币基金组织的改革，实际是要摆脱美元在世界上的主导地位，中欧在这些方面合作符合双方利益。以上三个方面中欧都有共同利益，要从战略层面去考虑欧盟的重要性。

关于中欧关系的机遇和挑战。欧洲现在更多的转向经济议题，这导致欧洲的对华政策更务实，很多成员国希望加强与中国关系，这为中欧关系发展提供了新机遇。但是，中欧关系也面临很多挑战。第一，欧洲坚持把意识形态放在主要议程的做法，使得欧盟规范外交拥有一定地位，而对华务实外交面临内部观念障碍。第二，欧盟决策机制改革。机制改革给对外政策决策带来了复杂性甚至困难，欧洲议会拥有更多的对外关系权力，而欧洲议会是规范外交的支点，其过多介入使欧盟对外有更多规范性追求，在未来中欧谈判中，欧洲是不是会考虑整体利益，欧洲议会会批准合作还是成为障碍，有待观察。第三，外向化还是内向化。目前，欧洲的外交明显转向了周边甚至是内部问题，峰会推迟就是例子。内部问题重要，外部就显得没那么重要了。

发展中欧关系的路径有5个，即：经济促政治、民间促政府、改革促外交、发展成员国关系促欧盟关系。总之，中欧关系主题将由对称发展到对等，即由经济合作上的对称发展到寻求政治上对等。中国对欧外交姿态应该是进取而有耐心。

徐明棋：欧洲央行制度上的缺陷使欧债危机短期内无法根本解决，世界经济将经历中低速增长的调整阶段

副会长徐明棋在“欧洲主权债务危机及对世界经济的影响”的发言中，首先回顾了欧债危机的由来。他指出，欧洲迄今已发生了四波债务危机。欧债危机除了长期寅吃卯粮的财政状况、大规模的财政刺激引发债务快速增长、货币政策与财政政策缺乏协调和配合、解救危机上意见分歧和动作迟缓、市场投机和操纵因素外，更重要的是欧洲中央银行制度上的缺陷和欧盟解救危机的错误措施被市场放大。欧盟解救主权债务危机的思路仍旧局限在财政政策上，互相监督财政政策，迅速减少财政赤字，降低公共债务占GDP的比率，扩大EFSF，发行欧元区联合债券，但这些措施都有其局限性。这次的问题，不是债务负担重，也不是赤字，而是中央银行职能问题。如果不让欧洲中央银行发挥一锤定音的最后贷款人的角色，欧洲债务危机在短期内无法根本解决。目前欧洲中央银行没有义务为金融稳定和资产价格稳定负责，它首要责任是稳定物价。《里斯本条约》规定欧洲中央银行不准救助成员国，不能直接购买成员国政府债券，不准提供财政赤字货币化的融资。当危机最后威胁到欧元生存时，欧盟可能不得不让欧洲中央银行承担救助的责任。这将改变市场的预期，危机的形态将会改变，通胀将可能成为主要的风险，那么全球流动性过剩

问题将更加突出。但是,世界经济不会因此陷入所谓的“二次探底”,总体看,世界经济将经历中低速增长的调整阶段。

主题发言后,与会专家还围绕欧债危机、欧洲一体化前景、中国在危机背景下的对外政策等进行了热烈讨论。

苏联解体 20 周年:回顾与反思

——市政治学会等联合举办理论座谈会

11 月 25 日,上海市政治学会等联合举办了“苏联解体 20 周年”理论座谈会。50 余位专家学者参加。与会者就苏联解体的原因、影响进行了热烈的讨论。

苏联解体的原因:政治体制因素。华东师范大学沈志华指出,苏联解体的原因在于斯大林体制已经凝固化,且特殊利益集团已经形成。这二者的结合使得改革难以实行。华东师范大学周尚文对将苏联解体的原因归于戈尔巴乔夫的“叛徒说”进行了批驳。他指出,长期积累的体制弊端才是苏联解体的根本原因,而戈尔巴乔夫的失误只是促成这一历史事件的直接原因。执政党因素。中国浦东干部学院刘昀献指出,苏联解体是整个精英群体退化的结果,其甚至已经转化为既得利益集团,在体制上体现为权力集中,个人专断;在监督机制体现为监督弱化,权力失去制约;在干部制度上体现为近亲繁殖,才德不佳,领导选拔衍化为逆向淘汰制。中共上海市闵行区委党校韩晓燕认为,未能处理好执政党与群众的关系是导致苏联解体的重要原因。改革的方式方法因素。中国人民大学蒲国良分析了苏联历史上的四次改革经历,并从中得出启示:改革是社会进步的常态,而不仅是应付社会危机的非常手段。任何时代和社会都没有十全十美的改革方案,决策者只能在不断的比较、选择、实施和修正中寻找较为可行的路径。社会改革是复杂的系统过程,单项独举、一枝独秀是不可能的。改革的目的是既要强国也要惠民,改革过程中一定要防止动机与效果相背离,手段与目的相脱节。要发展生产力,既要国富也要民强。在社会主义国家中,共产党是建设和改革的领导核心,必须实施改善执政方式和领导方式,创造性地发展马克思主义。上海师范大学叶书宗比较了中苏两国的改革,并指出,苏联的改革和中国的改革路径有很大的差别,这是导致两国改革结果呈现出天壤之别的重要原因。民族因素。山东大学王建民提出了“多党制和多民族聚居国家是否相容”的命题,并从这一视角来解释苏联解体的原因。他认为,聚居型多民族国家的特点是,少数民族部分在地理上自成一个单元,在历史上长期居住于此,且一些还曾经建立过政权。如果用这一角度观察苏东剧变就会发现,那些单一主体民族国家的剧变仅为政党更替,而多民族聚居国家,无一例外都是国家解体。苏联解体后分裂为 15 个国家,就是因为其少数民族聚居在各个共和国中。文化因素。南京政治学院上海分院韦定广指出,苏共垮台原因之一缘于其内在文化模式的问题。苏共并没有成功建立起相应的无产阶级文化,久加诺夫所讲的“三制”(终身制、高度集权制、任命制)以及在苏联时期盛行的大俄罗斯沙文主义都是由文化问题引出的。叶书宗指出，俄国的文化是和基督教文明血脉相连的，苏联想将之完全抛弃并建立起全新的无产阶级文化，这是走不通的，苏联解体是俄罗斯现代化实现后向欧洲的回归。中南大学黄永鹏就苏联意识形态的管控模式发表了自己的看法。

苏联解体的影响：中共中央编译局许宝友指出，苏联解体对资本主义和社会主义都影响深远。苏联的解体不是资本主义的完胜。新自由主义在苏联解体时甚嚣尘上，但从目前的实际情况来看，它已陷入困境。对于剧变国家来说，前苏联东欧地区虽然转轨到资本主义模式，但与西方模式并不是一回事。苏联的解体和这些地区的转轨并没有带来民众所希望的繁荣，因此不能说他们已经找到了比苏联模式更好的发展模式。对中国来说，苏联解体为我们提供了重要经验。因为在很大程度上，中国的政治体制、经济体制还没有完全摆脱苏联模式的影响，所以当今中国在发展中遇到的问题有必要从苏联的历史中去寻找。华东师范大学贝文力从苏联解体对俄罗斯文学艺术发展的影响发表了看法。他指出，在苏联解体后的20年间，以普京执政为分水岭，俄罗斯的文学艺术发展可以划分为颠覆性转型期和建筑性的重构期。在颠覆性转型期，思想上的多元化带来了文艺上的多元化，颠覆、反叛、否定充斥着文艺创作。而普京执政之后，俄罗斯文艺表现出建筑性重构的特点，爱国情怀、英雄主义等要素重新张扬，表现出了一种“尽管很艰难，但是有明天”的信念。

转型中的欧洲:挑战与趋势

——上海欧洲学会围绕欧债危机展开研讨

12月29日,上海欧洲学会举办学术年会"国际转型中的欧洲:挑战与趋势",来自上海各高校和研究机构的专家学者共60多位参加。学会名誉会长伍贻康和副会长冯绍雷主持会议。与会学者们围绕欧洲债务危机这一重大事件,从欧债危机的原因及其影响、成员国在危机中的表现、欧债危机的发展趋势等角度进行了热烈的研讨,加深了对欧洲未来发展趋势的理解与把握。会长戴炳然作总结发言。

欧洲债务危机的原因与影响

复旦大学丁纯认为,欧债危机的主要原因是,欧洲一体化更多的是一个政治决定而非经济上的优化组合,欧元区国家没有达到实现单一货币所需的要素完全流动的最优通货区的要求,而且制度设计存在诸多硬伤。今年欧洲经济可能发生先抑后扬的情况,其前景将主要取决于美国、新兴经济体及欧元区的公共政策决策。

上海外国语大学忻华从希腊国内经济与政治结构的特性对希腊债务危机的形成作了分析。希腊在冷战时代融入美国主导的全球体系,使其经济出现了对外向型、市场化、全球化的"路径依赖",但因其人口结构所限,而无法走上出口导向型的道路。此后,希腊积极融入欧洲一体化进程,借助欧盟的内部整合政策和内部援助体制,实现了高负债与高赤字背景下的经济持续高速增长,使其对凯恩斯主义的扩张性财政货币政策的"路径依赖",进入了"锁定"状态,结果希腊国内经济形成了高福利与低税收并存、低储蓄与低投资下的经济高速增长、及接近刚性的高失业率三大特点,使其高负债、高赤字进入不可逆的加速运动状态,最终导致外债膨胀而引发危机。

上海外国语大学戴启秀认为,欧债危机引发了欧洲经济和政治层面深层治理问题和制度困境,也是对欧洲迄今为止通过制度性建设推进欧洲一体化方法的一次重大挑战,其核心问题是欧债危机将导致欧洲的分裂还是将促进欧洲一体化。欧洲一体化是欧洲各国和平、安全和公正的保证,更是与美国、俄罗斯和新兴大国进行竞争的必然选择。欧洲政治家都敏感地认识到,今天的欧洲就是从痛苦的历史中吸取教训的结果。历史不容许倒退,倒退意味着战争。欧洲一体化的危机是推动欧洲一体化的动力。为解决欧债危机,应对经济全球化对欧洲的挑战,欧盟需要在制度层面推出三个方面的主要举措:欧盟金融体制改革;建立有限的财政联盟进而甚至建立经济政府;进行欧盟层面的制度性改革、修订欧盟制度框架《里斯本条约》。

丁纯指出,欧债危机的负面影响已通过多渠道向全球扩散。第一,欧盟的经济衰退通过贸易与投资渠道影响全球各大经济体。第二,欧债危机导致欧元地位下降、欧债投资者面临损失、国际资金流向发生改变、欧洲资产流动性下降等状况,加大了全球金融系统性风险。

同济大学王义桅分析了欧债危机的战略影响,认为欧债危机不仅加大了德国和欧元区其他成员矛盾,影响了欧元区经济、欧洲一体化进程,使欧盟未来数年内忙于做内部功课而非热衷于全球治理,而且加大了英国与欧元区国家矛盾、美国和欧盟的矛盾、欧元区与世界经济矛盾,使欧盟倾向于走务实的地缘经济而非价值观路线,严重削弱了欧盟的硬、软实力,对世界格局走向均产生不同程度的冲击。但是,欧盟正在克服危机,加速推进一体化,其成效将舒缓欧盟的战略颓势,增添世界多极化进程的复杂性和曲折性。

成员国在欧债危机中的表现

同济大学郑春荣从内政角度对德国在欧债危机应对中的表现进行了重点分析。在欧债危机发生之时,多数德国人反对救助希腊以及扩大对希腊的救助,反对希腊债务减记。德国从主观上并没有做好牵头解决欧债危机的准备、没有解决问题的现成办法,默克尔政府更被认为是在采取拖延战术从而增加了救助成本,引发了外界对其危机中的外交政策与欧洲政策的不满。随着希腊危机和欧元危机进一步的恶化,欧元稳定已成为德国民众首要关注的议题,远远领先于失业、经济状况、教育与养老金等议题。为了维护自己利益,特别是经济利益,德国开始开展某种类似于单边的行动,让其他国家遵守德国规则,效仿德国模式,以帮助走出危机。此时,法德轴心虽然犹存,但重心朝着德国推移。法德解决危机的理念不同,而最终是德国的立场得到了贯彻。德国在其中有意识地谋求领导权,而这引起了邻国对"新德国问题"的警觉。

华东师范大学潘兴明对英国在欧债危机中的表现进行了分析。英国首相卡梅伦在去年底明确表示不同意签署加入新的财政公约,英国对欧盟的集体行动再次表现出了强烈的暧昧甚至背离态度。这种态度虽然使卡梅伦受到了欧洲同伴的谴责,但却得到了国内舆论的好评。卡梅伦的行为反映了英国对欧盟的固有立场。在可预见的未来,英国与欧洲大陆的关系仍然会相对紧密,不会退出欧盟,但会继续游离于核心欧洲之外,对欧洲一体化的深化持消极立场。

与会学者指出,欧洲政党和成员国在欧盟中的地位等问题是下一步研究的方向与重点。欧洲研究不能只做欧洲本身或中欧关系的研究,将欧洲一体化与世界其他地方的区域化进行比较,将中欧关系与中美、中俄、欧美、欧俄等关系结合起来看,才能对欧洲发展、中欧关系作出更准确的研判。

两岸关系和平发展回顾与展望

——市台研会举办第二届两岸关系和平发展学术研讨会

2011年11月26日，上海市台湾研究会联合上海台湾研究所在衡山宾馆联合举办了第二届两岸关系和平发展学术研讨会。国台办研究局局长黄文涛、上海市政府台办主任李文辉、副主任李雷鸣等领导出席开幕式。来自海峡两岸的60多名专家学者参加了本次研讨会。

本次研讨会以“两岸关系和平发展回顾与展望”为主题，下设两个子议题，分别是“两岸关系和平发展的成果及其意义”和“维护两岸关系和平发展大局”。上午，由大陆的全国台湾研究会执行副会长周志怀、上海东亚研究所所长章念驰、上海国际问题研究院院长助理兼台港澳研究所执行所长严安林、上海台湾研究所常务副所长倪永杰、上海交通大学国际与公共事务学院教授林冈以及台湾的亚太和平研究基金会董事长赵春山、亚太和平研究基金会董事邱坤玄、民主基金会副执行长蔡玮、政治大学国发所教授朱新民、台北大学公共行政暨政策学系教授吴秀光等10位著名的两岸问题专家进行了主题发言，下午则进行了由与会专家学者共同参与的座谈发言。与会的两岸学者以坦诚与开放的态度，围绕目前复杂的两岸局势下，两岸如何克服干扰和障碍、增进政治互信和维护两岸和平发展大局展开了热烈的研讨和互动。

研讨会中，与会两岸学者均高度肯定了2008年5月以来两岸关系和平发展所获得的丰硕成果，并呼吁两岸共同携手维护和平发展的大局。在展望两岸关系发展前景时，与会的两岸专家学者对民进党及蔡英文的两岸政策展开了猛烈批评，一致认为民进党及蔡英文的“一边一国”“台独”立场是两岸关系和平发展中最大的挑战。大陆学者指出，国民党与民进党在两岸政策主张上有本质的区别，民进党及蔡英文在两岸政策上的主要问题包括：否认“九二共识”的存在；以欺骗性、空洞性、模糊性的语言欺骗台湾民众，制造民进党可以与大陆交流交往的岛内舆论。章念驰表示，民进党两岸政策欺骗性很大。民进党没有做好2012年的执政准备，一旦民进党在没有准备好的情况下上台执政将使两岸陷入不稳定。章念驰呼吁台湾人民对于蔡英文欺骗性的两岸政策提高警惕，不要使和平发展的两岸关系得而复失。严安林指出，两岸关系和平发展中须警惕六种不正确的认知：两岸关系不可逆转论；政经分离论；马、蔡两岸政策趋同论；蔡英文上台无害论；大陆作用无用论；对台工作无用论。认为目前两岸关系可逆转有四大原因：制度化框架并未完全建立；两岸环境因素有变数；蓝、绿两大阵营的两岸政策有本质区别；两岸和平红利对台湾政局影响具有限性。

两岸学者在发言中纷纷坦陈民进党及蔡英文如果执政对两岸关系的危害，强烈表达了对 2012 年两岸关系发展前景的忧虑。倪永杰表示，蔡英文“价值台独”的危害在李、扁之上，一旦蔡英文上台，台湾没有“黄金十年”，只有沉沦痛苦的十年。同济大学政治与国际关系学院教授周敏凯指出，蔡英文上台的结果就是入岛游客没有了；ECFA 停摆了；两岸协商的平台消失了；两岸国际空间的摩擦增多了；两岸安全高危期回归了。上海社科院台湾研究中心秘书长王海良指出，蔡英文如果执政，两岸间协议的正常执行将成为问题；意识形态问题出来后，两岸文化交流很难做；台湾“建交国”在蔡上台后会减少，两岸冲撞不可避免。王海良在表达不得不认识到危机性的同时也表示大陆不怕应对麻烦。台湾政治大学外交系赵国材教授表示，蔡英文如果上台，台湾将面临如下局面：双边关系倒退，“烽火外交”重燃；多边关系中，政府间的国际空间没有了，台湾不再能参加 WHA。台湾参加的非政府组织也将不断出现麻烦；民间关系中，台湾现在有了 124 个免签国，但台湾经济不好，老百姓没有钱，哪里都去不了。蔡英文上台，台湾将面临新的黑暗：“外交”全面吃紧，“断交”频生，全民健保的福利越来越少，台胞移民增多，台资外流，台商在大陆发展受限制。如果大陆学生不来台湾，按照现在的数量计算，将意味着 5 所台湾私立院校因为招不到学生而关闭。

青年学者论坛

"青年卓越人才成长之路"
——市高等教育学会举办第三届青年学者论坛

为贯彻落实国家、上海中长期教育与人才改革发展规划精神，探讨青年卓越人才成长的一般规律、制度环境、政策成效及制度创新等问题，上海市高等教育学会于2011年11月25日下午在上海出版印刷高等专科学校举行上海市社联学术活动月专题研讨活动暨第三届青年学者论坛，共有39所高校的100余名青年教师报名参加，共收到发言论文20多篇。会议由上海市教育科学研究院高等教育研究所青年科研人员吴海燕主持，12位来自上海高校、上海教育科学研究院、上海市逻辑学会、上海市新四军研究会的专家学者和青年教师做了主题发言，100余位来自上海高校、教育研究机构、社会团体的专家、教授、人事处处长、教务处处长、青年教师等与会。

一、 教育理念——青年卓越人才培养的指航标

华东师范大学陆靖副校长有着丰富的高校教学管理经验，演讲一开始他就提出三个问题：(1)为什么世界一流大学推行通识教育？(2)通识教育到底是什么，其课程是怎么设置的？(3)通识教育对教师的要求是什么？《博耶报告》指出美国研究型大学的本科教育两大变化：重构本科教育的课程体系；学术研究成为本科教学不可缺少的组成部分。中国大学要想发展成为研究型大学必须走世界研究型大学的发展之路。目前，在我国一流大学研究生在校数超过本科生在校数的基础上，我们的本科教育应该怎么定位？当今社会对本科人才的需求是强调专业对口还是强调学生的基本素质。很显然社会更看重学生的基本素质，那么大学就该回应社会的需求。这就是为什么世界一流大学都推行通识教育的原因所在。那么，通识教育到底是什么，其课程是怎么设置的？陆靖校长告诉我们，通识教育不是为了完善学生的知识结构，不仅仅是让理科生选修文科课程，让文科生选修理科课程，而是为了在教学中传递我们的文化价值观念和科学思想方法，是培养人的自由、和谐、全面发展。要有效的实现通识教育的目标，其教学形式不再只是通过课堂教学，还有很多其他有效的途径，比如，校外实践，比如工作两三年后又再次返回学校就读等。这就要求教师既要有较高的专业学术水平，又要有较宽泛的知识面，同时还要具有运用不同知识分析问题和解决问题的意识、方法和能力。所以，最好的通识教育一定要有最好的专

业教育来支撑。青年教师不仅要有较深学术素养，有丰富的教学经验和开阔的视野，还要在课堂教学的过程中，传递知识，以及把知识背后的思想、思维方式讲清楚。这也就是说，只有最好的专业教育才能为通识教育提供养分，最好的通识教育必须由最好的专业知识做支持，这两者之间是相互贯通的，只有在这种教育理念下重组高校课程体系才能培养出社会所需的青年卓越人才。

同样是青年卓越人才的培养，上海交通大学致远学院正在探索一种"精英教育"模式——基础学科拔尖学生培养试验计划。这项 2008 年 10 月启动的"交大理科班"项目，旨在为杰出学生提供最佳大学教育，培养具有强烈社会责任感、热爱科学、追求真理、能够站在未来应用科学和理论工程学界前沿的领军人物，以应对未来科学技术和经济社会发展对于拔尖人才的需求。

无论是通识教育还是精英教育都是承认人才培养模式改革是推动教育改革、提高高等教育质量的重要出发点和落脚点，只有更新教育理念，重塑培养目标和人才规格、创新教育教学组织形式，才能取得最佳的教育和教学的效果，从而让更多的特色人才，卓越人才脱颖而出。

二、 创新思维——青年人才培养的突破点

上海新四军研究会罗新安副会长认为创新思维与逻辑密切相关，他从"钱学森之问"、"李约瑟难题"和"韦伯疑问"引出中国无缘诺贝尔奖是由于中国语言缺乏逻辑思维造成的，逻辑思维弱的人群就很难在科学技术领域有所建树。

罗会长的观点引起复旦大学陈伟老师的争议，他认为中国自古就是有逻辑的，如《墨经》就是中国古代重要的逻辑学著作，其阐述的逻辑学堪与古希腊亚里士多德的逻辑相媲美。另外陈老师对逻辑和语言的关系也有着自己的看法，即逻辑不研究语言，逻辑是通过语言研究思维的。此种学术争鸣现象将整个会场气氛推向高潮，正所谓真理愈辩愈明，这也是青年论坛平等宽松的氛围所致。

陈伟老师认为中国要想成功实现社会转型，就必须首先实现教育变革。譬如日本通过仿效式的教育模式，短时间内通过培养出色的工程师，制造最精确的仪器，赢得了经济的发展。但 20 世纪 90 年代开始，日本的经济开始出现长期疲软，这与其教育模式有关。在未来 15 至 20 年，要维持中国经济的持续上升，就要避免类似日本遇到的问题，就必须更新教育模式，重视和开始对大学生批判性思维的培养。他从逻辑学的角度出发，呼吁高校要大力加强逻辑学教育，充分发挥逻辑学的社会功能，发挥逻辑学在思维方式变革、促进科学进步和公民社会建设中的基础性地位和作用。

上海市逻辑学会常务副会长曹予生教授通过总结钱学森、邓稼先、陈中伟、王选、邓伟等一系列大师、名家的成长事例，得出卓越人才的共同气质——创新思维。创新思维包括批判性思维和辨证性思维，其中批判性思维的特征是：怀疑精神、问题意识、独立思考、批判性分析。这些都是科学精神必不可缺的气质与素养，科学研究开始于怀疑和批判，怀疑和批判本身不是目的，而是为了超越和创新。

三、基层实践——青年人才持续发展的原动力

上海教科院高教所房欲飞博士在对 1 000 多个基层就业毕业生的调研中发现，有 80％的基层就业毕业生认为基层经历对个人成长“重要”或“很重要”。研究同时还发现目前我国正呈现出青年人才与基层疏离的现状，其主要表现为：(1)在校期间社会实践环节薄弱，社情国情民情教育缺乏，与基层联系较少，有 56％的毕业生反馈所在学校对社会实践没有强制性要求。(2)毕业求职紧盯大城市，基层就业举步维艰。调查结果表明大学生服务基层的意愿和能力不令人乐观，如林业科技大学针对大三学生进行的“基层就业意向”的调查结果显示：71.3％的学生表示“不愿意”，24.7％的学生表示没有考虑，仅 4％的学生表示“愿意”。2009 年河北省高校毕业生就业趋势调查报告显示，仅有 4％选择在乡镇就业，1％的毕业生愿意去边远地区农村就业。即使在基层就业的大学生由于校园生活和基层生活的落差、理想与现实之间的矛盾令他们无法顺利开展工作，离职离岗现象严重。以河南信阳市商城县为例，该县共计 88 名大学生村官，流失率竟然高达 80％，其中隐性流失 55 人，显性流失为 15 人。针对这样的情况，房老师提出了建立大学生服务基层的长效机制：一是改变人才培养的价值导向，增加形式多样的基层实践活动；二是循序渐进，引入基层“服役”环节；三是重塑就业价值观，推进基层就业。通过加强职业生涯和就业形势教育，引导就业心态；加强政策引导，建设来去自如的制度环境；领导干部以身作则等措施，逐步使基层工作经历成为青年人才步入社会前的必备途径。

上海海洋大学张云教授就自身的海外成长经历阐述了基层工作经验对青年成才的帮助。在生活上要经历和克服种种困难，如语言障碍、陌生环境、失落感等；在学业上要学习日本最领先的尖端科学技术，如通信导航系统、日本准天顶卫星系统原理等；在工作中要做到最好才可能会有立足之地。其在 5 年时间里，主持及参与了 40 余项日本国土局、日本著名大学研究所以及日本国内或国际大型企业研究所共同或委托关于 GPS 应用系统开发工程，其中 3 项超过 1 亿日元，数项成果申请了专利。这种危机意识在学校课堂里是学不到的，只有身处基层经历的人才能真正体会到，才能转化为今后发展成才的原动力。

当代青年与马克思主义中国化

——上海科社学会召开第二届青年学者论坛

6月25日，上海科学社会主义学会举行题为“使命与道路——当代青年与马克思主义中国化”的第二届青年学者论坛。市委宣传部副部长潘世伟、市社联党组书记、专职副主席沈国明，学会会长夏军等领导与专家学者80余人参加。南京政治学院院长蒋乾麟、南政上海分院院长罗剑明出席会议。

一、学术理论工作者必须担当持续科学推进马克思主义中国化的责任与使命

出席会议的领导在致辞中指出：充分运用、传承上海作为党的诞生地、工人运动发源地和先进思想文化摇篮的宝贵资源，结合全面推进上海未来城市现代化建设的实际，展开全方位的深入思考和创造性研究，坚定信念，为巩固党的执政地位和持续推进中国的改革开放、科学发展尽心尽力，不仅是资深学者更是每位有志青年学者对党事业的忠诚追求。

沈国明在论坛主旨发言中指出：当今，正确把握社会发展现实比以往更不容易，社会发展的变量更大，社会建设和管理反映出的一系列问题，在马克思主义经典作家的著作中找不到现成答案。作为社科界枢纽型的人民团体，我们要秉承全心全意为人民服务的态度和精神，大力推进理论创新，要理论联系实际，切实帮助解决一些实际问题。

华师大陈锡喜指出，当今，推进马克思主义中国化，必须深入进行马克思主义的经典文本的准确解读。理论界一直以为马克思关于“社会主义必然战胜资本主义、资本主义必然灭亡”是科学社会主义理论的核心。事实上，这两个“必然”的论断在马克思的任何著作中找不到。马克思关于人类社会形态发展规律性的论述不是这样的。其他马克思主义经典作家，有关社会主义和资本主义形态发展的论断，大都源于斯大林从当时苏联所处的特定的历史环境和苏共执政需要提出的特殊阐述和特定的解释。苏联的解体，苏联模式的社会主义实践失败，证实斯大林提出的“两个必然”没有在苏联实现，没有反映人类社会发展的“必然”规律。我们理论工作者必须从理论上澄清马克思关于人类社会发展的论述原来面貌，从理论上反思人类社会发展规律的普遍性和特殊性关系，从实践上正确把握社会主义国家和资本主义国家共同和谐发展的关系。

二、以历史为鉴，继承和拓展中国共产党的执政资源

南政上海分院李海平认为，辛亥革命、俄国十月革命和“五四”运动在中国连续引发了

思想文化的解放运动,马克思主义关于人类解放的思想理论与当时中国社会关注民族国家生存发展的诉求高度契合,社会主义成了中华民族救亡图存的历史性选择。历史不断证明思想文化融合了世界文明的优势资源要素,不仅能扫除国家现代化进步的障碍,更能演化为推进社会发展的制度优势,思想的力量具有路向功能。我们要与时俱进地坚持马克思主义中国化,创新党的指导思想,增强主流意识形态的解释力,破解各种社会发展困惑和矛盾,让马克思主义真理在促成中华民族复兴伟大事业的过程中不断彰显其时代价值和无穷魅力。

立信会计学院罗会德认为,改革开放以来,党的中心工作转移,党内监督制度建设必须与思想建设相结合,大力推进党内民主,有效防止个人权力凌驾于法律和组织之上,才能巩固党的执政地位,才能保证中国特色社会主义不变色。

三、 以苏联为鉴,不断提高中国共产党的执政能力

闵行党校刘致丞认为,俄国十月革命的成功将马克思主义的影响传递到中国,苏联和苏共是对中国和中国共产党影响最广泛、最深刻的国家和政党。从党的成立、领导革命和国家早期建设都得到苏共在理论和实践上的指导。然而苏联模式又在很长时间里干扰和阻碍了中国革命和建设的顺利发展。摆脱苏联模式的桎梏,吸取苏共垮台的教训,是中国共产党领导中国特色社会主义走上自主科学发展道路的重要选择和策略。当下,我们还必须以苏为鉴,审视马克思主义中国化经验,科学对待马克思主义、提高党的科学执政能力、夯实与人民群众的血肉联系。

南政上海分院孙力认为,当代资本主义在演进的过程中之所以还有生命力,原因之一,是它在不断受到社会主义理论对其尖锐批判的同时,进行了必要的调整和改革。给我们的启迪是:社会主义的发展和生命力在于不怕犯错误、不怕反对意见和尖锐的批评,必须抛弃前苏联惟我独尊的思维模式,善于及时总结教训,善于及时纠正。我们要不断提高容许差异、包容多样的能力。

四、 以西方为鉴,坚持走中国特色社会主义道路

复旦大学郭定平认为,从中西方比较的视野来看,研究后发展国家政治建设的问题具有重要的现实意义。当今世界,后发展国家为实现全民民主选举的政治改革而走向国内混战的事例比比皆是,我们要客观分析其深层的原因及其外部影响。西方一些主流学者和政治家都认识到:不从本国国情实际,不顾一切地推进欧美模式的选举民主,导致政权更迭、国内社会动荡、国家主权颠覆,付出惨重代价。某些人不遗余力鼓吹推崇西方政党轮流执政、全民选举民主模式,危害极大。我们一定要保持头脑清醒,坚持在党的领导下,加强民主政治建设,加快国家民主建设法制化、制度化建设,走中国特色社会主义民主政治建设道路。

同济大学薛念文提出,西方一些主流媒体对中国共产党领导中国经济快速发展、改善人民生活水平、稳定社会秩序、克服全球金融危机、承担大国责任取得的成就给予充分肯定。但我们不能沾沾自喜,尤其对不符合实际的“忽悠”必须保持清醒,在继续推进市场经济健康发展的同时,切实解决好分配不公和贫富差距扩大等重大问题。

推进社会组织的统战工作

——市统战理论研究会举办 2011 年青年学者论坛

10 月 28 日，市统战理论研究会举办了第二届青年学者论坛，主题为“社会组织与统战工作”。市社会主义学院副院长、研究会副会长兼秘书长张颖出席并讲话。

市社院教研室蒋连华在“推进民族关系协调——我国少数民族社团的公共性建构与统一战线”的发言中，分别从理论与实践两个方面讨论了我国少数民族社团的公共性建构问题。她认为，社会组织化是现代社会的重要特征。而“国家”或“政府”与社会组织的关系问题始终是社会建设的核心问题。改革开放以来，在我国长期“弱社会”的状态与结构日益分化、利益日益多元的社会需求下，催生了我国社会组织公共性的理论话语与实践命题。针对这一现实，她提出三方面的建议：一是促进民族成员利益的整合；二是促进民族利益的有效表达；三是促进民族成员政治素质的提高。而统一战线具有议政建言的渠道优势，可以通过积极的组织和引导，使民族成员在统一战线的学习教育活动中培养相应的政治价值观；在政治参与活动中积累政治经验和行使权利的方式和技巧。

华东理工大学范志海的发言题目是“统战社会工作机制初探——以上海乐群社工服务社为例”。他认为，随着社会结构从“总体性社会”转向“个体性社会”，人们的价值观念、物质利益日益分化和多元化，统战成员的结构日益复杂，新社会阶层人士队伍不断壮大，其社会需求也日益多样化。传统的以思想政治工作为主的统战工作方式和以单位体系为组织基础的统战工作体系已不适应新的形势要求，统战工作的社会化、专业化、职业化发展趋势日益凸显出来。他将统战社会工作的内涵归纳为四个方面：“助人自助”的价值理念；社会工作专业方法；职业化、专业化的统战社会工作者队伍；维护社会和谐稳定的重要制度。最后以乐群服务社为例，提出了完善统战社会工作机制的五点建议：将社会组织统战纳入社会领域统战乃至社会建设的总体部署；进一步完善政府向社会组织购买服务机制；进一步加强“三社联动”机制；成立“新的社会阶层专业人士联合会”；适时出台加强社会组织统一战线工作的规范性文件。

上海社科院胡筱秀以“政治学视野下推进社会组织统战工作的意义”为题作了发言，认为各种社会组织不仅拥有庞大的组织、人力和物力资源，其中还蕴藏着丰富的社会资本和社会凝聚、社会团结的巨大能量。社会组织的蓬勃发展，深刻改变了政治体系的生态环境和基础结构，即党、国家、社会三元结构之间的关系格局，进而必将深刻影响到政治体系的运转面貌。因此，必须从战略高度认识和重视社会组织的培育和发展。对于这样一块重要的群众工作阵地,统战工作要积极应对。她归纳了推进社会组织统战工作的四点意义:为政治系统扩充了输入装置,增强了系统的调适性;为社会组织及其所联系的群体的政治参与增设制度化通道,将社会分化、社会运动转化为制度化的秩序;扩大政治录用,保持政治系统的开放性和活力;进一步深化政治整合、增强政治体系的濡化能力。

上海大学汤艳文发言的题目是"公共性呈现与社会巴尔干化的破除:枢纽型社会组织成长的国际比较研究"。她认为,不同于西方国家,中国的社会组织中,有很大一部分是政府背景的社团组织,他们要么依托于政府或党组织,要么由政党、政府部门催生。他们对于公共服务、组织、协调社会发挥了重要作用。在新形势下,党需要对社会组织发挥更大的统战作用,就需要统战部门增强社会资源动员能力,增强新的议题设定能力,从而增强自身对于社会组织的代议能力。

与上述几位发言人偏重理论研讨不同,来自浦东新区党委统战部办公室的陶宇奋以"关于利用枢纽型社会组织开展社会领域统战工作的思考"为题,着重介绍了浦东新区社会组织发展的现状和从实践中总结的经验。她提出,提高统战工作科学化和社会化水平,必须培育和依托枢纽型社会组织。通过枢纽型社会组织推进社会领域统战工作,必须做到:"兼顾",即体制内和体制外兼顾;"依托",即依托枢纽型社会组织的党组织和其聚合的一批代表性人士;"协调",即协调好与社团登记机构——民政部门的关系和与主管社会组织党建机构——社会工作党委的关系。枢纽型社会组织在社会组织体系中处于比较核心的地位,具有较好的法律与组织基础。建设枢纽型社会组织,是我国建设和谐社会的必然选择,是党的建设科学化的内在要求。

上海社科院李勇、王继停以及市社院王俊华等其他青年学者也就社会组织与统战工作的关系、意义等,作了进一步探讨。

破解中国经济困局 从调节国民收入分配格局入手

——市经济学会等举办第六届上海青年经济学者论坛

10 月 15 日，由市经济学会、市人民政府发展研究中心、中共上海市委党校联合主办的第六届“上海青年经济学者论坛”在市委党校举行。本届论坛的主题是“创新、转型与经济发展”，来自上海 15 所高校、科研单位的经济学资深专家、青年学术骨干及研究生代表近百人出席。

学会副会长、市委党校副校长王国平和学会名誉会长袁恩桢致开幕词。本届论坛共收到来稿近 80 篇，经过两轮匿名评审，最终评选出一等奖 1 名，二等奖 3 名，三等奖 5 名，新秀奖 11 名。论坛分为上、下两个半场。在上半场，五位获奖青年经济学者做了学术演讲。

上海财大郭新强通过一个包含两类代表性家庭的两期消费决策模型的研究，提出两个重要结论：一是在高收入者和中低收入者具有相同的时间偏好和消费习惯强度的情形下，基于收入不平等对目标性消费的强化效应，中低收入者比高收入者具有更高的储蓄率；二是收入不平等程度越高，消费习惯越强，经济中的总储蓄率就越高。要破解中国经济的困局，需要从调节国民收入分配格局入手，加大对中低收入阶层的转移支付力度，建立和完善住房、教育、医疗和社会保障等公共服务体系。

复旦大学曹海军在前人研究的基础上，提出，当市场行为人对金融稳定预期基于货币稳定时，国际资本的流入将导致汇率的上升进而引起整个宏观金融的动荡。在此情形下，提高汇率的弹性将有助于在维持经济增速的前提下保证宏观金融的稳定。

上海财大邵帅通过一个产品水平创新的四部门内生增长模型，提出资源诅咒并非必然，能源丰裕地区之所以容易遇到资源诅咒问题，主要是因为能源型产品输出带来的短期可观收益易于将生产要素吸引到技术贡献率较低的部门，弱化了能源丰裕地区对新技术的需求和创新的动力，进而对长期经济增长的关键性创新因素产生了挤出效应。因此，提高市场化程度是规避和解决资源诅咒问题的有效途径。

上海财大董万好构建了一个用于分析财政科技和教育支出对产业结构调整及就业影响的 CGE 模型，提出财政科技和教育投入对就业尤其是第三产业的就业具有显著的正向促进作用，对于住宿和餐饮等需要升级的劳动密集型产业部门的影响尤为明显，科教投入有利于解决在城镇化过程中刘易斯拐点时期的就业问题。

市委党校李猛认为，要破解中国宏观经济政策面临的两难困境，就必须深化体制改革，通过理顺政府间关系来解决地方财政困境。他提出，政府层级体制对宏观经济的影响具有不确定性，理顺政府间关系的关键点不在于“省直管县”改革这一具体形式，而是在于转变政府职能的同时缩小地方财政缺口。

周炼石、刘江会、王志平、严法善和鞠立新等五位专家对青年学者的学术演讲进行了点评。

论坛下半场为专家演讲交流阶段，时任上海社科院常务副院长左学金和市经济学会副会长、复旦大学经济学院院长袁志刚分别做了题为“跨越中等收入陷阱”和“中国经济转型与中国经济学的创新”的学术报告。左学金认为，要跨越中等收入陷阱，一是应重视对人的投资，提供更加公平的机会，二是应降低交易成本，尤其是交易的制度成本，进一步提高资源利用的效率，三是应营造鼓励创新的社会环境。袁志刚认为，在研究中国经济转型时必须要有全球视角，在创新中国经济学的过程中必须坚持科学与人文的有机结合。

学会会长、市人民政府发展研究中心主任周振华对本届论坛进行总结发言，指出青年经济学人才一方面要重视科学的研究方法，另一方面也要注重非科学因素，将科学方法与人文关怀结合起来。青年经济学人才在起步阶段可以从数理分析工具入手，但不能总是停留在数理分析工具上，应适时地跳出来研究中国的现实问题。

感知欧洲:中国青年对欧盟及中欧关系的观察

——上海欧洲学会举办第三届青年论坛

11 月 8 日,上海欧洲学会举办了以“感知欧洲:中国青年对欧盟及中欧关系的观察”为主题的第三届青年论坛。近 40 位青年教师、科研人员和博硕士生参与了论坛交流和讨论,10 余位学者做了主题发言。

同济大学欧洲研究中心的宋黎磊认为,当今的中欧关系呈现出“共同利益多,共同价值观少”的局面,而公共外交或可作为中国对欧外交的突破点。华东师大孙朔源在题为“中欧治理观分歧与能源治理的差异”的发言中指出,欧盟的理念是用多边的手段来实现双赢,避免零和游戏,但是,在实践上又多有矛盾,其成员国之间相互也有不同看法。她指出,尽管中欧在治理观包括能源治理观上存在差异,但在确保能源安全方面没有本质的不同,在对能源的利用上都强调效率、环保和新能源的开发。

上海社科院欧亚所盛文沁分析了欧美知识分子对欧洲的政治使命与集体认同,指出,欧洲知识界通过对旧欧洲和新欧洲及伊拉克战后的欧洲一体的讨论,重申了欧洲的价值,新欧洲的集体认同不是民族、血缘的统一,而是欧洲精神的认同。欧洲知识分子也担心,美国日益重视亚洲,欧盟必须团结起来成为世界的第三极,否则就要沦为小国。他们担心,所谓核心欧洲的观念变成仅仅以法德为核心的概念,东欧国家由于经济上的落后而沦为欧洲的二等国家。

名誉会长伍贻康在点评中指出,中国的欧洲问题研究还很薄弱,尤其是国别研究非常薄弱,研究总体问题的多,研究个别问题的少,政治研究多,经济研究少。如何加强欧洲研究的广度和深度上的协调,应是今后努力的方向。

会长戴炳然在总结中指出,本市研究欧洲的学者应该关注一些问题,如债务危机的根源、虚拟经济与实体经济的关系、欧洲不同发展模式的区别、债务危机对欧洲发展的影响、欧洲形势发展的新动向、欧元前途的去向、危机下的中欧关系等,青年学者要多出研究成果。

七一讲话与党的建设

——市中共党史学会举行首届青年学者论坛

11月4日，由市中共党史学会、市新四军历史研究会联合主办的“七一讲话与党的建设——青年学者论坛”，在华东师范大学举行。本次论坛主要围绕学习胡锦涛总书记在庆祝中国共产党成立90周年大会上的讲话，就党的建设问题进行深入探讨。

市委党史研究室的方宁和华东师范大学的王元力从深化中共党史研究和党史学科科学发展、可持续发展的角度，分析了关于青年党史学者的培养问题。市委党史研究室的周奕韵通过总结新世纪以来上海“问政于民、问需于民、问计于民”的群众工作经验，总结了新时期上海群众工作的一些启示。市委党校的赵刚印认为处理党群关系，要高度组织化，有现实抓手才能真正坚持群众路线，把群众智慧吸收到政策设计中来，使人民有效地参与到改革进程当中。上海交通大学的叶福林从共产党人的权力观、地位观和利益观三方面反思了党的服务宗旨、群众战线和执政理念。闵行区委党校韩晓燕认为，面对“四个危险”可以从诚实执政、放权与力量重组以及强化监督等方面进行化解。复旦大学沈冰清围绕执政风险展开讨论，认为中国共产党必须从青年着手，加强青年的思想政治工作，解决青年中存在的理想信念不足、意志品质不足和信息甄别能力不足的问题。解放军南京政治学院上海分院的张蕾蕾就中国共产党党际交流问题进行了论述。同济大学的薛念文以国外关于中国问题研究的学术杂志《中国季刊》为例，分析了西方主流学术杂志上关于中国特色社会主义道路研究的一些观点。

大　事　记

DA SHI JI

1 月

1 月 7 日 市庭院经济与文化研究会"百老德育讲师团"与上海天易影视机构联合主办的"百老百场爱国主义教育系列主题活动——祖国花朵，我精彩"活动开幕。

1 月 8 日 市新四军历史研究会浙东浙南分会召开邱子华牺牲 65 周年纪念会，会长阮武昌、顾问丁公量及会员代表 200 多人与会。

1 月 10 日 市社联召开 2010 年年终工作务虚会。社联党组书记、专职副主席沈国明，党组副书记桑玉成，党组成员、秘书长生键红，以及社联中层以上干部出席会议。市委宣传部理论处处长刘世军，市社科规划办主任荣跃明，时任《解放日报》理论部主任周智强，文汇报理论部主任季桂保作为特邀代表出席会议。市政府发展研究中心主任周振华应邀介绍了本市"十二五"规划的总体布局情况。与会同志就如何学习贯彻扬振武部长关于"发扬办博精神，突出工作主线，认真谋划和推进明年的宣传思想文化工作"的讲话精神，做好明年社联工作进行了热烈探讨。市社联党组书记、专职副主席沈国明主持了务虚会。

1 月 11 日 市金融法制研究会举行 2010 年年会暨理事扩大会议。会长倪维尧主持会议。市社联党组书记、专职副主席沈国明作"上海城市发展与法制化"的主题报告。秘书处向理事会汇报了研究会 2010 年工作要点和 2011 年工作计划。研究会常务理事、理事、理事单位代表及有关专家学者 100 余人参加了会议。

1 月 12 日 市新四军历史研究会召开 2011 年年会。市委党史研究室副主任徐建刚为与会人员传达全国党史工作会议精神。会议对 2010 年工作回顾和 2011 年工作要点进行审议。学会顾问、理事共 80 余人出席会议。

市工商学会邀请上海国际问题研究院研究员、上海国际关系学会副会长郭隆隆作题为《当前国际形势热点问题与我国的安全环境》的报告。

1 月 13 日 市社联召开本市各高校科研管理机构工作交流暨联谊会议。市社联党组副书记桑玉成出席，科研处处长徐中振主持会议。会议回顾了 2010 年社联有关学术项目的实施工作，并就"上海学术年度报告"、"上海思想界"、"扶持青年优秀社科人才"等新项目的合作展开讨论。市教委科技处副处长苏忱、复旦大学文科处处长杨志刚、复旦大学社会科学高等研究院院长邓正来、华东师范大学社科处处长许红珍、上海师范大学社科处处长陈昌来、上海财经大学科研处处长干春晖等 20 多个高校科研机构负责人与会。

市人力资源和社会保障局局长周海洋应邀到市社联，作题为"十二五期间本市人力资源和社会保障工作面临的形势和任务"的专题讲座。社联党组书记、专职副主席沈国明，党组成员、秘书长生键红以及社联干部职工聆听讲座。

市高等教育学会和上海中医药大学联合召开"第六届上海高校校长沙龙"，交流学习国家和上海市《中长期教育改革和发展规划纲要》精神的体会。复旦大学、交通大学、上海大学与会领导介绍了招生制度改革的现状与未来。上海海洋大学、上海工程技术大学、上海中医药大学与会领导探讨了创新人才培养与提高教学质量等问题。学会秘书长谢仁业发布了学会 2011 年度课题指南。会长张伟江、常务副会长杨德广主持会议。本市各高校的领导和学者 70 余人参加会议。

1月14日 市新四军历史研究会学术委员会召开"皖南事变"70周年座谈会。出席会议的有当年"皖南事变"的亲历者、新四军老战士和从事新四军历史研究的专家学者50余人。新四军历史研究专家童志强做主题发言。副会长、学术委员会副主任施渊脉主持会议。

1月15日 市未来亚洲研究会、市美国学会和上海社科院世界经济与政治研究院联合举行"中美关系的新机遇和新挑战"学术报告会，会议由市美国学会会长、上海社科院副院长黄仁伟主持，外经贸部专家库成员、国际贸易专家周世俭和中国人民大学国际关系学院教授金灿荣分别就"当前中美经贸关系"和"当前中美政治、军事关系"进行演讲。

市比较文学研究会召开第十届会员大会暨学术讨论会。会议由秘书长宋炳辉主持，通过了会长谢天振所做的学会工作报告，通过了学会新的章程。大会选举产生26位新一届理事。经理事会选举，谢天振当选会长，陈思和、陈建华、孙景尧、吴洪、叶舒宪、杨乃齐、刘耘华、宋炳辉当选副会长，宋炳辉当选秘书长(兼)。陈思和、李建明、关建广在会上做专题研究报告。

1月16日 市哲学学会举行第十届会员代表大会暨哲学研究现状及趋势学术信息交流会。大会由副会长奚洁人主持。会议审议通过了秘书长章仁彪代表第九届理事会作的工作报告，通过了学会新的章程，选举了84名第十届学会理事。经第十届理事会第一次会议选举，吴晓明当选为会长，何锡蓉、陈卫平、杨国荣、杨俊一、奚洁人当选为副会长，李家珉当选为秘书长。市社联党组书记、专职副主席沈国明到会祝贺。学术信息交流会由副会长陈卫平主持。郁振华、邹诗鹏、曹泳鑫分别介绍了中国哲学研究动态、国外马克思主义研究和马克思主义中国化研究动态。

市经济学会会长周振华主持召开常务理事扩大会议，轮值常务副会长万曾炜提出本年度工作总体设想，副会长兼秘书长郝德良汇报2011年度工作方案。常务理事会扩大会议经讨论一致通过本年度的工作要点。

1月17日 市土地学会召开第六届会员代表大会。会议审议通过了《第五届理事会工作报告》和财务收支情况报告；审议通过了修改后的《上海市土地学会章程》；选举产生了第六届理事会成员。在随后举行的六届一次理事会会议上，选举产生了第六届理事会领导班子，史家明为会长，吕华青(兼秘书长)、丁健、顾海英、华伟、袁华宝为副会长。市社联学会处负责人和市规土局领导出席会议并讲话。

1月19日 市委宣传部检查组一行在部纪检监察室副主任朱章鸣的带领下，来到市社联检查党风廉政建设责任制落实情况。市社联党组副书记桑玉成从强化制度建设、注重执行力、重大项目规范化、强调基础性工作、机关内部运作规范等方面，向检查组作专题工作汇报。社联办公室、组织人事处有关同志列席会议。

市粮食经济研究会在良安大饭店召开七届三次理事会议，讨论2010年工作总结、2011年工作计划草案，提出修改意见。审议通过2010年经费使用情况。常务副会长迟家平主持会议。会长朱元旦出席并讲话。

1月20日 市邮电经济研究会召开2011年学术年会，会议审议并通过了张林德会长所作的《上海邮电经济研究会2010年工作总结和2011年工作计划》的报告，学会副会长周焕德、李振坤分别作“内罗毕发展战略及对中国邮政的启示”和“迎接信息通信新发展”专题报告。市社联学会处负责人参加会议并讲话。

1 月 21 日 市社联机关党委率社联各支部代表前往结对帮扶的奉贤区南星村，慰问生病和生活困难的村民，送去慰问金和年货，表达了机关党委对帮扶村民的关心。

1 月 22 日 市老年学学会青年学者联谊会举办“老年学热点理论问题研讨会兼第四次青年学者专题沙龙(头脑风暴)”，20 多位律政专业的青年学者、青年医学专家，与老年法律专家、老年社会学者专家围绕“‘常回家看看’该入法吗？——法律与道德的争议”展开交流。

《探索与争鸣》杂志社和市历史学会太平天国史专业委员会联合主办召开“太平天国与社会问题”学术研讨会。来自复旦大学、华东师范大学、上海师范大学、上海大学、上海社科院、南京师范大学以及南京太平天国历史博物馆的 50 多位专家学者参与交流，市社联原副主席武克全出席会议。

1 月 24 日 《探索与争鸣》杂志社与市未来学会联合召开“稳定物价关乎国家的长治久安”学术研讨会。袁恩桢、邓伟志等专家学者围绕“我国此轮通货膨胀的原因及其应对”、“物价问题中的政府成本”、“物价上涨与‘用工荒’”、“物价统计的科学性与透明性”、“物价问题不仅是个经济问题”、“物价与社会稳定程度测量”等话题，展开热烈而深入的讨论。会议研讨成果在《探索与争鸣》第 3 期“圆桌会议”栏目刊出。

1 月 25 日 市社联、市形势政策教育研究会联合举行社联论坛第四十四次报告会，邀请上海国际问题研究院学术委员会主任俞新天研究员作“2011 年国际形势展望与我国的对外战略”报告。会议由研究会会长林炳秋主持，300 余人出席。

市欧洲学会举行 2010 年年会暨学术研讨会，来自本市各高校科研机构从事欧洲研究的专家学者共计 40 多人与会。同济大学德国学术中心副主任李乐曾和学会会长戴炳然到会致辞。学会审议并通过了副会长兼秘书长曹子衡所做的 2010 年度学会工作报告。与会专家围绕“国际体系变革中的欧洲与中欧关系”为主题进行学术研讨。同济大学德国问题研究所副所长郑春荣、学会副会长叶江分别主持上下半场会议，冯绍雷、潘光、李乐曾、徐明棋、郑春荣、伍慧萍、张海冰、朱苗苗等做报告。

市形势政策教育研究会举办“每月谈讲座”，邀请上海国际问题研究院学术委员会主任俞新天研究员做“2011 年国际形势展望与我国的对外战略”专题报告，会长林炳秋主持，300 多人出席。下午，举办“信息发布会”，市绿化与市容管理局副总工程师张浪教授介绍上海绿化美化工程建设的有关情况。

1 月 26 日 题为“传统文化与现代文明的融合——中国城市化之问”的“东方讲坛·华文讲堂”启动仪式暨首次论坛在上海世博洲际酒店举行。上海市政协副主席周汉民按动“东方讲坛·华文讲堂”启动光球，并做题为“上海世博会是一部百科全书”的主旨演讲。中共上海市闵行区委书记孙潮、北京市委研究室副巡视员余钟夫、上海国际问题研究院院长杨洁勉、原美国农业部部长级专家 Frederick Crook 郭志文进行演讲。本市政府机关、委办、企业、行业协会、部队、公安、高校、媒体代表及海外友人近 200 人出席活动。

1 月 27 日 市社联举行全体机关干部学习会议，市社联党组书记、专职副主席沈国明向市社联全体职工传达市人大十三届四次会议精神，并介绍 2010 年政府工作报告、2011 年上海发展主要指标、卢湾区的发展规划等背景情况。市社联党组成员、秘书长生键红主持会议。

1 月 28 日 市社联举行离退休老同志团拜活动，党组书记、专职副主席沈国明向老同志们通报了社联 2010 年工作情况以及新的一年的工作设想。秘书长生键红主持了活动。党组领导还与老同志一起吃了团圆饭。

由市老年学学会与上海银行联合组织的“百万老人刷卡无障碍计划”总结表彰会在青松城举行。通过三年的导银活动，近百万老人接受了导银的知识讲座，获得了识别假币和防止金融上当受骗的知识，增加了防范意识，近 30 万老人学会了 ATM 机的使用方法。

1 月 29 日至 31 日 市社联党组领导走访慰问社联老领导、离休干部和困难退休干部，送上节日的问候与祝福。

1 月 30 日 市社联召开 2011 年第一次主席会议暨六届二次常委会会议。社联主席秦绍德主持会议，市委宣传部副部长潘世伟等社联副主席、常委 20 余人出席会议并讲话，社联党组书记、专职副主席沈国明就 2010 年工作回顾和 2011 年工作安排做报告。

市社联举办 2011 年上海社科界迎春座谈会。近百位上海社科界专家学者代表济济一堂。社联主席秦绍德、市委宣传部副部长潘世伟出席会议并讲话，社联党组书记、专职副主席沈国明作简要工作报告，社联党组副书记桑玉成主持会议。俞新天、奚洁人、邓伟志等社科界专家学者代表围绕新一年学会活动组织、学术研究普及、学术发展环境等畅谈感想。中国电影家协会副主席、著名电影表演艺术家奚美娟和部分社科工作者以诗朗诵、独唱等形式，表演了精彩的助兴节目，把迎春座谈会的氛围推向新高潮。

2 月

2 月 12 日 市社联召开中心组专题学习会，传达、学习十七届中纪委六次全会和九届市纪委六次全会精神。社联党组书记、专职副主席沈国明出席会议并讲话，社联党组副书记桑玉成主持会议并作了有关会议的传达。社联处以上干部列席了会议。

2 月 15 日 市庭院经济与文化研究会“百老德育讲师团”20 多位老红军、老将军、老劳模、老科学家、老书画家，在团长戚泉木带领下来到江南新村小学，举办“庆祝中国共产党成立 90 周年，百老百场爱国主义教育讲座首讲式”。

2 月 16 日 社联召开 2011 年工作会议，回顾总结 2010 年主要工作，安排部署 2011 年工作任务，表彰社联 2010 年年度优秀工作人员、单项奖获得者与世博先锋行动获奖人员。社联党组书记、专职副主席沈国明，社联党组副书记桑玉成，市委宣传部理论处处长刘世军、社科规划办主任荣跃明等出席会议并讲话。社联全体干部职工出席会议。

市会计学会召开常务理事会和会员代表大会暨团拜会。会议探讨了学会有关工作，并通过顾宏祥任秘书长决议。

2 月 17 日 市社联召开科研组织工作会议，科研处就 2011 年度社联层面重点项目，做了专题工作方案汇报，科研处、办公室等有关同志出席。会议就本年度报告“学术年会”、“建党 90 周年”纪念活动、“辛亥革命 100 周年”纪念活动、“城市运行安全与生产安全”专题调研、“马克思主义研究论坛”等重点工作项目方案进行了详细策划讨论。市社联党组书记、专职副主席沈国明，市社联党组副书记桑玉成出席会议并讲话。

市社联、上海发展研究基金会联合举办“东方讲坛·发展沙龙”，邀请中国体制改革研究会会长宋晓梧做题为“政府在调整收入分配中的作用”的演讲。市社联党组书记、专职副主席沈国明，上海发展研究基金会理事长沙麟、副理事长王荣华，市社联党组副书记桑玉成、秘书长生键红等50余人出席了沙龙。

2月19日 由市社联主办，市文化发展基金会资助，《探索与争鸣》杂志社与华东师大文学研究所联合承办的“新世纪城市文学创作的问题与出路”学术研讨会举行。市社联党组书记、专职副主席沈国明，松江区委常委、宣传部部长杨峥，华东师大文学研究所副所长杨扬出席会议并致辞。来自浙江大学、南京大学、复旦大学、华东师范大学等全国高校、科研院所的30多位专家学者就全球化背景下的城市文学书写主体的辨认、城市文学想象的检索与建构、城市经验的多元表达、城市文学创作的人类忧患意识、城市文学的历史使命等话题展开研讨。来自《解放日报》、《文汇报》、《文学报》、《文汇读书周报》、《松江报》、松江电视台的记者出席会议，并对会议给予报道。会议成果以圆桌会议的形式刊发于《探索与争鸣》2011年第4期。

2月20日 市社联召开纪念“辛亥革命100周年”学术活动项目评审策划会议。会议对社科界申报的53项学术项目进行了评审，共评审推荐系列研讨活动选题5项、著作选题4项、论文选题21项。历史学会、中山学社、宋庆龄研究会、市文史研究馆的主要负责人，以及上海社科院、复旦大学、上海大学等相关社科机构的主要专家11人参与评审，并酝酿策划了“辛亥革命100周年”学术纪念活动方案。会议由市社联党组书记、专职副主席沈国明主持，市社联党组副书记桑玉成出席会议并讲话。市委宣传部理论处处长刘世军、市哲学社会科学规划办公室主任荣跃明参加了项目评审。

2月21日 社联召开党组班子年度考核会议，市委宣传部副部长潘世伟、宣传部干部处、社联党组成员和社联处以上干部出席了考核会议。潘世伟同志主持会议。沈国明同志代表党组报告2010年工作情况，与会同志还听取了党组领导的个人述职报告。并进行了民主测评。

由上海国际问题研究院与东方讲坛办公室联合主办的“东方讲坛·华文讲堂”第二场“光辉的历程：中国共产党的领导与中国外交成就”论坛在上海锦江饭店小礼堂举行。中国国际问题研究基金会战略研究中心执行主任王嵎生，上海环太国际战略研究中心理事长陈启懋，原海军上海基地副司令员苏荣，上海国际问题研究院学术委员会主任俞新天，市委党校、上海行政管理学院科学社会主义教研部教授袁秉达等进行主题演讲。

市社联举行“上海市民社会科学知识和素养调查”项目协商会。市社联党组副书记桑玉成出席会议并提出指导意见，上海大学教授欧阳光明介绍了项目组的总体方案和工作构想，上海大学社科处副处长杨庆峰表示作为学校科研部门将全力配合做好该项目相关工作。双方协商后，初步拟定了该项目的工作重点和工作进度。

2月22日 市工商行政管理学会召开2010年年会。市社联党组书记、专职副主席沈国明，市工商局党委书记、局长吴振国出席会议并作重要讲话。市工商学会会长陈学军代表常务理事会作工作报告。市工商学会副会长徐枫主持会议并宣读《上海市工商行政管理学会关于表彰 2010 年度工商行政管理系统优秀论文(调研报告)的决定》。

会议共表彰理论文章或调研报告 100 篇。学会成员 120 余人参加会议。

2 月 23 日 市社联召开《纪念建党 90 周年学术丛书》统稿会议。丛书三卷《社会卷:从弥散到秩序:制度与生活视野下的中国社会变迁(1921—2011)》、《政治卷:动力与边界:政治发展的中国逻辑》、《经济卷:复兴与增长:政党推动的制度变迁与战略抉择》的初稿已基本完成。会议对各卷的学术性与政治导向性做了进一步把握,对各卷的总体框架和编撰体例提出规范要求,并针对各卷形成具体的修改意见。市社联党组书记、专职副主席沈国明出席会议。

2 月 24 日上午 市形势政策教育研究会举办"每月谈讲座",邀请上海市人大常委会研究室主任施凯做"加强社会建设与关注社会民生"专题报告,300 多人出席;下午举办"信息发布会",上海国际问题研究院外交政策研究所所长李伟建研究员介绍中东局势与埃及动荡的背景情况。

市社联召开机关内网办公平台等级保护测评启动会议,市社联、市信息投资咨询有限公司、市信息安全测评认证中心的相关人员出席了会议。

市统战理论研究会举行主题为"统一战线与社会主义核心价值体系"的 2010 年度学术年会暨五届四次理事(扩大)会议。市委常委、时任市委统战部部长杨晓渡,市社联党组书记、专职副主席沈国明出席会议并做重要讲话。市人大副主任、研究会副会长郑惠强作市统战理论研究会 2010 年工作报告。市委统战部秘书长、研究会副会长徐力传达了中国统战理论研究会第五届会员代表大会主要精神。复旦大学余源培、华东师大章义和作交流发言。理事会一致同意增补市社会主义学院副院长姚俭建为研究会副会长。会上还颁发了征文优秀组织奖。会议由市社会主义学院副院长、研究会副会长兼秘书长张颖主持。

市庭院经济与文化研究会"百老德育讲师团"在浦东新区书院文化中心隆重举办"庆祝中国共产党成立 90 周年,市百老百场爱国主义传统美德教育展、讲、演系列活动"。中央军委委员、国务委员兼国防部长梁光烈上将,国防大学校长王喜斌上将,全国人大常委龚学平,市委老领导杨堤等题词。市委副书记殷一璀,市委常委、宣传部长杨振武,市委常委、浦东新区区委书记徐麟分别发来贺电、贺信。

2 月 25 日 市民防协会举办第一期"民防工程建设监理从业人员继续教育培训班",109 人参加培训。

市形势政策教育研究会组织"两月理论沙龙"活动,会长林炳秋等 20 人就"重庆模式"展开座谈。

市辞书学会召开第六届会员代表大会,通过了工作报告、财务报告与学会新的章程,选举产生由 27 名理事组成的第六届理事会。在随后举行的第六届理事会第一次会议上,选举彭卫国为会长,朱明钰、庄智象、李梦生、应小雄、孙欢、吴洪、高永伟、唐克敏为副会长,徐祖友为秘书长。

2 月 26 日 市城市经济学会召开第九届会员代表大会。会议审议通过第八届理事会工作报告和修改后的学会章程，选举产生第九届理事会成员。在随后举行的九届一次理事会会议上，选举产生了第九届理事会领导班子，江绵康任会长，姚仲华（常务）、高汝熹、严鸿华、朱家祥、袁钢（兼秘书长）、丁健任副会长。市社联党组书记、专职副主席沈国明出席会议并讲话。

2月27日 市社联举行2010年度上海市社会科学普及读本系列出版资助首次专家评审会，邀请市社联、相关学会领导7人担任评审专家，对74个项目投标申请书进行了集中评审，上海人民出版社两位编辑参与了评审讨论。会议推荐19项选题入选科普读本资助范围，内容涵盖政治、经济、社会、哲学、人文等学科领域。市社联党组书记、专职副主席沈国明，党组副书记桑玉成出席会议。

2月28日 市社联召开“纪念中国共产党成立90周年”理论研讨征文社联系统重点学会组稿工作会议。市社联所属相关基础理论、应用学科学会共27家，近30人出席会议。与会者就征文活动的实施推进交流了意见和建议。

3月

3月1日 市社联举行2011年度学术团体负责人暨党建工作会议。来自社联所属学会及民办社科研究机构200多位负责人及党工组成员参加了会议。市社联党组副书记桑玉成主持并宣读获得2010年度学会学术活动月优秀组织奖、2010年度《社联通讯》十佳报道、积极投稿奖的名单。市社联学会处副处长王克梅介绍了2011年度学术团体的具体工作。

市物流学会召开2011年学术年会，副会长、复旦大学朱道立教授做主题报告：“国内外物流新技术与上海‘十二五’物流发展展望”，150人与会。

3月2日 市社联办公室组织召开社联财务预算工作会议，市社联党组书记、专职副主席沈国明，市社联办公室主任吴伟余，办公室财务室相关人员以及各处室预算员出席会议。会议就预算执行、公务卡使用、政府采购以及现金报销等提出了要求，部署了工作。

市社联召开事业单位岗位设置及聘任领导小组会议，根据市人力资源和社会保障局核准的方案，进行岗位聘任的实施和部署。

3月3日 市社联召开“庆祝中国共产党成立90周年”书稿编撰协调会。26部著作作者介绍了目前书稿的撰写情况和进度，并将按期完成撰稿任务。东方出版中心总编辑宋焕起、图书编辑部主任王卫东介绍了丛书出版的相关计划和要求，并与著作作者当场签订协议。东方出版中心已将此系列丛书列为本年度重点出版工程，并将与社联合作开展新书出版发布会、研讨会等活动。市社联党组副书记桑玉成出席，科研处处长徐中振主持会议。

上海金融法制研究会举办“2011年金融法制讲坛”，特邀北京中房协经济学家李战军做“中国暨上海房地产市场和调控政策研究”专题报告。

3月3日至5日 京津沪渝公民人文素质联合调查研讨会在北京召开，北京市社科联党组书记、常务副主席史秋秋，天津市社科联党组书记李家祥，上海市社联党组书记、专职副主席沈国明，重庆市社联副巡视员吴重会等四直辖市社联领导和科普处负责人、有关专家、项目组负责人与会，就该联合调查项目的调查问卷和抽样方案进行研讨，并协商议定了有关调查工作安排。

3月4日　“东方讲坛社区讲座现场会”在长宁区江苏（路）街道举办点举行，举办点负责人与街道妇联主席出席会议。市社联科普处对东方讲坛举办点进行了调研，并通过问卷调查的形式，收集了听众对讲师评价及东方讲坛的建议等信息。

市总会计师工作研究会召开2010年年会，200余名会员参加会议。会长邹华新做2010年度研究会工作报告，并介绍2011年工作安排。

市企业发展促进研究会在社联大楼举办《学习贯彻全国“两会”精神》报告会。全国人大代表、上海市人大常委会秘书长姚明宝应邀作报告。

3月7日　东方法治文化研究中心名下媒体品牌“东方大律师”的电视版在法治天地频道IPTV正式开播，标志着“东方大律师”的普法宣传工作由广博电台发展到了电视平台。

3月9日和13日　围绕《上海学术年度报告（2010）》编纂工作，市社联、复旦大学社会科学高等研究院联合举办“沪外著名学者评议上海学术”和“沪上著名学者评议上海学术”年度学术论坛。会议讨论了2010年度上海哲学社会科学总体发展状况，评议了当前上海各学科优势和不足，并就发展方向提出建议。中国政法大学教授方流芳、北京大学哲学系教授何怀宏、北京天则经济研究所学术委员会主席张曙光、上海社会科学院副院长黄仁伟、复旦大学国际关系与公共事务学院常务副院长林尚立、华东师范大学历史系教授沈志华等30多位专家学者与会。市社联党组书记、专职副主席沈国明出席会议并致辞，市社联党组副书记桑玉成、复旦大学社会科学高等研究院院长邓正来主持会议，市社联科研处处长徐中振出席会议。

3月9日　市社联举行高校宣传部长工作交流会暨联谊会。复旦大学、上海交通大学、同济大学、华东师范大学、上海财经大学、华东理工大学、上海大学、上海师范大学、上海财经大学、上海中医药大学、上海音乐学院等10所高校的党委宣传部部长、副部长出席。市社联党组副书记桑玉成主持会议，科普处处长何畏对东方讲坛学术特别版实施办法等工作项目进行了介绍。会上还讨论了上海社科界合唱团的组建工作。

3月10日　“上海市民社会科学知识和素养调查”项目第二次工作协商会在市社联举行。市社联科普处处长何畏传达了社联领导对该项目研究工作的要求，并对调研的重点、难点与项目组进一步交换意见。上海大学社科学院教授欧阳光明、社科处副处长杨庆峰就如何完成北京、天津、上海、重庆四直辖市联合调查谈了工作设想，并表示将根据社联要求于本月底完成总体方案的修改和经费预算等工作。

市经济学会在上海社会科学会堂举办第一季度高层次学术报告会。副会长、上海交通大学经济学院执行院长陈宪作“从六个视角看十二五开局”的主题演讲，60余位会员出席会议。

3月11日　市社联召开机关干部大会，党组书记、专职副主席沈国明就抓好全年工作的开局，促进社会稳定提出了工作要求。党组副书记桑玉成就违规收受礼金礼券购物卡的专项整治工作进行了布置，要求把专项整治作为今年推进机关党风廉政建设、进一步规范财务管理的重要抓手，认真落实。

3月12日 由市经济学会社会主义市场经济专业委员会、华东师范大学商学院和中共普陀区委党校联合主办的“中国特色消费理论与消费模式”研讨会在华师大举行。会议由专委会主任陈承明主持，20多位专家学者参与研讨。

3月15日 东方讲坛社区讲座现场会在闵行区梅陇镇举办点举行。举办点负责人与社区学校工作人员出席会议。市社联科普处对该举办点进行了调研。

3月16日 市经济学会市场营销专业委员会和上海财经大学500强企业研究中心联合举办“500强论坛”，特邀中国500强企业、皖北煤电集团董事长兼党委书记葛家德做题为“坚守战略、深耕管理、关爱员工、守望愿景”的演讲。

3月17日 市社联、市形势政策教育研究会联合举行社联论坛第四十五次报告会，邀请全国人大代表、上海市人大常委会秘书长姚明宝传达全国“两会”精神及讨论中的热点问题。会议由市社联党组书记、专职副主席沈国明主持。500余人出席了报告会。

市社联召开社会科学普及读物资助项目签约会。来自复旦大学、上海交通大学医学院、华东师范大学、同济大学和上海大学等单位的9位获准立项的项目负责人出席会议，会上社联科普处与各位作者签订了项目资助合同。上海人民出版社有关编辑应邀出席会议。

3月18日 市委宣传部党风廉政建设责任制检查组来我会检查指导工作。时任市委宣传部秘书长陈颂清主持会议，市社联党组书记、专职副主席沈国明汇报社联贯彻落实党风廉政建设责任制工作的情况，市委宣传部纪检组副组长、监察室副主任朱章鸣反馈了检查组的意见。

市犯罪学学会、市高级人民法院联合召开“职务犯罪的预防与惩治”研讨会。市第二中级人民法院院长王信芳致辞。来自法院、检察院和华东政法大学的专家学者罗开卷、罗槐茂、康乐、沈炎、胡绍宝、张炜作交流发言。华东政法大学教授杨正鸣、刘宪权分别作点评。市社联副主席、华东政法大学校长、市犯罪学学会会长何勤华作总结讲话。会上分发了由42篇论文组成、共计30余万字的研讨会论文集。来自本市各高校、市和区县的法院和检察院的法学专家和学者150余人参加了研讨。

3月19日 市日本学会召开第六次会员代表大会暨学术报告会。会议由副会长陈永明主持，大会审议并通过工作报告、财务报告和修改后的章程。大会选出第六届理事。新一届理事会第一次会议选举产生以吴寄南为会长的新一届学会领导班子。市社联党组书记、专职副主席沈国明到会并讲话。随后举行的学术报告会上，前外交部副部长徐敦信、复旦大学世界经济研究所教授陈建安作了专题报告。

市创造学会与中创会企业创新委员会咨询服务部，在闵行区上海环球职业技术学校联合举办“应用创新理念，指导企业发展转型”咨询与研讨活动。

3月21日 市社联干部职工一行在市社联党组书记、专职副主席沈国明和党组副书记桑玉成的带领下，前往上海光源学习参观，深入一线实验站，深入了解上海高科技发展现状。

3月22日 湖南省社科联调研组一行在省社科联党组成员郑升的带领下到访上海市社联，与社联党组书记、专职副主席沈国明，办公室主任吴伟余，科普处处长何畏等进行专题座谈。双方就如何搞活社科普及工作进行了深入交流。

市房产经济学会假市政协会场召开 2011 年工作会议，总结 2010 年工作，安排 2011 年工作。各分会、专委、工委会长和市学会驻会同志近 50 人参加了会议。会议由常务副会长、秘书长郭世民主持。

3月23日 市民防协会组织专家对“长兴镇配套商品房基地二期工程人防地下室专项施工方案”进行安全质量评审，并向有关单位发送了《技术评审意见》。

3月25日 福建省社科联考察团一行在省社科联党组成员、副主席谢孝荣带领下到访上海市社联，就科研组织、社科优秀成果评选、学术社团党建、社科普及等业务工作，与市社联党组书记、专职副主席沈国明以及社联各处室负责人座谈交流。

市社联召开第二批社会科学普及读物资助项目签约会，来自复旦大学、上海交通大学医学院、华东师范大学、上海财经大学、上海大学和上海社科院等单位的 8 位获准立项的项目负责人出席会议，会上市社联科普处与各位作者签订了项目资助合同。上海人民出版社有关编辑应邀出席会议。

市民防协会举行第二期“民防工程建设监理从业人员继续教育培训班”，96 人参加培训。

3月26日至28日 《探索与争鸣》编辑部赴南京参加首届江苏省警务发展论坛，27日，与江苏警官学院联合召开“社会管理创新与警务变革”研讨会，并同南京大学历史系、社会学系、中文系分别召开多场专家座谈会。会议相关成果发表在《探索与争鸣》第 5 期“圆桌会议”。

3月27日 市知识青年历史文化研究会召开成立大会，筹建小组成员作《关于上海市知识青年历史文化研究会筹建情况报告》。大会表决通过研究会章程，选举产生第一届理事会理事。在随后举行的一届一次理事会全体会议上，周鸿刚当选会长，叶辛、熊月之、金光耀、朱政惠、黄洪基、张刚、方国平、陈保平、赵丽宏当选副会长，黄洪基（兼）当选秘书长。市社联党组书记、专职副主席沈国明出席会议并讲话。

由中国高等教育学会主办、上海市高等教育学会承办的中国高等教育学会 2011 年度秘书长工作会议在上海师范大学召开，来自全国各省市高教学会的 130 余名秘书长、高教界领导参加了会议。会议由中国高等教育学会秘书长范文曜主持，上海市教委主任薛明扬致辞，中国高等教育学会会长周远清作研究报告，教育部高教司司长张大良在会上做题为“提高人才培养水平，推进高等教育内涵式发展”的重要讲话。

3月30日 市社联召开“庆祝中国共产党成立 90 周年”系列研讨活动推进会。10 位研讨活动负责人详细介绍了活动方案及目前筹备情况，并初步商定活动举办时间、地点等事项。此次系列研讨活动，将以上海学术界的最新研究成果来庆祝中国共产党 90 周年诞辰。活动期间社联将与报社等媒体合作，做好活动的宣传工作。市社联党组副书记桑玉成出席会议并讲话，科研处处长徐中振主持会议。

3月31日 市民防协会召开第五届理事会第三次常务理事会议和2011年会员大会。会议由副会长孙晓波主持，常务副会长沈德耀向大会报告了协会2010年工作情况和2011年工作安排，秘书长陈亮作了协会经费使用情况及理事成员调整情况说明，会长刘南山到会并讲话。

4月

4月1日 市法学会与市第一中级人民法院联合举办上海法学讲坛2011年第一讲，邀请最高人民法院中国应用法学研究所副所长曹守晔主讲合同法司法解释(二)的理解与适用。市法学会副会长李继斌、市第一中级人民法院副院长宋学东等出席讲坛。来自本市法院、律师事务所等单位的近500名法学、法律工作者参加。

4月2日 市社联召开青年工作座谈会。23位青年同志围绕“个人发展规划和社联文化感悟”进行了交流。社联机关党委副书记张勇鼓励青年同志有所担当。党组书记、专职副主席沈国明强调了青年同志制定职业规划的重要性，肯定青年同志的生力军作用。

市社联与上海发展研究基金会联合举办“东方讲坛·发展沙龙”，邀请第十一届全国政协外事委员会主任赵启正作“开拓公共外交的意义”的演讲。市社联党组书记、专职副主席沈国明，上海发展研究基金会理事长沙麟，市社联秘书长生键红等50余人出席了沙龙。

市美学学会和上海大学电视文化研究中心联合举行“贺岁片的审美形式与价值取向学术研讨会”。来自上海社科院、复旦大学、华东师范大学、上海戏剧学院、上海政法学院、上海市社联、上海中国画院和上海大学等电影学界和美学界的20多位专家、学者参加了研讨会。

4月3日 市世界语协会邀请越南世界语学者阮美琼，介绍越南世界语运动及2012年在越南召开第97届国际世界语大会的准备工作情况。

4月7日 东方讲坛金山区工作交流会在市社联举行。会议就如何在新时期开展金山区东方讲坛的工作进行了探讨。市社联科普处处长何畏与金山区委宣传部宣传员王咏梅等有关同志出席会议。

市企业发展促进研究会组织会员企业领导77人参观了上海高新技术展示馆。

4月9日 意大利 Triesta 市世界语协会主席 Edvige Ackermann 和副主席 Elda Doerfler 访问上海并与市世界语协会部分会员举行座谈会。

4月12日 市社联召开贯彻落实党风廉政建设中心组专题学习会，党组书记、专职副主席沈国明主持会议，传达市宣传系统党风廉政建设干部大会精神和市委常委、宣传部长杨振武同志的讲话精神，并就社联党风廉政建设工作作了布置。

4月13日 市社联召开上海市社会科学界第九届(2011)学术年会筹备工作会议。学术年会组织委员会、学术委员会、各学科专家组成员40余人出席会议。会议通报了本届年会工作要点，酝酿讨论本届年会工作方案和大会主题，协商落实各学科专场活动主要承办单位。学科组专家还分组筹划了各学科专场的主题及筹备工作。会议由市社联党组书记、专职副主席沈国明主持，市社联主席秦绍德、市社联党组副书记桑玉成出席会议并讲话。

市现代企业经营管理研究会举行“创新与发展”学习交流会暨第十二期职业经理人结业典礼。上海交通大学卓越管理中心专家对上海电缆厂学员的论文进行了点评。

4 月 14 日 市民防协会举办第三期“民防工程建设监理从业人员继续教育培训班”，99 人参加培训。

4 月 15 日 黑龙江省社科联社会科学普及处主任胡晓玉等一行来访上海市社联，社联党组书记、专职副主席沈国明及科研处、刊业中心有关同志与到访同志就社科评奖、刊物编辑业务、项目资助等工作进行座谈。

4 月 16 日 市经济学会与上海社科院经济研究所联合举办“社会主义政治经济学理论研讨会暨祝贺袁恩桢研究员荣获上海市学术贡献奖座谈会”。会议由市经济学会会长、市政府发展研究中心主任周振华主持，上海社科院经济所所长、时任社科院常务副院长左学金做总结。本会及社科院经济所资深学者、研究人员、袁恩桢的学生代表和经济所在读研究生等 40 余人出席。

4 月 17 日 市社区发展研究会、长宁区“凝聚力工程”学会华阳社区分会、华阳社区(街道)党工委及办事处联合举行“服务群众，凝聚社会:社会管理创新论坛”。市委组织部副部长冯小敏、长宁区委副书记夏永泰出席论坛并讲话。市社区发展研究会副会长、市人大政策研究室主任施凯主持论坛并做会议总结。华阳社区(街道)党工委书记宋慧、浦东非营利组织发展中心(NPI)副主任王志云做主题演讲。有关专家和领导马西恒、汪丹、唐晓腾、徐中振、李友梅、徐未晚作交流发言。相关部门领导、专家学者、特邀嘉宾、有关单位及新闻媒体代表共 150 余人出席论坛。

4 月 19 日 市经济学会现代营销理论研究专业委员会与上海财大 500 强企业研究中心联合举行“500 强”讲坛活动，邀请美国麻省理工学院斯隆管理学院终身教授黄亚生做题为“‘中国模式’有多独特”的演讲。150 余人聆听演讲。

4 月 19 日 市社联召开信息员工作会议。会上，各部门信息员就如何进一步加强网站建设出谋划策，踊跃发言，提出了以社联主页为平台，整合处室资源、捕捉学术动态、推介社科青年才俊等建议。

4 月 20 日 “上海市公民人文社会科学知识与素养年度调查”项目合同签约会在社联召开。会上，根据社联党组会议的相关精神，科普处与上海大学社会科学学院的项目负责人签订了项目委托合同，并就该项目的工作进度等问题进行了讨论，达成了一致意见。

市行为科学学会举行第六届会员大会。市社联党组书记、专职副主席沈国明到会并讲话。上海交通大学安泰经济与管理学院党委副书记田新民主持会议，院长周林致词。会议审议通过工作报告、财务报告与新章程，选举产生学会第六届理事会。随后举行的六届一次理事会会议选举魏瑚、王方华任名誉会长，徐飞任会长，田新民、潘敏、薛求知、肖卫国、成勇、李霞、李铮理、刘永芳、王民、黄淇敏和毛国伟任副会长，田新民兼任秘书长。选举结束后徐飞作了题为“行为科学发展的若干趋势”的学术报告。

4 月 21 日 广东省社科联主席田丰到访上海市社联。市社联党组书记、专职副主席沈国明，党组副书记桑玉成以及社联办公室主任吴伟余、《学术月刊》主编田卫平等与田丰主席进行了交流探讨。

市经济学会经济理论教学研究专业委员会与上海财经大学联合举办主题为“改善收入分配、治理通货膨胀与经济学教学改革”的学术研讨会。专委会主任何玉长、副主任高帆作主题发言，副主任王明华主持会议，30余位专家学者出席。

4月22日 市建交委副主任倪蓉一行应邀来到市社联，为社联全体干部职工作有关本市旧城改建工作的讲座。讲座由市社联党组书记、专职副主席沈国明主持，围绕本市旧城改建工作所取得的经验和成果展开，介绍了“事前两次征询”等制度创新和“触摸屏公示”等技术创新的情况，以及动迁工作的新前景和大趋势。

由市会计学会、上海干部在线、中国人民大学继续教育学院主办的“中国人民大学继续教育现代企业管理规范与岗位技能复合培训专题报告会”在上海光大会展中心举办。中国人民大学继续教育企业培训专家委员会常务副主任谢旭就“挑战拖欠，规避风险——全程信用管理模式”作专题报告。来自上海市100多家企业的200余人参加会议。

上海金融法制研究会、上海市立法研究所、上海金融法制研究会金融检查工作委员会共同主办的“2011年度青年课题项目中标签约仪式”在上海国际集团举行。金融法制研究会会长倪维尧与七位来自司法机关、金融监督部门、金融机构、高等院校的中标者正式签约。

4月23日 市世界语协会与韩国世界语协会副主席许星座谈。

4月24日 市庭院经济与文化研究会“百老德育讲师团”百名老干部、老红军、老将军、老劳模、老教授、老科学家、老艺术家金婚感恩庆典在上海国际会议中心举行，市委副书记、市长韩正来信祝贺，市委副书记殷一璀、市委常委沈红光、杨振武、徐麟、市人大副主任市总工会主席钟燕群来电祝贺。市人大常委会副主任吴汉民为金婚老同志发荣誉证书。全国人大常委龚学平、老领导杨堤、陈铁迪题词祝贺。刘振元、谢丽娟等出席金婚庆典。讲师团团长戚泉木作主题演讲。

4月26日 上海发展研究基金会与市社联联合举行“上海发展沙龙成立六周年庆祝大会暨后危机时代中国经济转型演讲会”。原市政协副主席、上海发展研究基金会副理事长王荣华主持庆祝大会，原市人大副主任、上海发展研究基金会理事长沙麟到会并致辞。演讲会由上海发展研究基金会秘书长乔依德主持，中国社科院学部委员、中国世界经济学会会长余永定和国务院发展研究中心研究员吴敬琏先后作专题演讲。市社联党组书记、专职副主席沈国明，市社联秘书长生键红等100余人出席了会议。

市社联召开“上海社联学术社团建设与发展研讨会”筹备策划会议，策划上海社联学术社团建设与发展调研课题。社联学会处负责人王克梅主持会议。武克全、奚洁人、陈章亮、朱贻庭、郝德良、吴解生、罗峰等学会领导作相关发言。

4月27日 市社联举行学会科普工作联会，中共党史学会、哲学学会、经济学会、法治研究会、法学会、社会学会、教育学会等22家学会秘书长出席会议。会上播放了“‘十一五’上海市科普工作巡礼”影视片。科普处处长何畏对第九届上海市社会科学普及活动周作简要总结，并交流了社联“十二五”期间科普工作思路和近期科普工作打算。

市世界语协会与德国世界语者 Muller Pierrette 夫妇座谈。

市民防协会与市民防监察管理处联合召开 2010 年度民防优胜工程表彰大会。市民防办副主任、协会副会长孙晓波出席会议并为受表彰单位颁奖。

4 月 28 日 市人民政协理论研究会举行一届四次会员大会暨理论研讨会。市政协主席、研究会名誉会长冯国勤出席会议并做重要讲话。市委常委、时任市委统战部部长杨晓渡出席会议。出席会议的有关领导还有:周太彤、宋仪侨、谢丽娟、王荣华。市社联党组书记、专职副主席沈国明也出席了会议。市政协秘书长、研究会会长陈海刚主持会议。副会长朱志诚通报一届四次理事会会议情况。副会长兼秘书长徐海鹰做研究会 2010 年工作情况和 2011 年工作安排的报告。副会长张喆人宣布研究会 2010 年论文评奖结果。大会向 25 位获奖论文作者颁奖。有关专家和学者黄鸣、殷啸虎、陈茜、顾峰作交流发言。100 余人出席会议。

市企业发展促进研究会组织企业领导 52 人赴张江高科技园区考察张江集团自主创新的经验和做法。张江产业研究院常务副院长陈炜、春宇供应有限公司董事长兼 CEO 薛光春和浦东工业技术研究院院长林起章应邀介绍有关情况。

市形势政策教育研究会举办“每月谈讲座”,邀请中国中东学会副会长、上海市世界史学会会长潘光做“中东北非政局大动荡的影响与应对”专题报告,近 300 人出席。下午举办“信息发布会”,上海国际问题研究院日本研究室副主任廉德瑰就日本大地震的影响与中日关系走向作了报告。

4 月 29 日 宝钢集团党委书记、副董事长刘国胜应市社联邀请为社联员工作专题演讲,介绍宝钢的管理和理念,社联党组书记、专职副主席沈国明主持讲座,社联干部职工 40 余人聆听演讲。

4 月 30 日 市创造学会举办“企业诊断”研讨会,长期从事企业管理咨询服务的学会副秘书长马种会任主讲。

3 月—4 月 市建设交通系统思想政治工作研究会共召开 3 次座谈会,研讨如何利用网络开展思想政治工作。市住房保障和房屋管理局、申通地铁集团、市燃气管理处、松江区建交委团委、市政设计总院、浦东新区建交委、市水务局、隧道股份公司等 20 余家单位参加座谈。5 月份形成《发挥宣传服务功能,引导凝聚惠及群众》的课题报告,获交通部优秀论文一等奖。

5 月

5 月 4 日 市社联、上海国际问题研究院联合举办“中国共产党和中国特色外交理论与实践”学术研讨会。中联部研究室副主任尤宁戈,外交部政规司外交史处处长徐鹤鸣,上海国际问题研究院院长杨洁勉、副院长杨剑,中共上海市委党校教授王公龙等 10 余位专家学者发言。市社联党组副书记桑玉成出席会议。(此次研讨会是市社联“纪念中国共产党成立 90 周年”系列研讨首场活动)

市社联、上海外贸学院、上海 WTO 事务咨询中心联合召开“纪念中国加入世界贸易组织(WTO)10 周年”研讨会筹备会议。会上就主旨讲演人选、专题报告设计、全市征文工作、主办方经费预算等问题进行了协商和交流。此次研讨会议将于 8 月 4 日在上海展览中心宴会厅举行。

5 月 8 日 市社区发展研究会、浦东新区民政局、浦东新区社工协会、上海东方家园社区事务推展中心联合举行“创新社会管理,改进群众工作——浦东新区公益服务与公益组织发展研讨会”。市人大研究室主任、研究会副会长施凯主持会议。浦东新区副区长陆鸣致辞。市委宣传部副部长、上海社科院党委书记潘世伟,市委组织部副部长、研究会副会长冯小敏,市民政局局长、研究会副会长马伊里,浦东新区区委副书记、研究会副会长赵卫星出席会议并讲话。有关专家和学者朱眉华、王志云、国云丹做交流发言。研究会常务副会长徐中振做主题评论。卢汉龙、马西恒、李志伟、唐颖、汪丹做点评发言。

5 月 9 日 中共中央党校沈宝祥教授应邀为社联广大干部职工做了有关“改革开放与中国特色社会主义理论研究探讨”的精彩演讲。社联党组副书记桑玉成主持讲座。党组书记、专职副主席沈国明出席并讲话。

5 月 10 日 市法学会在华夏宾馆举行“完善社会主义法律体系”小型座谈会,市法学会副会长沈国明等出席会议,倪正茂、蒋晓伟、蒋传光、范进学、杨向东、邱之岫、石文龙、周望等 9 位专家学者与会。

市工商学会邀请复旦大学教授、博士生导师汪堂家作题为“食品安全:核心问题与关键对策”的报告,来自市、区(县)工商行政管理学会的 120 余位会员参加报告会。

5 月 11 日 市社联召开党员大会,党组书记沈国明就社联深入开展创先争优活动进行动员,提出要以“完善公共平台,提升服务水平、促进理论创新,推动学术发展”为主题,深入推进今年社联创先争优活动。党组副书记桑玉成主持会议。

市社联召开“纪念中国共产党成立 90 周年”主题征文活动社联系统评审工作会议。来自本市马克思主义研究、中共党史、政治、经济、社会、文化等学科的 29 位专家参加评审,从本市 50 个学会推荐的 741 篇应征论文中评选出 86 篇优秀论文报送市委宣传部。市社联党组书记、专职副主席沈国明,党组副书记桑玉成参加评审。

市商业经济学会举行华东六省一市商业经济学会第 22 次协作会。市商务委、中国商业经济学会领导到会致辞;商业经济学会顾问、原市商务委主任张广生做题为“世博后的商业发展”的主旨演讲。市社联学会处负责人出席会议并讲话。

由市经济学会、上海发展战略研究所、上海财大区域经济研究中心、《科学发展》编辑部主办,上海财大财经研究所等承办的上海中青年区域经济学者论坛开幕式暨“上海改革顶层设计”学术研讨会在上海财大举行。上海财大长三角城市群经济空间数据中心主任张学良、上海财大科研处处长干春晖主持会议,市经济学会会长周振华、上海财大副校长丛树海、上海财大财经研究所所长赵晓雷、上海市哲学社会科学规划办公室主任荣跃明先后致辞。近 50 位专家学者出席会议。

市民防协会在黄浦区南京东路街道举行“民众防护知识讲座”,由市民防特救中心朱文彬主讲,社区群众 80 余人出席听讲。

5 月 12 日 市社联举行东方讲坛工作联会。复旦大学、上海交通大学、同济大学、华东师范大学等 11 所高校宣传部和上海社科院科研处的工作人员参加会议。社联科普处处长何畏介绍了东方讲坛公共服务平台的建设情况，以及如何通过"学术特别版"，进一步实现上海社科界学术资源共享的工作思路。

5 月 13 日　市会计学会举办学术年会。会议由会长汤云为主持。副会长、复旦大学管理学院会计系教授李若山、上海金融学院副教授李颖做专题学术报告。会长汤云为宣读 2010 年度"潘序伦中青年会计、审计优秀论文奖"获奖名单。学会秘书长顾宏祥宣读 2010 年学会下属机构达标名单。学会为各下属达标机构颁奖并予以表彰。

市财政学会举行理事会会议。会议由副会长、上海金融学院院长储敏伟主持。市社联学会处负责人王克梅宣读学会党的工作小组名单。市财政局副巡视员姜蓉作关于学会领导成员和理事调整的说明。学会由方成平、忻可坊、周有道、周杏英、顾树桢、鲍友德、熊瑞祥担任顾问。会议选举田春华为会长，丛树海、许沛为副会长，孙建龙为秘书长。周炳坤担任副秘书长。调整后学会党的工作小组组长为赵伟星，成员为孙建为、周炳坤。市政府副秘书长、市财政局局长蒋卓庆到会讲话。

市会计学会以"围绕经济社会发展——关注会计改革进程，开展会计理论与实务研究"为主题召开学术年会，300 余人参加会议。学会会长汤云为主持会议，副会长李若山做主题报告，金融学院马颖做学术报告，财政局会计处处长、学会秘书长顾宏祥宣读 2010 年度学会达标名单，向 2010 年度潘序伦中青年优秀论文获得者颁奖。

市经济学会城建专业委员会与易居房地产研究院、市政府发展研究中心房地产与城市管理政策研究室、市土地学会城镇建设发展研究专业委员会等单位联合举办"面对全球金融形势的变化，房地产市场和房地产企业如何应对"论坛。

市民防协会举办第四期"民防工程建设监理从业人员继续教育培训班"，98 人参加培训。

5 月 13 日至 14 日　市法学会组织第 6 次青年法学沙龙学术联谊活动，赴杭州与阿里巴巴集团法务人员就网络购物法律问题进行座谈交流，本市近 20 位青年学者参加。

5 月 15 日　市外文学会召开第 10 次专题学术研讨会。华东理工大学教授颜静兰、应用技术学院教授孙志青、华东师范大学教授张春柏分别作主题发言。在本市高校从事外语教学的 30 余位专家学者结合本校教学实践参与交流。

5 月 17 日　第十届上海市社会科学普及活动周开幕式现场策划会在上海大学举行。科普处处长何畏、上海社科界合唱团负责人潘为民、上海大学党委宣传部副部长钟德津及相关工作人员出席会议，并讨论了舞台设计、会场布置、听众组织等活动周开幕式活动相关事宜。

市经济学会与上海社科院联合举办"2011 年度经济形势报告会"，学会会长周振华、上海社科院部门所所长杨建文、上海社科院世经所副所长徐明棋、时任上海社科院常务副院长左学金先后做专题演讲。100 余位专家学者及社科院博士生出席会议。

市老年学学会与上海银行共同举办的"科技助老行动・啄木鸟导银科普计划"启动暨签约仪式在青松城举行，上海银行个金部总经理方坚华和学会秘书长孙鹏镖分别介绍了本次活动的意义和要求。

5月18日 市社会工作党委书记施南昌，副书记、纪委书记袁建国，研究室主任方士雄，办公室夏镇龙等同志来到市社联开展调研，市社联党组书记、专职副主席沈国明以及各有关处室负责人出席座谈会。双方就今后加强信息交流、开展课题研究和评奖、出版研究和实践资料、举办论坛讲座、以学会为平台深化研究探索等合作事项达成初步意向。

《探索与争鸣》编辑部与上海社会科学院法学所海洋法研究中心联合召开"海洋问题与中华民族未来命运"学术研讨会。来自上海社会科学院、华东政法大学、国家海洋局东海分局、上海对外贸易学院、安徽财经大学的学者，就争议岛屿归属、海洋划界、海洋环境保护、海盗问题、大陆架划分、海洋法制建设等问题作了发言。研讨会相关成果发表在《探索与争鸣》第9期"圆桌会议"栏目。

市新四军历史研究会举行"当前社会热点问题专题报告会"。市发改委物价所负责人李学武介绍政府调控物价工作情况；医学专家孟宪纾作食品安全与中国饮食文化专题讲座。

5月18日至19日 市社联举行学会换届培训工作专题会议。会议由学会处负责人王克梅主持，来自市社联所属27家学会的负责人参加了会议。会议强调了换届工作对社团发展的重要意义。

5月19日上午 市住房保障和房屋管理局科技委主持召开专家评审验收会，市房产经济学会承担的《中外住房保障法规比较研究》课题通过了专家评审。

5月20日 市经济学会与上海交通大学安泰经济管理学院联合举办第二季度高层次学术报告会，邀请著名经济学家吴敬琏做题为"2011年中国宏观经济的态势和展望"的演讲。市经济学会副会长、上海交大经济学院执行院长陈宪主持会议，经济学会会员、有关学会领导及交大师生近500人出席。

市经济学会召开第二季度常务理事扩大会议，市人大常委会副主任胡延照应邀出席。会议决定聘请胡延照担任本会顾问。轮值常务副会长万曾炜主持会议，孙海鸣副会长代表会议承办单位上海外贸学院致辞。

市社联组织召开"小金库"专项治理工作会议，市社联办公室主任吴伟余主持会议，社联所属各事业单位负责人与财务人员出席会议。会议就2011年"小金库"治理工作的实施方案、业务重点和上级有关部门的最新要求进行了传达和说明，同时布置了具体工作，明确了时间节点。

5月24日 市企业发展促进研究会组织会员单位领导43人赴苏州新加坡园区学习考察和座谈交流，了解该园区转变经济发展方式的做法和经验。

市城市经济学会在上海展览中心友谊会堂举办了《上海住房保障体系的建设与发展策略》专题学术报告会。

5月25日 市房产经济学会假座上海宝隆花园酒店召开2011年学术咨询工作会议。各分会专委工委会长或秘书长、学术研究骨干、市学会全体驻会人员60余人参加会议。市社科院房地产研究中心副主任戴晓波作"住宅社会化思想对房地产市场的影响"学术报告。学会常务副会长李国华作总结讲话。

5月26日 市社联、市形势政策教育研究会联合举行社联论坛第四十六次报告会，邀请中国浦东干部学院原常务副院长、市领导科学学会会长奚洁人做“中国共产党的光辉历程与伟大智慧——纪念中国共产党成立 90 周年”主题报告。报告会由市社联党组书记、专职副主席沈国明主持，300 余人出席听讲。

市社联办公室主任吴伟余主持召开 2011 年度第二次信息员工作会议。社联各部门信息员结合本部门工作实际，对社联办公自动化系统建设提出建议。会议还就社联网站改版工作的进一步推进落实进行了相应部署。

市比较文学研究会与同济大学国际文化交流学院海外汉学研究中心共同举办海外汉学家论坛。比利时魏查理教授在会上介绍了欧洲中国研究的某些特征。

市民防协会举办“上海市民防工程概预算(2010)学习培训班”，70 多人参加培训。

5 月 27 日 由市经济学会与上海发展战略研究所、上海财经大学财经研究所联合主办，上海财经大学区域经济研究中心、本会区域经济研究专业委员会等具体承办的上海中青年区域经济学者论坛系列报告第一讲在上海财经大学举行。市经济学会会长周振华应邀做题为“处于十字路口的中国(上海)发展与改革:基于改革设计方法论的思考”的演讲。

市民防协会举办第五期“民防工程建设监理从业人员继续教育培训班”，97 人参加培训。

市社联、市政治学会、上海财经大学少数民族联合会在上海财经大学联合举办“历史·经验·展望:90 年来中国共产党的民族理论与民族政策”学术研讨会。上海财经大学党委书记马钦荣、市社联党组副书记桑玉成等出席会议并讲话。上海财经大学副教授付春为大会作主旨发言。来自中国政治学会、中国行政管理学会、中国社会科学院、复旦大学等高校和研究机构的 50 余位专家学者从多个学科出发，对中国共产党的民族理论和民族政策展开深入研讨(此次活动为市社联“纪念中国共产党成立 90 周年”系列研讨活动之一)。

5 月 28 日 中共上海市委党校、市领导科学学会和市马克思主义研究会联合举办“马克思主义·中国特色社会主义道路·领导科学发展”理念研讨会，时任市委党校常务副校长、市马研会会长吕贵和中国浦东干部学院首任常务副院长、市领导科学学会会长奚洁人出席研讨会并致辞。会议开幕式由市委党校副校长、市马研会副会长、市领导科学学会副会长王国平主持，近 80 位学者与会。研讨阶段，顾钰民、余源培、张雄、施南昌、陈永弟、陈尤文等 10 多位专家学者做专题发言。王国平作会议总结。

市语言文字工作者协会召开第七届会员大会。会议听取并通过第六届理事会工作报告和财务审计报告;听取协会章程的修订说明并通过协会章程;选举产生 57 名理事。经七届一次理事会会议选举，薛喜民当选会长，孙晓先当选常务副会长，唐书林、袁正守、毛世桢、栾印华、游汝杰、王群、印海蓉当选副会长，张日培当选为秘书长。

5 月 29 日 市经济学会与复旦大学经济学院联合举办主题为“创新战略与产业发展:危机后的竞争与合作”的“上海论坛 2011”圆桌会议。市经济学会会长周振华、副会长袁志刚与上海财经大学财经研究所所长赵晓雷做主题发言，20 余位专家学者参加研讨。

5 月 30 日 市科学社会主义学会、市委党校经济学教研部、市建设交通党校联合举行“中国特色社会主义过去、现在和未来”研讨会。科社学会会长夏军、市委党校经济学教研部主任王志平致辞。市建设交通党校副校长喻晓荣主持会议。陈锡喜、陈勇鸣、李鹏、孙力、鞠立新、史晓平、胡键等专家学者做交流发言。副会长吴解生做会议总结。来自本市高等院校、新闻出版媒体的专家学者约40人参与研讨。

5月 市社联主办的学术期刊《学术月刊》、《探索与争鸣》相关负责同志在上海市期刊优秀工作者评选活动中获得佳绩。《学术月刊》总编田卫平荣获"第三届上海市期刊优秀工作者",《探索与争鸣》主编秦维宪荣获"第三届上海市期刊优秀工作者提名奖"。此前,田卫平同志还荣获"首届华东地区期刊优秀工作者"。

6月

6月1日 市房产经济学会与市房地产科学研究院共同承担的《社会机构参与保障性租赁住房的运作机制研究》课题组召开第一次研讨会议。课题组长、市房管局副局长、学会会长庞元,课题组顾问、浦东新区改革与发展研究院院长万曾炜和学会有关领导同志出席了会议。该课题由市房管局立项,同时列为建设部2010年计划内科研项目。

市庭院经济与文化研究会"百老德育讲师团"戚泉木、杨富珍、杨怀远、柏万青等20多位老干部、老劳模、老专家,上午在闸北区华灵学校开展题为"忆党史、讲传统、颂党恩、树理想、跟党走"的"六一"主题队会活动,下午在上海理工大学附属初级中学举行"学习雷锋好榜样,争当四好少年"主题班会暨百老爱国主义教育基地揭牌仪式。

6月2日 安徽省社科联党组书记、常务副主席徐东平一行到访上海市社联。市社联党组书记、专职副主席沈国明,党组副书记桑玉成,以及有关处室负责人与安徽社科联考察团就如何利用信息化手段更好地为专家学者服务,为社会科学的繁荣发展提供更便捷的信息服务支撑进行了交流。

市新四军历史研究会和《大江南北》杂志举行建党90周年座谈会暨八省市联络站会议,出席会议的有上海新四军老同志、党史军史研究人员和来自江苏、浙江、江西、安徽、福建、北京、重庆的《大江南北》杂志社联络员和大学生"村官"代表共300余人。市委书记俞正声、副书记殷一璀、宣传部长杨振武分别为这次会议写来贺信。原市人大副主任施平做主旨演讲。市委党史研究室副主任徐建刚做学术报告。部分新四军老战士与来自江苏的大学生"村官"做交流发言。研究会常务副会长、《大江南北》杂志社社长陈扬做书面发言。

6月3日 市社联、上海发展研究基金会联合举办"东方讲坛·发展沙龙",邀请高盛(亚洲)有限责任公司董事总经理哈继铭作"让人民币飞——关于人民币国际化的几个问题"主题演讲。上海发展研究基金会理事长沙麟、市社联秘书长生键红等50余人出席会议。

市科学社会主义学会、市中共党史学会、华东师范大学党委宣传部联合举行"当代世界社会主义暨中国共产党成立90周年"理论研讨会。华东师范大学党委副书记罗国振、市科学社会主义学会会长夏军分别致辞。会议由华东师范大学党委宣传部长解超主持。周尚文、李秋发、刘猷、薛小荣、徐觉哉、孙力、齐卫平、邵雍等学者做交流发言。市中共党史学会会长张云作会议总结。约30名学者参加了研讨会。

市比较文学研究会与复旦大学出版社、上海交通大学人文艺术研究院共同召开"《当代中国比较文学研究文库》新书发布会”,《中华读书报》等知名媒体到会。

6月3日至4日　市经济学会与上海金融学院经济发展研究所、图书馆及安徽省泾县人民政府在泾县联合举办“上海两个中心建设与县域经济发展战略”学术研讨会。泾县人民政府副县长肖永慧、经济学会名誉会长袁恩桢等近20人出席会议。市经济学会社会主义经济理论专委会主任、上海金融学院经济发展研究所所长周肇光主持会议。

6月4日　市中共党史学会召开“中国共产党与中国现代化历史经验”学术研讨会。会议由会长张云主持,市社联党组书记、专职副主席沈国明到会并讲话。原中共党史研究室副主任石仲泉做主题报告。会议收到论文40余篇,9位论文作者在会上做论文交流,学会名誉会长唐培吉、副会长朱华、齐卫平做专题点评,会长张云做大会总结。40余位专家学者出席会议。

市新四军历史研究会召开“毛泽东新民主主义革命思想产生的历史前提条件”学术研讨会。会议由副会长唐培吉主持,9位专家学者在会上做专题发言,原中共中央党史研究室副主任石仲泉做点评,会长阮武昌作大会总结。市社联党组书记、专职副主席沈国明出席会议并讲话。

6月7日　市经济学会与上海社会科学院、上海汽车战略研究中心联合召开宏观经济形势分析与汽车产业发展研讨会。经济学会副会长、上汽集团副董事长张广生主持会议。陆国樑、饶达、陈宪、袁志刚、周国平、袁恩桢、张幼文等专家做交流发言。

6月8日　市统战理论研究会、上海师范大学联合举行“统一战线理论与实践——纪念中国共产党建党90周年学术研讨会”。市社联党组书记、专职副主席沈国明,市委统战部秘书长徐力出席会议并讲话。上海师范大学党委书记周鸿刚致辞。上海师范大学党委副书记黄刚主持会议开幕式。余源培、张静、洪小夏、陈强努、殷啸虎、吴珍美等专家学者做专题报告。研究会副会长邓伟志、上海师范大学法政学院院长商红日、致公党市委原副主委陈昌福、研究会副会长彭镇秋分别做点评。研究会副会长兼秘书长、市社会主义学院副院长张颖做会议总结。

6月9日　市法学会和市企业联合会联合召开2011上海企业法制论坛,主题为“创新驱动,转型发展——法治完善与促进中小企业发展”。上海现代服务业联合会会长周禹鹏,市法学会会长吴光裕、副会长李继斌、专职副会长陈金鑫,市企业联合会副会长陈忠德、副会长徐庆镇等出席会议。来自本市法学院校、人大、政府法制部门、工会、司法实务部门及企业的代表近200人与会。

市工商学会召开“纪念中国共产党成立90周年理论研讨会”,围绕“市场监管·工商行政·经验启示”的主题开展研讨,并对学会参加纪念建党90周年专题征文活动的情况作了小结。市、区(县)工商行政管理学会秘书长、理论骨干以及部分专家学者理事约70余人参加会议。

6月10日至13日　市形势政策教育研究会与企业发展促进研究会组织部分理事会员赴贵州考察遵义会议旧址。

6月10日　上海国际问题研究中心南亚中亚研究所所长、研究员,上海交通大学国家战略研究中心研究员王德华教授应邀来到社联，为我会员工作了有关“后拉登时代国际反恐新格局”的专题讲座。

6月11日 市社联、中国浦东干部学院、市出入境检验检疫局在中国浦东干部学院联合举行“基层党建经验与基层党建创新”学术研讨会。会议由中国浦东干部学院机关党委专职副书记、中国特色社会主义研究院执行院长刘靖北主持，市委组织部副部长冯小敏、市出入境检验检疫局党组书记徐金记、市社联党组副书记桑玉成、中国浦东干部学院副院长成旦红等领导出席会议并致辞。来自中国浦东干部学院、复旦大学、同济大学等院校的50余位专家学者与会（市社联“纪念中国共产党成立90周年”系列研讨活动之五）。

6月11日至12日 由市外文学会和上海外语教育出版社共同主办的第二届“外教社杯”全国大学英语教学大赛上海赛区的复赛和决赛在同济大学隆重举行。本次上海赛区的比赛共有来自沪上22所高校的40余名大学英语青年教师参加角逐。

6月12日 市社联、复旦大学社会科学高等研究院联合举办“邓正来教授《中国法学向何处去》第二版出版暨‘全球化与中国法学’学术研讨会”。市社联党组书记、专职副主席沈国明，党组副书记桑玉成，商务印书馆总经理于殿利出席会议并讲话。上海交通大学副校长郑成良、上海社科院党委副书记童世骏、复旦大学文科科研处处长杨志刚、华东师范大学历史系教授许纪霖、复旦大学经济史与经济思想研究所所长韦森、华东理工大学法社会学研究中心主任李瑜青、吉林大学法学院副院长黄文艺、苏州大学法学院教授周永坤、中国政法大学法学院教授刘星、南京大学法学院教授杨春福等40余位专家学者与会并发言，复旦大学社会科学高等研究院院长邓正来对各位专家学者的发言做了回应。

6月13日 市经济学会与闵行区委党校联合召开“转型升级与构建现代服务经济集聚区暨闵行服务经济发展战略研讨会”前期调研座谈会。闵行区副区长程向民介绍了闵行区“十二五”规划要点，区政府有关部门负责人介绍了闵行服务经济发展情况。本会轮值常务副会长万曾炜等十多位专家听取介绍，并与闵行区与会领导进行初步探讨。

市社联学会处到市生态经济学会调研并复核2010年度学会达标情况。市生态经济学会副会长洪民荣、秘书长周冯琦全面介绍了学会换届以来在学会日常管理、期刊网络建设、学术交流活动、课题申报、决策咨询等方面的情况。

由上海市教委主办，教师学研究会和虹口区教育局联合承办的第二届上海市中小学教师“三笔字”邀请赛在庆祝建党90周年之际举办。报名参赛的学校有261所，参赛作品1 738件，参赛者910人次。市教师学研究会名誉会长于漪亲临现场。中共虹口区委常委宣传部长宋妍与市教委人事处、教师学研究会、上海市教育电视台、虹口区教育局等单位代表出席。

6月14日 曾任日本警察厅警备局局长、日本内阁情报调查室室长、内阁危机管理官、东京电力公司顾问的杉田和博先生应邀来到社联，紧密结合日本3·11大地震的实际，做题为“与大规模自然灾害抗争”的报告。本讲座由市社联党组书记、专职副主席沈国明主持。应邀参加讲座的还有本市一些政府部门负责应急处理的相关同志。

市社联学会处到市会计学会调研并复核2010年度学会达标情况。市会计学会常务副秘书长沈传德介绍了学会的组织架构、课题招标、学术年会、会计知识普及、会计文化传播、领军人才培养、经费收支和会计档案工作等方面的情况以及2011年度的工作安排，特别介绍了学会会员调查方面的情况。

市新四军历史研究会组织一百余名老将军、老战士、老党员、老劳模参观了一大会址纪念馆，听取倪兴祥馆长作党的创建报告。

6月15日 由上海市社会科学界联合会主办的“上海社会科学界庆祝中国共产党成立90周年书画展”巡展活动在上海师范大学拉开帷幕。开幕式由市社联党组副书记桑玉成主持，市委宣传部副部长潘世伟，市社联党组书记、专职副主席沈国明，上海师范大学党委副书记茅鼎文、副校长陆建非出席开幕式并致辞(该书画展还将在复旦大学、上海交通大学、华东师范大学以及上海市社联巡回展出)。

市世界史学会与上海社科院欧亚所联合举行“后冷战时代欧亚国际关系的演进”学术研讨会。会议由欧亚所所长、学会副会长余建华主持，社科院副院长黄仁伟、市世界史学会会长潘光分别致词。杨洁勉、俞新天、潘光、沈丁立、戴炳然、伍贻康、朱威烈、余伟民等20多位与会学者做专题发言，本市相关领域40余位专家学者出席会议。

6月16日 市社联学会处到市人类学学会调研并复核2010年度学会达标情况。市人类学学会副会长张海国、秘书长卢大儒、副秘书长谭婧泽全面介绍了学会在学术研究、决策咨询、人类学知识普及、组织建设、网站管理、媒体合作等方面的情况。

市民防协会举办第六期“民防工程建设监理从业人员继续教育培训班”，94人参加培训。

6月17日 社联召开全体党员大会。党组书记沈国明就社联开展“讲党性、重品行、作表率”主题教育活动做动员报告。党组副书记桑玉成以“筚路蓝缕、以启山林”为题，为社联党员做党课报告。

市社联学会处到市教师学研究会调研并复核2010年度学会达标情况。市教师学研究会名誉会长于漪，副会长俞玲萍、张中韧，秘书长朱耀庭、副秘书长邢继祖，专职工作人员孙雪兰全面介绍了研究会在组织架构、农村教师培训、教师职业发展、教育政策咨询等方面的情况。

上海金融法制研究会举办“2011年金融法制讲坛”，特邀复旦大学中国金融史研究中心主任吴景平教授做“辛亥以来中国金融的变迁”专题报告。

6月18日 以“马克思主义中国化的历程与经验”为主题，由市社联、市委党校和市马克思主义研究会共同举办的上海市马克思主义研究论坛2011年第二季度论坛暨上海市第二届马克思主义研究青年论坛在市委党校召开。市社联党组书记、专职副主席沈国明和时任市委党校常务副校长、市马研会会长吕贵出席并致辞。时任市人大常委会法工委委员、市马研会副会长周锦尉主持开幕式。本市青年学者120余人与会。73篇论文的作者获奖。会上分发了刊有80余篇论文，共约33.7万字的《上海市马克思主义研究会青年论坛第一辑》。

市哲学学会与市委党校马克思主义研究中心、市委党校哲学教研部联合召开“建党90周年与马克思主义中国化”专题学术研讨会。市社联党组书记、专职副主席沈国明、市委党校副校长杨俊一、哲学学会会长吴晓明出席会议并致词。陈章亮、赵修义等10多位专家做专题发言，市委党校哲学教研部主任张春美做会议总结，40余位专家学者参加了研讨会。

6月18日至19日 直辖市土地学会联席会第一次会议在上海召开，来自北京、天津、重庆和本市土地学会的领导、土地系统的专家、学者就当前土地学术研究态势、创新转型时期土地与发展的关系及房地产市场发展趋势等热门话题进行研讨。上海市规土局副局长、上海市土地学会会长史家明主持会议。中国土地学会有关领导到会指导。

6月19日 市社联与中国出版集团公司联合主办的"纪念中国共产党成立90周年"京沪学术论坛暨《中国共产党与现代化使命丛书》出版座谈会在京召开。

中国出版集团公司副总裁刘伯根主持出版座谈会。复旦大学副校长林尚立，中国社会科学院学部委员、社会学研究所所长李培林，北京师范大学经济与资源管理研究院书记张琦，时任上海社会科学院常务副院长左学金代表京沪专家、学者发言。市社联党组书记、专职副主席沈国明，中国大百科全书出版社社长龚莉介绍丛书立项、出版等情况。新闻出版总署出版管理司副司长陈亚明、中国出版集团公司总裁聂震宁、市委宣传部副部长潘世伟到会致辞。

会后举办的京沪学术论坛由沈国明、龚莉主持。论坛三个单元的专题研讨会分别由曹沛霖、沈开艳、卢汉龙主持，刘建军、权衡、李友梅做主旨报告，杨光斌、林尚立、赵可金、张琦、左学金、马戎、谢立中进行点评。

《中国共产党与现代化使命丛书》是在市委宣传部的领导下，由市社联组织编撰的学术丛书，分政治、经济、社会三卷，5月正式出版后成功申报上海市哲学社会科学特别委托课题，并列入中国出版集团"纪念建党90周年"重点图书系列、国家新闻出版总署"十二五"重点规划项目。

6月20日 由上海交通大学"党的建设理论与实践"上海市社会科学创新基地和上海交通大学国际与公共事务学院共同主办的"中国共产党与中国的民主政治建设"深度学术研讨会在上海交通大学举行。市社联副主席、"党的建设理论与实践"上海市社会科学创新研究基地首席专家、上海交通大学国际与公共事务学院院长胡伟担任研讨会主席并做主旨演讲。市党建研究会副会长、原中共上海市委组织部副部长周鹤龄，市社联党组副书记桑玉成出席研讨会并致辞。桑玉成、美国卡特中心中国项目主任刘亚伟、复旦大学社会科学高等研究院教授顾肃、新加坡国立大学东亚研究所研究员薄智跃、上海师范大学教授萧功秦、美国路易威尔大学教授华世平、上海交通大学国际与公共事务学院教授林风、瑞典乌普沙拉大学教授 Ashok Swain、华东政法大学政治学研究院院长李路曲、上海交通大学国际与公共事务学院教授 Erik Ringmar、同济大学政治与国际关系学院教授周敏凯、上海交通大学国际与公共事务学院教授彭勃等做专题发言。来自美国、新加坡、瑞典及沪上知名专家学者围绕研讨会主题进行了深入的交流和探讨(市社联纪念中国共产党成立90周年学术活动项目之一)。

6月21日 市法学会专职副会长陈金鑫带队赴杭州参加由华东六省一市暨湖南省法学会联合主办，浙江省法学会承办的2011年"地方法学会工作论坛"。本次论坛主题是"法学研究成果转化与应用"。参加会议的有来自上海、江苏、浙江、安徽、福建、江西和湖南省法学会的代表共 50 余人。

市会计学会举办“党的光辉历程与中国特色社会主义”研讨会。研讨会由学会副秘书长沈传德主持。

6 月 21 日至 22 日 市社联学会处召开部分学会负责人工作交流会，社联所属经济类和政法类的 57 个学会负责人参加会议。社联学会处处长王克梅在会上布置 2011 年下半年工作。市固定资产投资建设研究会副理事长戴晓波和市人类学学会副会长张海国分别做专题讲座。与会学会代表开展工作交流，就跨学科合作事项进行深入探讨和交流。

6 月 22 日 市新四军历史研究会召开纪念中国共产党成立 90 周年“党在我心中”座谈会。新四军老将军、老党员、老战士等 120 余人出席会议。海军上海基地原副司令苏荣、著名作曲家吕其明、上海自然博物馆原党委书记刘谦桢，全国双百人物、著名老劳模杨怀远，以及“好八连”原指导员王振华做专题发言。阮武昌会长主持会议并做总结。

6 月 23 日 市社联举行纪念中国共产党成立 90 周年理论研讨会。这次会议是上海市社联纪念中国共产党成立 90 周年系列活动的成果表彰交流大会。优秀成果作者、社联所属学会及主要学科专家学者近 300 人出席会议。会议举行了优秀组织奖、优秀著作成果、优秀论文成果的颁奖仪式。刘建军、李友梅、杨洁勉、孙力、唐莲英、李国弟、权衡等部分优秀成果作者做了理论研讨交流发言。中共上海市委宣传部副部长潘世伟，市社联主席秦绍德，市社联党组书记、专职副主席沈国明，党组副书记桑玉成等出席并讲话。

市社联召开 2011 年第二次主席会议暨六届三次常委会会议。社联主席秦绍德主持会议并作工作讲话，社联党组书记、专职副主席沈国明介绍 2011 年上半年社联工作和下半年工作安排。社联党组副书记桑玉成，社联副主席李琪、李友梅、胡伟，社联常委张云、张幼文、吴晓明、刘世军等出席会议并就如何促进上海社科界繁荣献计献策。

市妇联、上海社科院、市妇女学学会等单位联合举行“党旗铸辉煌，巾帼创新业——纪念中国共产党成立 90 周年妇女理论研讨会”。市委宣传部副部长、上海社科院党委书记潘世伟出席会议并讲话。市妇联主席、市妇女学学会会长张丽丽做主旨发言。上海社科院副院长谢京辉主持会议。来自上海社科院的学者张秀莉、成素梅、夏国美、张炼红、包蕾萍作交流发言。上海大学教授邓伟志作点评。100 余人参与研讨。

市庭院经济与文化研究会“百老德育讲师团”戚泉木团长，王继英、韩德彩中将，苏荣少将等应全国红军小学筹建办邀请，为培训基地的新疆班大学生开展“忆党史、讲传统、颂党恩、树理想、接好班”活动。

6 月 24 日 第十届上海市社会科学普及活动周开幕式在上海大学举行。市委常委、宣传部部长杨振武讲话并宣布活动周开幕。市委宣传部副部长潘世伟向基层干部代表、学生代表、社区文化活动中心代表赠送社会科学普及读物。市社联主席秦绍德为社科普及读物作者代表颁发证书。市社联党组书记、专职副主席沈国明主持开幕式。市社联党组副书记桑玉成，上海大学党委书记于信汇，上海大学党委副书记、副校长、社联副主席李友梅，社联常委、委员，各区县和高校宣传部的领导，各学会负责人和社科工作者代表、市民、学生代表等 800 余人出席开幕式。开幕式上还举行了“上海社会科学界热烈庆祝中国共产党成立 90 周年”上海社会科学界合唱团成立演出。

本届科普活动周以"继承·创新·发展"为主题，时间为6月23日到6月29日，由市级活动、学会特色科普活动、区域科普活动、媒体互动四大板块，共119项活动组成。市社联所属44个学会精心准备了论坛、展览、咨询和演出等58场群众性科普活动。市社联还积极整合区级特色社科普及资源，组织了14场区域特色科普活动，形成了一份贴近百姓需求的"区域科普菜单"。

市世界语协会在上海海事职业技术学院举办"世界语学习与应用"专题咨询活动，现场发放宣传资料500多份。

6月25日 市社联和复旦大学国际关系与公共事务学院在复旦大学联合举行"中国共产党执政原理研究"主题研讨会。复旦大学国际关系与公共事务学院教授唐亚林主持会议，曹沛霖、孙关宏、王邦佐、陈明明、刘建军、金太军、唐兴霖、高民政等30余位专家学者展开深度研讨（市社联"纪念中国共产党成立90周年"系列研讨活动之七）。

"使命与道路：当代青年与马克思主义中国化"理论研讨会在南京政治学院上海分院召开。会议由市委宣传部、市社联、南京政治学院主办，市科学社会主义学会、南京政治学院上海分院承办。南京政治学院上海分院院长罗剑明主持会议开幕式。南京政治学院院长蒋乾麟、市委宣传部副部长潘世伟、市社联党组书记沈国明分别致辞。市科学社会主义学会会长夏军宣读优秀论文获奖名单。沈国明、陈锡喜、郭定平、孙力在专家论坛上做专题发言。薛念文、郝宇青、刘致丞、张雪梅、李海平、张磊、罗会德、李亮在青年学者论坛上做交流发言，南京政治学院上海分院教授高民政、上海立信会计学院党委副书记朱坚强分别做点评。市科学社会主义学会副会长兼秘书长吴解生做会议总结。80余人出席研讨会。

市哲学学会与市委党校哲学教研部、杨浦区委、杨浦区委党校联合召开"党的光辉历程与马克思主义哲学时代化"专题论坛。市社联党组书记、专职副主席沈国明出席并致词。吴晓明、奚洁人、邓伟志、余源培、陈章亮、张春美等学者做了发言。50余人出席会议。此次论坛是第十届上海市社会科学普及活动周学会特色科普活动系列之一。

市经济学会与闵行区委党校联合举办"转型升级与构建现代服务经济集聚区暨闵行服务经济发展战略研讨会"。经济学会会长周振华，副会长王国平、朱金海、沈开艳、陈宪，有关专家鞠立新、胡继灵、张学良、唐珏岚、陶友之等与会。闵行区区委副书记、区长莫负春，副区长程向民，区政府各委办负责人，区委党校有关领导和教研人员等共50余人出席。本会副会长兼秘书长郝德良、闵行区委党校副校长朱水清先后主持会议。会上，闵行区领导对该区现代服务业现状、加快现代服务业发展的机遇和构想做了介绍。与会专家学者纷纷发言，为闵行区发展现代服务业献计献策。

市经济学会证券市场研究专业委员会与曹家渡街道等单位联合举办"当前市场条件下的市民理财策略——金融投资理财专家进社区知识讲座"。华师大叶德磊、市委党校蒋为群等做主题演讲，并对与会者的提问作了解答。社区居民50余人聆听讲座。

市外文学会组织的第十届上海社会科学普及活动周学会专题咨询活动"英语学习与研究"在上海外国语大学贤达经济人文学院举行。

市创造学会组织"科普需要创新"研讨活动，学会副秘书长夏定海担任主讲。

6 月 26 日 市老年学学会主办的"迎七一、关注民生、关爱老人"市社联科普周大型咨询活动在静安公园举行。来自市经济学会、市城市经济学会等本市有关学术社团及市老科协、九三学社、市律师协会、静安区社联会等近百位专家参加义务咨询公益服务及文艺演出活动。

6 月 26 日至 29 日 市法学会接待越南法学家协会代表团,先后考察了上海 WTO 事务咨询中心与上海政法学院。

6 月 27 日 市法学会在虹口区人民法院举办 2011 年"上海法学讲坛"第二讲,邀请上海交通大学凯原法学院院长季卫东教授做题为"中国法制何处去?"的专题讲座。讲坛由虹口区人民法院院长李康民主持。市法学会副会长李继斌等出席讲坛。来自上海市第二中级人民法院、虹口区人民法院、闸北区人民法院、黄浦区人民法院、普陀区人民法院的法官 250 余人参加了此次讲坛。

市财务学会举办题为"强化财务管理,优化投资理财"的科普咨询活动。为全市广大中小企业提供财务管理工作方面的咨询服务,同时向广大市民群众普及理财观念、理财原则、理财方法等有关知识,咨询人数达 190 余。

社联机关党委召开"新视野:新书新论"交流会——纪念建党 90 周年专场。社联 6 位青年同志围绕党史党建、中国模式的主题,分别做了相关书目的推介和结合个人思考的评述。

市粮食经济研究会召开中心城区会员会议,主要议题为配合市粮食局开展上海副食品价格补贴的专题调研工作。各区粮食局领导和业务科长,以及部分区粮油公司领导出席。

市工商学会与长宁区工商学会在长宁区虹桥街道虹储社区联合举办《消费连万家维权进社区》义务咨询活动,开展专题宣讲,提供咨询服务,分发宣传资料近十种。长宁区有线电视中心《新闻坊》对本次活动作报道。

6 月 28 日 由市社联与市人民政协理论研究会、市法学会、市政治学会、市社会学学会、市中共党史学会联合举办的"中国特色社会主义政党制度与政治发展道路"理论研讨会在市政协召开。市政协主席、市人民政协理论研究会名誉会长冯国勤出席会议并讲话,市社联党组副书记桑玉成出席会议。华东政法大学教授张明军、复旦大学教授林尚立、上海大学教授邓伟志、华东政法大学教授朱应平、复旦大学教授郭定平等分别做主题发言。市中共党史学会会长张云、市委政策研究室副主任李琪、上海大学副校长李友梅、上海财经大学教授陈金鑫、市社联党组副书记桑玉成等作点评(市社联"纪念中国共产党成立 90 周年"系列研讨活动)。

韩正市长主持召开关于当前本市经济运行情况分析专家座谈会,听取了 6 位专家发言。市社联科研处处长徐中振专题介绍了如何深刻把握中央关于"创新社会管理与加强群众工作"的基本精神、当前社会管理面临的主要问题与挑战、迫切需要突破的政策瓶颈和完善顶层设计等几个问题,提出了创新公共服务提供方式与社会协同机制等上海创新社会管理的思路和举措。

市总工会、市工人运动研究会举行"上海工会纪念中国共产党成立 90 周年座谈会"。

市委副书记殷一璀出席会议并代表市委作重要讲话。市人大常委会副主任、市总工会主席钟燕群出席会议并讲话。座谈会由市总工会党组副书记、副主席肖堃涛主持。市总工会老领导李家齐、奉贤区委副书记陆兴祥、上海久事公司总经理张惠民、杨浦区总工会主席袁建民、江南造船(集团)有限责任公司工会主席朱大弟、宝钢集团宝钢股份公司热轧厂王军作交流发言。共200余人参与座谈。

市法学会、市人民政协理论研究会、市政治学会、市社会学学会、市中共党史学会联合召开"中国特色社会主义政党制度与政治发展道路——纪念中国共产党成立90周年"理论研讨会。市政协主席冯国勤、副主席李良园,市法学会专职副会长陈金鑫出席会议。

市物流学会举办第十届上海社会科学普及活动周专题活动"物流科技与物流发展"论坛。160人参加论坛。

市民防协会会同上海市民防特救中心开展"上海城市灾害与民众防护"咨询活动。活动现场设专题图片展与实物展示,有来自红十字会、消防、民防、医疗急救、防震减灾、法制研究所的各界专家设摊答疑。当天共发放各种宣传资料500余份。

市房产经济学会在上海市政协松鹤厅举行"纪念中国共产党成立90周年——党的群众路线与住房保障"研讨会。部分分会专委领导、房地产经济研究单位专家、高校教授近30位同志进行交流与探讨。

6月28日至29日 市社联召开部分学会负责人工作交流会,社联所属文化类、金融类和国际关系类53个学会的负责人参加会议。学会处处长王克梅主持会议并布置下半年学会工作。市历史学会副会长许纪霖、上海国际问题研究中心南亚中亚研究所所长王德华做专题讲座。与会的学会负责人重点探讨了学会间进行跨学科合作交流的事项。

6月29日 社联系统召开庆祝建党90周年大会,社联全体党员及部分离退休的党员同志参加会议,社联党组副书记桑玉成主持会议,党组书记、专职副主席沈国明出席并讲话。大会对创先争优活动中涌现的先进集体和个人进行了表彰。党组书记沈国明在讲话中通报了2011年上半年工作情况和下半年工作安排。

市形势政策教育研究会举办"每月谈讲座"。上海社科院社会发展研究院院长周建明应邀做"百年道路与中国共产党"专题报告,近300人出席。下午召开"纪念中国共产党成立90周年——马克思主义大众化与形势政策教育理论研讨会",华东理工大学马克思主义学院副院长杨苏等做专题发言,研究会顾问刘洪林等做论文交流。

市庭院经济与文化研究会"百老德育讲师团"在中共一大会址纪念馆举行"祝您生日快乐——中华小记者革命前辈寻访行"出发仪式。市新闻记者协会名誉主席贾树枚、百老团团长戚泉木、空军老英雄孙佑民等参加活动。

6月30日 市社联、上海发展研究基金会联合举办东方讲坛·发展沙龙,邀请著名法学家、中国政法大学终身教授江平作"关于中国法制建设的思考"的演讲。市社联党组书记、专职副主席沈国明,副书记桑玉成,秘书长生键红,上海发展研究基金会秘书长乔依德等50余人出席了会议。

市新四军历史研究会在上海图书馆召开庆祝建党90周年大会暨《理想在我心中》首发式。会长阮武昌作庆祝建党90周年的主题报告。参与本书编写、制作的作家王小鹰、画家施大畏、文艺出版集团张晓敏发表感言，社会学家邓伟志作书评。新四军老战士、学会会员、“共建”单位代表及有关方面领导共 250 多人出席会议。

市民防协会举办第七期“民防工程建设监理从业人员继续教育培训班”，96 人参加培训。

7 月

7 月 1 日　市法治研究会、中共卢湾区委党校联合举行“追求民主法治 90 年”专题研讨会。市法治研究会副会长兼秘书长包志勤主持会议。中共卢湾区委党校常务副校长张国军致辞。市委研究室宋霞生、闸北区人大常委会江琪扬、上海政法学院汤啸天、中共卢湾区委党校顾荣作专题发言。市人大研究室主任、市法治研究会常务副会长施凯出席会议并讲话。

由市经济学会与上海发展战略研究所、上海财经大学财经研究所主办，财经大学区域经济研究中心、经济学会区域经济研究专业委员会等承办的“上海中青年区域经济学者论坛系列讲座”第三讲在上海财大举行。学会副会长、上汽集团副董事长张广生，学会副会长、市府发展研究中心副主任朱金海，上海社科院城市与区域研究中心秘书长屠启宇作专题报告。

7 月 3 日　《探索与争鸣》杂志社主办召开“纪念辛亥革命 100 周年”学术研讨会。来自复旦大学、华东师范大学、上海师范大学、东华大学等高校的专家学者围绕辛亥革命的前因后果、性质和评价等问题展开了热烈的讨论。研讨会相关成果刊发于第八期《探索与争鸣》“圆桌会议”栏目。

7 月 4 日　市社联科普处举行“上海市民社会科学知识和素养调查”课题中期工作会议。课题组负责人上海大学教授欧阳光明、社科处副处长杨庆峰对课题问卷调查情况做了详细汇报。市社联科普处处长何畏对做好课题下一阶段工作提出了意见。双方还就该课题成果发布的形式等相关工作进行了探讨。

7 月 6 日　市房产经济学会召开第八次会员代表大会暨学会成立 30 周年纪念大会。学会会长庞元为纪念大会作主题报告。学会换届大会审议通过工作报告和修改后的学会章程，选举产生第八届理事会成员及理事会领导班子，庞元任会长，李国华（常务）、朱胜杰、陈琦、沈正超、张永岳、张泓铭、赵才娣、郭树清任副会长，李国华（兼）任秘书长。中国房地产研究会副会长兼秘书长苗乐、市住房保障和房屋管理局局长刘海生、市社联学会处处长王克梅出席会议并讲话。

7 月 7 日　市法学会、上海海事大学和市律师协会共同主办题为“航运金融的法治促进”的 2011 上海航运法治论坛。市法学会会长吴光裕、专职副会长陈金鑫，市人民政协法制办副主任顾长浩，市高级人民法院副院长盛勇强等出席会议。来自本市法学院校、人大及政府法制部门，司法实务部门、航运企业、仲裁机构及法律服务机构的代表近 200 人参加。

7 月 8 日　市教师学研究会对农村教师“培训者”的培训工作进行小结，研究会名誉会长于漪，副会长俞玲萍、谭轶斌，秘书长朱耀庭等出席会议，《上海教育》记者与会。

7月9日 市科学社会主义学会、市社会学学会、市委党校城市社会研究所、上海大学社会学系联合召开“社会管理创新与新时期党群关系”研讨会。市科学社会主义学会会长夏军主持会议。市委党校副校长杨俊一、市社联科研处处长徐中振分别致辞。邓伟志、浦兴祖、文军、袁秉达、马西恒、唐文玉做交流发言。市委党校科研处处长郭庆松、市社会学学会副会长刘欣做点评。郭定平、张星、张敦福、吴解生参与交流发言。市社会学学会副会长张文宏做会议总结发言。

市宗教学会召开“信仰与自由——纪念辛亥革命100周年”学术研讨会,会议由会长晏可佳主持。与会代表就辛亥革命对于传统宗教的冲击、对于人的“宗教信仰”观念转变、对于启迪人心和对宗教发展的影响以及开启中国当代宗教发展等议题进行深入探讨。

7月11日 上海市首家区级法学会——浦东新区法学会正式成立。市政协副主席、浦东新区区长姜樑,市法学会会长吴光裕为浦东新区法学会揭牌。中国法学会会员部主任梁毅代表中国法学会专程来沪出席成立大会并致辞。北京市法学会专职副会长杜石平,天津市法学会副秘书长王建强应邀来沪对大会表示祝贺。成立大会由浦东新区区委副书记赵卫星主持。浦东新区区委常委、政法委书记张俭,市法学会专职副会长陈金鑫等出席了大会。

市房产经济学会承担的市房管局《世博后上海房地产业发展研究》课题,在局科技委的主持下顺利通过可行性方案专家论证。

上海金融法制研究会举办“2011年金融法制讲坛”,特邀金融学专家、上海市政府特邀顾问王世豪做“当前我国金融形势分析”专题报告。

7月12日 市委宣传部理论处、市哲社规划办、上海大学与市社联科研处联合召开“执政党建设与上海理论创新——学习胡锦涛同志‘七一’重要讲话内部研讨会”,分析研判上海理论创新发展面临的形势与挑战,谋划繁荣上海学术的发展战略与重要任务。市委宣传部副部长潘世伟、上海大学副校长李友梅、市委宣传部理论处处长刘世军等出席会议。

市新四军历史研究会召开党工组扩大会议,学习胡锦涛总书记在建党90周年纪念大会上的讲话。学会正副会长,党工组成员、各分会会长出席会议。阮武昌会长主持学习会议。

由市委宣传部、市文明办指导,市庭院经济与文化研究会“百老德育讲师团”、市文广影视局、市文联、上海文艺出版集团联合主办的“同唱一首歌 同读一本书”主题教育活动暨红色读本《歌唱祖国》赠书仪式在上海警备区“南京路上好八连”营区举行。市文联主席吴贻弓、市文广局副局长王小明、文艺出版集团党委书记胡国强、上海警备区七三一八一部队政治处主任范方河等亲临营区一同高歌。

7月13日 市委宣传部副部长朱英磊,国资办主任、“小金办”主任凌钢专程赴社联督导“小金库”专项治理工作。朱英磊强调,要进一步提高思想认识,扎实抓好本市学术社团“小金库”专项治理工作。

7月14日 市法学会在华阳路社区文化活动中心举行义务法律咨询活动,市二中院法官高中伟、张铮,市检察院民检处副处长邱燕,华阳路街道派出所所长褚凯华,为周边居民现场解答动拆迁、判决执行、婚姻家庭、邻里关系中的法律问题,收到居民们的欢迎和好评。

7 月 15 日 市渔业经济研究会召开第六届会员代表大会,会议审议并通过了工作报告、章程修改报告和财务报告,选举产生了第六届理事会成员。在随后举行的六届一次理事会会议上,选举产生了第六届理事会领导班子。黄硕琳任会长,张秋华、张根玉、周劲望、周建敏、沈希安任副会长,陈文银任秘书长。

7 月 18 日 市社联举行上海市社会科学界第九届(2011)学术年会哲学·历史·文学学科专场中期推进会,奚洁人、葛兆光、陈卫平、熊月之、王铁仙、高瑞泉、许红珍等专家学者出席会议,就专场会议举办形式、组织筹备、重点组稿、发言主题及拟邀发言嘉宾等事项达成共识。本届哲学·历史·文学学科专场将于 11 月中旬在华东师范大学举行,为期半天,围绕“中国文化:现代性与主体性”的专场主题,基于哲学、历史、文学、教育四个学科,提炼多个话题集中讨论,首次尝试“一个话题、一位发言人和三位评论人”的报告形式。

7 月 19 日 市社联举行上海市社会科学界第九届(2011)学术年会经济·管理学科专场中期筹备会议。年会经济·管理学科专家组、上海社会科学院领导、上海社会科学院科研处有关专家共 10 人出席会议。会议就 2011 年经济·管理学科专场的研讨专题、主要议程、特邀专家等做了深入细致的商讨。时任上海社会科学院常务副院长左学金出席会议并讲话。

7 月 20 日和 22 日 市法学会根据中国法学会安排接待马来西亚代表团,先后考察了上海律师协会和上海仲裁委员会。

7 月 21 日 市社联召开 2011 年年中务虚会,社联党组书记、专职副主席沈国明主持会议,社联主席秦绍德、党组副书记桑玉成以及社联处以上干部出席会议。会议认真总结了上半年社联主要工作开展情况,指出下半年要把学习领会和贯彻落实胡锦涛同志“七一”讲话作为当前头等大事,以创先争优的面貌取得新的成绩。

市社联举行上海市社会科学界第九届(2011)学术年会政治·法律·社会学科专场中期推进会议。今年专场会议由上海大学承办。学科组专家围绕征文组织、学科专场议程设计、主旨发言人选等议题进行了充分的讨论。学科组专家沈国明、桑玉成、王邦佐、彭希哲、李友梅、王立民、卢汉龙、沈关宝及专场承办单位负责人郭长刚出席会议。

市法学会管理体制调整会议在市委政法委召开。会议根据沪委〔2010〕765 号文件的要求,明确市法学会的领导管理体制由“市委政法委领导,市司法局代管”调整为“市委领导联系,市委政法委代管”。市委常委、市委政法委书记吴志明,中国法学会副会长李清林,市法学会会长吴光裕,市司法局局长吴军营出席会议并讲话。

7 月 27 日 市经济学会所有制结构研究专委会围绕“央企、国企如何参与上海创新驱动、转型发展”主题,组织会内外专家前往位于宝山区的上海国际节能环保园进行调研。

7 月 28 日上午 市形势政策教育研究会举办“每月谈讲座”,邀请原浦东新区政协副主席邵煜栋做专题报告;下午举办“信息发布会”,上海社科院陆震副研究员介绍近期社会民生情况。

7 月 29 日 由市经济学会与上海发展战略研究所、上海财经大学财经研究所共同主办，上海财经大学区域经济研究中心等承办的“高铁时代长三角区域协调发展暨虹桥商务区管理体制创新”学术研讨会在上海财大举行。学会会长周振华出席，陈钟宇、赵晓雷、陈建军、郁鸿胜、徐康宁、程必定等 60 多位来自长三角区域的专家学者参加研讨。

7 月 31 日 市世界语协会邀请浙江省世界语协会会长李忠民做浙江世界语发展现状的报告。

8 月

8 月 4 日 由市社联、上海对外贸易学院、上海 WTO 事务咨询中心、世界贸易组织上海研究中心共同主办的“经济全球化与中国转型发展暨纪念中国加入世界贸易组织(WTO)10 周年”研讨会在上海展览中心友谊会堂三楼宴会厅举行。200 余名专家学者与会。会议由市社联党组书记、专职副主席沈国明主持，市人大常委会副主任胡延照，上海外贸学院院长孙海鸣致开幕词。市政协副主席、上海 WTO 事务咨询中心理事长兼总裁王新奎，中国商务部条法司司长李成钢，时任上海市政府副秘书长、上海市商务委员会主任沙海林做大会主旨演讲。市社联党组副书记桑玉成出席会议。

市建设交通系统思想政治工作研究会邀请 16 位特约研究员和理论骨干，在南京学习考察中交三航局南京分公司和中建八局下属的中建安装公司的企业文化建设。

8 月 9 日 安徽省社科联党组成员、副主席卜幼凡，办公室副主任韩修良到访上海市社联。市社联党组书记、专职副主席沈国明，党组副书记桑玉成，社联有关处室负责人，以及作为特邀代表的上海社科院科研处副处长李安方，上海华夏社会发展研究院院长鲍宗豪，华东理工大学副教授金家厚等与来访同志举行座谈交流。皖沪两地社科工作者就如何进一步推进智库建设进行了深入研讨。

8 月 9 日至 12 日 市比较文学研究会与中国比较文学学会、复旦大学、上海师大联合举办“中国比较文学学会第 10 届年会暨国际学术研讨会”。这是 30 年来上海各大高校比较文学学科第一次全面合作的成果，来自海内外的学者约 410 名与会，盛况空前。

8 月 10 日 市社联召开上海市社会科学界第九届(2011 年度)学术年会征文评审工作会议。年会学术委员会成员、各学科组专家近 50 人参加评审。本届年会收到 842 篇应征论文，共评选出优秀论文 113 篇，摘要发表论文 159 篇。市委宣传部副部长潘世伟，市社联党组书记、专职副主席沈国明，市社联党组副书记桑玉成作为评审专家出席会议。

8 月 12 日至 15 日 市世界语协会会长汪敏豪赴天津参加第一届东亚世界语教学研讨会，为会议作主旨发言并进行示范教学。来自全国各地以及日本、韩国、蒙古的 50 多名世界语者参加了研讨会。

8 月 14 日 市法学会和金融法研究会共同举办第 24 次青年法学沙龙，就消费类金融纠纷的多元化解决问题展开讨论，来自本市各法学院校、政府法制部门、仲裁机构、金融机构、律师事务所的 30 余位青年专家学者参加。

8 月 15 日 市比较文学研究会邀请纽约大学比较文学系主任 Jaques Lezra 教授，以“比较文学的未来”为题做座谈。

8月16日 上海现代服务业联合会会长周禹鹏，副会长赵效定、赵凯、周伟民，副秘书长顾性泉，法务部部长张巍，研究室副主任陈一川一行莅临社联调研，社联党组书记、专职副主席沈国明，社联各部门负责人以及处以上干部与到访嘉宾进行了座谈。双方会商了建立战略合作伙伴关系的有关事宜。

市社联党组书记、专职副主席沈国明与市财政局教科文处副处长蒋小明、财政局社联专管员陈明君就进一步做好社联财务工作进行了会商研讨。财政局同志对社联在财务预算决算工作中，认真遵守财政政策与制度给予了肯定。

8月17日 社联召开党风廉政建设联席会议，专题研究检查违规收送礼金、礼券、购物卡专项治理工作，社联党组副书记桑玉成主持会议，社联机关各处室负责同志和社联纪检组有关同志出席会议。会议指出，要从有利于推进规范社联工作的实际出发，在公务活动中严禁违规收送礼金、礼券、购物卡，同时要按照事项清晰，数量恰当，程序规范的原则做好为社科界的服务工作。

8月17日 市法学会在上海影城举办2011年"上海法学讲坛"第三讲。全国人大法律委员会委员、中国人民大学党委副书记、副校长王利明教授开设题为《侵权责任法的相关疑难问题》的讲座。市法学会专职副会长陈金鑫出席论坛。来自本市政府机关、法院系统、检察院系统、高校和律师事务所的300余名法学、法律工作者聆听讲座。

8月18日 市法学会和市第一中级人民法院共同举办第25次青年法学沙龙，沙龙主题为"知识产权刑事案件法律适用问题"。中国法学会会员部主任梁毅，市第一中级人民法院副院长汤黎明、黄祥青，市法学会副会长李继斌，专职副会长陈金鑫，秘书长施基雄等领导出席。来自本市党政机关、政法部门、法学院校、法律服务机构的60余名青年法学、法律工作者与会。

市房产经济学会与上海易居房地产研究院合作完成的《系统分析现有房地产市场指数，建立上海房地产市场指数体系研究》课题，获得上海房屋管理创新奖一等奖。

市文联办公室同志来到市社联，就各自单位的信息工作现状同社联办公室同志进行了工作交流。

8月19日 市股份制与证券研究会召开会员代表大会。会议由副会长顾培柱主持。会议审议通过上届理事会工作报告、财务报告新章程，选举产生新一届理事会。随后举行的新一届理事会第一次会议选举左学金为会长，王开国、冯国荣、朱建弟、陈学彬、胡茂元、涂宝贵、顾培柱、龚仰军、谢企华、韩华林、潘鑫军和魏农建为副会长，韩华林为秘书长。朱建弟任研究会法人代表。市金融办副主任范永进做专题报告。与会专家学者进行深入的学术交流。

8月21日 市新四军历史研究会编著的《理想在我心中》一书在上海展览中心中央大厅"2011年上海书展"现场举行新书发布及签售活动。研究会会长阮武昌，时任市新闻出版局局长焦扬，社会学家邓伟志，作家王小鹰，上海文艺出版集团副社长顾林凡，全国劳模杨怀远及在沪新四军老战士和家属代表近百人出席发布会。

8月21日至26日 市民防协会与全国人防监理培训部举办第71期"人防工程监理资质培训班"，本市人防工程监理人员161人参加培训。

8月24日 市新四军历史研究会召开纪念陈毅同志诞辰110周年座谈会，新四军老战士、会员代表以及市委党史研究室、市社联等相关专家逾150人出席会议。市委党史研究室副主任严爱云做专题报告，范征夫、相守荣、刘苏闽、方开淇、郭绪印、张文清、韩德彩等老干部做交流发言。研究会会长阮武昌主持会议并做总结发言。

8月25日 市形势政策教育研究会举办"每月谈讲座"，邀请南京政治学院上海分院原副院长张克难作"我国国家安全形势——全面加强军队革命化、现代化、正规化建设"专题报告。下午举办"信息发布会"，由市人保局研究室主任杨子春介绍上海劳动就业、社会保障等信息。

上海市社会科学普及读物项目中期工作会议在上海人民出版社举行，围绕读本读者定位、选题指南、作者征集及出版合作与推广等议题进行了讨论。上海人民出版社总编王为松、副总编范蔚文出席会议。

8月25日至9月1日，市粮食经济研究会组织区县粮食局、购销公司有关领导赴新疆，学习考察当地粮食系统稳定粮食市场、加强储备粮管理的做法和经验。

8月26日至28日 由上海市政协、民革上海市委联合主办，上海中山学社、市文史研究馆、市历史学会、上海孙中山故居纪念馆承办的"辛亥革命与上海"国际研讨会在沪召开，海内外90余名专家学者与会。全国政协副主席、民革中央常务副主席厉无畏发来贺词。中共上海市委副书记殷一璀在会前会见了20余名来自台湾、香港和海外的与会代表。市政协副主席、民革上海市主委、上海中山学社社长高小玫致开幕词，民革中央副主席修福金、市政协副主席周太彤到会讲话。市社联党组书记、专职副主席沈国明出席会议并在闭幕式上讲话。

8月26日至28日 由中国老年学学会主办，上海市老年学学会承办的"全国首届青年学者老年学和老年医学论坛"在上海社科院国际创新基地进行。中国老年学学会常务副会长赵宝华出席开幕式并讲话，市老龄办副主任高菊兰、上海大学教授邓伟志、中国工程院院士戴尅戎教授为论坛致辞。来自香港老年学会、全国各地的高等院校、医院、涉老社团、企业的300多位青年学者参与研讨。

8月27日 市世界语协会举行协会新老世界语者座谈会；同日，在昊瀚集团举办世界语学习班结业典礼。

8月28日至31日 市社联学会处组织部分所属学会负责人赴辽宁省社科联举行社团管理经验交流会。市社联党组副书记桑玉成与辽宁省社科联党组书记、副主席张沈立交流了学会建设、管理经验。辽宁省社科联副主席杨路平做学术报告。本市与会学会负责人听取辽宁省社科联及有关学会负责人的报告后，做了深入的交流和探讨。会议听取了学会负责人对社联相关工作的建议。

8月28日至9月2日 市民防协会与全国人防监理培训部举办第72期"人防工程监理资质培训班"，本市人防工程监理人员142人参加培训。

8月30日 "东方讲坛社区讲座现场会"在静安区曹家渡街道社区学校举行。科普处工作人员实地考察举办点相关工作，并对举办点进行调研。市委党校张忆军教授向基层干部作了"积极应对群体性突发事件"的讲座。

市世界经济学会举办题为“国际贸易中产品的附加值及其计算分析”的内部研讨会，哥伦比亚大学经济学和金融学教授魏尚进、上海市世界经济学会秘书长徐明棋研究员等出席会议，来自实务部门与高校科研院所的数十名专业人士参与研讨。

由市法学会和青浦区人民法院、青浦区环境保护局共同主办的“环保非诉行政案件的司法审查与执行问题”研讨会在青浦区委党校召开。市法学会党组副书记、副会长李继斌，市高级人民法院副院长陈立斌，市法学会专职副会长陈金鑫等出席会议。市法院、市政府法制办、市工商局、市环保局、青浦区环保局及青浦区法院相关负责人，上海社科院、上海交通大学、上海政法学院、市律协的专家学者、新闻媒体代表近 60 余人与会。

9月

9月2日 市社联举行东方讲坛特聘讲师座谈会，东方讲坛部分讲师及科普处工作人员出席会议。会上，社联科普处处长何畏介绍了东方讲坛题库建设等工作，并就《全民科学素质行动计划纲要实施方案(2011—2015 年)》作了说明。科普处有关同志介绍了东方讲坛工作相关情况。

9月5日 组织人事处、退管会组织退休同志中秋联欢活动。党组书记、专职副主席沈国明向退休同志祝贺节日，并通报社联的近期工作。

9月7日 市社联、上海发展研究基金会联合举办东方讲坛·发展沙龙，邀请中国银监会首席顾问沈联涛作“美国信用评级降级后，全球经济的骚动”的演讲。沙龙由市社联党组书记、专职副主席沈国明主持，上海发展研究基金会理事长沙麟、市社联秘书长生键红等 50 余人出席。

9月8日 市社联组织本市 36 名学会负责人到广东珠海考察交流。广东省社科联专职副主席李旭明携社团联络部负责人张德馨、李翰敏专程赶赴珠海参与座谈。珠海市社科联副主席杨穆主持会议。珠海市社科专家、市发展和改革局城乡建设科科长王梦阳，珠海市社科联科研部主任王玉琦，肇庆市社科联主席王中生，党组书记、副主席张华新，副主席周春辉作专题发言。本市与会学会负责人参与研讨。

由市国防教育委员会办公室和东方讲坛办公室共同举办的“东方讲坛·2011 全民国防教育主题宣传月系列讲座”开讲仪式在徐汇区委党校报告厅举行。市委宣传部副部长潘世伟，市社联党组书记、专职副主席沈国明，上海警备区政治部副主任、市国防教育办公室主任谢亚洪，徐汇区人大主任茅明贵，徐汇区委常委、宣传部长章卫民出席开讲仪式。解放军空军指挥学院乔良做主题报告。徐汇区机关处以上干部约 200 人聆听报告。

9月9日 上海现代服务业联合会举办“服务，发展，友谊，和谐——迎中秋、庆国庆联谊会”。市人大常委会主任、上海现代服务业联合会名誉会长刘云耕，上海现代服务业联合会会长周禹鹏为上海现代服务业发展研究院揭牌。市社联党组书记、专职副主席沈国明以及社联有关处室负责人出席会议。会上，沈国明与上海现代服务业联合会副会长、上海现代服务业发展研究院院长周伟民签署了社联与上海现代服务业联合会合作框架协议。根据协议，市社联将与上海现代服务业联合会建立战略协作伙伴关系，紧紧围绕上海“十二五”“创新驱动、转型发展”的新要求，发挥各自优势，在信息资料交流、课题研究合作、书籍编撰出版、论坛讲座、研究人才举荐和学术社团等层面开展持久、有效的共建活动，为推动上海哲学社会科学事业和现代服务业的创新发展提供新的动力。

9月10日 市管理教育学会举行会员代表大会，进行换届选举。终身名誉会长苏东水到会并致辞。会议审议通过工作报告、财务报告与学会新章程，选举产生第五届理事会成员。随后举行的第五届理事会第一次会议选举朱建国为会长，包季鸣、陈青洲、李从恺、蒋青云、孟宪忠、寿伟光、汪泓和王玉为副会长，苏宗伟为秘书长。中欧工商管理学院院长朱晓明应邀做专题报告。

9月14日 由江苏、浙江、上海两省一市法学会共同主办，浙江省法学会、舟山市委政法委承办的第八届“长三角法学论坛”在浙江舟山举行。市法学会党组副书记、副会长李继斌，专职副会长陈金鑫出席论坛。来自苏浙沪两省一市法律院校、科研机构、人大、政府法制部门、司法部门、法律服务机构的代表共120余人参加了本届论坛。

9月15日 “东方讲坛社区讲座现场会”在杨浦区控江路街道社区学校举行。杨浦区委宣传部理论宣传科科长薛芸介绍了该区东方讲坛的整体情况。科普处工作人员实地考察了举办点相关工作，对举办点进行调研，听取了控江路街道宣传科干部对东方讲坛工作的建议。

市房产经济学会围绕宏观调控下房地产开发企业的策略和政策问题，召开房地产企业家圆桌会议。学会会长、市房管局副局长庞元听取讨论并讲话。

9月16日 上海市固定资产投资建设研究会假座上海申通地铁集团有限公司大会场，召开会员代表暨第七届理事会换届大会，出席代表逾120名。市社联党组书记、专职副主席沈国明、市建交委副主任沈晓苏出席会议并讲话。学会第六届理事会领导班子作工作报告和关于修改研究会章程的说明。到会代表选举产生第七届理事会。随后召开的学会七届一次理事会选举产生新一届理事会领导班子。新任理事长孙熙宁发表讲话。

市法学会召开“婚姻法司法解释三的解读与思考”学术座谈会，就最高人民法院新近出台的《关于适用〈中华人民共和国婚姻法〉若干问题的解释(三)》展开研讨。本市从事婚姻家庭法研究的专家学者、法官、检察官、律师共20余人参加。

复旦大学现代人类学教育部重点实验室、上海师范大学语言学研究所、市人类学学会共同举办“第二届语言进化与遗传进化国际会议”，着重探讨远东地区的人群关系。复旦大学副校长林尚立到会祝贺。会议主席、香港中文大学教授王士元，会议主席、复旦大学副校长、市人类学学会会长金力分别做学术报告。30余位学者做交流发言。

9月17日 上海社科院法学所、市工商行政管理局、金茂凯德律师事务所、市国际商务法律研究会联合举行“上海第三届新公司法实施学术研讨会”。上海社科院法学所原所长顾肖荣、市工商局副局长陈学军、金茂凯德律师事务所主任李志强为开幕式致辞。市工商局企业注册处处长陈彦峰、最高人民法院民二庭副庭长张勇健、全国人大常委会法工委经济法室副主任袁杰、中国政法大学访问学者黄辉、中国商法学研究会会长王保树和副会长朱慈蕴、上海社科院法学所博士后安文录和博士陈玲、市高级人民法院民二庭庭长俞秋玮、福建省高级人民法院民二庭审判员刘炳荣、最高人民法院执行局副局长金剑锋做学术演讲。上海社科院法学所所长叶青致闭幕词。全国人大常委会法工委副主任李飞做会议小结。法学研究学者和法律工作者 80 余人与会。

9 月 18 日　上海金融法制研究会假座兴华宾馆举办“上海市金融消费者权益保护”立法研讨会。来自上海市人大常委会法工委、上海市金融服务办，以及上海市金融监督部门与相关科研院所的相关专家学者进行了深入的研讨与交流。全国人大常委会法工委副主任李飞、市人大常委会副主任吴汉民出席会议。

9 月 19 日　市企业发展促进研究会邀请市经信委规划处处长史文军作题为“相关产业政策解读”的专题报告。副会长陈兆忠主持会议，近百名企业领导出席报告会。

由市老年基金会、市庭院经济与文化研究会“百老德育讲师团”、上海电视台、上海东方传媒集团有限公司等单位联合举办的“九九关爱，哈哈老少乐”文艺演出，在浦东新区码头敬老院举行。表演艺术家秦怡、陈奇、马莉莉，女高音歌唱家任桂珍、史燕谊，原 20 集团军副政委闫成贵等讲师团成员与上海小荧星艺术团倾情演出，慰问敬老院的 150 多位老人。

9 月 20 日至 24 日　全国第十三次社会科学普及理论研讨与经验交流会在北京召开，全国 31 个省市、自治区的社科联领导和科普工作部门的负责人出席会议。各地社科联领导在会上做了交流发言。上海市社联党组书记、专职副主席沈国明主持了会议第一阶段的交流，并就社联的科普工作如何在新形势下开拓创新作了专题发言。

9 月 21 日　上海市社会科学界第九届学术年会“世界经济·国际政治·国际关系”学科专场会议在上海师范大学举行。本次会议主题为“1911—1921—2011：中国道路与世界变迁”。会议邀请全国工商联副主席、上海市政协副主席、上海市工商联会长、上海对外贸易学院院长、上海 WTO 事务咨询中心总裁王新奎做题为“入世：中国改革开放的伟大征程”的主旨讲演。华东师范大学历史系教授杨奎松做专题报告。本市国际关系和世界经济专家杨洁勉、张幼文、沈丁立、余伟民、庄起善、苏智良等出席会议，市社联主席秦绍德、上海师范大学校长张民选出席会议并致辞。

9 月 23 日　上海市社会科学界第九届学术年会“政治·法律·社会”学科专场会议在上海大学举行。本次会议由市社联与上海大学联合主办，主题为“中国道路——政治·法律·社会”，本市政治、法律、社会学科领域专家郑成良、彭希哲、卢汉龙、王立民、沈四宝、沈关宝、陆晓文等作主旨发言和交流。复旦大学、上海交通大学、华东师范大学、上海大学、华东政法大学、上海社会科学院等高校科研单位的 100 余位社科工作者参加会议。市社联党组副书记桑玉成、上海大学副校长李友梅出席会议。上海大学社会学院院长张文宏主持开幕式，市社联主席秦绍德、上海大学党委书记于信汇出席并致辞。

东方讲坛社区讲座现场会在普陀区石泉路街道举行。举办点负责人沈叶介绍了该街道东方讲坛的整体运行情况。科普处工作人员实地考察了举办点相关工作，对举办点进行调研。上海青年干部管理学院裴雨林副教授向社区干部做了“公民道德与城市文明”的讲座。

市预算会计研究会举行第四届会员大会。全国预算与会计研究会副会长刘凤桐、上海市财政局副局长田春华到会并讲话。会议审议通过工作报告、财务报告以及学会新章程，决定将研究会更名为“上海市预算与会计研究会”。会议选举产生第四届理事会和学会领导班子，袁白薇任会长，赵建勇、钟锦秋、莘澍钧和朱炜琪任副会长，朱炜琪兼任秘书长。

9月24日 市金融法制研究会、市法学会诉讼法研究会、中国行为法学会金融法律行为研究会、李小华律师事务所等联合举行"金融法律服务与管理创新建设"论坛。中共中央党校研究生院院长卓泽渊主持论坛开幕式。中国行为法学会金融法律行为研究会会长张穹、中国行为法学会副会长李文燕、市金融法制研究会会长倪维尧、市法学会诉讼法研究会会长张海棠在开幕式上发表讲话。近20位专家学者作交流发言。市法学会诉讼法研究会副会长席建林、华东政法大学教授姚建龙、市高级人民法院研究室法官高明生、上海交通大学教授金泽刚、嘉定区人民法院副院长杨承韬作点评。100余人出席论坛。会上分发了约20万字的有关文集。

9月26日 市委宣传部有关检查组来到市社联，开展基层党组织创先争优活动检查。检查内容为创先争优组织领导、公开承诺及点评与党建基础工作。检查组充分肯定了社联社团党建工作和创先争优活动。市社联党组副书记桑玉成出席会议。

由市司法局，上海政法学院主办，市法学会等单位协办的"人民调解理论与实际暨专业建设"学术研讨会在上海政法学院召开。市委常委、市委政法委书记吴志明，市司法局局长吴军营等领导出席会议，市法学会党组副书记、副会长李继斌参加会议并主持第一阶段的专题研讨。来自本市法学理论及实务部门的专家学者400余人参加。

9月28日 由市社联、市人大科教文卫委员会、市历史学会共同主办的"辛亥革命与中国近代化学术讨论会"在上海兴华宾馆举行。会议开幕式由市社联党组副书记桑玉成主持，市人大常委会副主任钟燕群，市委宣传部副部长潘世伟，市社联党组书记、专职副主席沈国明出席会议并致辞。本市专家章清、姜义华、苏智良、萧功秦、忻平、李伟国、熊月之、戴鞍钢、谢俊美、沈渭滨、陶飞亚、丁凤麟、王敏、廖大伟、方平等进行了深入的学术交流与讨论。80多位专家学者与会。

9月29日 市社联、市形势政策教育研究会联合举行社联论坛第四十七次报告会，邀请市人大常委会研究室原主任、法工委委员周锦尉作"世界经济金融形势与我国经济展望"报告。会议由市形势政策教育研究会副会长邵煜栋主持，300余人出席听讲。

由市老龄办主办、市老年学学会承办的"2011年上海市十大寿星新闻发布会"在青松城举行。市老龄办主任、民政局局长马伊里，市老龄办副主任、民政局副局长高菊兰，市老年学学会副会长王传馥、袁俊良出席会议，学会秘书长孙鹏镖主持会议。

9月 在市委宣传部、市人力资源和社会保障局、市司法局、市公务员局、市法制宣传教育联席会议办公室开展的2006—2010年上海市法制宣传教育先进评选活动中，市社联科普处处长何畏获得先进个人荣誉称号。

10月

10月3日 由市庭院经济与文化研究会"百老德育讲师团"、华夏国际商会联合主办的"纪念辛亥革命100周年当代海内外著名书画家及名人作品展"，在上海图书馆开幕。全国人大常委、原上海市人大常委会主任龚学平挥毫题词。王新奎、龚心瀚、苏士澍等领导出席会议。本次展览共展出书画作品数百件，来自全国各省市自治区和港澳台地区，其中包括王金平、宋楚瑜、郁慕明等人的作品。本展在上海率先举办之后，前往港澳台地区巡展。

10 月 8 日 市社联、上海发展研究基金会联合举办东方讲坛·发展沙龙，邀请香港大学国之基金经济学讲座教授许成钢做“从体制认识中国经济的结构性问题”的演讲。沙龙由上海发展研究基金会秘书长乔依德主持，市社联党组书记、专职副主席沈国明等 50 余人出席了沙龙。

市社联代表团应意大利米兰—比可卡大学、法国巴黎索邦大学的邀请，赴意大利、法国进行为期 10 天的访问。社联代表团与两国学者就社会组织管理及运行机制、地方社区管理现状、全球化发展中欧洲经济发展状况，以及欧债危机对福利制度原则性冲击等课题进行了交流研讨，为社联今后进一步开展同海外学术机构的交流合作开启了新的路径。

10 月 11 日 市社联科普处邀请上海师范大学人文学院院长苏智良教授和上海社会科学院江文君博士做客东方网，以“辛亥革命与上海”为主题进行访谈。

10 月 12 日 市新四军历史研究会和福寿园人文纪念公园共同在新四军广场举行“2011 新四军广场纪念建党 90 周年庆典仪式”。新四军老战士、武警官兵、上海天马山学校和上海政法学院学生 700 余人参加庆典仪式。

市民防协会参与筹办的“2011 年第三届（上海）国际减灾与安全博览会”在世博中心举办。市民防办有关领导做专题演讲。

市社联召开党组民主生活会。党组书记沈国明、副书记桑玉成、市纪委驻市委宣传部纪检组副组长莫剑平出席会议。

10 月 12 日至 13 日 部分省市首届社会科学年鉴工作交流会在天津召开，来自全国 7 个省市的社科联领导和社科年鉴工作者出席了本次会议。上海市社联办公室副主任俞融等同志出席会议并做交流发言。

10 月 13 日 社科普及新媒体平台建设座谈会在黄浦区举行，东方讲坛区县委宣传部、高校宣传部干部 20 余人与会。会上，市社联科普处工作人员详细介绍了新媒体社科普及项目的实施方案，并听取与会人员的意见和建议。

10 月 14 日 云南省社科联党组书记、副主席张红苹一行 15 人到访上海市社联。市社联党组书记、专职副主席沈国明以及社联部分处室有关负责同志与云南省社科联到访同志围绕学会管理、学术年会、东方讲坛等工作进行了深入的交流和探讨，并就今后进一步加强合作达成意向。

“东方讲坛社区讲座现场会”在金山区漕泾镇举行，金山区委宣传部东方讲坛负责人廖成刚及山阳镇、廊下镇等举办点负责人出席。

市粮食经济研究会在金山区政府会议中心召开 2011 年秋粮收购工作交流研讨会，市粮食局业务处处长，郊区各区（县）粮食局（署）长、粮油购销公司总经理，上海良友（集团）公司储备业务部、购销分公司以及中储粮上海分公司业务部门负责人等参加会议，会长朱元旦作总结讲话。

10 月 15 日 由市经济学会与上海市人民政府发展研究中心、中共上海市委党校联合主办，上海财经大学、上海社会科学院协办的第六届“上海青年经济学者论坛”在市委党校举行，论坛主题是“创新、转型与经济发展”。学会副会长王国平，学会名誉会长袁恩桢分别致词，学会青年学者工作部轮值主任唐珏岚作工作汇报，上海财大副校长丛树海宣布获奖名单。周炼石、刘江会、王志平、严法善和鞠立新等专家对获奖学者演讲进行点评。时任上海社科院常务副院长左学金，学会副会长袁志刚作学术报告。市委宣传部理论处处长刘世军出席会议并讲话。学会会长周振华做会议总结。来自本市15所高校、科研单位的经济学资深专家、青年学术骨干及研究生代表近百人出席会议。

10月16日至20日 第十届中日韩住房问题研讨会在韩国昌原举行。市房产经济学会副会长郭树清应邀参加，上海市房地产科学研究院院长、上海市房产经济学会科教专委主任张冰做“上海市保障性住房节能省地之技术集成分析”报告。

10月18日 由市庭院经济与文化研究会“百老德育讲师团”、奉贤区委宣传部、奉贤区民政局联合主办的革命教育家徐特立铜像落成揭幕仪式在永福园陵举行，上海市百老爱国主义教育基地同时揭牌。全国政协常委、市政协主席冯国勤专门为此次活动发来贺信。刘云耕、殷一璀、杨振武、龚学平、龚心瀚、陈铁迪、谢丽娟等市领导及老同志发来贺电。市老年基金会理事长胡炜，奉贤区委副书记陆兴祥为徐特立铜像揭幕。

上海市社会科学界第九届(2011)学术年会主题专场协调会在复旦大学文科处举行。市社联党组副书记桑玉成出席，复旦大学文科处处长杨志刚及本届学术年会10个主题专场负责人与会，交流了主题专场的筹备情况及后续工作。

市社联离休支部举行活动，社联党组书记沈国明、副书记桑玉成分别向老同志通报情况，并为年满70岁的老同志祝寿。

10月19日 由市发展改革委、市发展改革研究院、市宏观经济学会、市经济学会联合举办的“转型发展与上海‘四个中心’战略专家研讨会”上，《2010/2011上海“四个中心”发展报告白皮书》发布。经济学会副会长肖林主持会议并介绍白皮书基本情况，轮值常务副会长万曾炜到会致辞。市委副秘书长、市委研究室主任王战，中欧国际工商学院院长朱晓明，市宏观经济学会会长蒋应时，本会副会长、上海外贸学院院长孙海鸣等专家学者参与研讨。

市工商学会在工商闸北分局举办法治教育报告会。市社联党组书记、专职副主席沈国明应邀以《新形势下法治建设的理论与实践》为题，为来自各区(县)工商学会以及市局机关学会小组百余名会员作报告。

10月20日 市社联举行第五届学会学术活动月开幕式。市社联党组书记、专职副主席沈国明致开幕词，市社联党组副书记桑玉成主持开幕式和随后举行的学术报告会。市社联所属160多家社会科学学术团体以及民办社科研究机构的负责人和专家学者参加会议。上海市历史学会名誉会长、复旦大学中外现代化进程研究中心主任姜义华教授，上海市教师学研究会名誉会长于漪，上海华夏社会发展研究院院长鲍宗豪，上海市经济学会副会长、上海交通大学经济学院执行院长陈宪教授，上海市国际关系学会会长、上海国际战略问题研究会会长、上海国际问题研究院院长杨洁勉研究员分别作了学术报告。

市社联科普处邀请上海政法学院社会学系陈晓敏教授与上海市律师协会民事业务研

究委员会副主任吴卫义律师做客东方网“观点”栏目，就“立法能否阻止家庭暴力”进行主题访谈。

10 月 21 日 市审计学会举办学术报告会。会议由副会长、市审计局总审计师林忠华主持。副会长、复旦大学教授李若山作了题为“经济发展方式的改变对当代审计的影响”的学术报告。

市经济学会《资本论》专业委员会和复旦大学泛海书院联合举办《资本论》与民生问题研讨会。专业委员会主任严法善主持会议并作主题发言，孙仲彝、陶友之、陈承明、马艳、黄文忠、洪远朋、王克忠、俞忠英等先后发言。

市经济学会与复旦大学经济学院、复旦大学泛海书院联合举办“当前中国宏观经济形势资深学者座谈会”。张薰华、袁恩桢、洪远朋、伍柏麟、李功豪、李锐等 20 多位资深学者参与研讨。会议由复旦大学泛海书院院长洪远朋主持。

10 月 22 日 中共上海市委党校（上海行政学院）和市经济学会联合举办“当代大都市：创新、转型和发展服务经济”国际学术研讨会。市政府发展研究中心主任、市经济学会会长周振华，市委党校副校长、上海市经济管理干部学院院长王国平等出席开幕式并致辞。与会专家学者共 100 余名，其中 20 多位分别来自英国、德国、美国、加拿大、意大利、俄罗斯、越南等 7 个国家。

市外文学会在华东师范大学举行“英语专业课程建设”专题研讨会。华东师范大学副校长陆靖、市外文学会会长卢思源、华东师范大学外语学院院长张春柏分别致辞。上海外贸学院副校长叶兴国做主旨发言。上海理工大学外语学院副院长邓志勇、华东师范大学吴波发表专题演讲。来自本市高校外语院系的 30 余人参加研讨。

10 月 23 日至 28 日 市民防协会与全国人防监理培训部举办第 73 期“人防工程监理资质培训班”，本市人防工程监理人员 178 人参加培训。

10 月 24 日 市社联召开中心组专题学习会，传达、学习十七届六中全会精神，社联党组书记、专职副主席沈国明主持会议，社联党组副书记桑玉成以及社联各处室负责同志出席会议。

市工艺美术学会会同上海工艺美术研究所、上海工艺美术协会、上海工艺美术博物馆联合举行“惟面惟肖——2011 年上海面人赵艺术传承研讨会”。研讨会由市工艺美术学会秘书长周南主持，50 多位艺术大师和专家学者济济一堂，围绕面塑大师赵阔明的艺术道路和海派面塑的传承、创新进行了研讨。

10 月 25 日 由市经济学会、上海市人民政府发展研究中心、上海财经大学财经研究所主办，上海财经大学区域经济研究中心等单位承办的“21 世纪以来国内外环境新变化及其对上海影响”研讨会在上海财经大学举行，周振华、朱金海、左学金、张广生、石良平、张晖明、殷醒民、王国平、干春晖、赵晓雷等专家出席研讨会并发言。

“上海市民社会科学知识与素养调查”课题阶段工作会议在社联举行，课题组负责人上海大学社会科学学院欧阳光明教授对《2011 上海市民社会科学知识与素养调查报告》初稿做了汇报，社联科普处处长何畏对该课题成果收尾及发布工作提出了意见。

市世界经济学会邀请中国欧洲学会副会长伍贻康教授做题为“德国·欧债危机·欧

盟的兴衰"的学术报告。

10月25日至27日 由北京、天津、上海、重庆四直辖市法学会共同主办的首届"京津沪渝法治论坛"在京举行。本届论坛的主题是"创新社会管理与建设法治城市"。上海市法学会副会长陈金鑫代表学会与京津渝法学会的领导共同签署《京津沪渝合作规则》。

10月26日 市企业发展促进研究会举办"破解中小企业融资难"研讨会,帮助会员单位掌握企业融资的各种途径与相关政策,搭建银行与企业沟通交流的平台。市金融办副主任范永进做主旨发言。宁波银行上海分行相关负责人做了交流发言。

东方讲坛杨浦区工作座谈会在杨浦区举行。该区各举办点负责人及相关委办负责同志20余人出席会议。区委宣传部副部长卢冰总结了该区今年的讲坛工作。社联科普处处长何畏向与会人员介绍了东方讲坛近期工作和下一阶段工作打算。

市新四军历史研究会与党史学会联合召开"陈毅生平与思想"学术研讨会。会议由研究会副会长唐培吉主持。孙道同、陈南宜、刘佳、杨元华、孙有标等作专题发言,张云、唐莲英、刘惠恕进行点评。研究会会长阮武昌作会议总结。两学会领导、专家共60余人出席会议。市社联等有关单位领导应邀出席。邓伟志出席会议并发言。

市房产经济学会、江苏省房地产经济学会、杭州市房地产学会在上海松江新城共同举办题为"市场供应与住房保障"的第七届江浙沪房地产经济论坛。江浙沪三地共9位房地产界专家、学者和行政管理部门负责人分别做交流发言,150余人参加论坛。

市企业发展促进研究会召开"破解中小企业融资难路径与政策研讨会"。市金融办副主任范永进作主旨发言。宁波银行上海分行行长施道明做专题发言。现场银企沟通热烈。

10月27日 市金融学会举办第二届"青年金融论坛"。会议由市金融学会秘书长李安定主持。上半场由来自人民银行上海总部、交通银行上海分行、农业银行上海分行等单位的金融工作者展开理论研讨,上海财大现代金融研究中心教授丁剑平和上海国际集团战略发展总部总经理张红梅作点评。下半场由来自上海银监局、浦发银行中国外汇交易中心等单位的金融工作者进行实务研讨,上海财大金融学院常务副院长赵晓菊和上海银行监事会办公室主任韩文亮对上述报告做点评。

市会计学会举办"财务管理与产业发展"专题研讨会。来自新华传媒、文新报业集团和会计学会新闻出版工作委员会的财务工作者就传媒业上市公司资产重组、多元化经营中的财务问题进行了深入研讨。

市经济学会中国特色社会主义经济理论专业委员会与上海金融学院经济发展研究所、国际经贸学院、图书馆等单位联合举行高层学术报告会,时任上海社会科学院常务副院长左学金应邀作题为"实现科学发展、推动包容性增长"的学术报告。专委会主任周肇光主持会议,学会会员和上海金融学院师生100余人出席。

市会计学会假座上海市新闻出版局六楼会场,召开"新闻出版产业发展与财务管理"专题研讨会。世纪出版集团、文艺出版集团、文新报业集团、印刷集团、华东师大出版社、教育出版社、译文出版社、上海图书公司等单位代表出席会议。

市教师学研究会和市教委教研室联合举办"上海市中小学教师三笔字邀请赛颁奖大

会”，来自市区市郊的 250 多位教师参加大会。教师学研究会副会长谭铁斌、虹口区教育局局长王立强出席并讲话。

市形势政策教育研究会举办“每月谈讲座”，上海文化广播影视管理局党委书记陈燮君做“上海文化建设的改革与发展——学习贯彻党的十七届六中全会精神”专题报告，近 300 人到会聆听；下午举办“信息发布会”，由上海航天局宣传部长承经中介绍“天宫一号”与“神舟八号”发射的背景情况。

10 月 28 日　市会计学会举办“中国概念股：资本市场的泡沫与修正”学术报告会。上海财经大学副校长孙铮在报告中介绍了中国概念股在美国上市的背景，总结了中国公司应该汲取的教训及应对的策略。

市统战理论研究会举行 2011 年青年学者论坛。论坛主题是“统一战线与社会组织”。会议由市社会主义学院研究室副主任徐剑锋主持。市社会主义学院教研室副主任蒋连华、上海社科院当代中国政治研究中心副研究员胡筱秀、华东理工大学社会与公共管理学院副教授范志海、上海大学文学院社会学系副教授汤艳文、浦东新区党委统战部陶宇奋做交流发言。市委统战部研究室副主任曾昭斌做点评。市社会主义学院副院长、市统战理论研究会副会长兼秘书长张颖到会并讲话。

市法学会、市信息法律协会、上海法治报、宝雷传媒工作室共同举办首期市法学会“会员沙龙”活动。本次活动聚焦淘宝商城遭围攻事件，邀请来自华东政法大学、上海政法学院、同济大学法学院、上海对外贸易学院法学院的学者和多家律师事务所的律师共同探讨、深入剖析其背后的法律问题。

10 月 28 日至 29 日　全国社科联协作会议在广西南宁隆重召开。全国 30 个省、直辖市、自治区社科联的代表和广西有关市、县及高校等方面专家学者近 200 余人出席了会议。上海市社联向会议提交交流文章《上海市哲学社会科学优秀成果评奖工作的探索与实践》和《上海东方讲坛积极打造面向基层服务大众的社科普及品牌项目》。社联党组副书记桑玉成及各处室代表共六人参加了会议。

10 月 29 日　上海市社会科学界第九届(2011)学术年会青年学者专场在上海社科院小礼堂顺利召开。专场主题为“中国学术百年路：古今中西之间(1911—2011)”。刘建军、顾红亮、高帆、文军分别作主题报告，陈明明、高瑞泉、钟祥财、沈关宝作点评。六位优秀论文作者代表也作简要发言。市委宣传部副部长潘世伟，市社联党组书记、专职副主席沈国明，复旦大学副校长林尚立致辞，市委宣传部理论处处长、东方青年学社副社长刘世军主持会议。

市经济学会所有制结构专业委员会召开 2011 年年会暨“坚持‘两个毫不动摇’与非公经济的可持续发展”研讨会，来自本市有关高校、社科院、党校系统、科研院所和实际部门的专家学者出席，提交论文 20 篇。专委会主任黄文忠主持会议。

市世界语协会举办报告会。西班牙 Kadaluna 地区世界语协会会长 Josep Franquesa 应邀做“语言的权利和人权”主题报告。浙江世界语者李忠民就“互联网和世界语”做报告。

10 月 30 日　市社会学学会、市历史学会联合举行“辛亥革命与社会文化转型”研讨会。市历史学会副会长陶飞亚主持会议开幕式。市社会学学会会长、上海大学党委副书记兼副校长李友梅致辞。有关专家学者吴铎、邓伟志、冯绍霆、谢俊美、廖大伟、严泉、忻平、杨雄威、姚霏、刘惠恕、张元隆、段炼、蔡亮、林友华、黄健美做交流发言。解放日报丁凤麟、市档案馆马长林、华东师大方平、上海师大郭绪印、东华大学廖大伟作点评。会上还发放了与会同志撰写的论文集(本次研讨会系“市社联纪念辛亥革命100周年系列学术活动”之一)。

10月30日至11月6日 日本九州世界语协会会长野村忠冈先生访沪,考察原日本熊本兵团侵入上海金山的历史,并与市世界语协会部分会员进行座谈。

10月31日 市社联、同济大学联合举办主题为“科学发展与马克思主义时代特征”的上海市马克思主义研究论坛。同济大学党委副书记马锦明主持开幕式,市社联党组书记、专职副主席沈国明,同济大学党委书记周家伦致开幕词,上海大学教授邓伟志、同济大学副校长吴志强做主旨发言。来自复旦大学、华东师范大学、同济大学、上海交通大学、上海财经大学、解放军南京政治学院上海分院等单位的10多位学者作主题报告。本市相关高校和科研院所的青年教师和博士研究生等近百人与会。

市社联科普处邀请上海心理咨询行业协会会长王裕如做“在压力中成长:心理状态的识别与应对”专题讲座,向百余名听众详细介绍了抑郁症、焦虑症、强迫症等常见精神障碍产生的原因、症状及治疗方法。

11月

11月1日 社联科普新媒体平台建设策划会在社联举行。社联科普处处长何畏、东方网总编室副主任李丹枫及相关工作人员出席会议,共同商讨合作开办东方网“观点”栏目事宜。

11月2日 上海市经济学会证券市场研究专业委员会与华东师范大学商学院合作举办“证券市场的功能与创新”理论研讨会。叶德磊、蒋为群、李巍等学者发言,有关金融机构代表和华东师大商学院部分师生共约50人出席了研讨会。

11月3日 市社联科普处邀请上海市心理咨询中心主任张海音做“让心灵充满阳光:心理健康与快乐生活”专题讲座。

11月4日 市领导科学学会、中共普陀区教育工作委员会、普陀区教育局联合举行“贯彻落实胡锦涛总书记七一讲话,全面提升校长领导力”研讨会。会议由市领导科学学会顾问陈熙春、副会长陆沪根主持。普陀区教育党工委书记范以纲致辞。普陀区教育党工委副书记、教育局局长李学红作主题发言。晋元高级中学校长王丽萍、曹杨第二中学校长王洋、江宁学校校长吴庆琳、华东师大附属小学校长严玮懿、市医药学校校长陆国民、华东师大教育管理系主任郅庭瑾,以及市领导科学学会副会长郑金洲、副秘书长郭庆松做研讨发言。普陀区委副书记顾顺祥到会并讲话。

市经济学会与上海易居房地产研究院、华东师范大学东方房地产学院联合举办“当前房地产行业形势与发展趋势”论坛。市经济学会副会长张永岳发表主题演讲,本会轮值常务副会长万曾炜与华伟、杨红旭、周建成等分别就房地产行业发展以及企业发展环境发表了学术观点。150 多位专家学者与会。

市比较文学研究会与华东师大文学院联合主办“第九届沪上高校比较文学与世界文学博士生论坛”，来自复旦大学、华东师大和上海师大比较文学与世界文学专业的 10 多位教授、博导，30 余名博士生到会交流。

市固定资产投资建设研究会与上海建筑安全协会联合召开“筑藩篱，设屏障——城市运行安全”学术研讨会，70 余人与会。

11 月 4 日至 6 日 由市外文学会主办，上海外语教育出版社协办的“第八届华东地区外语论坛”在上海外国语大学举行，论坛主题为“国际化进程中的外语教学：模式与对策”。来自浙江、江苏、安徽、江西、山东、福建和上海的 250 多名高校外语院系和外语有关领域的著名专家、教授和教师代表出席论坛。

11 月 5 日 上海市社会科学界第九届学术年会 10 个主题专场在复旦大学同时举行。主题专场由学者自主申办，涉及哲学、历史、文学、社会学、国际关系、法学、经济学等多领域，分别是：上海社会科学院部门经济研究所王慧敏申办的“文化创意产业与上海城市转型”专场、上海社会科学院法学研究所金永明申办的“钓鱼岛问题的史地与国际法”专场、复旦大学哲学系冯平申办的“社会主义核心价值高峰论坛”专场、市科学社会主义学会吴解生申办的“苏东剧变 20 年与中国发展道路”专场、华东师范大学东方文化研究中心陆晓光申办的“人文东方与文学世界”专场、复旦大学国家建设研究中心任远申办的“中国中长期人口变动和国家发展”专场、复旦大学国际问题研究院祁怀高申办的“中国快速崛起背景下的周边环境与周边外交”专场、复旦大学国际问题研究院张贵洪申办的“世界变迁与中国的联合国外交：1971—2011”专场、华东政法大学法律学院王永杰申办的“司法实体公正与程序公正的冲突与衡平——以云南李昌奎等案为例”专场、复旦大学中国社会主义市场经济研究中心殷醒民申办的“软着陆、硬着陆、还是不着陆？——2012 年宏观经济政策目标研讨会”专场。市社联主席秦绍德、党组副书记桑玉成出席有关专场并致辞。

市科学社会主义学会、复旦大学国际关系与公共事务学院联合举行“苏东剧变 20 年与中国发展道路”研讨会。市社联主席秦绍德出席会议并讲话。市科学社会主义学会顾问王邦佐致辞。市科学社会主义学会副会长、复旦大学国际关系与公共事务学院郭定平，市科学社会主义学会副会长吴解生主持会议。华东师大俄罗斯研究中心主任冯绍雷、上海社科院国外社会主义研究中心主任徐觉哉、复旦大学俄罗斯研究中心主任赵华胜、上海社科院当代中国政治研究中心主任刘杰、上海交通大学马克思主义学院特聘教授陈锡喜、复旦大学国际关系与公共事务学院唐贤兴、上海师大法政学院倪稼民、上海社科院俄罗斯研究中心主任潘大渭、南京政治学院上海分院孙力、华东政法大学政治与公共管理学院吴新叶在会上做专题发言。市科学社会主义学会会长夏军作会议总结。

由市社联主办，市教育发展基金会、上海增爱基金会、上海市杨浦高级中学等单位协办，上海市教师学研究会承办的“薪火相传话师魂——庆贺于漪老师从教 60 周年”活动在上海远程教育集团国际会议中心隆重举行。第十届市政协副主席、市教育发展基金会理事长王荣华，原市教育局局长袁采，上海市教育委员会主任薛明杨，市社联党组副书记桑玉成，市教育委员会副主任、市教师学研究会会长李骏修等到会并讲话。全国中学语文教师专委会和全国青年语文教师专委会派代表专程赴会并致辞。来自本市与全国各地的教师代表500人出席庆典。

市经济学会社会主义市场经济研究专业委员会、华东师范大学商学院和普陀区委党校联合举办"中国特色消费理论与消费模式"研讨会和新书发布会。40多位专家学者参加会议,对专委会组织编著的新书《中国特色消费理论与消费模式研究》给予高度评价,该书作者阐述了各自的研究心得。

11月6日 市社联、中共上海市委党校联合举办上海市社会科学界第九届(2011)学术年会"马克思主义研究"学科专场暨上海市马克思主义研究年度论坛。市社联副主席谈敏和时任市委党校常务副校长吕贵分别致辞。本次会议主题为"马克思主义与中国百年变迁"。复旦大学教授王德峰、市委党校教授黄力之、上海社会科学院研究员徐觉哉分别做学术报告,复旦大学教授陈学明、石磊,时任市人大法工委委员周锦尉进行点评。在专题研讨的两个分会场上,本市马克思主义研究领域的40多位学者作了专题报告或评论,来自复旦大学、华东师范大学和上海社会科学院等高校科研院所以及本市党校系统的350多位专家学者和博士研究生与会。

市社联、上海社会科学院联合举办上海市社会科学界第九届(2011)学术年会"经济·管理"学科专场。专场主题为"体制改革与转型发展"。上海社科院党委副书记洪民荣主持会议,市社联主席秦绍德、时任上海社科院常务副院长左学金致辞。中国社科院学部委员吕政研究员发表主题演讲,中国社科院农村发展研究所所长李周、时任上海社科院常务副院长左学金做学术报告。本市经济、管理学科领域20余位学者参与研讨,来自本市高校、社科院、党校以及相关科研机构的专家学者、青年学生近150人与会。

市现代企业经营管理研究会、上海交通大学卓越管理中心举办卓越管理中心十周年庆典活动。活动由副会长、中心总裁盛焕烨主持。上海市市长韩正、全国人大常委吴启迪发来贺信。全国人大常委会副委员长严隽琪到会讲话。会长徐志毅作了十周年工作报告。会议宣读了"卓越经理人"表彰名单,并宣布《职业经理人的评价体系》获得卓越管理课题一等奖。上海财大现代金融研究中心教授丁剑平、上海国际集团战略发展总部总经理张红梅、上海财大金融学院常务副院长赵晓菊、上海银行监事会办公室主任韩文亮对与会专家所作学术报告作了点评。

11月上旬 市社联主席秦绍德召集部分学会负责人开展调研活动。社联学会处负责人王克梅参加会议。市统一战线理论研究会常务副会长兼秘书长张颖、市高等教育学会常务副会长杨德广、市经济学会副会长兼秘书长郝德良、市国际关系学会秘书长金应忠、市哲学学会秘书长李家珉等学会代表出席座谈。

11月7日 市社联科普处邀请市法学会副秘书长汤啸天与上海政法学院社会学系教授曲玉波做客东方网"观点"栏目,以"拿什么拯救儿童安全"为主题,围绕"小悦悦"事件所反映的当前儿童家庭监护缺失问题进行访谈。

11月8日 市欧洲学会举行第三届青年论坛,会议由秘书长曹子衡主持,主题是"感知欧洲:中国青年对欧盟及中欧关系的观察"。上海从事欧洲研究的11位青年学者进行主题发言。来自上海各高校和科研院所的青年学者30余人与会。

市欧洲学会举行"世界变迁与中欧关系发展战略研讨会"。会议由会长戴炳然主持，伍贻康、陈志敏、杨逢珉、徐明棋围绕近期欧洲整体格局、政治走向、经济发展与欧债危机的演化进行主题演讲。40 多位专家学者与会。

11 月 9 日 市社联、上海发展研究基金会联合举行东方讲坛·发展沙龙，邀请全国人大财经委副主任委员吴晓灵做"影子银行与社会融资规模问题"的演讲。沙龙由上海发展研究基金会秘书长乔依德主持，上海发展研究基金会理事长沙麟、市社联秘书长生键红等 60 余人出席了沙龙。

市高等教育学会联合市教育考试院，在上海师范大学会议中心举办以"高等学校招生入学制度改革"为主题的"市社联 2011 年学术活动月专题研讨活动暨第七届高等教育研究所所长、招生办公室主任沙龙"。

由市庭院经济与文化研究会"百老德育讲师团"主办的"纪念美国'飞虎队'援华抗战 70 周年"书画、陶瓷艺术展，在杨浦文化馆开幕。全国人大常委会副委员长周铁农为艺术展赠"并肩御侮，维护和平"字幅。市委副书记殷一璀、全国人大常委龚学平、市老领导陈铁迪等来信来电祝贺。中宣部原副部长龚心瀚出席。当年指挥"飞虎队"的陈纳德将军的夫人陈香梅女士为展览题词。展览还展出了近百幅珍贵历史照片。

市工商学会在工商普陀分局举行"流通环节食品安全监管"专题研讨会。各区(县)工商学会、机场分会秘书长、部分理论骨干和论文作者，以及市工商系统从事食品安全监管工作的部分业务干部 80 余人出席会议。来自市经济学会、上海社科院、上海交通大学的部分专家学者参加研讨。

11 月 10 日 由上海社会科学院信息研究所建设的上海国际学术会议知识服务网正式开通。社联作为首批合作共建单位，和上海图书馆、交通大学、同济大学、华东师范大学等机构共同参加了开通仪式。

市法治研究会、市政治学会、市社会心理学学会、市法宣办联合举行"从普及法律知识到培育公民意识"研讨会。会议由市法治研究会副会长兼秘书长包志勤主持。黄浦区司法局副局长张婷婷做主题报告。牛海陵、何平立、张可创等作交流发言。市政治学会秘书长周敏凯作研讨会小结。

市科技系统思想政治工作和人才管理研究会召开第十一次会员大会。市社联党组书记、专职副主席沈国明，市科技党委书记陈克宏出席会议并讲话。大会审议通过工作报告、财务报告和新的章程，选举产生第十届理事会，并在随后召开的新一届理事会第一次会议上，选举产生新一届理事会领导班子。市科技党委书记陈克宏任理事长，市科技党委副书记陈龙、市知识产权局党组副书记季振坤、市科协纪检组长李虹鸣、中科院上海分院党组副书记李正华、上海科学院党组成员王迅任副理事长，吴德葵任秘书长。在随后举行的思想政治工作创新论坛上，中科院上海硅酸盐研究所党委书记王龙根、中船重工集团公司第 711 所党委办公室主任谭平国分别介绍党建创新成果及企业文化建设成果。中科院上海药物所书记成建军作专家点评。来自各会员单位的代表约 80 人参加大会。

市工商学会、市法治研究会在工商嘉定分局联合召开"公益品牌与普法宣传"专题研讨会。会议由工商学会秘书处负责人程助国主持、市法治研究会秘书处负责人包志勤作小结。市委党校教授王志平、市商标协会会长钱新林等专家学者出席研讨。来自市社联、市工商局、嘉定区司法局、工商嘉定分局等单位的20余人参加研讨。

11月11日　上海市社科普及示范基地商谈会在市社联举行，科普处处长何畏、上海图书馆讲座中心主任陈凌康出席会议，就社科普及示范基地共建、东方讲坛讲座合作等议题交换了意见。

市经济学会经济理论教学研究专业委员会和上海政法学院联合举办"反危机政策、中国模式和宏观经济理论创新"学术研讨会。会议由专业委员会副主任、上海政法学院王明华主持，专业委员会主任、上海财经大学何玉长和副主任、复旦大学高帆做交流发言。30多位专家、学者参加研讨。

市世界经济学会邀请张幼文教授做题为"要素流动——全球化经济的理论与政策"学术报告。

11月11日至13日　市世界语协会在浙江长兴举办主题为"世界语学习与应用"座谈会，与江浙两省世界语者交流活动。

11月12日　市城市经济学会、市固定资产投资建设研究会等联合举办"上海城市管理与发展创新"论坛。市建交委法规处、市城市规划设计研究院、地下空间研究中心等单位的8位与会代表围绕"城市运行安全和风险防范"的主题做交流发言。市城市经济学会会长江绵康做总结讲话。

11月15日　市社联在锦江小礼堂举行《上海学术报告(2010)》出版发行座谈会。苏忱、王为松、邓正来、杨志刚、许红珍、蒋宏、郑少华、孙笑侠、李向平等10余位专家学者出席会议，对新书展开评议和讨论，并就新一年度的有关调整、创新进行策划和研究。市社联主席秦绍德出席会议并讲话，党组副书记桑玉成主持会议，社联党组书记、专职副主席沈国明，以及社联有关处室负责人与会。

由天津市社科联科普处处长华敏带队的天津市社科普及工作学习考察团一行六人到访上海市社联。市社联党组书记、专职副主席沈国明，党组副书记桑玉成，办公室主任吴伟余，科普处处长何畏等有关同志与考察团进行座谈。双方就如何在两地社科普及工作中贯彻七届六中全会精神，不断创新科普方式与科普平台进行了深入的探讨与交流。

市会计学会、市财政局联合举办"提升企业管理水平，推进内控规范实施"研讨会。会议由学会常务副秘书长沈传德主持。学会副会长、上海立信会计学院副院长邵瑞庆致词。来自上汽集团、上海电气和海波股份的财务工作者介绍了有关方面的经验。市财政局会计处副处长赵海波对企业的财务管理提出了希望。

市信访学会、市委市政府信访办公室联合举行"信访终结工作"研讨会。会议由市信访办办公室主任、市信访学会秘书长周国邦主持。有关专家陈洪波、管庆云、史华英、王祥修、谢丕宏分作交流发言。市信访办主任张示明出席会议并讲话。会上发放了论文汇编。

市世界经济学会邀请国际金融领域专家徐明棋教授做题为"债务危机背景下的世界经济"的学术报告。共有数百名听众聆听了讲座。

市工商学会与市集体经济研究会在市社联联合召开“工商行政管理创新与集体合作经济发展”研讨会。来自本市 23 家集体企业、9 家集体控股有限公司、18 家股份合作制企业、13 家联社或供销社的经营者、管理者，以及上海财大、市委党校、市法学会、工业合作经济研究所、集体经济研究会、市工商学会等 70 余人参加会议。会议由市集体经济研究会副会长、市城镇工业合作联社党委书记陈兆忠主持。

11 月 16 日 市钱币学会举办“辛亥革命与民国时期的货币”研讨会。学会副理事长、秘书长于英辉主持开幕式。市社联学会处处长王克梅致词。学会副理事长、上海市博物馆研究员周祥主持研讨会。

市人类学学会举行 2011 年学术年会暨复旦大学首届人类学日。会长金力做年度工作报告，并代表学会向北京自然博物馆前馆长周国兴颁发“人类学终身成就奖”。会上，周国兴做“我的人类探索之路”学术报告。市社联副主席彭希哲到会并致辞。张海国、吴松弟、Kidder、Frachetti 四位教授分别做主题学术报告。

市法学会、市金融服务办公室、浦东新区法学会、浦东新区金融发展局、上海国际信托有限公司、中伦律师事务所等以“新兴金融：挑战与发展”为主题，联合举办“2011 年上海金融法治论坛”。市法学会专职副会长陈金鑫主持论坛开幕式。市法学会会长吴光裕致辞。湘财证券副总裁李康、上海国际信托有限公司副总经理刘响东、中伦律师事务所律师陈芳围绕“私募基金的运行与管理”的专题做演讲。同济大学法学院副教授刘春彦、上海金融学院副院长吴大器、浦东新区人民法院民六庭庭长王鑫围绕“融资担保市场的促进与规范”的专题做演讲。华东政法大学教授吴弘、上海财经大学副校长周仲飞分别做点评。市金融服务办公室副主任马弘做会议总结。来自上海法学界、金融界的专家学者 160 余人出席论坛。

市法学会、市金融服务办公室、浦东新区法学会、市法学会金融法研究会在上海国际会议中心联合举办“2011 年上海金融法治论坛”。市法学会会长吴光裕出席论坛并致辞，市金融办副主任马弘做会议总结。本次论坛以“新兴金融：挑战与规划发展”为主题。来自本市法学、法律界和金融界的 250 余名专家、学者参加了本次论坛。

市民防协会会同与市民防办联合举办了“上海城市地下空间公共安全风险抵御理论研讨会”。来自本市涉及城市地下空间安全管理的院校研究机构、抢险救援部门、保险公司以及市区两级相关部门的专家、学者和管理者共 70 多人出席。

11 月 17 日 由市委宣传部主办、东方讲坛办公室等单位承办的“学习贯彻党的十七届六中全会和市委九届十六次全会精神主题群众性宣传教育活动”启动仪式暨首场培训讲座在杨浦区举行。时任市委宣传部副部长焦扬出席并讲话。杨浦区委书记陈寅和活动主、承办单位领导出席仪式。市委研究室科教文处处长安玉海为各区县宣传部分管领导、基层群众宣讲员代表近 200 人做首场培训。从 11 月 16 日起，东方讲坛将组织优秀基层群众宣讲员和特聘讲师深入社区乡镇、基层单位，面向广大干部群众持续不断地举办约 500 场专题讲座，及时回应基层人民群众的关注和需求，营造本市推进文化改革发展、建设国际文化大都市的良好社会舆论氛围。

市保险学会、市保险同业公会联合举办上海市保险学会 2011 年会暨上海保险业界保险学术理论研讨会。会议由市保险学会副会长徐文虎主持。市社联学会处处长王克梅致词。市保险学会秘书长潘涨潮做 2011 年度工作报告和财务报告，宣布“2011 年上海保险业界学术理论研究征文”获奖名单。市保险学会会长张俊才到会并讲话。

市妇女学学会召开第六次会员大会，选举产生第六届理事会，由市妇联党组书记、主席张丽丽任会长，马锦明、王禄宁、朱易安、李友梅、刘建中、罗国振、陈东晓、胡近、莫建备任副会长，余伟星任秘书长。

市婚姻家庭研究会召开第四次会员大会，产生研究会第四届理事会，由市妇联副主席翁文磊任会长，王立民、宋今、徐安琪、耿文秀、陈亚娟、陈晓敏、彭希哲、黄绮任副会长，李苏华任秘书长。

换届后的市妇女学学会、市婚姻家庭研究会即日联合召开“两会”会员大会。大会向“两会”长期以来为妇女理论及婚姻家庭研究作出积极贡献的专家学者颁发荣誉证书。市妇联党组书记、主席张丽丽，市社联党组书记、专职副主席沈国明，市社团局副局长单杰出席大会并讲话。大会由市婚姻家庭研究会会长翁文磊主持。“两会”会员 100 余人与会。

市妇联、市妇女学学会、市婚姻家庭研究会联合召开“社会管理创新与妇女群众工作——2011 年上海妇女工作理论研讨会”，市妇联领导、老干部、专家学者、妇女干部及热心妇女事业和妇女工作发展的社会人士等 150 余人出席会议。市妇联主席张丽丽、市委研究室副主任李琪、上海大学教授邓伟志做主题发言。市妇联副主席朱鸣主持会议。

由市房产经济学会、中华全国律师协会民事专业委员会、中国房地产研究会住房保障和公共住房政策委员会、中国房地产业协会法律专业委员会、上海市律师协会联合主办的“保障性住房法律研讨会”，在上海市律师协会报告厅举行。中国房地产研究会副会长兼秘书长苗乐如，中国房地产研究会副会长、上海市房产经济学会会长庞元，上海市政府法制办副主任顾长浩，中华全国律师协会民事委员会主任朱树英等作专题演讲。来自上海市律师协会、上海市房产经济学会的近 150 人参加了研讨会。

市法学会和宝山区人民检察院、刑法学研究会共同举办第 26 次青年法学沙龙，围绕“骗取社会福利行为的法律规制”这一主题展开研讨。来自本市法院、检察院、公安局、市政府法制办、市房管局、市经信委、市卫生局、市人保局、市医保局、征信行业协会等实务部门及来自华东政法大学、上海社会科学院法学所、上海交通大学、华东理工大学、上海对外贸易学院、上海政法学院等院校的专家学者 40 余人参加。

由市城市经济学会、市宏观经济学会共同主办的“2011 年经济形势分析和 2012 年展望”学术沙龙，在上海展览中心序馆会议室成功举行。

市会计学会、长宁区会计学会、长宁区社区卫生管理中心共同举办市社联第五届学术活动月专题活动“长宁社区卫生经济运行暨新制度执行”研讨会。

11 月 18 日 市社联召开“上海市社科界学习贯彻十七届六中全会和市委九届十六次全会精神座谈会”，邓伟志、朱贻庭、张雄、许明、汪堂家、仲富兰、丁锡满等以及社联党组书记、专职副主席沈国明出席会议并讲话，党组副书记桑玉成主持会议，社科界部分专家学者代表、社联有关处室负责人等30余人与会。

市社联召开干部职工大会。社联党组书记、专职副主席沈国明围绕当前上海社科事业的新形势、新任务,以及社联工作实际,阐释了十七届六中全会《中共中央关于深化文化体制改革、推进社会主义文化大发展大繁荣若干重大问题的决议》的基本内容和主要精神,研究部署社联相关重点工作。社联党组副书记桑玉成主持会议。

市婚姻家庭研究会、市妇女学学会、华东师范大学妇委会、华东师范大学妇女研究中心、上海市伦理学学会联合在华东师范大学小礼堂召开华东师范大学“妇女之家”揭牌仪式暨“促进创新发展　共享和谐幸福——妇女理论研讨会”。华东师范大学党委副书记朱民,市妇联主席、市妇女学学会会长张丽丽分别在会上致辞。上海社科院徐安琪、徐浙宁,华东师范大学郭秀艳,上海师范大学潘文岚,华东师范大学张帅,华东师范大学高芳袆做学术报告。华东师范大学终身教授王晓玉,市伦理学学会会长朱贻庭做点评。张丽丽与市教委妇委会主任夏玲英为市教委系统第一个“华东师范大学妇女之家”揭牌。来自有关院校的专家学者和妇女干部约70人出席研讨会。

市金融法制研究会、市金融纪律检查工作委员会、市立法研究所等联合举行“加强上海金融司法环境建设”研讨会。会议由市金融法制研究会会长倪维尧主持。市人大常委会副主任吴汉民致辞。会议向论文获奖者颁发了获奖证书。市金融服务办副主任马弘,市人民检察院第一分院研究室副主任曹坚,上海银行总行合规部副总经理张在祯,市公安局经侦总队徐丹、任志强,人民银行上海总部原纪委副书记许慧诚,上海证券交易所法律部总监陆萍做交流发言。华东政法大学经济法学院院长吴弘作综合点评。市金融法制研究会副会长、中共上海市金融纪律检查工作委员会书记石琦做会议小结。有关领域专家学者与新闻媒体代表100余人参与研讨。

市领导科学学会举行“第四届领导学博士论坛”,主题是“城市领导力和社会管理创新”。论坛开幕式由学会顾问陈熙春主持。学会秘书长罗欣致辞。学会会长、中国浦东干部学院首任常务副院长奚洁人,市社联党组书记、专职副主席沈国明做主题演讲。复旦大学郝诗楠、孙祥飞,中国浦东干部学院吴涛,华东师大史志高,华东理工大学范国荣等青年学者作交流发言。复旦大学教授刘建军、学会顾问陈熙春作点评。论坛向获奖的青年论文作者颁奖。东华大学教授贺善侃作会议总结。

上海金融法制研究会与中共上海市金融纪律检查工作委员会、上海市立法研究所、上海市金融法制研究会金融检查工作委员会在兴华宾馆共同举办“加强上海金融司法环境建设”研讨会,就健全法律制度,打防内幕交易犯罪中存在的诸多难点进行探讨交流。

11月19日　上海市社会科学界第九届学术年会“哲学·历史·文学”学科专场在华东师范大学举行。市社联党组书记、专职副主席沈国明致开幕词,华东师范大学党委书记童世骏致欢迎词,党委副书记林在勇主持开幕式。本次会议主题是“中国文化:现代性与主体性”,姜义华、高瑞泉、杨扬、崔允漷发表演讲,陈卫平、郁振华、汪涌豪、胡惠闵做点评,奚洁人、王铁仙主持会议。来自本市高校、科研机构的200多位专家学者及青年学生与会。

11月20日　市社联与上海交通大学合作举办“文化繁荣与理论创新的时代使命”上

海思想界合作沙龙。市社联党组书记沈国明、上海交通大学副校长郑成良出席会议并致辞。会议围绕文化建设的相关议题，如文化产业、文化体制改革、国际文化大都市建设等展开讨论。张国良、苏智良、蒋宏、季桂保、黄昌勇、李亦中、刘士林、李本乾、张敏、段钢等20余位专家学者参加会议并发言。

市比较文学研究会与复旦大学中文系邀请香港城市大学张隆溪教授举办“漫谈比较文学研究方法”学术报告会。

11月22日 由上海外贸学院、世界贸易组织联合主办，市经济学会、市国际贸易学会协办的“第十一届 WTO 年度论坛——中国入世 10 周年：回顾与展望”高层国际研讨会隆重举行。市政协副主席周汉民、原对外经济贸易部副部长沈觉人、市经济学会会长周振华、上海外贸学院院长孙海鸣围绕中国入世 10 周年回顾与展望分别致辞。市政协副主席王新奎、世贸组织总干事拉米办公厅主任 Arancha Gonzalez、商务部世界贸易组织司司长柴小林做主题演讲。来自全国高校、科研机构、法律机构、企事业单位的专家学者以及外籍学者共 200 多人出席了研讨会。

市企业发展促进研究会在社联大楼学术报告厅召开主题为“中小企业自主创新 转型发展”的学术年会暨学术研讨会。名誉会长赵定玉、顾问沈敏康、逄树春，会长高文魁、副会长宋荣宝、姚兆年以及会员企业领导 120 余人出席会议，会议由常务副会长林炳秋主持，上海宝临防爆电器、上海工程机械厂、奉贤钢管厂三家企业领导做交流发言，上海浦东工业技术研究院院长林起章做主旨发言。

市老年学学会老年教育专业委员会在闵行马桥镇文化体育活动中心召开“上海市老年教育居村委学习点建设推进会”，围绕上海市老年教育工作“重心下移”的推进情况展开研讨。本次会议有 180 多人参加。

由市法治研究会、复旦大学国际关系与公共事务学院主办，市法学会等单位协办的第二届“城市治理论坛”在复旦大学举行，会议主题是“行政能力和城市治理”。

11月23日 市社联和市法学会在上海青松城大酒店联合主办以“社会管理综合治理语境中的法治城市建设”为主题的上海市社会科学界第九届(2011)学术年会法律实务专场。市委政法委副书记、秘书长王教生，市法学会会长吴光裕，市社联党组副书记桑玉成等领导出席会议并致辞。来自本市公、检、法、司和政府法制部门的法律实务工作者及法学院校、科研院所从事法律实务相关研究的专家学者共 120 余人参加会议。

11月24日 市统战理论研究会举行 2011 年学术年会暨五届五次理事(扩大)会议。会议主题是：统一战线事业发展的历史启示。市委常委、时任市委统战部部长杨晓渡出席会议并作重要讲话。市社联党组书记、专职副主席沈国明出席会议并讲话。市社会主义学院副院长、研究会副会长姚俭建主持会议。市人大常委会副主任、研究会副会长郑惠强作市统战理论研究会 2011 年工作报告。会议颁发了市社联征文优秀组织奖、“同心案例”征文优秀组织奖。复旦大学余源培、上海社科院法学所殷啸虎、上海师大法政学院商红日分别做交流发言。

市妇女学学会、复旦大学社会性别与发展研究中心联合主办的“复旦大学社会性别与发展研究中心成立 10 周年暨转型期的社会政策与社会性别论坛”在复旦大学逸夫科技楼召开。市妇联主席、市妇女学学会会长张丽丽，复旦大学副党委书记刘建中，市教委妇委会副主任朱小娟为论坛致辞。复旦大学经济学院教授李洁明等 5 位学者做主题发言，社会性别与发展研究中心主任许晓茵主持论坛。各高等院校妇女研究中心负责人、妇女干部、大学生等 80 余人参加论坛。

市形势政策教育研究会举办“每月谈讲座”，邀请上海国际问题研究院台港澳侨研究所所长严安林研究员做“当前台湾局势与两岸关系”专题报告，近 300 人出席；下午举办“信息发布会”暨“2011 年学术年会——马克思主义大众化与形势政策教育”，杨苏、殷勤燮、陆震、谢中全等做交流发言，研究会会长林炳秋出席并讲话。

11 月 25 日　市高等教育学会与市逻辑学会、市新四军研究会在上海出版印刷高等专科学校共同召开市社联 2011 年学术活动月专题研讨活动暨第三届青年学者论坛，论坛主题为“青年卓越人才成长之路”，共 39 所高校的 100 余名青年教师与会，创历史新高。

市财务学会举办“紧缩政策下，企业财务管理的特征与策略”专题学术研讨会。来自该学会以及上海财经大学、上海金融学院、闵行区科委、有关基金管理公司、税务事务所、市离退休专家理论组的专家学者 60 余人与会。

11 月 26 日　由市台湾研究会、上海台湾研究所共同主办的第二届两岸关系和平发展研讨会在上海召开，来自海峡两岸高校及研究机构的 60 余名专家、学者和各界嘉宾应邀与会。本次研讨会以“两岸关系和平发展回顾与展望”为主题，下设两个子议题，分别是“两岸关系和平发展的成果及意义”和“维护两岸关系和平发展大局”。上海市台办主任李文辉、台湾亚太和平基金会董事长赵春山、国务院台办研究局局长黄文涛等出席开幕式并致辞，就坚持“九二共识”的重要性以及两岸关系如何克服各种干扰与障碍、两岸关系发展中面对的机遇与挑战提出了自己的看法。全国台湾研究会执行会长周志怀、上海台湾研究所副所长倪永杰、上海东亚研究所所长章念驰、上海国际问题研究院院长助理兼台港澳研究所执行所长严安林、台湾政治大学外交系教授朱新民、台湾民主基金会副执行长蔡玮等两岸知名专家学者进行了主题发言。

市外文学会在复旦大学外文学院召开第十二次专题学术研讨会，主题为“少数语种专业面临的挑战与可能的对策”。在沪各高校少数语种的负责人及教师 50 余人与会。来自上海外国语大学、同济大学、复旦大学等高校少数语种专业的负责人作主题发言。

市经济学会及所属所有制结构研究专业委员会、市对口支援新疆工作前方指挥部和市发展改革研究院联合举行“上海新一轮对口支援新疆机制理论研讨会”。与会专家学者分别就政府主导机制与市场运作机制相结合、“输血”机制与“造血”机制相结合、干部人才培训与学以致用相结合、援疆项目规划实施与项目绩效评估等问题展开研讨。

11 月 27 日　上海市社会科学界第九届学术年会大会在上海展览中心友谊会堂隆重举行。来自本市各高校、党校、社科院、部队院校、党政研究部门、学术社团的 400 余位代表与会，中共上海市委常委、宣传部部长杨振武出席大会并讲话。市社联主席秦绍德致开幕词。上海市人大常委会副主任钟燕群、市委宣传部副部长潘世伟，市社联党组书记、专职副主席沈国明，市社联党组副书记桑玉成出席会议。与会专家聚焦“中国道路：1911—1921—2011”主题，展开了深入研讨。本届学术年会由年会大会、学科专场、主题专场、学会学术活动组成。年会设立了 6 个学科专场、11 个主题专场。本届年会共收到应征论文 842 篇,评出优秀论文 112 篇,出版优秀论文集 6 卷,百余位专家做了主题发言。参与年会的专家学者和青年学生达 3 千余人。

市经济学会在上海市经济管理干部学院召开会员大会暨 2011 年学术年会。会议听取和审议通过年度工作报告和财务情况报告,通报和确认了理事会增补理事、副会长、副秘书长的决议:增补石良平、毕宏菁为理事,增补干春晖、石良平、胡继灵为副会长,增补毕宏菁为副秘书长,干春晖不再担任副秘书长。青年学者工作部轮值主任唐珏岚和区域经济研究专委会副主任兼秘书长张学良作交流发言。复旦大学教授洪远朋,副会长、市证券同业公会会长冯国荣作学术报告。会长周振华作会议总结。

市世界语协会举办年会。会长汪敏豪做 2011 年工作报告。与会人员观看了日本世界语者赠送的有关日本 311 大地震的世界语配音纪录片。近 40 名协会会员参加会议。

11 月 28 日 市婚姻家庭研究会、上海政法学院女性问题研究中心、上海政法学院妇委会联合举办"社会公共政策与老年妇女问题"论坛,政府有关部门、社会养老机构、各高校妇女研究中心负责人、专家学者、妇女干部 50 余人出席论坛。市妇联副主席、市婚姻家庭研究会会长翁文磊,上海政法学院党委副书记霍光为论坛致辞。市人大常委会刘伟东,华东师范大学崔丽娟,上海理工大学王波、罗国芬,上海政法学院李有亮,市婚姻家庭研究会李汉琳做专题报告。上海大学教授邓伟志、市社科院研究员徐安琪、上海政法学院教授章友德做点评。市婚姻家庭研究会副会长、上海政法学院女性问题研究中心主任陈晓敏主持论坛。

由市社联、上海财经大学、市经济学会联合主办,上海财经大学 500 强企业研究中心承办的"2011 年 500 强企业竞争力指数发布会"在上海财经大学召开。会议由市经济学会副会长干春晖主持。中国社会科学院学部委员金碚、经济学会副会长张永岳等专家学者与企业家代表围绕"转型背景下 500 强企业竞争力的提升与发展"的主题进行了深入探讨。

11 月 29 日 市社联举行专题报告会,邀请市宣传讲团成员、上海文化体制改革领导小组秘书长张止静,就学习贯彻十七届六中全会和市委九届十六次全会精神,做了专题报告。市社联主席秦绍德主持会议,市社联党组书记、专职副主席沈国明、市社联党组副书记桑玉成出席会议。本市部分学会工作者代表和社联干部职工 70 余人参加了会议。

市社联、上海发展研究基金会联合举办东方讲坛·发展沙龙,邀请世界银行发展前景部全球趋势研究主管曼苏尔·戴拉米(Mansoor Dailami)作"管理新兴的多极世界经济的挑战"演讲。市社联党组书记、专职副主席沈国明等 50 余人出席了沙龙。

市物流学会举行市社联学会学术活动月专题活动"低碳经济与绿色物流"论坛。140 余人参加论坛。

11 月 30 日 市工人运动研究会召开 2011 年年会暨"构建和谐劳动关系"研讨会。副会长周文芳主持会议。会长周志军做年会工作报告。年会审议并通过了研究会理事调整名单,表彰了 2010 年度全国工会理论研究优秀论文、上海工会优秀工运论文和市工运研究会优秀团体会员。中国电信上海市工会、闵行区工会、普陀区工会、市金融工会等会员单位作调研报告。市工运研究会专家咨询委员会委员杨鹏飞做学术观点交流发言。市人大常委会副主任、市总工会主席、市工运研究会名誉会长钟燕群到会并讲话。会上分发了《2010 年上海优秀工运论文集》。市工运研究会的理事、会员单位的代表及工运理论研究专家约 120 人与会。

市妇女学学会、同济大学妇女工作委员会、同济大学妇女研究中心、同济大学建筑与城市规划学院、同济大学设计与艺术学院联合举办"女性·创意·城市"上海妇女理论研讨会。来自各高校院所妇女研究中心的专家学者、妇女干部及女大学生等共 60 余人参加研讨会。市妇女学学会副会长、同济大学党委副书记马锦明,同济大学副校长吴志强,市教委妇委会副主任朱小娟分别致辞。会议收到论文 20 篇。同济大学设计与艺术研究中心主任林家阳作点评。同济大学设计与艺术学院党委书记徐红主持会议。

市法学会和市检察院在上海影城举办 2011 年"上海法学讲坛"第四讲,邀请北京大学法学院博士生导师陈瑞华教授为广大法学会会员讲解《刑事诉讼的程序完善和检察机关的应对思考》。市检察院副院长柳小秋出席讲坛,市法学会秘书长施基雄主持讲坛,来自全市检察系统、法院系统、高校和律师事务所近 300 名法学、法律工作者聆听讲座。

11 月 《上海市经济学会学术年刊 2011》由格致出版社、上海人民出版社出版,全书 42.8 万字,收入会员论文 32 篇,轮值常务副会长万曾炜作序。

12月

12 月 1 日 广西社科联党组副书记、副主席汤竹庭一行 13 人到访上海市社联。市社联党组书记、专职副主席沈国明,以及有关处室负责人围绕学会建设与管理、社科优秀成果评奖等工作与来访考察团进行了深入交流。

市房产经济学会承担的市房管局 2011 年科研计划项目《上海住房保障阶段性目标及分期实施途径研究》,在市局科技委的主持下,通过课题可行性方案专家论证。该课题由市房管局副局长、市房产经济学会会长庞元担任组长,课题组顾问、市房管局副局长顾弟根在会上对课题研究内容提出建议。

由市教师学研究会和市教委教研室联合主办,徐汇区教师进修学院、市青年语文教师专业委员会等单位承办的第七届"上海市中青年语文教师论坛"在中国中学举行,论坛主题是"语文教学与学生思维品质的养成"。约 400 位教师出席会议,7 位教师代表发言,学会副会长王厥轩作点评。本次活动列入市社联第五届学会学术活动月项目。

12 月 2 日 由市社联与市法宣办联合主办的"法治文化与'六五'普法"主题论坛在浦东市民中心举行。黄浦区司法局副局长方梅珍、嘉定区法制宣传协会副会长兼秘书长浦忠明、浦东新区司法局副局长刘龙宝、华东政法大学法制新闻研究中心副秘书长孔洪刚应邀做交流发言。时任《解放日报》理论部主任周智强,市委党校经济部主任王志平做点评。

美国加州大学伯克利分校社会学教授高棣民(Thomas Gold)应邀来到社联,以"中国大陆和台湾地区社会文化之探"为题作报告。市社联党组书记、专职副主席沈国明主持交流会。

12月3日至4日 《探索与争鸣》编辑部在苏州召开"社会风气与文化自觉"圆桌会议，来自复旦大学、华东师范大学、上海师范大学等高校和科研院所的专家学者从政治、历史、社会、文化、教育、法律等多重角度剖析了当下社会风气不尽如人意的原因、机制、对策。会议专家发言刊发于2012年第一期"圆桌会议"。

12月6日 市比较文学研究会与上海大学文学院联合邀请韩国木浦大学林春城教授召开学术座谈会，主题为"韩中文化的沟通与跨越——韩国文学作品在中国翻译出版现状"。

12月7日 市企业发展促进研究会在社联大楼召开"中小企业改革难点破解专家咨询会——宏成等三家企业案例分析"。来自市国资委企业改革重组处、市工商局企业注册处、市社团管理局民非管理处的领导针对有关企业实际情况提出了建议。

12月9日 由市会计学会主办，复旦大学管理学院会计学系承办的"2011年长三角研究生学术论坛'会计与资本市场'学术研讨会"在复旦大学管理学院举行。

12月10日 市经济学会与复旦大学出版社、复旦大学泛海书院联合举办"新时期我国社会利益关系发展变化研讨会暨《利益关系总论》新书发行会"。市政协原副主席郑励志，复旦大学副校长林尚立，经济学会会长周振华、副会长袁志刚等出席并致词，学会顾问、国家社科基金重大项目"新时期我国社会利益关系的发展变化研究"课题组首席专家、《利益关系总论》主编洪远朋做主题报告。

市创造学会组织"创新与TRIZ(萃智)理论"研讨，学会副秘书长时东兵担任主讲。

12月12日 市教师学研究会正式启动"上海市第二期农村骨干校长、教师培训者培训"，根据市教委要求，有序推进方案制订、招生、报名、录取和培训等工作。

由市庭院经济与文化研究会"百老德育讲师团"、市浦东新区精神文明办、中国民主同盟上海市浦东新区区委联合主办的"上海百老张江文化教育基地揭牌暨《命运之港》新书首发式"，在浦东新区张江镇集电港举行。中共中央政治局委员、上海市委书记俞正声，市人大常委会主任刘云耕，全国人大常委龚学平，市人大常委会副主任吴汉民，以及老同志陈铁迪、刘振元、谢丽娟等致电祝贺。

12月11日至13日 市社联举行学术社团成果发布平台建设研讨会，市社联党组书记、专职副主席沈国明到会并讲话。来自市社联所属30多个学会的负责人参加了会议。学会负责人交流了各自在成果发布平台建设方面的做法和经验，希望市社联加强对学会成果发布平台建设的指导，并提供适当的服务和帮助。学会处处长王克梅做总结发言。

12月14日 市社联在锦江小礼堂举行罗竹风同志百年诞辰纪念会。中共上海市委副书记殷一璀出席会议并讲话。中共上海市委常委、宣传部部长杨振武和上海市社联主席秦绍德共同首启《罗竹风画传》。上海市人大常委会原主任陈铁迪，中共上海市委原副书记罗世谦，上海市人民政府原顾问、上海市社联原主席李储文，上海市政协原副主席王兴，中共上海市委宣传部副部长潘世伟，时任中共上海市委宣传部副部长焦扬，上海社科院原院长、上海市社联原副主席张仲礼等领导出席会议。上海市社联党组书记、专职副主席沈国明主持会议。上海市社会科学界联合会原主席李储文，上海大学教授、上海市社会学会原会长邓伟志，市人大教科文卫委员会主任委员夏秀蓉，市宗教局政策研究室原主任刘建，市作家协会党组书记孙颙，上海辞书出版社原社长巢峰，汉语大词典出版社原社长阮锦荣等发言。罗竹风同志的家乡中共平度市委书记王中为纪念会发来贺信。部分社科工作者代表，罗竹风同志亲属、生前友好、生前工作单位的同志等出席纪念会。

上海市社联党组副书记桑玉成以及部分处室同志应邀赴云南进行调研考察，与云南省社科联主席范建华及有关职能部室同志进行了交流。

社联机关党委举办第五期“马克思主义理论读书班”。上海交通大学教授陈锡喜作了主题为“坚持马克思主义在意识形态的指导地位——苏东剧变的思考”的专题讲座。社联青年干部踊跃就当代大学生的马克思主义理论自觉、马克思主义如何内化等问题与陈锡喜进行了交流。

市新学科学会召开会员大会，进行换届改选。大会审议通过理事会工作报告、财务报告及新一届学会章程，选举产生新一届学会理事会。随后由理事会选举出学会新一届领导班子，陈燮君任会长，陈克伦、胡江、肖关鸿、齐铁偕、汪大伟为副会长，胡江为秘书长。换届大会结束后，与会同志进行了学术交流，并对学会发展提出了建议。

12 月 15 日 市社联、上海发展研究基金会联合举办“东方讲坛·发展沙龙”，邀请国家发改委对外经济研究所所长张燕生作“十二五期间我国面临的国际经济环境”的演讲。上海发展研究基金会理事长沙麟、副理事长王荣华、市社联秘书长生键红等 50 余人出席了沙龙。

中国工商学会 2011 年度优秀课题成果揭晓：上海市工商学会课题组的《新形势下基于提升依法行政能力的工商干部理论素养研究》获二等奖（全国共 8 篇）；上海市工商局干部人事处课题组的《上海市工商行政管理局编制规模设置探讨》和广告处课题组的《互联网广告监管研究报告》分获优秀成果奖（全国共 70 篇）。

12 月 17 日 市新四军历史研究会第八届代表大会在青松城百花厅举行，市委常委、警备区政委朱争平出席并代表市委、市府及警备区致辞。市社联党组书记沈国明到会祝贺。市会及各分会的老领导、老战士、会员代表 300 多人出席大会。会长阮武昌代表第七届理事会作四年工作报告。会议审议通过工作报告、章程修改稿和财务情况报告，选举出第八届理事会。随后召开的八届一次全体理事会议上，选举产生了常务理事及正、副会长和秘书长，原空军上海基地司令员王春瑞当选会长；萧卡、王维、阮武昌、丁公量、韩德彩受聘担任第八届名誉会长，周克、朱达人、陈正兴、胡炜等 85 人担任第八届顾问。

12 月 19 日 上海市民人文社会科学知识与素养调查报告（2011）发布会在市社联举行。新华社、人民日报、光明日报、解放日报、文汇报、上海广播电视台等 20 家媒体参加了本次发布会。课题组负责人、上海大学社会科学学院欧阳光明教授向与会者报告了调查结果。上海大学社会科学学院院长王天恩教授、上海社会科学院社会学研究所卢汉龙研究员、复旦大学社会发展与公共政策学院任远教授、华东师范大学社会发展学院党委书记文军教授、上海师范大学党委宣传部部长何云峰教授等专家对报告做了点评。市社联党组书记、专职副主席沈国明出席发布会并讲话，市社联科普处处长何畏主持发布会。

市金融法制研究会举行 2011 年青年课题终期评审会。会议由研究会学术委员会主任李克渊主持，会长倪维尧出席会议并讲话。2011 年，市金融法制研究会共建立了 7 个课题项目，通过向社会公开招标组织上海金融界、法律界、司法界的青年理论工作者成立课题组开展研讨。各位评委对7个课题项目进行了评审。会议对获得一、二、三等奖的课题组负责人进行了颁奖。

12月20日 市科学社会主义学会举行2011年学会年会暨"社会主义制度与文化建设"学术论坛。学会副会长、上海立信会计学院党委副书记兼副院长朱坚强主持会议。上海立信会计学院党委书记董金平致辞。学会副会长兼秘书长吴解生作年度工作总结报告。市伦理学会会长朱贻庭、上海立信会计学院教授樊颙、南京政治学院上海分院教授孙力、复旦大学教授汪堂家分别作学术演讲。学会会长夏军作会议总结。

市土地学会召开2011年年会。会议审议并通过了吕华青副会长所作的《上海市土地学会2011年工作总结和2012年工作计划》，来自各个区县的学会联络处和各专业委员会代表进行了学会工作交流发言。学会副会长、华东师范大学教授华伟做专题学术报告。

市老年学学会召开"市老龄委十一五"评估专家座谈会，财经大学郭仕征、华师大钟仁耀、九三学社张良仪应会长左学金邀请出席座谈，副会长陈积芳、张钟汝，秘书长孙鹏镖参加研讨。

12月22日 市社联、市形势政策教育研究会联合举行社联论坛第四十八次报告会，邀请市政协研究室原主任、市经济学会副会长李锐作"当前经济形势与任务——学习贯彻中央经济工作会议精神"报告。300余人出席听讲。

市高等教育学会举行第九次会员代表大会。大会审议并通过了学会第八届理事会工作报告、财务审计报告和新修订的学会章程，选举产生了第九届理事会。会议期间召开了九届一次理事会，选举张伟江为会长，杨德广为常务副会长，黄震、陈以一、陆靖、周哲玮、张民选、卢冠忠、陈敬良、王延军、陈信、李进、晏开利为副会长，谢仁业为秘书长。中国高等教育学会向大会发来了贺信。市社联党组书记、专职副主席沈国明，市教委主任薛明扬出席大会并讲话。80余名代表出席了大会。

市形势政策教育研究会举办"每月谈讲座"，市政协研究室原主任、学习委副主任李锐做"当前经济形势与任务——学习贯彻中央经济工作会议精神"专题报告；下午举办"信息发布会"，上海国际问题研究院欧洲研究中心主任叶江研究员就中欧关系走向做讲座。

12月23日 市建设交通系统政研会与建交委宣传处联合组织业内10余家单位召开企业文化交流研讨会，建工集团、三航局、中远集运、城建集团、隧道工程公司、申通地铁集团等单位介绍了开展企业文化建设的经验和做法。

市工商学会在崇明分局召开年度工作总结评估会，市、区(县)工商行政管理学会秘书长和秘书处部分工作人员40余名参加会议。

12月23日至24日 市社联召开2012年度上海社联科研工作专家咨询会。市社联副主席李友梅、彭希哲以及相关学科领域的专家学者王家范、邓正来、黄仁伟、曹锦清、沈关宝等与会。会议由市社联科研处处长徐中振主持，市社联党组副书记桑玉成介绍了2012年度社联工作基本思路和科研工作选题。与会专家深入交流了社科界当前关心的重大研究选题和研究热点。市社联党组书记、专职副主席沈国明做会议总结。

12月23日至25日 市世界语协会在合肥市举行的第九届全国世界语大会上荣获

由中华全国世界语协会颁发的“2009—2011 年度全国省级优秀世界语协会”称号。汪敏豪、沈小西获得“全国世界语运动先进个人奖”。

12 月 24 日 市社联举行上海市马克思主义研究论坛，论坛主题为“文化自觉·思想自觉·政治自觉——新形势下马克思主义理论学科建设”。市社联党组书记、专职副主席沈国明致开幕词，上海财经大学党委副书记刘永章致欢迎辞。南开大学原副校长逄锦聚、中国人民大学教授梁树发、中共中央党校教授韩庆祥等外省市学者应邀与会做主旨报告。本市马克思主义研究领域的知名学者俞吾金、邱柏生、张雄、顾钰民、陈锡喜等出席。

12 月 26 日至 27 日 市社联召开 2011 年年终务虚会。社联党组书记、专职副主席沈国明主持会议，党组副书记桑玉成以及社联处以上干部参加会议。市社科规划办主任荣跃明，时任《解放日报》理论部主任周智强等作为特邀代表出席会议。市政府发展研究中心副主任朱金海应邀为与会者介绍了本市经济社会发展情况。会议回顾了 2011 年社联工作，对社联在新时期面临的形势与任务进行了分析和研究。

12 月 27 日 市钱币学会召开 2011 年年会。副理事长叶世昌主持会议。副理事长、秘书长于英辉在总结报告中，回顾了学会 2011 年在公益活动、学术研究和图书出版等方面的工作，提出了下一年度工作的基本规划。上海市历史博物馆研究员傅为群做学术讲座。

12 月 28 日 市社联召开干部职工会议，社联党组书记、专职副主席沈国明传达了九届市委十七次全会的主要精神，并对社联 2012 年重点工作提出要求。

市创造学会与上海理工机械工程学院联合举行“创新、创造、创业”学术论坛活动，120 余人参加。副会长何家华主持活动。

12 月 29 日 市政治学会举行第七次会员大会，纪念学会成立 30 周年并进行换届改选。中国政治学会副会长兼秘书长杨海蛟致词。市政治学会名誉会长王邦佐、顾问曹沛霖和孙关宏分别致词。大会宣读了山西省政治学会的贺词。会上分发了由会长桑玉成主编的《政治之学与政治之理——上海市政治学会 30 年论文精选》。会长桑玉成作第六届理事会工作报告。会议审议并通过了工作报告和学会新章程，选举产生了学会第七届理事会。在随后召开的第七届理事会第一次全体会议上，选举产生了学会新一届常务理事会及领导班子。桑玉成任会长，王立民、孙荣、刘杰、李承、李琪、吴志华、林尚立、周敏凯、胡伟、浦兴祖、商红日、程竹汝、燕爽任副会长，曾峻任秘书长。换届大会后召开“政治伦理与政治发展”学术研讨会，副会长程竹汝、商红日主持会议。谢岳、洪涛、李春成、沈士光、齐卫平、蒋硕亮、吴清等学者做学术交流发言。约 200 人与会。

市对外经济贸易会计学会举行第六届会员代表大会。市社联学会处处长王克梅、市商务委机关党委副书记聂训南到会并讲话。大会审议通过第五届理事会工作报告、财务收支决算报告和新的学会章程，选举产生第六届理事会。随后举行的第六届理事会第一次会议选举产生了第六届常务理事会，王晓华任会长，徐建新、戴继雄、瞿志明、钮为民、金国忠、周建海、刘宏杰、张连云任副会长，徐立峰任秘书长。第六届常务理事会第一次会议推举李殿彬为名誉会长。学会的党的工作小组由王晓华任组长，徐立峰、刘淑梅为成员。大会还表彰了在征文比赛中获奖的会员、理事。

市欧洲学会举行 2011 年年会暨学术研讨会。市欧洲学会副会长、上海外国语大学校长曹德明和学会会长戴炳然分别致辞。学会秘书长曹子衡汇报 2011 年工作总结和 2012 年工作展望，会员审议并通过了工作报告。随后举行了主题为“国际体系转型中的欧洲：挑战与趋势”的专题研讨，戴启秀、肖云上、忻华、丁纯、王义桅、郑春荣等围绕主题进行了专题演讲。60 余人与会。

年底，市粮食经济研究会组织开展《上海粮食骨干企业的现状、问题及发展》专题调查研究，重点走访 26 家企业，完成调查报告，并上报中国粮食经济学会、中国粮食行业协会、市政府商务委、上海市粮食局。

京津渝社科联2011年主要工作

JING JIN YU SHE KE LIAN 2011 NIAN ZHU YAO GONG ZUO

北京市社科联 2011 年主要工作

2011 年是北京学习贯彻十七届五中全会和六中全会精神，推动文化大发展大繁荣的重要一年。北京市社科联认真按照中央和市委的工作部署要求，在市委宣传部的直接领导下，深入贯彻落实科学发展观，紧紧围绕实施"六大工程"的主要任务，在理论研究与宣传、决策咨询、社科普及、社科类社会组织能力建设、社科人才培养、基础建设等方面取得重要进展，为首都哲学社会科学事业繁荣发展作出了应有的贡献。

一、马克思主义中国化研究宣传工程成果显著
（一）紧扣建党 90 周年主题，推进党史党建理论研究和宣传
1. 策划、组织编写并出版《纪念中国共产党成立 90 周年文库》，包括《中国共产党辉煌 90 年》、《中国共产党建设 90 年》和《90 年中人与事》三个系列，共 18 部著作近 700 万字，被国家新闻出版总署列入庆祝建党 90 周年、纪念辛亥革命 100 周年重点出版物。
2. 编辑出版《北京市纪念建党 90 周年论文集》。
3. 积极参与重点资助中央党史研究室等部门策划、组织的《青少年学习中共党史丛书》的编写与出版。
4. 创新举办以"中国共产党 90 年与马克思主义中国化"为主题的马克思主义中国化论坛·2011，首度尝试联合北京大学、清华大学、中国人民大学、北京师范大学等四大高校的马克思主义学院共同举办，并在全国范围开展主题征文活动。
5. 配合市委宣传部组织了纪念中国共产党成立 90 周年理论研讨会和首都理论界学习胡锦涛同志"七一"重要讲话座谈会，组织推荐的两篇文章入选全国纪念中国共产党成立 90 周年理论研讨会会议论文（北京市仅入选两篇）。
6. 参与制作完成理论文献片《中国道路》，以马克思主义中国化经典文献为载体，形象展示 90 年来党带领中国人民探寻民族复兴道路的历史进程和基本经验。
（二）紧扣十七届六中全会主题，推进社会主义核心价值体系研究和宣传
1. 完成市委宣传部交办的"学习李长春讲话精神，推进北京文化体制改革"、"学习十七届六中全会讲话精神，推进首都文化大发展大繁荣"、"提高文化自觉、增强文化自信、推动首都文化大发展大繁荣"、"从'三贴近'到'走转改'"等重点文章。
2. 组织数百名专家学者，历时 20 天于"北京精神"发布前完成《北京精神 50 问》、《北京精神百家谈》两部通俗读本的编写工作。
3. 以"北京精神：构建精神家园　提升文化软实力"为主题举办第五届北京中青年社科理论人才百人工程学者论坛。

（续表）

(三) 紧扣科学发展主题，推进重大理论研究和宣传工作
1. 完成中宣部布置的“完整系统把握科学发展观的基本观点”、“继承和弘扬中国共产党的优良传统和作风”等课题和2011年通俗理论读物调研报告的编写。
2. 完成市委宣传部委托的“十六大以来宣传思想文化工作成就和经验”。
3. 组织专家撰写了10多篇评析美国对外政策的理论文章和北京科学发展系列文章。
4. 围绕科学发展、创先争优、学习型党组织建设、经济发展方式转变等热点问题，组织专家在《人民日报》等中央四大媒体发表重点理论文章16篇。
5. 组织编写的《马克思主义中国化历史进程和基本经验简明读本》被中宣部评为第三届优秀通俗理论读物。
6.《中国特色社会主义研究》杂志以主题论坛的形式连续刊发一系列重头文章；杂志继续入选“全国中文核心期刊”、“中国人文社会科学核心期刊”，在《新华文摘》、《中国社会科学文摘》、《人民大学报刊复印资料》等刊物上的转摘率有所提高。
二、社科理论研究创新工程扎实有效
(一) 围绕国家文化中心建设，推进重大课题研究创新
1. 完成市人大“文化创新与国家文化中心建设研究”、市委宣传部“首都如何在弘扬社会主义核心价值体系中发挥示范带头作用”等课题调研工作。
2. 以“打造先进文化之都，培育创新文化”为主题举办北京文化论坛。
3. 以“历史与现实的对话：人文北京与文化创新能力建设”为主题举办“2011‘人文北京与文化创新’主题论坛”。
4. 以“全球化与当代中国先进文化建设”为主题举办2011全球化与当代中国文化发展学术论坛。
5. 经广泛调研、系统梳理，提出《北京文化全书研究工程》建议案，建议加强北京文化的基础理论研究，开展北京文化的系统挖掘研究整合，加强对北京文化的宣传，经市委宣传部部长办公会同意，已进入立项阶段。
(二) 围绕转变发展方式，推动学术活动创新
1. 以“十二五”规划开局和转变经济发展方式为重点，举办各种学术论坛43场，包括：以“创新驱动与首都‘十二五’发展”为主题的首都论坛； 以“制度创新与城乡统筹发展”为主题的三生共赢论坛； 以“科学发展：社会管理与社会和谐”为主题的学术前沿论坛； 以“全球化进程中的大都市治理”为主题的城市国际化论坛； 以“建设国际一流旅游城市”为主题的首届首都旅游发展论坛，等等。
2. 积极组织两界力量献策首都发展，以“创新驱动与首都城市发展”为主题举办两界高峰论坛。
3. 开展“促进两界交流融合，共同服务科学发展——完善北京两界联席会议工作机制”调研活动，谋划两界未来10年合作，在科普宣传、决策咨询等方面进一步加大合作力度。
4. 历时五年完成《当代中国城市发展》丛书北京卷编写并召开出版座谈会，郭金龙同志高度评价北京卷：“这是一部史论结合，资料性、理论性兼具的专著，对推动首都城市科学发展具有重要的参考价值和指导意义。”

（续表）

(三) 围绕提升城市经济化管理水平,推动决策咨询研究创新
1. 对市领导委托的"中国特色社会管理研究"、"首都现代产业体系研究"等 13 项重点课题,面向部分高校、学会、科研院所、党政研究机构进行了公开招标,15 家高校及科研机构的近 60 个课题组参加竞标,北京大学等八个课题组中标。
2. 承担市财政局"北京市科技经费结构优化研究"、市委统战部"社会领域统战工作"课题研究工作,受到相关单位领导高度评价。
3. 组织开展"决策咨询管理模式与智库建设"课题研究,完成《决策咨询研究优秀成果集(2007—2010)》报告,对近 3 年来的优秀决策咨询调研成果的立项背景、近几年来转化情况、主要内容进行梳理和编辑。
(四) 围绕发挥首都辐射作用,推动区域合作创新
以"让文化引领未来——京津冀文化产业协同发展研究"为主题举办京津冀区域协作论坛。
三、人文社科人才培养工程不断深入
(一) 以开展"走基层、转作风、改文风"活动为契机,引导理论人才对接实践
1. 向首都社科理论界发出倡议书,确定推动马克思主义中国化时代化大众化最新成果宣传进基层、决策咨询服务进基层等五方面重点工作。
2. 联合西城区委区政府主办"百名社科专家进西城"活动,以社科研究服务基层、指导实践、促进发展为宗旨,围绕"服务兴区、金融强区、文化兴区"等重大战略性问题,组织动员百名社科专家学者深入新西城实地调查、掌握情况、研究分析、建言献策。
3. 开展了首都社科专家边疆行——赴新疆和田和西藏拉萨进行学术交流活动,举办报告会,组织首都出版社捐赠教学设备和社科普及读物。
(二) 以延伸项目服务平台为手段,扶持中青年人才成长
面向北京地区所有高等学校、科研机构及社科联所属学会、协会、研究会、民办社科研究机构,开展青年社科人才资助项目,广大青年社科工作者共申报课题 236 项,经严格评审,共立项 33 个。
(三) 以重点项目策划为抓手,在打造精品力作中培养名家大师
1. 推出《马克思主义哲学创新研究》、《中国经济学热点前沿》、《国外经济学热点前沿》等一批重点资助项目。
2. 推出《蒹葭苍苍(欧阳中石自选集)》、《伦理学探索之路(罗国杰自选集)》、《三生万物(庞朴自选集)》、《哲学来自非哲学(赵光武自选集)》、《意象照亮人生(叶朗自选集)》等 5 部《北京社科名家文库》著作。
3. 开展常规性资助,全年共收到申报书稿 167 部,资助出版 62 部。
(四) 以提升社科评奖工作水平为载体,在推出更多优秀成果中扶持培养人才成长
1. 开展"哲学社科优秀成果评选比较研究"调查,学习借鉴兄弟省市哲学社会科学成果奖评奖机制和方法。
2. 制作"北京市哲学社会科学优秀成果奖简介",扩大奖项的品牌知名度。
3. 设计开发"哲学社会科学评奖专家管理库管理系统",推动评奖工作流程化、科学化。

（续表）

四、社科类社会组织激发活力工程全面启动
（一）推进党建试点，引导社科类社会组织增强把握方向的能力
1. 采取问卷调查、普查年检报告和电话核实等手段开展社科类社会组织流动党员基本情况调查，完成民办社科研究机构和社科类基金会流动党员基本数据统计，拟定社科类社会组织党建试点工作方案，积极协调做好社科类社会组织党建委挂牌仪式的筹备工作。
2. 召开“北京市社会科学界联合会社会组织党建工作委员会成立大会”。
3. 为每家社科类社会组织订阅了2011年全套《支部生活》。
（二）开展重点项目资助，引导社科类社会组织增强学术创新的能力
1. 补充、完善“重点项目资助管理办法”，面向所属155家社科类社会组织开展第三届重点学术活动资助工作，52家社会组织申报了71个项目。
2. 对49家社科类社会组织申报的61个项目予以资助，资助总额达101.5万元。
3. 对27家学会申报的247场经常性系列科普讲座给予24.7万元的资助。
（三）开展服务社会活动，引导社科类社会组织增强凝聚人才的能力
积极组织所属社科类社会组织申报2011年政府购买社会组织服务项目，北京市公益学会、学习科学学会、速记学会、改革和发展研究会、农民工教育促进会、东方生命文化研究所等六家学会获得市社会建设办资助款共计50万元。
（四）开展管理培训活动，引导社科类社会组织增强诚信自律的能力
1. 完成所属社会组织年检工作，撰写年检报告并对工作中存在的问题进行深入研究，提出解决方案。
2. 做好社会组织的成立、换届、变更等日常工作。
3. 初步解决长期存在的直属学会账号问题。
4. 全力做好社科类社会组织安全维稳工作。
5. 举办社科联直属学会和社科类基金会培训班，举办社科类社会组织信息员培训班暨2011年信息工作会议。
（五）组织交流考察，引导社科类社会组织增强自我造血的能力
1. 开展社会组织加强“五种能力”建设征文活动，组织学会秘书长、优秀论文作者赴浙江交流考察，与浙江省社科联及其所属社会组织进行座谈。
2. 组织社科联直属学会和社科类基金会就社会组织发展中的具体问题开展专题研讨。
五、人文社科知识宣传普及工程影响广泛
（一）坚持主导性，提升社科普及工作品牌
1. 社科普及周以“弘扬人文精神、建设世界城市”为主题，结合开展“走转改”活动，重点打造“十、百、千、万”科普活动，即“十项活动进基层、百场讲座惠民众、千套光盘聚‘长河’、万本图书呈‘亮点’”。
2. 周末社区大讲堂活动策划了纪念建党90周年、人文北京、社科文化、健康养生、家庭教育等七大系列、150余个讲座选题，累计举办讲座750余场，参与群众15万人次，被北京市建设学习型党组织工作协调小组确定为30项“北京市建设学习型党组织工作品牌活动”之一，被北京市社会建设工作领导小组办公室评为第一届社会组织公益服务十大品牌。

（续表）

3. 经常性系列科普讲座充分依托所属学会，围绕与百姓生活息息相关的热点话题开展公益讲座，被评为第三批“首都市民学习品牌”。
（二）把握规律性，提升社科普及工作质量
1. 组织赴兄弟省区市社科联考察学习。
2. 对讲座进行跟踪调查，及时反馈听众意见。
3. 委托北京师范大学专门成立课题组，与天津、上海、重庆联合启动了公民人文素质协作调查工作，并于 5—8 月开展了入户调查，形成了《京津沪渝四直辖市公民人文素质调查报告》，从公民人文知识、人文思想、人文方法、人文精神状况以及人文认知与评价等角度进行了分析，并提出提高公民人文素质的建议和思考。
（三）体现社会性，提升社科普及工作参与度，积极开展社科普及“四进”活动
1. “进社区”活动以“辉煌 90 年——党史教育进社区”为主题举办系列公益讲座 11 场。
2. “进村镇”活动，将唱红歌文艺表演、党史知识展览、社科咨询、赠书等科普形式有机结合。
3. “进学校”活动，为学生作专题辅导，赠送学生近 2 000 册社科普及读物及一批学习用品。
4. “进工地”活动，开展社科专家现场答疑、开展义诊活动，组织知识问答、猜灯谜等活动，向工人们赠送社科普及读物及生活用品。
（四）注重普及性，提升社科普及工作覆盖面
1. 社科普及电视专题片《长河》首发，向全市 8 000 余个社区文化中心、村镇文化站和党员电教室免费赠送 15 000 余套，并在中央电视台播出。
2. 启动第二部社科普及专题片《京韵》的拍摄工作。
3. 遴选 2010 年周末社区大讲堂、经常性系列科普讲座优秀讲稿 16 篇，编辑出版《2011 北京社会科学普及讲座集萃》。
（五）成功承办全国第十三次社科普及理论研讨与经验交流会
会议主题为“提高社科普及工作水平、服务公民人文素质提升”，31 个省区市社科联主要负责人、社科普及工作主管领导和工作人员共计 100 余代表出席会议。各省区市社科联协作开展了社科普及“三个一”活动，即：评选表彰了 100 名优秀科普专家和 100 部优秀科普读物，联合开展了公民人文素质调查并形成了 9 份调查报告。
六、支撑社科事业发展基础建设工程深入开展
（一）社科活动中心正式启用
历经 15 年的立项建设改造装修，北京市社科活动中心启用。
（二）常委会全委会建设进一步加强
1. 召开社科联五届五次常委会，为社科联全年工作开展明确了定位。
2. 召开了五届五次全委扩大会和秘书长工作会，明确提出社科类社会组织要加强五种能力建设。
3. 组织主席团学习总书记“七一”重要讲话座谈会。
4. 组织部分常委赴外省开展学术交流活动。
5. 以走访、答谢慰问、座谈、简报、邮件、短信等形式加强与常委、委员的联系沟通。

（续表）

(三) 机关信息化建设初显成效
1. 完成北京市社科联综合信息平台项目建设、测试、验收工作并投入使用，完成二期升级改造项目招标和启动工作。
2. 初步实现北京市社科联新版门户网站上线，形成包括社科专家库、社科成果库、社科类社会组织库、社科信息资料库在内的数据库系统，完成网上社科普及园、网上社科图书馆等应用系统开发，推出社科理论著作出版资助项目、重点学术活动资助项目、青年社科人才资助项目等三个网上申报系统以及社科联机关办公自动化(OA)系统。
(四) 刊物阵地建设不断加强
1. 继续做好当代北京丛书的组织编写工作，出版《当代北京音乐史话》《当代北京米袋子史话》等书。
2. 继续做好《北京社会科学年鉴》编纂工作，对部分高等院校的机构及二级机构进行重新登载。
3. 着力提升《北京社科联》、《社科联信息》、《社科视点》、《北京市社科类社会组织工作简报》、《一周简讯》、《宣传系统快报》信息质量。
(五) 机关建设全面加强
1. 开展社科联机关纪念建党 90 周年“五个一”系列主题党日活动。
2. 开展党务公开、廉政专项检查、反邪教教育等活动。
3. 完成面向社会公开招考和社科发展服务中心人员招聘配备，选派 4 名处级干部、3 名年轻干部到基层和西部艰苦地区挂职锻炼，举办“十二五”规划培训班，组织信息知识和档案知识业务培训。
4. 以机关搬入新址为契机，建立新的服务秩序、职工个人行为秩序和工作秩序。
5. 机要文秘、档案管理、固定资产管理、办公用品管理、车辆管理等工作正常运行。
6. 圆满完成经费追加、政府采购、决算报表编报会审、绩效评价等财务工作。
7. 完善《北京市社科联机关文化管理手册》，深入开展“两查两转”活动。

天津市社科联 2011 年主要工作

2011 年是天津市社联完成和服务市文化大发展大繁荣攻坚战项目的关键之年。市社联在市委市政府的正确领导下，在市委宣传部的直接领导下，坚持以邓小平理论和“三个代表”重要思想为指导，深入贯彻落实科学发展观，全面贯彻胡锦涛同志“七一”重要讲话精神和对天津工作的一系列重要指示，认真落实市委九届九次、十次、十一次、十二次全会决策部署，按照市委关于“不满足、不懈怠、不畏难”的要求，紧紧围绕“主题主线主攻方向”，落实市社联五届十八次常委会确定的八项工作任务，为“调结构、增活力、上水平”，加快转变经济发展方式，打好文化大发展大繁荣攻坚战，实现“十二五”开好局、起好步，提供理论支持和智力服务，为繁荣发展哲学社会科学事业做出了新贡献。

一、以纪念建党 90 周年和学习宣传贯彻党的十七届六中全会精神为契机，注重理论阐释与宣传，大力弘扬社会主义核心价值体系
（一）认真做好纪念中国共产党成立 90 周年和胡锦涛同志“七一”重要讲话精神的学习宣传活动
1. 与有关单位联合组织天津市纪念建党 90 周年理论研讨会，在全市开展理论征文，收到论文 600 余篇，1 000 余名社科工作者参与撰写，评选出 169 篇优秀论文。
2. 参加由市委组织部、市委党史研究室和市党史学会共同组织的党史图书首发座谈会。
3. 与市科学社会主义学会、市党建研究会分别举办以“建党 90 周年与马克思主义中国化”和“信息化发展与党的建设”为主题的学术研讨会。
4. 推动市党建研究会、党史学会、党校教育研究会、延安精神研究会等所属学会研究会开展纪念建党 90 周年座谈会。
5. 社联会刊《理论与现代化》安排专栏，刊发纪念建党 90 周年系列论文。
6. 社联课题组撰写的《忧患意识：创先争优的内驱动力和重要举措》获天津市纪念建党 90 周年理论征文活动一等奖。
（二）组织历史学会和第七届学术年会师范大学分会场等召开纪念辛亥革命 100 周年学术研讨会，推出一批研究成果
（三）认真学习贯彻党的十七届六中全会精神和市委九届十一次、十二次全会精神
1. 向学会党组织下发关于认真学习贯彻中央和市委全会精神的通知。
2. 创办《学习贯彻六中全会精神，服务文化大发展大繁荣》简报。
3. 围绕推进社会主义核心价值体系建设和理论人才队伍建设，组织专家学习和研讨。
4. 举办天津市“五个一批”社科理论人才学习交流会暨中期工作推动会，加强社科界青年人才队伍建设。

（续表）

5. 组织社科界专家学者开展关于天津文化大发展大繁荣笔谈，综述“服务文化强市战略，推动文化改革发展”在《天津日报》理论创新栏整版刊登。
6. 积极推动建立天津市学习型党组织建设研究会。
7. 参加并服务天津市委关于“天津精神”的总结提炼活动，在市文明办指导下，组织社科界形成五个课题组进行专题深入研究，推出特色成果。
二、围绕“主题主线主攻方向”，加强对重大现实问题研究，着力为市委、市政府科学决策服务
（一）《社科界咨政要报》取得新的突出成绩
1.《社科界咨政要报》已编辑上报 12 期，获得时任天津市委书记张高丽等天津市领导 26 次重要批示或圈阅；有关建议被及时批转市发改委、经信委、农委及有关区、县、局等职能部门。
2. 2011 年天津市教委把入选《社科界咨政要报》作为重大课题中研究报告类结题的必要条件。
（二）滨海新区开发开放专题研讨会成效显著
1. 与滨海新区综合研究院联合，每月定期召开“滨海新区开发开放专题研讨会”，2011 年共举办 12 次，来自各级政府部门、高等院校、科研机构等近 300 余名研究人员参加。
2. 先后选择“滨海新区社会管理创新研究”、“滨海新区科技金融体系创新”、“ 滨海新区融资租赁业发展”、“北方国际航运中心核心区功能”、“滨海新区文化改革发展”、“滨海新区诚信体系建设”等重大现实问题开展研讨。
（三）两界联盟课题研究成果丰硕
与市科协、市社科院和市社科规划办共同主办题为“智慧天津建设研究”的第 25 届社会科学与自然科学两界联盟，承担其中“构建天津航空智慧产业链”、“网络舆情”、“智慧型中小企业科技创新”、“建设终身教育体系”等 6 个子课题，推出一批理论文章和对策建议并促进成果转化。
（四）组织参加由京津冀地区社科联和科协主办的“让文化引领未来——‘十二五’京津冀文化产业协调发展研究”京津冀区域协作论坛
组织天津市高等院校、科研院所与学会研究会专家学者和研究人员围绕天津文化产业发展与京津冀务实合作，撰写 13 篇研究报告，形成报告综述并收入京津冀协作论坛文集，内容涉及天津“十二五”时期文化产业战略布局、京津冀区域旅游与文化产业协同发展研究、科技创新推动文化产业跨越式发展、京津冀文化消费水平实证比较研究等方面。
三、紧密围绕市委中心工作，聚焦经济社会发展前沿，组织开展学术研讨和理论创新活动
（一）举办主题为“新规划・新视野・新发展”的第七届学术年会，贯彻国家和天津“十二五”规划中的深层次问题和繁荣发展社会主义文化
1. 年会由南开大学、天津大学、师范大学、社科院等 17 个高校、科研院所和 13 个学会研究会设置的 30 场分会场活动和市社联举行的 2 个主会场会议共同组成，首次开设青年学者成长专场，推出理论新人。
2. 200 多名专家学者参加年会演讲或点评，5 000 余名社科工作者参加学术活动，征集论文 1 000 余篇，200 篇入选优秀论文，编辑出版百万字的《天津学术文库》。
（二）成功承办“科技创新与战略性新兴产业发展”第十三届中国科协年会“环渤海区域协调发展与天津战略选择”分论坛

（续表）

1. 就落实"天津共识"、全面推进环渤海区域务实合作、天津的战略选择与环渤海区域产业格局发展和演化的新趋势、"十二五"期间环渤海地区经济发展的战略定位和合作取向等问题展开深入研讨。
2. 形成《"十二五"期间京津冀加强文化产业发展与合作的研究》。
3. 策划主编《环渤海区域发展与天津战略选择论坛文集》。
（三）理论创新论坛紧贴实际，品牌成效显著
组织召开 3 次理论创新论坛，主题分别为"创新新时期群众工作的理论与实践"、"加强和创新社会管理的理论与实践"、"信息化发展与党的建设"。论坛综述在《天津日报》"理论创新·前沿"和"学习"版整版或大篇幅刊发。
（四）开展特色文化研究，服务文化产业发展
1. 为《天津通志·社会科学志》文化品牌工程成立编纂委员会和编辑部，制定编纂计划，形成篇目设计方案。
2. 组织"近代中国看天津"特色文化研究，瞄准天津 60 栋名人故居，组织专家学者进行研究。
3. 市社联所属单位近代天津博物馆出版《往事》等历史文化作品。
四、以宣传"十二五"规划和提升市民素质为主要内容，发挥社科普及品牌效应，服务市民奉献社会
（一）认真举办以"提升市民素质·促进科学发展"为主题的天津市第九届社科普及周，开展六大版块 200 余项系列活动，参加活动的直接受益群众达 10 余万人，间接受益群众数十万人
1. 办好开幕式与"转变经济发展方式，推进天津科学发展"主题报告会。
2. 编撰《解读天津市国民经济和社会发展第十二个五年规划纲要》、《中国共产党天津历史大事择要》(1919 年 5 月—2010 年 12 月)等科普读物，免费发放给市民群众。
3. 组织 28 个学会百余名社科专家走上街头，设置天津文化、社会管理、低碳生活、法律维权、防灾避险等 65 个民生方面的科普义务咨询项目，直接接受咨询的市民群众约有 6 千余人次；同时开设网络和电话咨询。
4. 开展"建设美好天津——学习天津市'十二五'发展规划纲要"有奖竞答活动，收到来自我国部分省市群众答卷 4 千余份，400 余人获奖。
5. "社科普及与社会管理创新"科普理论研究深入，多次项成果在《天津日报》等媒体刊发。
6. 建设学习型社会读书活动，向全市 16 个区县部分社区学校、农家书屋、市民群众及社会各界赠送和免费发放各类社科普及图书和宣传材料近百余种 4 万余份。
7. 举办"社科讲坛"五进工程，市社联领导带头宣讲，举办社会科学图书展、社科普及特色活动等。
8.《天津日报》头版报道科普周活动。北方网开辟专题网页，连续报道社科普及周情况。天津电视台、天津广播电台、今晚报、人民网等主要媒体进行全方位报道。
9. 以"心理健康与社会和谐"为题举办网上咨询活动。
（二）"渤海名家大讲堂"以"丰富市民精神生活，提高百姓人文素养"为主旨，品牌效应越来越明显
1. "渤海名家大讲堂——社科讲坛"着力推动市图书馆等公共文化场馆发挥文化阵地作用，举办"历史文化行"、"青少年成长讲坛"、"青年创业讲坛"等公益科普讲座，邀请全国及天津市知名专家学者 30 余人，开展讲座和报告会近百场，受众近 2 万余人。

（续表）

2. 开展滨海行、区县行、场馆行、校园行等特色活动，深入农村、学校、工地、图书馆等场所开展面对面的宣讲交流活动。
3. 编纂并公开出版首部《渤海名家大讲堂》专辑。
（三）科普工作调研制度与激励机制越来越完善
1. 参加全国社联协作会确定的社科普及协作活动。
2. 参与全国部分省市公民人文社科素质的调研活动。
3. 联合国家统计局天津调查总队完成天津市重点调研课题——天津市公民人文科学素质的调查研究。
4. 结合科普周活动表彰63个社科普及活动先进单位和134名社科普及活动优秀个人，推荐天津市4位社会科学普及专家和《图话中国精神》等4种社会科学优秀科普成果参加全国社科普及"双优"评选，分别荣获全国百名优秀科普专家和全国百部优秀社科普及图书、读物荣誉称号。
五、加强社团组织的管理与引导，提升学术活动的质量水平，增强社团组织活力和服务大局的能力
（一）加强学会组织管理
1. 对直属学会和民办社科机构进行年度检查，批准成立市级学会3个，指导完成换届学会7个。
2. 认真开展年度学会研究会"小金库"专项治理，完成数据归口统一上报工作。
3. 制定并实施《天津社联关于筹备、成立市级学会研究会的暂行规定》，充分发挥学会管理专业委员会作用，就学会评选先进和重点学术活动资助等年度重点工作进行研究审议。
4. 全年走访、联系学会50余个，召开学会秘书长座谈会、"一站式"年检工作会议、通讯员座谈会，举办学会工作研讨班。
（二）激励学会争当先进
1. 进一步创新《学会评估指标体系》，评估工作增设一票否决内容，增加"佐证材料"，严格了量化考核等。
2. 评出2009—2010年度的十佳学会、20个先进学会、8个表扬学会、104名学会先进工作者和107项学会优秀成果，召开学会工作表彰大会。
（三）推动学会活动扎实开展，各学会全年共组织开展学术活动400余次
1. 全年共资助学会重点学术活动18项，资助金额约10万元。
2. 按照市社会科学界第七届学术年会的总体安排，组织学会征文34篇，设立年会学会分会场13个。
3. 组织学会举办庆祝建党90周年和纪念辛亥革命一百周年纪念学术研讨、座谈活动。
4. 围绕加强和创新社会管理，组织相关学会召开5次学术研讨会。
5. 充分发挥理论创新论坛平台功能，就重大前沿和实践问题先后3次与相关学会联合举办学术研讨。
6. 参与组织推动"全球经济中的问题、趋势与天津对外经济发展研讨会"、"滨海新区科技型中小企业融资创新理论与实务研讨会"、"民营经济和文化创意产业理论与实践研讨会"、"入世10年外贸形势与展望报告会"、"环渤海区域经济发展与民生研讨会"等研讨活动。
六、落实加强和创新社会管理要求，积极推进党组织全覆盖工作，确保坚持正确服务方向

（续表）

（一）按照上级部署开展党建工作调研
1. 落实市委组织部与市民政局联合下发的《关于集中抓好社会组织党组织组建工作的通知》的要求，多次召开社团党建领导小组和学会负责人工作会议。
2. 积极开展调查研究，形成学会党建工作方案和实施步骤。
（二）积极推进社团党组织建立工作，所属社会组织的党组织建设走在全市社会组织党建工作前列
1. 2011 年 6 月在全市率先成立中共天津市社会科学界联合会直属社会团体党委，制定《关于在天津市社会科学界联合会社会组织中建立党组织的意见》，召开党委扩大会，就党组织全覆盖工作做进一步动员部署。
2. 市社联直属的 50 个社会组织中有 42 个建立党组织，其中，独立建党支部 36 个、联合建党支部 4 个、挂靠建党支部 2 个，党组织覆盖率达到 84%，超额完成上级规定任务。
3. 市社团党工委专门安排市社联介绍经验。天津市委创先争优活动领导小组办公室简报第 178 期和市社会组织创先争优活动工作简报第 10 期刊登社联党组织全覆盖工作经验。天津市社会组织创先争优活动工作简报第 23 期宣传报道天津社联党组织全覆盖工作经验。
（三）发挥好战斗堡垒作用确保正确方向
1. 根据学会研究会等社团组织特点，及时指导社团党支部选准配强党支部书记，及时组织学习党的知识、党的理论、党的方针政策。
2. 市社联直属社会团体党委组织党支部书记集中学习胡锦涛同志“七一”重要讲话，学习党的十七届六中全会精神和市委九届十一次全会精神。
3. 要求学会和民办社科机构实现党务和业务两手抓、两促进，在年检中实施业务工作和党建工作双审核制度。
七、坚持正确的舆论导向，重视理论宣传阵地建设，为繁荣社会科学提供保障
（一）进一步加强宣传报道工作
1. 创办《天津市社联创先争优活动简报》，已编辑 13 期，其中多条信息被市委创先争优活动办公室、市级机关工委创先争优活动办公室转发报道。
2. 结合学习贯彻党的十七届六全会和市委九届十一次全会精神，创办《学习贯彻六中全会精神，服务文化大发展大繁荣》简报。
3.《社联工作专报》上报 13 期，及时向上级领导和有关部门反映社联开展的重要活动、专项学习宣传、工作经验等。
4. 市社联传达学习宣传党的十七届六中全会情况被《天津新闻联播》首条播报，专家笔谈学习宣传市委九届十一次全会的理论认识被《天津日报》整版刊发。
5. 市委党刊《天津工作》第 12 期刊载《发挥社联自身优势，助推文化建设发展》经验。
6. 第九届科普周活动首次被《天津日报》头版报道。
7.《中国改革报》、《今晚报》、天津电视台、天津电台、北方网等宣传媒体在显著位置及时宣传市社联开展活动的情况。
（二）会刊等出版物的品牌效应进一步增强

（续表）

1. 会刊《理论与现代化》在建党 90 周年专栏发表文章 20 篇，占全年总量的 15.5%。刊登的文章中，社科基金项目成果的论文显著增加；海内外用户达 4 743 家，分布在 16 个国家和地区。
2.《天津社联通讯》全年共刊发文章 270 余篇近 30 万字，图片装帧 260 余幅。栏目设置 20 余个，开辟"纪念建党 90 周年"、"纪念辛亥革命百年"、"社团党建"等专栏。
3. 市社联成立年鉴编辑部，举办首届部分省市社会科学年鉴工作交流会并在会上介绍年鉴编纂经验。
（三）加强内部资料性刊物和网站建设
1.《工作与学习》、《社联工作简报》为社联工作、学习、生活营造良好氛围。
2. "天津社会科学网"为宣传理论热点、普及社科知识、发布社科信息发挥作用。
八、开展创先争优活动取得成效，着力加强队伍建设，进一步提升机关自身管理水平
（一）开展创先争优活动发挥了推动作用
1. 继续深入推进第一阶段的公开承诺和践行承诺活动，及时召开领导小组会议。
2. 启动"社会科学理论前沿与热点问题"系列讲座，开展"关于中国治国理政思路调整的几个重要问题"、"学习胡锦涛同志重要讲话精神，推动哲学社会科学创新工作"等党课教育。
3. 结合纪念建党 90 周年开展评优活动，推荐并获批市级机关工委和市委宣传系统表彰先进党组织 2 个、优秀共产党员 2 名、优秀党务工作者 2 名；社联党组评选表彰先进党组织 2 个、优秀共产党员 5 名，并召开表彰大会。
4. 通过机关报刊、局域网，大力宣传先进党组织和优秀共产党员的典型事迹，推广创先争优活动经验和成效。
5. 市委创先争优活动领导小组办公室简报以《市社联在科普工作中深化为民服务创先争优》为题，报道市社联创先争优活动的做法。
（二）加强党组领导班子自身建设
1. 坚持民主集中制的原则，落实党组议事和决策制度。
2. 重视加强学习制度、调研制度、管理制度、工作制度等建设。
3. 召开党组民主生活会，征求群众意见普遍感到满意，上级领导对党组班子建设及成员予以充分肯定。
4. 天津宣传思想战线"走基层、转作风、改文风"活动简报第 22 期报道社联党组班子成员扎实转作风的做法。
（三）重视中青年干部队伍建设
1. 举办中青年干部学习培训班，认真听取中青年干部的意见和建议，鼓励并推动他们学习深造，2011 年有 2 名年青处级干部分别考取博士和硕士研究生。
2. 选拔任用 4 名处级干部，1 名主任助理。
3. 继续试行高校学术型处级后备干部到社联挂职，从南开大学、天津大学、天津师范大学选调 3 名副教授或处级后备干部到社联挂职。
（四）注重抓好基础管理、服务群众和安全稳定工作

（续表）

1. 认真搞好以增强“五个意识”为内容作风教育，重点查找在转变作风、履职尽责、完成任务、遵守纪律等方面存在的差距，有针对性地提出适应新要求的工作思路与措施。
2. 完善修订《社联机关值班、考勤管理暂行办法》、《市社联开展以职业道德建设为重点在创先争优活动中争做人民满意公务员活动实施方案》等。
3. 改造院内平房工作条件，更换部分办公设施。
4. 为全体在职和退休干部增加年度体检，举办健康知识讲座。
5. 增设并获批全额事业编制；历史遗留问题的处理实现重要突破。
6. 在社联院区安装技防设施，继续实行“双方案”制度，制定工作方案与应急预案。

重庆市社科联 2011 年主要工作

2011 年，重庆市社科联在市委、市政府的正确领导下，坚持以中国特色社会主义理论体系为指导，深入学习实践科学发展观，认真贯彻落实中央和市委有关精神，按照市社科联第三次代表大会的各项任务和市社科联“十二五”工作规划的要求，解放思想、开拓创新，遵循社科规律、规范管理工作、提供优良服务，圆满地完成了全年的工作目标任务，为繁荣和发展重庆社会科学事业，推动重庆经济社会又好又快发展作出了积极贡献。

一、社科规划工作成绩显著
(一) 2011 年度国家社科基金项目立项工作成绩显著
1. 国家社科基金项目立项数量质量再创新高。
(1) 2011 年度重庆市共获准国家社科基金立项 142 项，资助经费 2 330 万元，比 2010 年度的 101 项和资助经费 1 181 万元，分别增长 41.0%和 97.0%，立项数和资助金额两项指标都稳居全国前十。
(2) 在限额申报 556 项中，立项 130 项年度项目(含重点 4 项、一般 43 项、青年 32 项和西部项目 51 项)，立项率为 23.38%，超过全国平均立项率 9.78 个百分点。
2. 重大招标项目实现重大的历史性突破。
(1) 2011 年度重庆市共获重大招标项目 5 项，同陕西省一道位列西部地区第一，而“十一五”期间重庆只有 1 项重大招标项目。
(2) 获重大招标项目转重点项目 4 项；获后期资助项目 2 项，入选国家社科基金优秀成果文库成果 1 项。
(3)《石刻文字的收集与整理》获“中华字库”工程重大文化建设项目立项，资助经费 1 580 万元。
3. 重庆国家社科项目的管理经验和建议得到中共中央宣传部和全国哲学社会科学规划办公室的充分肯定、吸收和推广。
(1) 2010 年重庆市社科规划项目实行全面开题制度，得到中宣部分管领导和全国社科规划办领导的充分肯定和高度重视；2011 年开始在全国实施国家社科基金项目的全面开题制度。
(2) 在全国率先制定《重庆市国家社会科学基金项目管理办法》并执行。
(3) 关于加强对涉及区域性问题研究项目(如城乡统筹研究、三峡问题研究等)的建议被采纳，已列入重大招标课题。
(4) 重庆市社科规划方面许多管理做法得到全国社科规划办公室的表彰、肯定和采纳。
4. 立项过程管理常抓不懈。
(1) 组织召开国家社科基金项目立项工作会议，对年度国家社科基金项目立项工作进行全面部署。

（续表）

(2) 组织召开国家社科基金项目管理工作座谈会，对项目经费的使用和管理工作提出明确要求。
(3) 制定《重庆市国家社科基金项目工作手册》，作为指导全市各社科单位加强项目管理的依据。
(4) 要求各项目承担单位对项目管理工作进行自查，并加强中期检查考核。
(5) 召开全市 2012 年国家社科基金项目的申报动员会和 2011 年重庆市社会科学规划工作管理座谈会。
(二) 2011 年度市级社科规划项目工作稳步推进
1. 3—5 月，对 2010 年获准立项的市级社科规划项目进行全面开题，获得国家社科规划办的好评并在全国推广了国家社科基金项目的开题制度。
(1) 市社科联、市社科规划办直接组织重点项目的开题。
(2) 分头指导或直接参与市级各社科单位组织的一般项目、青年项目的开题。
2. 顺利完成立项工作。
(1) 全年共收到申报材料 819 项，获准立项 200 项。
(2) 进一步搞好立项公告发布、立项会议召开、立项协议签订、立项通知、资助经费下拨等工作，召开专门会议对项目研究和管理提出要求。
3. 2 月，重庆市首次后期资助项目立项工作全面启动，完成对全市 20 项后期资助项目的项目立项、研究等工作。
4. 对重庆市 2005—2007 年未结项的年度规划项目进行全面清理，截至年底共完成 142 个项目的结项事宜。
(三)《重庆市"十二五"时期哲学社会科学研究与发展规划纲要》编制工作顺利完成
1. 课题组深入开展调研、广泛收集资料、充分征求意见，形成《重庆市"十二五"时期哲学社会科学研究与发展规划纲要(送审稿)》上报市委宣传部。
2. 党的十七届六中全会召开后，课题组将《中共中央关于深化文化体制改革推动社会主义文化大发展大繁荣若干重大问题的决定》中关于进一步繁荣发展哲学社会科学的新思想、新观点、新论断等纳入其中。
3. 市委宣传部、市社科规划办公室于 2011 年 12 月 26 日印发《重庆市"十二五"时期哲学社会科学研究与发展规划纲要》，《规划纲要》将成为重庆市"十二五"期间哲学社会科学的指导性文件。
二、社科评奖工作效果良好
(一) 市第七次社会科学优秀成果奖评奖工作顺利完成。
1. 市社科评奖对符合申报条件的 581 项成果进行公平公正评审，评出一等奖 15 项、二等奖 34 项、三等奖 101 项。
2. 进一步完善成果量化评估指标体系、首次建立市社科学术委员会和专家库、创造性地增加市外评审环节，要求初评确定推荐等级、实施专家实名评审，极大提高获奖经费，加大获奖成果宣传。
(二)《重庆市社会科学优秀成果奖励办法》修订完善。
对原《重庆市社会科学优秀成果奖励办法》进行修改，在市政府召开的第 108 次常务会议上通过后，于 9 月 6 日颁布。修订后的办法大幅提高了获奖成果奖励金额。

（续表）

三、社科成果转化工作出新出彩
(一) 创办《重庆社科成果要报》
创办《重庆社科成果要报》，已向市委、市人大、市政府、市政协领导呈送了五期，得到多位市领导肯定性、运用性批示，批示率 100%，有的成果已被相关部门采纳。
(二) 创办《重庆社科规划》内部刊物
创办《重庆社科规划》内部刊物（双月刊），主要介绍社科规划信息的最新动态、专家学者的研究成果等。2011 年出刊两期，采用纸质版、电子版、网络版三种形式，分别报送市委市政府领导、全国社科规划办，同各省（区、市）社科联和规划办进行交流，送市级有关部门和区县领导参考，发市内各社科单位及有关民办社科机构、市社科学术委员和部分社科专家。
(三)《重庆市国家社会科学基金项目成果提要汇编》面世。
1. 2010 年编辑出版的《重庆市社会科学规划项目优秀成果提要汇编》送 2011 年市人大、市政协会议，得到市领导的高度肯定和广大人大代表、委员和读者的好评。
2. 2011 年继续编辑出版《重庆市国家社会科学基金项目成果提要汇编》，收集重庆市国家社会科学基金项目成果 160 多项，作为 2012 年市人大、市政协会议资料，赠送参加会议的市人大代表、政协委员和市级部门及各区（县）的领导。
(四) 社科优秀成果宣传不断加强
在《重庆日报》上开辟专栏，对重庆市第七次社会科学优秀成果一等奖成果进行宣传。
四、社科普及工作深入开展
(一) 按照“四大转变”和“五管齐下”的要求，蓬勃开展社科知识进机关、进企业、进校园、进社区、进农村等“五进”活动
1. 以“三峡大讲坛·人文社科知识讲座”为平台，在全社会广泛开展社科知识普及活动，据不完全统计，全年各社科单位开展社科知识普及讲座近 300 场。
2. 先后组织开展社科知识讲座 40 余场，听众人数 4 万余人。
3. 在重庆电视台科教频道“科学 10 分钟”栏目连续 5 天播出科普专家谈高考，由社科普及专家对考生开展考前心理疏导，受到社会各界的好评。
4. 积极开展“京津沪渝公民人文素质调查”活动，在涪陵、万州、长寿等十个区县进行调查。
(二)“科技活动周”有序推进
1. 组织 29 家社科单位和 33 块展板，参加重庆市科普周开幕式暨大型科普展览和咨询活动。
2. 活动周期间组织荣昌、长寿、梁平、渝北、北碚、铜梁等基层社科联开展社会科学知识专题讲座 71 场，受众 16 万人。
3. 向市民免费赠送社科普及书籍 2 000 余册，散发宣传资料 10 万余份，组织开展现场咨询。
(三) 载体平台建设不断加强。
1. 根据《重庆市科学技术普及条例》相关规定，在全市范围内遴选 149 名社会科学普及专家，建立重庆市社会科学普及专家数据库。
2. 出台《重庆市社会科学界联合会关于建设社会科学知识普及基地的意见（试行）》、《重庆市社会科学知识普及基地管理办法》等文件，启动重庆市社科普及基地的申报工作。

（续表）

3. 策划设计重庆社会科学普及网，在市社科联三届二次委员会上开通。
4. 社科普及读物项目立项工作扎实推进。
5. 以社科普及规划立项为抓手，着力做好以科普项目的申报、评审、中期管理、结项和成果宣传等工作。
五、民办机构管理常抓不懈
（一）制度建设不断加强
组织全市民办社科研究机构围绕“民办社科研究机构的制度建设”主题召开研讨会，制定《重庆市民办社会科学研究机构年度考核表》。
（二）动态管理不断强化
1. 加强对各机构年检工作、日常工作等的指导，及时了解各机构运作情况，针对发现的问题提出建议和意见并督促其限期整改。
2. 对新申报拟成立的民办研究机构，认真开展资格审查和实地考察，严把申报质量关。
（三）市级人文社科重点研究基地健康发展
同市教委一道对重庆市第二批人文社科重点研究基地进行了中期检查。
六、社科学术活动蓬勃开展
（一）按照“2＋10＋100＋×”的工作思路办好第二届学术年活动，全市共举办大型学术活动 10 多场、一般性学术活动 120 多场
1. 举行“建党 90 周年与重庆实践——重庆市社科界第二届学术年活动暨长江上游文化研究论坛启动仪式”，全市 150 余家社科单位代表及有关高校师生 300 余人参加会议。
2. 与重庆市文化产业研究会联合举办“重庆文化产业发展高端论坛”，就推动重庆市文化产业繁荣发展的相关问题展开研讨。
3. 开展“社会科学的责任与使命”主题征文活动，共收到论文 66 篇。
（二）针对中央和市委的有关重大决策部署，结合重要历史节点，专题研讨会适时召开
先后组织召开“全市社科界学习贯彻党的十七届六中全会精神专家座谈会”、“社科组织在创新社会管理中发挥作用专家座谈会”、“社科界纪念辛亥革命 100 周年专家座谈会”、“社团管理创新发展专家座谈会”、“学习市委三届十次全会精神”等会议。
七、社科社团管理工作有序推进
（一）学会审查批建工作顺利进行
1. 完成对正在筹建的重庆市演讲学会等 5 个研究会的申报材料审核工作。
2. 开展对拟成立的重庆家庭教育研究会、稻盛和夫管理哲学研究会等五个学会的指导工作。
3. 接纳重庆市保险学会、重庆市陈子庄艺术研究会为市社科联会员单位。
（二）社团工作扎实开展
1. 按照社团管理规定，开展对 45 家直属社团年检工作的督查。应检直属社团中 43 个参加年检，依法注销一家研究会，另外一家不能参加年检的社团向市社科联和市民政局作了情况说明。

（续表）

2. 召开第一次直属社团工作会，总结工作，分析问题，提出要求。
（三）基层社科联建设稳步推进
1. 加强对基层社科联的指导。
(1) 先后对九龙坡、大足、渝北、南岸、綦江、江津、彭水、渝中等区县，以及重庆文理学院、重庆城市管理职业学院等高校社科联的筹建或成立给予了指导，继续推进区（县）和高校社科联建设。
(2) 深入永川、长寿、梁平、石柱社科联，就社科联成立初期的相关情况进行了调研，取得了第一手资料。
2. 第一次全市区（县）社科联工作会议成功召开。
在长寿区成功召开全市第一次区（县）社科联工作会议，下发《关于加强区县社科联工作的指导意见》、《优秀区县社科联评选办法及标准》。
八、创建重庆社科发展中心并开局良好
（一）创建"中心"工作顺利开展
4 月，成立重庆市社会科学发展中心（重庆发展研究院），为市社科联管理的公益一类正处级事业单位，核编 17 名，其中专业技术人员 12 名，职员 5 名，在现有市社科联机关 26 个编制的基础上，增加了 65%以上的事业人员编制。该中心的职责主要是社科成果转化、编印社科刊物、社科网站和成果库、专家库建设，组织开展重庆发展研究和学术活动等。
（二）"中心"职能作用实现转变
1. 根据"中心"的职能需要，安排大学生西部志愿者到"中心"工作，加强"中心"制度建设，规范日常管理服务，启动了社科成果转化工作并取得明显成效。
2. 积极争取政策支持，"中心"岗位设置控制比例结构得到大大改善。
九、《社科界》和《年鉴》工作水平有所提高
（一）《社科界》办刊水平再上台阶
1. 先后策划报道"市社科联三届一次常委会暨 2011 年春节团拜会"、"重庆市社会科学界联合会'十二五'工作规划"、"科学普及周活动"、"重庆市社会科学界第二届学术年活动"、"2011 年度市社科普及工作会"、"市民办社科研究机构工作会议"、"市第一次区县社科联工作会议"等内容，推出"重庆市第七次社会科学优秀成果奖获奖成果专辑"。
2. 开设"创先争优"、"基层社联"、"学术视野"、"对策建议"、"文化传真"等新栏目，从"理论前沿"和"实践探索"两个方面，对各方面的工作情况进行集中展现。
3. 2011 年起与大足石刻艺术博物馆合作，每期推出大足石刻精品赏析。
4. 继续推出重庆广电协会、重庆收藏协会、重庆市数量经济学会等多个社科社团的相关情况介绍。
（二）《年鉴》工作有序开展
1. 2009 年卷《年鉴》的出版工作于 2011 年 3 月顺利完成。
2.《重庆社会科学年鉴(2011 年卷)》，在栏目设置、内容安排和编撰体例上，作了进一步的改革和调整，使内容更为简洁、合理。
十、社科联机关自身建设工作成效明显

（续表）

(一) 机关党建工作扎实推进
1. 开展建设学习型党组织、"永远跟党走"专题组织生活会、"重走革命路"活动、"人民好公仆"主题教育实践活动、干部"千人大调研"活动，加强机关干部理想信念教育、根本宗旨教育、廉洁从政教育。
2. "创先争优"活动深入深化，积极开展"一讲二评三公示"活动。
3. 2011 年社科联机关参加"三进三同"活动 23 人次，深入 35 户农户结穷亲，与农民同吃同住同劳动；走访农户 80 多人，召开座谈会 8 次，参与人数达 420 人次；发放社会科学宣传资料 300 多册；机关党员干部捐助现金合计达 10 000 元以上。
(二) 组织人事工作卓有成效
1. 调任 2 名中层干部到机关工作，借调 2 名干部到市社科发展中心挂职锻炼，争取 6 名大学生西部志愿者到市社科发展中心工作，晋升 2 名正处级调研员，交流 1 名处级干部，聘用 1 名人员到机关工作，接收 3 名在校大学生在社联开展暑期社会实践工作，组织机关干部 42 人次参加各种类型的学习和培训活动。
2. 由办公室牵头解决原"中心"诸多遗留问题、顺利完成旧"中心"撤并资产清理工作。落实机关职工的津补贴、公休假、公积金等政策性增补问题。
(三) 离退休干部工作稳步推进
实现重大节假日走访慰问活动全覆盖，组织离退休干部外出考察学习活动 5 次，看望离退休干部 6 人次，添置离退休干部活动室等各类办公设施，落实离退休相关工作经费。
(四) 后勤服务质量有所提高
1. 做好市社科联三届一次常委会、第七次社会科学优秀成果奖颁奖大会、重庆市区(县)社科联工作会、社科联党组会、专职副主席办公会、党组中心组学习会、机关干部大会、春节团拜会等会务工作，做好山东、辽宁、青海、安徽、河北、南京、广东、广州、宜宾等地社科联的来访接待工作。
2. 新增机关办公用房 398.3 平方米，办公面积增加三分之一以上。
3. 机关各项能耗指标均在可控范围之内。
4. 认真编制年度预决算，实现财务工作电算化运作，严格执行财务管理制度的有关规定，认真抓好各项办公设备和物资采购工作，确保财政资金的合理运行和有效使用，圆满完成市档案局对财务档案的抽检工作。
(五) 机要文秘工作稳中求进
1. 机要工作严格执行相关规定。
2. 认真做好文秘工作，完成相关调研报告、会议材料、领导讲话、工作汇报、公文等的起草。
3. 认真做好 2010 年度各类文书档案的整理归档工作，通过市档案局对文书档案工作的抽检。

附　　录

FU LU

《学术月刊》2011年分类总目录

〔括号内数字,前为期数,后为页数〕

·特别推荐·

2010年度中国十大学术热点 ……………《学术月刊》编辑部 《光明日报》理论部(1·5)

·学界视点·

意识形态层次类型的生成及其变迁 …………………………………………… 刘少杰(2·5)
新社会运动“新”在何处
——对20世纪70年代以来西方社会运动理论的思考……………… 王晓升(2·13)
民主集中制:过去、现在与未来……………………………………………… 赵宬斐(2·22)
中国的公共服务体系:发展历程、社会政策与体制机制 …………………… 郁建兴(3·5)
政治合法性解构:分配者与被分配者 ……………………………………… 赵海立(3·18)
数字时代的媒介互动与传统媒体的象征意义……………………………… 夏德元(3·25)
当代中国“文明论”研究的新视域…………………………………………… 鲍宗豪(5·5)
超越划界:社会科学的当代特征 …………………………………………… 肖 峰(5·16)
渐进过程中的政府职能转变:价值、动因与阻力…………………………… 罗 峰(5·23)
理论自觉与当今中国哲学社会科学研究…………………………………… 邹诗鹏(6·5)
文化的评价及其尺度………………………………………………………… 林 剑(6·12)
技术精神:一种值得关注的精神形态 ………………………… 樊 勇 高筱梅(6·18)
网络民粹主义的躁动:从虚拟集聚到社会运动 …………………………… 陈 尧(6·24)
中国美学史:学科反思与世界对话(专题讨论)
中国美学史:学科性质、提问方式、演进状况 ………………………… 张 法(8·5)
美是不可分析的
——评道禅哲学关于美问题的一个观点…………………………… 朱良志(8·11)
“全球美学”与中国美学
——中国美学如何与世界接轨……………………………………… 陈望衡(8·16)
跨界治理:中国社会公共治理的战略选择 ………………………………… 陶希东(8·22)
政府公共危机管理失灵:内在机理与消解路径
——基于风险社会视域………………………………………………… 金太军(9·5)
当代中国的妇女研究与性别知识建构……………………………………… 畅引婷(9·14)

江南学术文化的历史逻辑 …………………………………………………… 姜晓云(9·21)
中华古文化中的“超越”哲思:“轴心”与“转轴”………………………………… 陈启云(10·5)
中国组合式普惠型社会福利制度的构建 ……………………………………… 彭华民(10·16)
经济能人治村:中国乡村政治的新模式………………………………………… 卢福营(10·23)
和解:“精神科学”的当代形态…………………………………………………… 樊 浩(11·23)
“江湖”:中国文化的另一个视窗
——兼论“差序格局”的社会结构内涵 ……………………………………… 李恭忠(11·30)
产权与政治研究:进路与整合
——建构产权政治学的新尝试 ……………………………………………… 邓大才(12·5)
互联网背景下的财富革命 ……………………………………………………… 速继明(12·15)
现代学术的异化及其匡正 ………………………………………… 邓曦泽〔顾肃评点〕(12·22)
西方新无神论运动及其对汉语学界的意义 ………………………… [芬兰]黄保罗(12·29)

·对话与交锋·

什么是形而上学指称
——与叶闯教授商榷 …………………………………………………………… 江 怡(1·10)
语言哲学传统与形而上学指称观念
——答江怡教授的质疑 ………………………………………………………… 叶 闯(1·16)
“人文儒学”批判与后儒学当代突围
——兼与李承贵、夏锦乾商榷…………………………………………………… 赵建军(1·23)
走出美学与“否定美学”的困惑
——对话当代环境美学家阿诺德·柏林特
………………………………………… 赵 玉 [美国]阿诺德·柏林特(4·5)
宗教多元·理性沟通·体制保障
——对“宗教共同体”相关问题的质疑 ……………………………………… 张庆熊(4·12)
如何理解“宗教共同体”
——答张庆熊教授 ……………………………………………………………… 安 伦(4·20)
“世界主义”共同体如何形成
——关于重大社会变迁问题的对话 …… [英国]杰拉德·德兰迪 郭忠华(7·5)
“文化儒学”:当代儒学新的发展空间
——兼评“人文儒学”与“后儒学” ………………………………………………… 张 弘(7·14)
罗蒂难题:“你的文章是否说了些什么?” ……………………………………… 王金福(7·23)
形而上学的迷惑
——与邓晓芒教授对话 ………………………………………………………… 谢 崛(11·5)
形而上学的“围城”
——答谢崛博士 ………………………………………………………………… 邓晓芒(11·14)

·哲学关注·

人在场的本体论与马克思哲学基本视阈……………………………………… 邹广文(1·32)
自由的性质……………………………………………………………………… 韩水法(1·40)
行动的解释:理由、原因和目的
——戴维森对传统的复兴及其缺失的维度………………………………… 田　平(1·47)
国外马克思主义研究:四条路径及其评价 …………………… 王凤才　陈学明(2·30)
"德国人"怎样撰写"法国"思想史
——以马克思、恩格斯对格律恩的批判为例 ……………………………… 聂锦芳(2·41)
反思平衡与道德哲学的方法…………………………………………………… 姚大志(2·48)
儒学在近代的历史命运:败也西学,成也西学………………………………… 李喜所(2·56)
"都市佛教"辨析……………………………………………………………… 刘　旭(2·62)
辩证唯物主义还是实践唯物主义
——再读马克思………………………………………………………………… 安启念(3·32)
简帛《五行》篇"悳"概念的义理结构……………………………………… 王中江(3·39)
心灵哲学中的意识与意向性…………………………………………………… 王华平(3·49)
深化"主体性"研究的重大课题
——从"认知主体"到"价值主体"…………………………………………… 贺　来(4·27)
明清之际伦理学三问题的儒耶对话
——兼论对话对中国伦理学的影响………………………………………… 许苏民(4·34)
心理表征隐喻与框架问题……………………………………………………… 魏屹东(4·46)
"自我"是什么?
——前期维特根斯坦"形而上学主体"概念解析……………………………… 徐　弢(4·53)
社会主义优于资本主义在于它更平等
——科恩对社会主义的道德辩护……………………………………………… 段忠桥(5·31)
激进抑或保守
——拉克劳、墨菲与理查德·罗蒂政治思想比较 …………………………… 董山民(5·37)
权利:社会契约论的正义原则 …………………………… 谢文郁〔何中华评点〕(5·44)
原儒精神论……………………………………………………………………… 崔宜明(5·53)
对朱熹哲学思想的重新认识
——兼评冯友兰、牟宗三解释模式之扭曲 …………………………………… 金春峰(6·30)
"道德"概念在近现代中国的意义转换……………………………………… 李　萍(6·42)
人本与物本的融通
——资源节约型社会的合法形态……………………………………………… 肖士英(6·49)
阿玛蒂亚·森的正义观
——对罗尔斯的批判及其公共政策含义……………………………………… 汪毅霖(6·55)
论空间的生产、建构和创造 …………………………………………………… 张之沧(7·30)

矛盾辩证法的两种解读

——马克思与列宁的辩证法之异同 …………………………………… 张绍宏(7·37)

管治:从身体到人口

——福柯管治思想探究 ………………………………………………… 莫伟民(7·45)

道德认知的默会维度

——基于认知结构的分析 ……………………………………………… 王　芳(7·53)

从讨价还价到求同存异

——谈判与对话的政治哲学 …………………………………………… 程广云(8·30)

事实与价值可分吗

——以生态伦理学为视角 ……………………………………………… 陈嘉明(8·38)

现象学"先天"的来源及意义

——从胡塞尔的波尔扎诺转向谈起 …………………………………… 张任之(8·44)

科学哲学的语境论进路及其问题域 …………………………………………… 成素梅(8·53)

道德究竟是什么

——对道德起源与本质的追问 ………………………………………… 韩东屏(9·28)

儒学与工具理性培育 ……………………………………………………………… 宋志明(9·37)

心灵哲学中二元论和自然主义发展的新趋势

——以查默斯自然主义二元论为线索 ………………………………… 高新民(9·43)

从可能到必然

——贯穿普兰丁格本体论证明的逻辑之旅 …………………………… 张力锋(9·51)

"两大发现"还是"七大发现"(上)

——马克思使社会主义由空想变为科学的思想史考察 ……………… 宫敬才(10·30)

走向本有之思的道路

——海德格尔的秘密自我思想总结 …………………………………… 张一兵(10·40)

"最大多数人"与"最少受惠者"

——两种正义观的伦理基础及其模糊性 ……………………………… 郭夏娟(10·51)

辩证法当代价值的新阐释

——巴斯卡的自由辩证法探析 ………………………………………… 付文忠(10·59)

走向一种层级分明的"大逻辑观"

——"逻辑观"两大论争的回顾与反思 ……………………………… 张建军(11·38)

"两大发现"还是"七大发现"(下)

——马克思使社会主义由空想变为科学的思想史考察 ……………… 宫敬才(11·48)

论哈贝马斯的世界市民社会理论 …………………………………………… 李佃来(11·57)

当代共和主义者对罗尔斯自由观的误读 ……………………………………… 曹　钦(11·64)

马克思主义与当代左翼思潮 ……………………………………………… 汪行福(12·39)

历史唯物主义与马克思的自然观 …………………………………………… 王福生(12·49)

逻辑:一个生长和变动的概念………………………………………………… 陈　波(12·55)

·经济学前沿·

中国经济转型与世界经济再平衡…………………………… 袁志刚 邵 挺(1·54)
中国马克思主义经济学主流地位的嬗变:比较的视角 ………… 李 萍 盘宇章(1·63)
产业空间扩散的动力机理与长三角区域经济一体化……………………… 赵 峰(1·71)
要素比价扭曲、过度资本深化与劳动报酬比重下降 ………… 李文溥 李 静(2·68)
农地适度非农化:寻求合理的实现机制 ………………… 周立群 张红星(2·78)
经济思想史上对价值理性的工具性解释…………………………………… 钟祥财(2·86)
中国经济发展中的深层次问题……………………………………………… 田国强(3·59)
马克思市民社会理论的得与失
——兼谈中国体制转轨下社会基础缺失问题……………………………… 林金忠(3·65)
再议劳动者地位问题:劳动力产权强度的视角 ………………… 赖普清 姚先国(3·73)
资产价格波动与中国金融稳定发展………………………………… 马 永 杨继瑞(3·81)
经济发展新阶段的发展理论创新…………………………………………… 洪银兴(4·61)
制度供给、财政分权与中国的农村治理 ………………………… 李慧中 李 明(4·68)
合村并居与农村土地产权制度的价值选择………………………………… 刘云升(4·77)
对新古典传统的又一挑战:后凯恩斯学派的新消费理论 ……………… 张凤林(4·83)
外汇管制、汇率均衡与政府决策行为……………………………………… 何大安(5·61)
环境约束与政策选择:中国经济新走向…………………………………… 傅允生(5·69)
农业信息化:中国农业经济增长的新动力 ………………………………… 汪卫霞(5·78)
新制度经济学:修正还是革命 ……………………………………………… 刘志广(5·87)
演化经济学:第三种经济学体系的综合与创新 …………………………… 贾根良(6·63)
共容性组织与激励性增长:超越"政府—市场"的分析逻辑
——政党功能的经济学思考………………………………………………… 权 衡(6·71)
重商主义与中国经济再平衡………………………………………………… 梅俊杰(6·80)
中国城镇养老保险制度改革方向:基金积累制抑或名义账户制
……………………………………………………………… 龙朝阳 申曙光(6·86)
马克思主义政治经济学的现代化研究(专题讨论)
政治经济学现代化的四个学术方向…………………………………… 程恩富(7·59)
通过解决重大现实问题来发展马克思主义经济学……………………… 林 岗(7·63)
现代马克思主义政治经济学理论创新的基本路径…………… 马 艳 李 韵(7·65)
马克思主义政治经济学的历史及未来展望………………… [美国]大卫·科兹(7·69)
农民工市民化:破局体制的"顶层设计" ………………………………… 郭庆松(7·72)
转型式经济增长与城乡收入差距:中国的经验(1978—2008)
……………………………………………………………… 张建辉 靳 涛(7·79)
中国企业家社会资本对企业多元化战略的影响………………… 关 健 李伟斌(7·87)
转变经济增长方式是全面且深入的改革
——"政府主导"是模式还是改革对象 …………………………………… 魏 杰(8·61)

中国在东亚区域生产网络中面临的挑战与抉择 …………………… 王晓蓉(8・69)
土地承包经营权流转的"不可能三角":解释及出路…………………… 高 帆(8・77)
"包容性增长"的学源基础、理论框架及其政策指向…………………… 李 刚(8・86)
重点领域和关键环节改革研究(专题讨论)
深化中国城市公用事业改革的分类民营化政策 …………………… 王俊豪(9・60)
"十二五"时期垄断行业改革的主攻方向:竞争化改造……… 戚聿东 范合君(9・64)
全球金融体系变革与中国金融监管体制改革 ……………… 齐 兰 郑少华(9・66)
农地流转制度创新与中国农业可持续发展 …………………… 胡亦琴(9・70)
产业体系运行的新态势与发展新空间 …………………… 王国平(9・74)
语言经济学的几个基本命题 ……………… 黄少安 苏 剑(9・82)
中国收入优先增长中的结构优化 …………………… 范从来(10・67)
中国经济史"GDP"研究之误区 ……………… 杜恂诚 李 晋(10・74)
帕累托改进原则能否应用于社会改革
——实践的可行性和内在的保守性 …………………… 朱富强(10・82)
家族企业的公司治理模式
——基于契约理论的研究 ……………… 徐 鹏 宁向东(10・91)
发展战略、转型升级与"长三角"转变服务业发展方式…………………… 刘志彪(11・71)
经济增长中的货币化进程:一般分析框架与中国经验…………………… 徐 琤(11・78)
分工、专业化与模块化:产业集群演化的一个视角 …………………… 闫彦明(11・86)
财富禀赋与理性境界
——关于理性行为动机的马斯洛与马歇尔之辩 …………………… 李永刚(11・93)
"工资—物价螺旋上升"之机理、效应及对策…………………… 潘 石(12・64)
经济学视角下的土地征收补偿标准 …………………… 李增刚(12・71)
社会—生态系统视野下的集体林权制度改革:一个新的政策框架…………………… 蔡晶晶(12・79)
中国限制性住宅市场的经济学分析 ……………… 张永岳 杨红旭(12・87)

・文学艺术论评・

"文学的国语"怎样炼成
——《围城》的语言策略 …………………… 郜元宝(1・82)
卢梭美学视点中的沈从文(上) …………………… 俞兆平(1・91)
"行"的艺术:现代诗形式新探…………………… 孙立尧(1・99)
美・爱・自由・信仰 …………………… 阎国忠(2・95)
卢梭美学视点中的沈从文(下) …………………… 俞兆平(2・104)
论"新主旋律电影" …………………… 张振华(2・110)
论 19 世纪中叶后日本汉文学的几个问题…………………… 陈福康(3・89)
近三十年来中国审美主义思潮的三种形态 …………………… 邹 华(3・99)

启蒙者与文学者:鲁迅研究的不同关注点
——由竹内好的《鲁迅》说起 …………………………………… 黄江苏(3·106)
佛教美学观新探 ……………………………………………………… 祁志祥(4·92)
真理:艺术作品不堪承受之重
——现象学的艺术真理观批判 …………………………………… 刘旭光(4·100)
陆游《钗头凤》是"伪作"吗
——兼谈文本中"宫墙"诸意象的诗词互证 ……………………… 高利华(4·107)
压抑与救赎
——清末民初小说内外的妓女和女学 ……………… 黄湘金〔夏晓虹评点〕(4·113)
身体—主体的缺席与实践美学和后实践美学的共同欠缺 ……………… 王晓华(5·96)
"唐宋之争"与朱彝尊、查慎行宋诗观探赜………………………………… 贾文胜(5·103)
中国早期都市流行歌曲与"五四精神" ……………………… 陈　伟　桂　强(5·111)
钱锺书对严羽《沧浪诗话》的误解与原因 …………………… 曹顺庆　郑　澈(5·117)
城市民俗研究的新视野(专题讨论)
城市庙会:人性本质的释放与张扬……………………………………… 蔡丰明(6·94)
城市民俗圈理论及其与城市文化分层的关系 ………………………… 程　洁(6·98)
流动的日常生活
——"新民俗"、"泛民俗"和"伪民俗"的关系及其循环过程……… 毕旭玲(6·102)
女性批评与批评女性
——清代闺秀的诗论 …………………………………………… 周兴陆(6·107)
"失明"的文学
——从空间到空间理性 ………………………………………… 李　森(6·116)
全球化时代文化多样性的意义 ……………………………………… 王　杰(7·93)
中日美学思想之比较
——以"自然观"影响为中心 ………………………………… 周建萍(7·101)
王国维"意境"新义源出西学"格义"考 ………………………………… 姜荣刚(7·107)
短篇题材的重写:萧红居港期间的小说创作………………… 林幸谦　郭淑梅(7·116)
"文姬归汉"的个人历史与华夏民族的"离散精神原型"
——兼论比较文学研究的视域、立场与可比性……………………… 杨乃乔(8·93)
正本清源:理性地解读"风水"……………………………………… 王振复(8·105)
论闻一多后期对杜甫认知角度的转变及其原因 ………………………… 李乐平(8·117)
"后实践论美学"综论 ……………………………………………… 王元骧(9·88)
论文学语言发展视域中的文学史描述
——以中世文学史为中心 ……………………………………… 徐　艳(9·100)
"老上海"的前世今生
——时尚文化与精英叙事的"怀旧"形态 ……………………… 葛　亮(9·109)
当代语境下的马克思主义文学理论批评(专题讨论)
马克思主义文学批评的当代形态 ……………………………… 张永清(10·97)

从文艺批评到文艺政策
——马克思主义经典作家文艺批评的演变…………………………江守义(10·101)
再论艺术生产……………………………………………………………胡亚敏(10·105)
中国诗学思想史上的新开拓
——杨万里以"兴"为中心的诗学理论…………………………徐文茂(10·110)
新世纪:"底层叙事"的流变与省思 ………………………赵学勇 梁 波(10·117)
不能忘却的记念(笔谈)
在"文字游戏"停止的地方………………………………………郜元宝(11·101)
鲁迅的浙东脾气……………………………………………………孙 郁(11·106)
《两地书》中有一个真实的鲁迅…………………………………刘绪源(11·110)
回到复杂而完整的鲁迅……………………………………………袁盛勇(11·114)
鲁迅的现代与"反现代"
——"掊物质而张灵明,任个人而排众数"别解 ………………张钊贻(11·117)
"理论之后"的中国文艺理论………………………………………王一川(11·121)
中国美学:从形态出发还是从主义出发 …………………………王建疆(12·93)
再谈现代文学史写作的"边界"与"价值尺度"
——由严家炎《二十世纪中国文学史》所引发的研讨…………温儒敏(12·101)
"80后"小说的文学史地位 ………………………………………高 玉(12·105)
感知钝化·功能弱化·行动强化
——重新理解现代电影"突破叙事性"问题 ……………………陈 瑜(12·113)

·史学经纬·

辛亥革命以来中国大一统国家体制再造中的承续(上)……………………姜义华(1·113)
从颜俊彦《盟水斋存牍》看明末广州、澳门贸易制度若干变动 …………李庆新(1·129)
玩物丧志?
——麻将与近代中国女性的娱乐……………………………………贾钦涵(1·137)
辛亥革命以来中国大一统国家体制再造中的承续(下)……………………姜义华(2·116)
中国历史发展的五条区域性道路…………………………………………鲁西奇(2·120)
半透明的镜子:司马孚在魏晋政治中的形象与地位 ……………………仇鹿鸣(2·130)
娱乐、商业与民族主义
——以1930年"辱华"电影《不怕死》引起的纷争为中心 …………任 伟(2·138)
中共"一大"为什么选在上海法租界举行
——一个城市社会史的考察…………………………………………熊月之(3·115)
仪式与意义:1919—1928年间为自杀殉国者举办的追悼会 ……………刘长林(3·125)
两晋之际的士族生态与幽冀形势
——以王浚为中心的考察……………………………………………范兆飞(3·138)
理念与实践:近代汉外辞典的诞生 ………………………………………沈国威(4·121)

"常""变"之争和"主义"之辩下的保守与激进
——"保守主义、自由主义、激进主义"三分法商榷…………………… 何卓恩(4·131)
近代上海远东国际汇兑中心的形成…………………………………… 宋佩玉(4·139)
中国古代专卖研究理论的考察
——以北宋政和茶法改革性质为例………………………………… 吴树国(5·123)
有量变而无质变:清朝道光时期的财政收支 ………………………… 倪玉平(5·130)
"五四知识分子"与知识共同体
——以《新青年》杂志为中心的考察………………………………… 邓金明(5·139)
蒋介石研究:六十年学术史的梳理与前瞻 ……………… 陈红民　何扬鸣(5·147)
清华简《耆夜》篇礼制问题述惑………………………………………… 丁　进(6·123)
重大问题的再历史化
——对辛亥革命史研究的一些思考………………………………… 瞿　骏(6·131)
新生活·新观念·新名词
——以近代上海城市用语变迁为考察线索………………………… 邵　建(6·141)
孙中山"国父"形象在台湾的历史形塑与记忆解构…………………… 魏文享(6·148)
日本杨贵妃传说的流变及思想史考察………………………………… 吴伟明(7·123)
近代环渤海经济一体化及其动力机制………………………………… 樊如森(7·131)
中国究竟有几大古都
——民国以来中国大古都不断认定的来龙去脉…………………… 毛　曦(7·144)
清初嘉定侯氏的"抗清"生活与江南社会……………………………… 冯贤亮(8·123)
近代工商界的"辛亥"记忆与政治经济诉求…………………………… 朱　英(8·135)
"一·二八事变"与上海"自由市"计划始末…………………………… 张智慧(8·147)
空间、时间与经济理性
——从中国史通识教材的编写说起………………………………… 王家范(9·119)
从"慕道"到"归化":唐正州内迁归化部众居住区的"村"制度
——以粟特人"村"和新罗人"村"为中心…………………………… 刘再聪(9·135)
补脑的政治学:"艾罗补脑汁"与晚清消费文化的建构 ……………… 张仲民(9·145)
后羿、寒浞神话传说的历史钩沉 ………………………… 江林昌　孙　进(10·124)
近代租佃制度的产权结构与功能分析
——中国传统地权构造的再认识…………………………………… 张一平(10·132)
六十年来辛亥革命研究之学术变迁
——以研究假设和研究取径为中心………………………………… 邱　巍(10·144)
身体的隐喻:16—18世纪欧洲社会关于"中国人"的种族话语 ………… 张先清(11·129)
乾隆—道光年间的北洋贸易与上海的崛起…………………………… 许　檀(11·147)
走向海洋:宋代江南地区的对外开放 …………………… 陈国灿　吴锡标(12·122)
禁军阙额与北宋军政……………………………………… 何玉红　曹伟芹(12·130)
媒介就是知识:中国现代报刊思想的源起 …………………………… 黄　旦(12·139)

·中青年专家访谈录·

眼睛向下境界向上
——邹广文教授访谈…………………………………… 邹广文 崔唯航(1·148)
追求社会学理论思维与经验研究的综合
——刘少杰教授访谈…………………………………… 刘少杰 王建民(2·148)
谢彼虚谈敦兹实学
——陈福康教授访谈…………………………………… 陈福康 任 天(3·147)
徜徉在中日语汇的密林里
——沈国威教授访谈…………………………………… 沈国威 李 真(4·148)
坚持学术争论注重分析方法
——段忠桥教授访谈…………………………………… 段忠桥 张文喜(5·155)
第三种经济学理论体系的探索者
——贾根良教授访谈…………………………………… 贾根良 马国旺(6·155)
人文学者应该关心人类的未来
——王杰教授访谈……………………………………… 王 杰 尹庆红(7·155)
求索于近世经济与社会之间
——朱英教授访谈……………………………………… 朱 英 魏文享(8·155)
学术的视野与学者的使命
——金太军教授访谈…………………………………… 金太军 沈承诚(9·155)
货币经济学的耕耘者
——范从来教授访谈…………………………………… 范从来 张中锦(10·155)
由文到艺:跨学科的持守与开拓
——王一川教授访谈…………………………………… 王一川 罗 成(11·155)
学术本无涯此中有真意
——黄旦教授访谈……………………………………… 黄 旦 周 奇(12·149)

·信息综览·

西方经济学热点研究:2010 ………………………………… 朱富强 安 苑(1·154)
是“新旧”也是“左右”
——2010年文学研究的热点问题述评 ……………………… 葛红兵 许 峰(2·154)
中国哲学的本土意识与原创冲动
——2010年度哲学学术热点评述 …………………………………… 杨学功(3·153)
2010年中国近代史研究述评 …………………………………… 楚永全 张仲民(4·154)
《学术月刊》所发文章被转摘量实现“五连冠”…………………………… 华亭君(4·160)
《学术月刊》2011年分类总目录 ………………………………………………… (12·155)

《探索与争鸣》2011 年总目录

第　一　期

我们究竟需要怎样的人文精神 …………………………………………………… 俞吾金(3)
卢梭在当代中国的回响(上)
——从思想史看王元化重估《社会契约论》 ……………………………… 夏中义(8)
大国崛起过程中的忧患意识 ………………………………………………………… (13)
忧患意识与“日不落帝国”的兴衰 …………………………………… 陈晓律
骄傲与自省:法兰西民族的忧患意识…………………………………… 许　平
居安思危:美国人的忧患意识…………………………………………… 沈丁立
“超级大国”的自负是苏联衰落的重要原因 ………………………… 余伟民
罗马文明的光环
——意大利与大国崛起 …………………………………………………… 于文杰
新诗的困境
——以“梨花体”事件和“羊羔体”事件为中心的考察 ……………… 王　珂(21)
澄清社会公平的理论基础 …………………………………………………… 卢周来(25)
中国人误解和滥用“封建”的根源 ………………………………………… 黄敏兰(30)
重构府际关系与国家治理 …………………………………………………… 林尚立(34)
地方合作对政府间关系的拓展 ………………………………… 杨　龙　郑春勇(38)
省管县改革中的党政领导干部管理问题 ……………………… 陈国权　黄振威(42)
转变经济发展方式与转变社会发展方式 ………………………………… 关信平(46)
论普遍整合型社会福利体系 ………………………………………………… 毕天云(51)
全球消化过剩流动性:危机后复杂外部环境与中国经济政策选择………… 徐明棋(53)
经济发展方式转变的三重“陷阱”及其规避路径 ………………………… 高　帆(60)
作家的边缘立场与批判功能
——兼论文学创作中历史与道德的几种关系模式 ……………………… 陶东风(64)
批判 · 利用 · 理解 · 欣赏
——知识分子面对大众文化的四种姿态 ………………………………… 赵　勇(68)
铭记历史,合作共赢
——读《美国中央太平洋铁路建设中的华工》 ………………………… 薛小荣(75)
“比较视野下的共产党执政与社会主义现代化” ………… 学术研讨会综述刘彦虎(78)

"21 世纪中国慈善事业与慈善伦理"研讨会综述 …………………………… 王银春(79)

第 二 期

对中国特色社会主义的再认识 ………………………………………………… 沈宝祥(3)
市场的逻辑与中国的变革 …………………………………………………… 张维迎(8)
长鸣的城市警钟
——城市化进程中的社会风险与公共治理 ……………………………………… (12)
城市化进程中的认同分化与风险集聚 ……………………………………… 刘少杰
风险社会中的大城市治理与社会政策的发展 ………………………………… 熊跃根
通过发展型社会管理应对体制性风险 ……………………………………… 马西恒
"过密社会"视域下城市社会管理的误区和盲点 ……………………………… 田毅鹏
现代性风险反思呼唤公民社会建设 ………………………………………… 郭巍青
对重大政策项目开展社会稳定风险评估 …………………………………… 童 星
建设具有抗灾能力的安全城市 ……………………………………………… 王世军
加速农村城市化:风险高于机遇……………………………………………… 姚新勇(24)
人大代表行使权利的机制亟待改革 ………………………………………… 蔡 霞(27)
五缘文化的意义和作用
——兼对恩格斯"两种生产"论的一点理解 ……………………………… 夏禹龙(31)
地方政府间分权的条件:基于地县关系的分析……………………………… 杨雪冬(33)
从社会体制上推进社会建设 ………………………………………………… 秦德君(38)
重新理解社会管理
——基于社会政策与社会组织的视角 …………………………………… 王川兰(42)
中国社会利益关系的系统理论思考 ………………………………………… 洪远朋(45)
产业集群技术创新困境及政府作用 ………………………………………… 雷 鹏(51)
卢梭在当代中国的回响(中)
——从思想史看王元化重估《社会契约论》 ……………………………… 夏中义(54)
论新世纪文学理想表现的枯竭 ……………………………………………… 姚晓雷(61)
寻求新的文学感知方式
——面对临界点上的新世纪文学 …………………………………………… 王宏图(65)
苏斯洛夫其人与苏联意识形态的衰变 ……………………………………… 马龙闪(68)
格鲁吉亚民主共和国及其被兼并 …………………………………………… 郑异凡(74)
文化转型视野下的教育体制改革 …………………………………………… 朱晓阳(78)

第 三 期

儒学在近现代面临的挑战与复兴之路 ……………………………………… 牟钟鉴(3)
稳定物价关乎国家的长治久安 ……………………………………………………… (10)
价格管理也是社会管理

——基于历史和社会安定的视角 …………………………………………………… 邓伟志
物价问题亟需标本兼治 ………………………………………………………… 袁恩桢
当前物价上涨的多层面原因 …………………………………………………… 钟祥财
物价对社会稳定的影响 ………………………………………………………… 郭　强
CPI、"豆你玩"及钻石戒指 …………………………………………………… 周　翼
提高价格统计和信息发布的公信力 …………………………………………… 王志平
东方转向不等同于中国转向
——兼论中国文化如何应对 …………………………………………………… 代　迅(20)
太平天国再认识 …………………………………………………………………… 戴鞍钢(24)
宗族主义是太平天国失败的罪魁 ……………………………………………… 胡训珉(27)
太平天国要对内战造成的大灾难负主要责任吗
——与凤凰网《太平天国》编导商榷 …………………………………………… 方之光(31)
中国劳动关系的十字路口
——管制与自治:富士康、本田案件提出的法治命题 ………………………… 董保华(34)
角色·功能·发展
——论区域治理中的公民社会 ………………………………………………… 汪伟全(38)
"中国威胁论":美国对中国偏见"意象"的生成………………………………… 张丽君(42)
中国出口导向型经济的双重战略风险与财富幻觉 …………………………… 潘英丽(45)
俄罗斯经济现代化对中国的启示 ……………………………………………… 陆南泉(51)
对文化研究发展历程的反思 …………………………………………………… 陆　扬(55)
卢梭在当代中国的回响(下)
——从思想史看王元化重估《社会契约论》 …………………………………… 夏中义(59)
全球化时代的人文教育如何可能 ………………………………… 殷国明　周仲强(64)
软实力:解读苏联解体的新视角…………………………………………………… 胡　键(69)
人道主义:意义及其限度
——以韩东小说《花花传奇》为例 ……………………………………………… 刘　昭(74)
探索历史真相　汲取历史教训
——"太平天国与社会问题"学术研讨会综述 ………………………………… 唐国东(77)
"国际儒学论坛·2010:儒家思想与社会治理"学术研讨会综述……………… 罗祥相(79)

第　四　期

全面认识当前的中国国家安全环境 …………………………………………… 沈丁立(3)
中国收入分配中的几个主要问题 ……………………………………………… 李　实(8)
新世纪城市文学创作的危机与出路 ………………………………………………… (13)
当文学遭遇城市
——新世纪中国文学发展的一种境况 ………………………………………… 杨　扬
城市文学:问题的由来…………………………………………………………… 谈瀛洲

城市文学应写出城市的“精神形态” …………………………………… 夏锦乾
新世纪城市文学的缺憾
——以上海文学为例 …………………………………………………… 杨剑龙
城市文学应植根城市的历史文化底蕴
——以北京文学为例 …………………………………………………… 刘　勇
警惕山寨化写作窒息都市小说的生命力 …………………………… 黄发有
城市文学亟待突破五重困境 ………………………………………… 张永禄
何为“我城”,如何“文学”……………………………………………… 何　平
前进还是后退
——从“国进民退”争论透视中国改革 ………………………………… 郭忠华(25)
“扬弃”私有制还是“消灭”私有制
——关于《共产党宣言》中一个重要译语的争论 ………………………… 殷叙彝(29)
正确认识和善待中国“国际大都市” …………………………………… 刘士林(32)
完善中国特色社会主义法律体系任务艰巨 ………………………… 王立民(37)
全球化进程中我国的食品安全问题 ……………………… 周长城　刘红霞(40)
食品安全:核心问题与关键对策……………………………………… 汪堂家(44)
通胀周期性特征与货币政策的适时转换 …………………………… 殷醒民(48)
我国工业结构调整的转型升级进程 ………………………………… 梁东黎(53)
越南民主化改革及其对我国的启示 ………………………………… 陈明凡(58)
劳尔·卡斯特罗执政后古巴的经济变革 …………………………… 徐世澄(62)
20 世纪以来西方美学的三大特征 …………………………………… 张　法(66)
文化消费时代的新通俗文学
——新世纪类型小说的叙事特征与消费逻辑 ……………… 孟繁华　周　荣(69)
明清国家礼制中的四海祭祀 ………………………………………… 王元林(73)
社会“不稳定群体”的形成与社会管理 ……………………………… 张　斌(78)

第　五　期

粮食安全问题的化解之道
——关于中国农业制度的思考 ………………………………………… 李昌平(3)
中国社会政策调整与农民工城市融入 ……………………………… 王春光(8)
社会管理创新与警务变革 ……………………………………………………(15)
警务模式变革与社会管理创新的共进 ……………………………… 殷建国
建立健全警察服务质量保障机制 …………………………………… 朱春奎
公平正义框架下的警务改革 ………………………………………… 徐珠宝
柔性维稳,化解社会矛盾……………………………………………… 张跃进
应对网络群体性事件须有新思维 …………………………………… 智　军
为辛亥革命正名 ……………………………………………… 罗福惠　孙　跃(22)

谁应对太平天国内战造成的大灾难负责
——与方之光先生商榷 …………………………………………………… 史　君(27)
自治民主的一项基本政治制度
——我国特别行政区的制度定位辨析 ………………………………… 尤俊意(30)
多元文化背景下执政党文化方略的选择 ……………………………… 常士訚(33)
民生与民主
——转变经济发展方式条件下党的合法性基础转型 ………… 虞崇胜　张　星(37)
建设高素质的干部队伍
——增强党的执政能力的基础和必然要求 …………………………… 白艳莉(41)
现代性困境、住房商品化与共同体的重构………………………………… 周建国(44)
房产税试点初评与房产税改革深化的意义 ……………………………… 陈　杰(48)
限购:楼市健康发展的合理要求…………………………………… 尹伯成　尹　晨(53)
何为好生活
——论后神学时代的好生活问题 ……………………………………… 陶东风(56)
论好生活与公民教育 ……………………………………………………… 徐　贲(61)
从实然和应然的角度观照好生活 ………………………………………… 黄卫星(66)
教育是何种善
——对教育善的本质的思考 …………………………………………… 王洪才(69)
孔氏南宗与婺州学者之交游 ……………………………………………… 吴锡标(74)
中美关系困境四大原委述评 ……………………………………………… 杨　达(78)

第　六　期

社情人情与福利模式
——对中国大陆社会福利模式探索历程的反思 ………………………… 景天魁(3)
斯宾格勒魔咒:中国都市发展与文化生态困境………………………… 高小康(10)
中国共产党与军队现代化 ……………………………………………………… (16)
中国党军关系的现代化
——关于坚持和完善党对军队绝对领导的思考 ……………………… 高民政
军队党组织现代化建设:变化与应对……………………………………… 吴其良
人民军队武器装备现代化建设 …………………………………………… 肖季文
人民军队后勤现代化的发展历程 ………………………………………… 郜耿豪
人民空军的跨越式发展 …………………………………………………… 华　强
人民海军的现代化之路 …………………………………………………… 洪良波
中国特色社会主义对马克思东方社会理论的发展 ……………………… 张凌云(26)
第三只眼睛看辛亥
——张鸣教授访谈录 …………………………………………………… 鲍家树(30)
仁护民主:现代民主与中国传统的结合

——牟宗三思路的缺陷及其出路 …………………………………………………… 储建国(34)
批判知识分子的变迁
——兼与陶东风教授商榷 …………………………………………………………… 罗云锋(38)
论经济学的科学性
——与张维迎教授商榷 ……………………………………………………………… 许友伦(42)
程序民主:西方的逻辑与中国的实践………………………………………… 李 猛 杨海蛟(45)
中国社会的发展战略和前景:从提升生活质量走向增进社会质量……………… 林 卡(49)
我国产业发展的低碳化趋势
——兼论可行性对策 ………………………………………………………………… 王国平(53)
低碳发展:国际大都市的定位
——以上海为例 ……………………………………………………………………… 戴星翼(57)
孙中山经济思想的价值层面 …………………………………………………………… 钟祥财(61)
中国创意写作学学科建构论纲 ……………………………………………… 葛红兵 许道军(66)
文化批评转轨的语域及困境 …………………………………………………………… 黄卓越(71)
中西融合是世界艺术建构的根基
——以吴冠中的艺术思想为例 ……………………………………………………… 周保平(75)
加拿大反腐经验对我国反腐倡廉的启示陈群民 ……………………………………… 李显波(78)

第 七 期

"十二五"中国宏观经济态势和展望 ……………………………………………………… 吴敬琏(3)
应高度重视理论对实践的指导作用
——沈宝祥教授访谈录 ……………………………………………………………… 叶祝弟(8)
中国共产党化解危机的基本经验 ……………………………………………………… 龚咏梅(12)
基层重建:中国社会稳定的长久之计 "防震圈"、自治秩序与基层重建 …… 徐 勇(18)
基层重建需要新的治理理念 ………………………………………………………… 马宝成
基层再造中的治理空间重构 ………………………………………………………… 杨雪冬
在基层重建中同步规划公共服务与社会管理 ……………………………………… 丁元竹
城市基层重建的原理和策略 ………………………………………………………… 刘春荣
县政运作的权力悖论及其改革探索 …………………………………………………… 于建嵘(27)
需要讨论的是"好生活世界"
——兼与徐贲、陶东风先生商榷………………………………………………………… 韩东屏(31)
再论太平天国是否要对内战造成的大灾难负责
——与史君先生商榷 ………………………………………………………………… 王 喆(35)
公民社会参与区域治理:一种双向进程
——兼与汪伟全先生商榷 …………………………………………………………… 肖 磊(38)
中国崛起进程中的大国责任 …………………………………………………………… 刘建飞(41)

经济增长方式、人口增长与中国的资源环境问题…………………… 陈友华(46)
我国大城市病及大城市人口规模控制的治本之道
——兼谈北京市的人口规模控制 ………………………………… 王桂新(50)
“中国模式”热中隐含的理论挑战 ………………………………… 韩朝华(54)
对当前推进中俄经贸合作的几点思考 …………………………… 陆南泉(58)
道德应得在教育中的界限
——基于“五道杠少年事件”的追问 ……………………………… 金生鈜(63)
重建文化批评的文体政治学 ……………………………………… 周志强(66)
一场失却了灵魂的杂耍
——新媒体时代的中国电影批判 ………………………………… 陈 吉(71)
外资并购下民族企业品牌的保护 ………………………………… 陈 婧(74)
自由的复杂性演化及其现实意义
——兼评王胜强《论现代人的自由》……………………………… 朱富强(77)
“当代世界社会主义暨中国共产党建立 90 周年理论研讨会”综述
……………………………………………………… 郝宅青 翌 易(78)

第 八 期

中国法治面临的困境与突破
——对中国法制建设几个问题的思考 ……………………………… 江 平(3)
“全球人文”与人文学科在当代的作用 …………………………… 王 宁(8)
辛亥革命:划时代的历史变革 中国社会变迁与辛亥革命 ………… 王家范(13)
评价辛亥革命和孙中山应尊重历史事实 ……………………… 沈渭滨
辛亥革命是 20 世纪多灾多难时代的开端……………………… 萧功秦
不能苛求辛亥革命 ……………………………………………… 武克全
革命已经过去,使命还在延续…………………………………… 廖大伟
从斯大林到戈尔巴乔夫
——澄清一些被曲解的苏联史实 ………………………………… 左凤荣(22)
谁是苏联提出反对个人崇拜的第一人
——兼及苏共批判斯大林个人崇拜的评价问题 ………………… 马龙闪(29)
真相与假相
——戈尔巴乔夫在“土耳其美国大学”的讲话 …………………… 马维先(33)
中国海外利益管理的新视角 ……………………………………… 苏长和(37)
论新中国农田水利政策的变迁 …………………………………… 罗兴佐(43)
城市社会空间分化如何可能
——西方城市社会学空间理论的中国意义 ………………… 何 淼 张鸿雁(47)
村民自治的复合结构及其战略选择 ……………………………… 佟德志(52)
转型期中国的预期危机 …………………………………………… 王向民(56)

跨越经济瓶颈
——如何使“垄断”企业变为“龙头”企业 …… 陶友之(59)
中国社会责任投资的治理机制
——基于政策网络的分析 …… 刘丽珍(64)
警惕公共文化服务建设中的文化失灵
——以故宫“四重门”事件为例 …… 曾 军 杨 灯(67)
新媒体时代媒介素养研究的转向 …… 张苑琛(71)
风险社会视域中的核能危机反思 …… 潘 斌(74)
高校思想政治教育话语推进的路径 …… 潘晴雯(77)
法治发展的政治基础
——评程竹汝《法治发展与政府结构关系》 …… 王邦佐(80)

第九期

走中国特色社会主义政治发展道路
——中共中央党校原副校长李君如教授访谈录 …… 杜运泉 王向民(3)
民生:通胀与增长的均衡支点
——通货膨胀与经济增长关系的中国经验研究…… 李慧中 郝菁菁(7)
中国社会转型期的法治建设
——从法律体系迈向法治体系 …… (12)
法律体系与法治体系之比较 …… 张淑芳
以严格执法促进社会主义法律体系的完善 …… 夏 勇
法治体系建设中的难度与创新
——以《行政强制法》的制定和颁布为例 …… 杨海坤
法治体系中的公权控制 …… 关保英
培育公民社会是建设法治国家的基础 …… 何平立
实现法治现代化必须树立法律信仰 …… 沈瑞英
加强社会管理与培育公民社会
——兼与周本顺先生商榷 …… 夏禹龙 周罗庚(23)
清末新政“造就”了辛亥革命
——兼与张鸣教授商榷 …… 黄福寿(27)
社会主义:苏联的软实力和硬实力
——兼与胡键博士探讨 …… 郭春生(31)
关于当前价格形势的基本认识 …… 王永治(35)
我国此轮通胀成因及国外治理通胀的启示 …… 王思政 高 平(38)
中国社会管理创新的制度背景 …… 王 磊 胡鞍钢(41)
从同情到尊敬
——中国政治文化与公共情感的变迁 …… 成伯清(46)

维权抗争中的妥协理性 …………………………………………… 龙太江(51)
中国产生"官二代"现象的原因 ………………………………… 郝宇青 朱琳琳(55)
当前文学理论发展新趋势
——以罗钢十年来的《人间词话》学案研究为例 ……………… 童庆炳(59)
"新闻商品性"之争与新闻学术史建构 ……………………………… 段 钢(64)
国家再造与大学重建
——对南科大之困与中国改革的忧思 ………………………… 任剑涛(67)
从南科大之困审视大学管理去行政化 ……………………………… 眭依凡(73)
网络流行语的文化价值取向
——基于对"X帝"族新词语的分析 ……………………… 付欣晴 袁仁瑜(78)

第 十 期

21世纪儒学面临的五大挑战(上) ……………………………………… 杜维明(3)
中国入世10周年:改革开放的回顾与前瞻 …………………………… 王新奎(9)
中国和平发展进程中的海洋问题 ………………………………………… (19)
海洋与现代国际关系 …………………………………………… 金灿荣
争议岛屿在海域划界中的作用 ………………………………… 张卫彬
中日"东海问题原则共识"的法律拘束力 ……………………… 管建强
日本排放低放射性污水入海的法律责任 ……………………… 郁志荣
海洋法视角下的海盗治理问题 ………………………………… 刘 丹
中国制定海洋基本法的若干思考 ……………………………… 金永明
"茅盾文学奖"亟需应对当代中国文学的复杂处境 ………………… 张颐武(23)
苏联剧变:违背历史规律的结局……………………………………… 郑异凡(27)
扭曲事实·虚构理论·误导实践
——斯大林"阶级斗争尖锐化"理论的由来与危害 ……………… 叶书宗(32)
论民主实现形式的多样化 …………………………………………… 陶文昭(39)
中国劳动关系转型与劳动法治重点
——从《劳动合同法》实施三周年谈起 ……………………… 常 凯 邱 婕(43)
社会管理创新的理论与行动框架
——以社会政策学为视角岳经纶 ……………………………… 邓智平(48)
中国经济"外需拉动模式"是个伪命题 ……………………………… 周 宇(53)
求解住房保障资金难题 ……………………………………… 华 伟 汪歆沁(59)
从文艺政治向度审视党的文化领导权建构 ………………………… 范玉刚(62)
文学理论:从哲学走向历史………………………………………… 李春青(66)
伦敦骚乱的历史渊源 ………………………………………… 高麦爱 陈晓律(70)
社会学本土化的理论反思 …………………………………………… 李宗克(75)
我国社区公共安全供给模式的转变 ………………………………… 钱 洁(78)

第十一期

21 世纪儒学面临的五大挑战(下) …………………………………… 杜维明(3)
"人心文化"的异化与畸变
——当下中国文化深层结构批判 …………………………………… 张光芒(10)
公正观与当代中国　道义优先对社会主义的意义 ………………………… 黄力之(17)
功利主义再反思 …………………………………………………… 赵修义
当代西方正义理论对中国的三大启示 ……………………………… 童世骏
西方公正观的三条进路 ……………………………………………… 徐大建
西方正义观的伦理—政治维度与法治—政治维度 ………………… 邓安庆
平等权利:正义的核心………………………………………………… 高兆明
维护社会公正秩序:政府最基本的职能……………………………… 何建华
用科学的历史观和方法论探析苏联剧变原因
——兼评"叛徒论"的谬误 …………………………………………… 周尚文(31)
武昌起义后章太炎消弭党建思想辨析 ………………………………… 华　强(38)
应对"辛亥革命"概念作科学的界定
——兼谈辛亥革命"既成功了又失败了"的矛盾评价之由来 ……………… 李庆英(42)
衙前农民协会成立:中国两千年农民运动史上的划时代意义……………… 姜义华(46)
重新理解和谐社会
——基于心理学的视角 ……………………………………………… 燕国材(49)
空间与民主:西方的探索及其对中国的启示………………………………… 高民政(53)
论凝聚发展民主的基本共识 …………………………………………… 张紧跟(58)
转换中国社会发展的研究路径
——以"小康阶层"取代"中产阶级"为尝试 …………………………… 卢汉龙(63)
社会建构理论对我国警务改革的指导意义 ………………… 庄　琳　胡建刚(68)
人民币国际化所需要实现的超越 ………………………… 雷　达　孙　鹏(71)
捆绑销售:垄断势力延伸的利器………………………………………… 倪振峰(75)
中国银行业跨国并购的影响因素 ……………………………………… 周新辉(78)

第十二期

当今中国应对苏联剧变思考些什么问题 ………………………………… 陆南泉(4)
执政党民主建设的议程:科学建党的新视阈……………………………… 胡　伟(9)
重思马克思主义与现实的关系 ………………………………………… 俞吾金(13)
苏联解体 20 周年祭　总结苏共丧权原因及教训的历史观和方法论………… 黄宗良(16)
近几年被搞乱了的一些苏联和斯大林问题 ………………………… 马龙闪
勃列日涅夫时期不是盛世,而是危世……………………………… 闻　一
如何评价戈尔巴乔夫及其改革 ……………………………………… 左凤荣
苏联崩溃与地缘政治 ……………………………………………… 郑异凡

苏联剧变最应当吸取的教训 …………………………………………………… 戴隆斌
苏联解体后的二十年
——俄罗斯的经济、社会与民生…………………………………………… 徐向梅
讨论“好生活”是为了凸显公共生活的危机
——兼与韩东屏教授商榷 ………………………………………………… 陈国战(29)
全面解读民主集中制原则与完善党内民主制度建设
——兼与许耀桐先生商榷 ………………………………………………… 周敏凯(33)
卫汝贵是被冤杀的吗? ………………………………………………………… 张 剑(36)
如何建设社会主义核心价值体系 ……………………………………………… 谢遐龄(41)
当代国人理想之失落与重建的追问 …………………………………………… 孙抱弘(47)
互联网境遇下的社会主义核心价值体系建设 ………………………………… 张春美(52)
是非观的迷失与重构 …………………………………………………………… 王 军(55)
区域公共危机的利益解构与合作治理 ………………………………………… 全永波(58)
城市社区冲突:西方的研究取向及其中国价值……………………… 张菊枝 夏建中(60)
中国社会转型期社区教育与社区民生 ………………………………………… 秦 钠(66)
从冤假错案的纠正看中国刑事司法体制的改革动力 ………………………… 叶 青(70)
工作场所知情权
——《劳动法》保障各种劳动权利的前提 ……………………… 汤玉枢 黄江东(74)
科学衡量通胀中真实的民生
——论动态的消费价格指数的调整 ……………………………………… 王志平(78)
破坏性创新的影响因素研究
——基于在位企业和后发企业的比较 …………………………………… 谢福泉(82)
向农村学生倾斜更能体现高考公平
——从中国人民大学的“圆梦计划”说起 ……………………………… 冯建军(86)
自主招生与高考公平 …………………………………………………………… 熊丙奇(90)
论世界文学的慰藉功能
——兼谈尼采与世界文学问题 ……………………………………… 托马斯·比比(94)
全球化时代文学伦理研究的“去妖魔化” ……………………………………… 龙 云(97)
孤独的“新式资本家”
——穆藕初先生的实践和思想述评……………………………………… 程念祺(100)
盐铁会议与儒学意识形态有效性……………………………………………… 李国娟(104)
警惕金融危机背后的伦理危机………………………………………… 赵玉彪 张代强(108)
学校社会工作:高校学生思想政治工作的新架构 …………………………… 章 羽(111)
大学生的信仰危机与审美救赎………………………………………………… 方玲波(114)
中国佛教史研究的新坐标
——评《中国佛教通史》…………………………………………………… 韩 昇(117)
“辛亥革命与中国近代化”学术研讨会综述…………………………………… 王雯捷(119)
“辛亥革命与中国道路”学术研讨会综述……………………………………… 翌 易(121)

上海部分人文景观简介

1. 中国共产党第一次全国代表大会会址

1921 年 7 月 23 日，中共一大在上海召开，确定党的名称为中国共产党，宣告了中国共产党诞生；制定并通过了第一个党纲："以无产阶级革命军队推翻资产阶级"，"采用无产阶级专政，以达到阶级斗争的目的——消灭阶级"，"废除资本私有制"和"联合第三国际"。作为中国共产党诞生地的大会会址位于上海市望志路 106、108 号（今兴业路 76、78 号），当时为出席中共"一大"会议的上海代表李汉俊及其胞兄李书诚的寓所。1951 年 10 月，经勘查确认后辟为纪念馆。

【联系方式】

地址：卢湾区黄陂南路 374 号

电话：021-53832171 转 111 或 222

2. 中国共产党第二次全国代表大会会址

1922 年 7 月 16 日至 23 日，中共二大在上海召开，第一次提出党的民主革命纲领，第一次提出党的统一战线思想，制定第一部《党章》，第一次公开发表《中国共产党宣言》，第一次比较完整地对工人运动、妇女运动和青少年运动提出要求，第一次决定加入共产国际，第一次提出"中国共产党万岁"的口号。中共二大会址建于 1915 年的石库门楼房，是当时中央局宣传主任李达的寓所。2001 年建党八十周年之际，二大会址修复，建立纪念馆并于次年对外开放。

【联系方式】

地址：静安区老成都北路 7 弄 30 号

电话：021-63590984

3. 中国社会主义青年团中央机关旧址纪念馆

上海团中央旧址位于上海市淮海中路 567 弄（渔阳里）16 号。1920 年 8 月 22 日，在中国共产党早期组织的领导下，俞秀松等8名青年在此发起成立了中国第一个社会主义青年团——上海社会主义青年团，对各地社会主义青年团的建立起了发动和指导的核心作用。上海最早的工会组织机器公会发起会也设此。

【联系方式】

地址：卢湾区淮海中路567弄1-6号（成都南路淮海中路）

电话：021-53823370

4. 中国共产党代表团驻沪办事处纪念馆（周公馆）

周公馆为一幢三层楼花园洋房，是中国共产党代表团驻沪办事处旧址。1946年5月，根据“双十”协定，周恩来率领中共代表团前往南京，与国民党进行谈判。6月代表团在沪设立办事处，因当时对外用周恩来将军寓所的名义，故又称“周公馆”。周总理曾四次来沪，在此举行记者执行会，会见爱国民主人士。

【联系方式】

地址：卢湾区思南路73号

电话：021-64730420

5. 中国劳动组合书记部旧址陈列馆

作为“红色之源”之一的中国劳动组合书记部，是中华全国总工会的前身，是我党第一个工人运动领导机关，1921年8月11日成立。1925年5月，中华全国总工会成立后宣告解散。在此期间，书记部向工人宣传马列主义，帮助工人组织工会，领导罢工斗争，掀起了第一次工人运动高潮，在中国工运史上拥有重要的地位。1999年9月29日，陈列馆对社会开放。

【联系方式】

地址：静安区成都北路893弄3—7号

电话：62157732

6. 中国左翼作家联盟成立大会会址

中国左翼作家联盟成立大会会址位于上海市多伦路201弄2号（原窦乐安路233号）。“左联”是中国共产党直接领导下的中国第一个无产阶级革命文学团体。20年代后期，中国共产党为培养自己的艺术人才，在此创办了“中华艺术大学”。1930年3月2日，“中国左翼作家联盟”成立大会在此举行。

【联系方式】
地址:上海市多伦路 201 弄 2 号
电话:021-56960558

7. 上海毛泽东旧居

茂名北路"甲秀里"是一代伟人毛泽东 1924 年在上海的居住地。这是一幢富有上海二十世纪二三十年代石库门建筑风格的老房子,弄口竖立着"甲秀里"字样的牌坊,弄内青砖铺垫地面,毛泽东诗词碑刻镶嵌在青砖墙上。1977 年,旧居被列为上海市文物保护单位。旧居以"1924 年毛泽东在上海"为主题陈列,突出旧居的历史价值与意义。

【联系方式】
地址:静安区茂名北路 120 弄
电话:62723656

8. 陈云故居暨青浦革命历史纪念馆

陈云故居暨青浦革命历史纪念馆是经中央批准建立的全国唯一系统展示陈云生平业绩的纪念馆。它是在中共上海市委的直接领导下,于陈云同志诞辰 95 周年之际,即 2000 年 6 月 6 日建成开馆,江泽民同志题写了馆名。2005 年 6 月 8 日陈云同志诞辰 100 周年之际,陈云铜像在纪念馆落成,江泽民同志为铜像题词。

【联系方式】
地址:上海市青浦区朱枫公路 3516 号
电话:021-59255052, 021-59257178

9. 张闻天故居

张闻天故居位于上海川沙,1900 年 8 月 30 日,杰出的无产阶级革命家和理论家,忠诚的马克思主义者,中国共产党在相当长时期的重要领导人张闻天同志诞生在这里,并度过了其青年时期。2008 年 8 月,张闻天故居西面修建了张闻天同志生平陈列室,占地面积 3 500 平方米,建筑面积 1 500 平方米,其中 980 平方米用于陈列展出张闻天同志的生平事迹。

【联系方式】
地址:浦东新区川沙新镇邓三村张家宅
联系电话:68960317、68961738

10. 上海孙中山故居

上海孙中山故居由当时旅居加拿大的华侨集资买下赠送给孙中山,1918 年至 1924 年间孙中山和夫人宋庆龄在此居住。1925 年 3 月 25 日孙中山在北京逝世,宋庆龄继续在寓所内居住,直到 1937 年离沪。抗战胜利后宋庆龄将寓所赠与国民政府,作为孙中山的永久纪念地。1961 年 3 月 4 日,故居被国务院列为首批全国重点文物保护单位,1988 年 1 月正式对外开放。

【联系方式】

地址:卢湾区香山路 7 号

电话:021-63850217 转 812, 021-54659050

11. 中华人民共和国名誉主席宋庆龄陵园

宋庆龄陵园经中共中央批准成立于 1984 年 1 月,占地逾 12 万平方米,由宋庆龄纪念设施、上海儿童博物馆、名人墓区和外籍人墓区组成。宋庆龄纪念设施是陵园的主体部分,主要包括平和端庄、静谧素雅的宋氏墓地,简洁宁静、庄严祥和的纪念广场,完美再现宋庆龄风采的汉白玉纪念雕像,由邓小平题词的纪念碑和全景式展示宋庆龄生平的陈列室。

【联系方式】

地址:长宁区宋园路 21 号

电话:62754034

12. 黄炎培故居

黄炎培故居是清朝咸丰九年(1859 年)内阁中书、举人沈树镛所建,原名"内史第",又名沈家大院。"内史第"原是三进二院两厢式砖木结构的二层民宅,富有浓郁的清代江南民居特色。国家名誉主席宋庆龄、民主战士黄竞武烈士、著名音乐家黄自等都诞生于此,文化名人胡适也曾在此居住。门额"黄炎培故居"为陈云题书。

【联系方式】

地址:浦东新区川沙镇兰芬堂 74 弄 1 号

电话:021-58921865

13. 上海陶行知纪念馆

上海市陶行知纪念馆成立于 1986 年 10 月 18 日，是陶行知创建山海工学团以及重庆育才学校迁址到沪的所在地，由一组兼具徽州（陶行知的家乡）民居和苏州园林特色的建筑组成。纪念馆开展的学生活动集参观、娱乐、探究为一体，把陶行知先生提倡的“小先生制”、“五安教育”思想融入具体的参观活动中。

【联系方式】

地址：上海市武威东路 76 号

电话：021-66670825，021-66397768，021-66670660

14. 上海蔡元培故居

蔡元培先生被毛泽东同志赞誉为“学界泰斗，人世楷模”，位列联合国教科文组织《比较教育季刊》1993—1994 年评选出的全世界各国 100 位著名教育家、哲学家、政治家、记者、心理学家、诗人、宗教家之一。上海蔡元培故居是一幢独立式花园洋房，是蔡先生在上海的最后一处住所，也是国内保存最完好的一处故居。

【联系方式】

地址：静安区华山路 303 弄 16 号

电话：62484996

15. 邹韬奋纪念馆

韬奋纪念馆是以邹韬奋故居为基础建立的人物性纪念馆，其宗旨是纪念、缅怀韬奋先生，学习、宣传韬奋思想，传承、发扬韬奋精神。故居依然保持着二十世纪 30 年代的原貌，是韬奋一家 1930—1936 年居住的地方。1956 年，韬奋纪念馆经文化部批准筹建，1958 年 11 月 5 日正式建成对外开放，馆名由沈钧儒先生题写。

【联系方式】

地址：卢湾区重庆南路 205 弄 53 号

电话：63842811

16. 上海鲁迅纪念馆

上海鲁迅纪念馆是新中国建立后第一个人物类纪念馆，也是新中国成立后第一个名人纪念馆，同时管理鲁迅故居、鲁迅墓两个文物保护单位，1951 年 1 月 7 日正式开放，周恩来总理题写馆名。纪念馆一层建有文化名人专库“朝华文库”、学术报告厅“树人堂”、专题展厅“奔流艺苑”等，二层为鲁迅生平陈列厅，现藏文物、文献资料 20 余万件。

【联系方式】

地址：上海市虹口区甜爱路 200 号(鲁迅公园内)

电话：021-65402288 转 210

17. 上海图书馆

上海图书馆是一个研究型公共图书馆，建于 1952 年。上海科学技术情报研究所是一个综合性情报研究和文献服务单位，成立于 1958 年。1995 年 10 月，上海图书馆与上海科学技术情报研究所合并，成为国内第一个省(市)级图书情报联合体，占地面积 3.1 公顷，建筑面积 8.3 万平方米。

【联系方式】

地址：徐汇区淮海中路 1555 号

电话：64455555

18. 上海博物馆

上海博物馆是一座大型的中国古代艺术博物馆。博物馆馆藏珍贵文物 12 万件，尤以青铜器、陶瓷器、书法、绘画为特色。博物馆还拥有藏书量达 20 多万册的现代化图书馆，有获多项国家科技成果奖的文物保护与考古科学实验室，有知名于海内外的书画装裱和青铜、陶瓷等文物修复研究室，以及具有同声传译设施的多功能国际学术会议讲演厅。

【联系方式】

地址：黄浦区人民大道 201 号

电话：63723500

19. 上海市历史博物馆

上海市历史博物馆是综合反映上海地方历史的地志性博物馆，筹建工作始于上世纪五十年代，1983 年建成“上海历史文物陈列馆”，1991 年 7 月改现名。博物馆的新建项目作为“十二五时期重大文化项目”已被列入上海市“十二五”规划。未来的新历史博物馆将是一座充分反映上海历史发展轨迹，全面展示上海古代史与近代史文物的地方志博物馆。

【联系方式】

地址:黄浦区汉口路 193 号

电话:63232208

20. 上海市档案馆

上海市档案馆于 1959 年 12 月 31 日建立,拥有馆藏档案 300 万卷(册),保存了较为完整的上海城市记忆,构成了生动的爱国主义教育资源。2004 年 4 月 23 日,上海市档案馆外滩新馆在外滩景观区对外开放。

【联系方式】

地址:黄浦区中山东二路 9 号

电话:63335177,633336633 转 1719、1722

上海市社联所属学会一览表

序号	学会名称	成立日期	会　长	秘书长	地　　址	邮政编码	电　话
1	哲学学会	1950.3	吴晓明	李家珉	淮海中路622弄7号(乙)	200020	35121060
2	经济学会	1950.8	周振华	郝德良	淮海中路622弄7号(乙)	200020	53069258
3	历史学会	1952.1	熊月之	章　清	淮海中路622弄7号(乙)	200020	53060285
4	法学会	1952	吴光裕	施基雄	昭化路490号	200050	32120700
5	语文学会	1956.9	游汝杰	胡范铸	复旦大学中文系	200433	65642301
6	外文学会	1957.2	卢思源	汪敏豪	淮海中路622弄7号(乙)	200020	58731045
7	教育学会	1957	张民生	许象国	淮海中路622弄7号(乙)	200020	53063517×3208
8	国际关系学会	1957.3	杨洁勉	金应忠	淮海中路622弄7号(乙)	200020	53063517×3206
9	会计学会	1979.7	汤云为	顾宏祥	中山西路2230号1312室	200235	64388936
10	科学社会主义学会	1979.7	夏　军	吴解生	淮海中路622弄7号(乙)	200020	53063517
11	财政学会	1979.8	田春华	孙建龙	肇嘉浜路800号2107室	200030	54679568×21076
12	马克思主义研究会	1979.9	吕　贵	王建国	虹漕南路200号	200233	22880000×80313
13	社会学学会	1979.9	李友梅	张钟汝	上大路99号	200444	66134142
14	逻辑学会	1979.11	马钦荣	曹予生	上海师范大学人文与传播学院	200234	64321844
15	世界经济学会	1979.11	张幼文	徐明棋	淮海中路622弄7号(乙)	200020	53069064
16	高等教育学会	1979.11	张伟江	谢仁业	陕西北路500号3号楼	200040	62565350
17	伦理学研究会	1980.1	朱贻庭	周中之	上海师范大学法商学院	200234	64835515
18	金融学会	1980.6	张　新	李安定	陆家嘴东路181号	200120	68478175
19	统计学会	1980.7	潘建新	吴文杰	四川中路220号806室	200002	63237470
20	物流学会	1980.9	李厚圭	陈　震	北京东路255号502室	200002	63231140
21	农村经济学会	1980.9	王东荣	顾吾浩	仙霞西路779号1号楼附2F	200335	64368202
22	人口学会	1980.12	彭希哲	张戎舟	陕西南路122号7楼	200040	54031532
23	美学学会	1981.1	朱立元	张德兴	复旦大学中文系	200433	65653292
24	城市经济学会	1981.3	江绵康	袁　钢	宣化路300号北塔1503室	200050	62176370

（续表）

序号	学会名称	成立日期	会 长	秘书长	地 址	邮政编码	电 话
25	房产经济学会	1981.5	庞 元	李国华	江西中路 170 号(福州大楼)3 楼	200002	63210193
26	家庭教育研究会	1981.6	王荣华	陈建军	天平路 245 号 311 室	200030	64330001×6316
27	政治学会	1981.10	桑玉成	曾 峻	市委党校教务处	200233	22880518
28	新四军历史研究会	1981.10	王春瑞	颜 宁	中山南二路 777 弄 1 号 1503 室	200032	54248683
29	档案学会	1981.11	朱纪华	王晓华	仙霞路 326 号	200335	62193016
30	中共党史学会	1981.12	张 云	唐莲英	淮海中路 622 弄 7 号(乙)	200020	53062936
31	农村金融学会	1981.12	刘桂平	庄 湧	徐家汇路 599 号 1702 室	200023	53961520
32	邮电经济研究会	1981.12	张林德	杨锡高	南崇明路甲 1 号 807 室	200085	63629248
33	宗教学会	1982.3	晏可佳	葛 壮	淮海中路 622 弄 7 号宗教所	200020	53060606
34	婚姻家庭研究会	1982.5	翁文磊	李苏华	天平路 245 号	200030	64330001
35	辞书学会	1982.7	彭卫国	徐祖友	陕西北路 457 号	200040	62472088×259
36	管理教育学会	1982.7	朱建国	苏宗伟	斜土路 2601 号嘉汇广场 T1-20C	200030	64260977
37	商业经济学会	1982.9	方名山	周麟昌	新闸路 945 号 311 室	200041	62727200
38	世界语协会	1982.11	汪敏豪	周天豪	淮海中路 622 弄 7 号(乙)	200020	58731045
39	成本研究会	1982.11	陈步林	傅永尧	浦东新区丰和路 1 号港务大厦 3F	200120	36339318
40	犯罪学学会	1983.2	何勤华	杨正鸣	万航渡路 1575 号	200042	67790236
41	人类学学会	1983.5	金 力	卢大儒	邯郸路 220 号遗传部	200433	65643714
42	卫生经济学会	1983.6	夏 毅	金春林	北京西路 1400 弄 21 号	200040	62471420
43	人才研究会	1983.7	肖贵玉	李治中	高安路 25 号	200031	64311217
44	钱币学会	1983.10	张 新	于英辉	浦东新区陆家嘴东路 161 号 1111 室	200120	68864929
45	统一战线理论研究会	1983.12	杨晓渡	张 颖	天等路 469 号	200237	64253568
46	华侨历史学会	1983.12	左学金	王 鹰	延安西路 129 号 华侨大厦 1011 室	200040	62497520
47	写作学会	1984.7	赵长天	郑斯雄	中山北路 3663 号华东师范大学理科大楼 A 座 219 室	200062	62232427
48	渔业经济学会	1984.7	黄硕琳	陈文银	军工路 318 号综合楼 201 室	200090	65699520

（续表）

序号	学会名称	成立日期	会　长	秘书长	地　　址	邮政编码	电　话
49	建设交通系统思想政治工作研究会	1984.8	许德明	杭财宝	斜土路1175号1005室	200032	63219326
50	劳动和社会保障学会	1984.9	张剑萍	薄凤仪	安远路45号1号楼4楼	200041	62666172
51	农垦经济学会	1984.9	王　伟	童锐志	华山路263弄7号	200040	62474500×2033
52	保险学会	1984.10	张俊才	潘涨潮	中山南路1228号8楼	200011	63159478
53	社会心理学学会	1984.5	金国华	连淑芳	外青松公路7989号	201701	39225416
54	思想政治工作研究会	1984.12	杨振武	尼　冰	高安路17号401室	200031	24022222×2330
55	粮食经济研究会	1984.12	朱元旦	姚明燕	张扬路88号滨江大厦1006室	200122	68871118×1006
56	监狱学会	1984.12	桂晓民	于旭光	长阳路111号4802室	200082	65127042
57	经济法研究会	1985.1	谢天放	王凤萍	人民大道200号1503室	200003	23119767
58	比较文学研究会	1985.3	谢天振	宋炳辉	大连西路550号上外语文所	200083	65311900×2625
59	科技系统思想政治工作和人才管理研究会	1985.4	陈克宏	吴德葵	黄陂北路55号1316室	200003	23119517
60	价格学会	1985.5	徐家树	朱振兴	四川中路220号602室	200002	63212182
61	审计学会	1985.5	宋依佳	李子雄	陆家浜路1388号903室	200011	63128009
62	编辑学会	1985.6	贺圣遂	郝明鉴	建国西路384弄11号甲	200031	64311015
63	秘书学会	1985.7	孙　荣	水行舫	方浜中路269号4楼	200010	63551080
64	行为科学学会	1985.8	徐　飞	田新民	法华镇路535号1号楼112室	200052	52301083
65	群众文化学会	1985.8	王小明	潇烨璎	古宜路125号	200233	54244156
66	经济体制改革研究会	1985.10	浦再明	胡雄飞	肇家浜路301号1912室	200032	54236187
67	日本学会	1985.10	吴寄南	陈永明	上海师范大学教育学院	200234	64322852
68	集体经济研究会	1985.11	严镇博	姚康镛	天潼路371弄3号	200085	33010185
69	国际贸易学会	1985.12	孙海鸣	沈大勇	古北路620号	200336	52067210
70	固定资产投资建设研究会	1985.12	孙熙宁	柴荣华	人民路875号1605室	200010	63730598
71	老年学学会	1985.12	左学金	孙鹏镖	巨鹿路892号2楼	200040	62480427
72	服务经济研究会	1985.12	方名山	段福根	福州路107号320室	200002	63215206

（续表）

序号	学会名称	成立日期	会长	秘书长	地址	邮政编码	电话
73	教师学研究会	1986.4	李骏修	朱耀庭	陕西北路 500 号 4 号楼 109 室	200041	62538351
74	研究生教育学会	1986.4	周哲玮	郭长刚	上大路 99 号	200444	66133510
75	基建优化研究会	1986.5	陈康民	黄汉江	军工路 516 号 476 信箱	200093	65684314
76	投资学会	1986.6	赵　欢	张觉敏	陆家嘴环路 900 号	200120	68491837
77	行政管理学会	1986.6	姜　平	薛晓峰	高安路 19 号	200031	64379707
78	语言文字工作者协会	1986.7	薛喜民	张日培	陕西北路 500 号	200041	62531984
79	妇女学学会	1986.8	张丽丽	余伟星	天平路 245 号	200030	64330001
80	生态经济学会	1986.10	王荣华	周冯琦	淮海中路 622 弄 7 号 526 室	200020	53066233
81	数量经济学会	1986.10	左学金	朱平芳	淮海中路 622 弄 7 号	200020	53060606×2509
82	工商行政管理学会	1986.11	陈学军	程助国	肇嘉浜路 301 号 1712 室	200032	54236953
83	青年运动史研究会	1986.12	康　年	闵小益	西江湾路 574 号	200083	65405700×3037
84	创造学会	1986.12	陈成澍	彭超波	赤峰路 65 号科技 2 号楼 104 室甲	200092	65980612
85	交通会计学会	1986.12	王大雄	杨火才	黄浦路 110 号 609 室	200080	63074625
86	古典文学学会	1987.2	黄　霖	奚彤云	瑞金二路 272 号	200020	64371213
87	俄罗斯东欧中亚学会	1987.3		杨　烨	同济大学政治与国际关系学院	200092	62238737
88	医学伦理学会	1987.3	黄　红	王　彤	北京西路 1477 号	200040	62897000×10053
89	经济史学会	1987.3	沈祖炜	陆兴龙	淮海中路 622 弄 7 号 503 室	200020	53060606×2503
90	世界史学会	1987.3	潘　光	余建华	淮海中路 622 弄 7 号欧亚所	200020	53060606 转
91	远距离高等教育学会	1987.3	祝智庭	闫寒冰	华师大网络学院	200062	62237372
92	工人运动研究会	1987.5	周志军	桂晓燕	中山东一路 14 号 419 室	200002	63219516
93	宏观经济学会	1987.7	蒋应时	周兴昌	肇嘉浜路 301 号 2006 室	200032	52300772
94	蔬菜经济研究会	1987.5	张四荣	贝和芬	金沙江路 954 号 5 楼	200062	52808150
95	总会计师工作研究会	1987.9	马正文	应忠芳	陆家浜路 1054 号 14 楼	200011	63788111
96	中山学社	1987.10	高小玫	项斯文	陕西北路 128 号	200041	62678028×1013

（续表）

序号	学会名称	成立日期	会 长	秘书长	地 址	邮政编码	电 话
97	外经贸会计学会	1987.11	王晓华	徐立峰	汉中路 158 号 11 楼 1124 室	200070	62715876
98	工艺美术学会	1988.6	张心一	周 南	汾阳路 79 号	200031	64746003
99	国际战略问题研究会	1988.9	杨洁勉	杨 剑	田林路 195 弄 15 号上海国际问题研究院	200233	54614900×8319
100	土地学会	1988.9	史家明	吕华青	海伦路 306 弄 8 号	200086	65877739
101	毛泽东思想研究会	1988.12	李 进	单冠初	桂林路 100 号	200234	64328931
102	民俗文化学会	1988.12	仲富兰	陈 江	华东师大传播学系	200062	62232935
103	股份制与证券研究会	1988.12	厉无畏	韩华林	南京东路 61 号新黄浦金融大厦 1101 室	200002	53821458
104	社会科学普及研究会	1989.1	武克全	宋 杰	淮海中路 622 弄 7 号(乙)	200020	53060285
105	海峡两岸学术文化交流促进会	1989.2		王世伟	淮海中路 1555 号上海图书馆内	200031	64455555×8355 64455501
106	企业发展促进研究会	1989.4	高文魁	刘雯华	淮海中路 622 弄 7 号(乙)	200020	53063517×3307
107	新学科学会	1989.12	陈燮君	胡 江	人民大道 201 号	200003	63580546
108	形势政策教育研究会	1989.12	谢中全	殷勤燮	淮海中路 622 弄 7 号(乙)	200020	53063517×3307
109	民防协会	1990.3	刘南山	陈 亮	复兴中路 593 号民防大厦 2101 室	200020	24028833
110	宋庆龄研究会	1991.5	许德馨	秦 量	医学院路 69 号	200032	64432159
111	预算与会计学会	1991.6	袁白薇	孙倚文	东湖路 56 弄 52 号	200031	63188009
112	城市金融学会	1991.6	沈立强	成善栋	浦东大道 9 号	200120	58885888×2419
113	台湾研究会	1991.12	俞新天	倪永杰	永福路 251 号	200031	64372884
114	市场学会	1991.12	贺 涛	应介一	商城路 518 号内外联大厦 807 室	200120	63283339
115	刑事侦察学学会	1992.2	郭建新	袁友根	中山北一路 803 号	200083	22028061
116	供销合作经济研究会	1992.4	唐兆其	王伟星	大木桥路 247 弄 2 号 2 楼	200032	64813952
117	欧洲学会	1992.5	戴炳然	曹子衡	威海路 233 号 803 室	200041	63276919
118	商业会计学会	1992.8	吕 勇	朱健敏	新闸路 945 号 309B 室	200041	62712152
119	地方史志学会	1992	邹逸麟	梅 森	斜土路 2567 号 A2 楼 5 楼	200030	54891110

（续表）

序号	学会名称	成立日期	会　长	秘书长	地　址	邮政编码	电　话
120	监察学会	1992.11	顾国林	邱耀明	虹漕南路 158 弄杨家桥 100 号 5 号楼	200031	64741095
121	财务学会	1992.12	朱平芳	顾　抗	中山北一路 369 号	200083	65361954
122	终身教育研究会	1992.12	张德明	杨　平	大连路 1541 号 1105 室	200085	25653963
123	庭院经济与文化研究会	1993.1	张　燕	黄长江	大木桥路 600 弄江南一村 26 号 102 室	200032	64036495
124	国际商务法律研究会	1993.8	顾肖荣	成　涛	陆家浜路 1141 号 707 室	200011	63453103
125	地名学研究会	1993.9	满志敏	周春玉	南丹东路 25 号 311 室	200030	63193188
126	中西哲学与文化比较研究会	1993.11	杨国荣	顾红亮	华东师大哲学系	200062	62232796
127	太平洋区域经济发展研究会	1993.12	郑成良	庄建中	上海交通大学国际与公共事务学院	200030	62821607
128	文物博物馆学会	1993.12	陈燮君	陈克伦	武胜路 188 号 240 室	200003	63723500×260
129	现代企业经营管理研究会	1994.2	徐志毅	金国志	江宁路 838 号富容大厦 6 楼 C 座	200041	62273194
130	炎黄文化研究会	1994.4	周慕尧	姚树新	漕溪北路 28 号 17 楼 C 座	200030	54240782
131	退休职工管理研究会	1994.5	王京平	邬时中	北京西路 1068 号 9 楼	200041	62534615
132	邓小平理论研究会	1994.6	殷一璀	朱敏彦	淮海中路 622 弄 7 号(乙)	200020	53063517 转
133	演讲与口语传播研究会	1994.12	王　群	林伟民	华师大传播学院	200062	54343992
134	当代人物研究会	1995.1		郑胜国	海潮路 3 号 612 室	200011	63162559
135	民营经济研究会	1995.2	季晓东	王志华	延安东路 55 号 1808 室	200002	63374377
136	金融法制研究会	1995.3	倪维尧	夏　青	罗阳路 388 号	201100	64760967
137	海外华人经济研究会	1995.9	林同华	罗元德	莘庄康城 67 号 202 室	201100	64397152
138	食文化研究会	1996.2	杨卫武	张文虎	福州路 107 号 349 室	200002	63219676
139	社区发展研究会	1996.11	林炳秋	徐中振	淮海中路 622 弄 7 号(乙)	200020	53063517
140	生产力学会	1997.3	周瑞金	真　虹	浦东华开路 50 号 213 室	200135	58215399
141	未来亚洲研究会	1998.1	朱马杰	刘　斌	胶州路 699 号 403 室	200040	52281797
142	劳动教养学会	1998.12	章荣喜	赵文志	吴淞路 33 号 1009 室	200080	26036741
143	美国学会	2000.1	黄仁伟	潘　锐	淮海中路 622 弄 7 号(乙)	200020	53063517×414

（续表）

序号	学会名称	成立日期	会　长	秘书长	地　　址	邮政编码	电　　话
144	年鉴学会	2002.6	朱敏彦	田　骅	斜土路2567号A2楼5楼	200030	54891056
145	法治研究会	2002.8	金国华	包志勤	吴兴路225号	200030	64749051
146	国资企业思想政治工作研究会	2004.3	吕永杰	王耕地	万航渡路767弄20号	200042	62319565
147	领导科学学会	2004.3	奚洁人	罗　欣	浦东前程路99号6601室	201204	64108279
148	信息学会	2004.4	黄　晖	郑经纬	淮海中路622弄7号339室	200020	50817498
149	信访学会	2006.5	杨全心	周国邦	人民大道200号综合楼	200003	23119239
150	延安精神研究会	2007.1	叶　骏	黄晞建	军工路334号	200090	61900275
151	人民政协理论研究会	2007.11	陈海刚	徐海鹰	北京西路860号	200041	23188348
152	城市规划学会	2008.11	毛佳梁	严　涧	铜仁路331号704室	200040	63369020
153	东方青年学社	2008.12	潘世伟	刘世军	康平路66号108室	200031	54655282
154	廉政研究会	2009.10	董君舒	刘纪舟	宛平路7号	200030	64314046
155	知识青年历史文化研究会	2011.3	阮显忠	黄洪基	桂林路100号香樟苑302室	200034	56960606
156	经济和信息化企业文化研究会	2011.4	周国雄	傅　敏	北京东路356号801室	200001	61122806
157	文史资料研究会	2011.11	朱敏彦	陈　鹏	北京西路860号	200041	62531033

上海市社联主管的民办社科机构一览表

序号	机构名称	批准登记日期	法人代表	负责人	联系人	地址	邮政编码	电话
1	上海环太国际战略研究中心	2000.7.15	陈启懋	郭隆隆	金应忠	江宁路1415弄20号303室	200060	62768910
2	上海华夏社会发展研究院	2002.3.15	鲍宗豪	鲍宗豪	葛玉兰	浦建路1288弄10号102室	201204	50454702
3	上海东方研究院	2002.7.1	刘　吉	严家栋	卞学范	衡山路696弄2号301室	200030	64455941
4	上海金融与法律研究院	2002.10.29	柳志伟	傅蔚刚	聂日明	民生路1199弄证大五道口广场1号楼1902室	200134	68545701
5	上海世界观察研究院	2003.4.1	刘　波	刘　波	邹梅玲	柳营路305号15楼	200072	66288697
6	上海社会经济文化发展研究中心	2004.7.2	尹继佐	尹继佐	张腾腾	淮海中路622弄7号308室	200020	63851711
7	上海管理科学研究院	2004.7.9	章建文	章建文	张孝平	中山西路1610号2楼	200235	64866244
8	上海易居房地产研究院	2005.9.1	张永岳	张永岳	郭亦木	广延路140号	200072	56388686
9	上海知识产权研究所	2006.4.3	游闽健	袁真富	高欣莹	陆家嘴路958号华能大厦31楼	200120	68865899
10	上海东亚研究所	1995.7.1	章念驰	张继波	沈铭远	汉中路158号701室	200070	63531746
11	上海国防战略研究所	2000.11.6	胡杰生	方　敏	王文正	江苏路488号	200050	62521101
12	上海实业综合研究院	2006.5.26	钱启东	钱启东	陈　薏	淮海中路98号金钟广场21楼	200031	53828866×2266
13	上海国际金融研究中心	2005.2.1	李　俭	李　俭	何思阳	新华路543号1号楼	200052	64730940
14	上海党建文化研究中心	2007.9.1	张克文	张克文	张克文	梅陇路161号1号楼1010室	200237	64768312
15	上海东方法治文化研究中心	2009.5.20	周叶军	金国华	秦丹凤	华开路50号208室	200135	58218560
16	上海世纪后世博成果与发展研究中心	2010.12.18	漆启泰	漆启泰	漆启泰	华山路630号	200040	62487731

上海市各区县宣传部联系方式

区县	通信地址	邮 编	电话(上海区号 021)	
市委	高安路 17 号		总机	24022222
黄浦	山东中路 1 号	200001	宣传理论科	33134800-12516
静安	延安西路 396 号 1002 室	200040	宣传科	62476676
长宁	长宁路 599 号 1807 室	200050		22051851
徐汇	漕溪北路 336 号	200030	宣教科	64872222-1722
杨浦	江浦路 549 号 1906 室	200082	理论教育科	25032144
普陀	大渡河路 1668 号 1572 室	200333	理论科	52564588-1554
虹口	飞虹路 518 号 1010 室	200086	理教科	25658034
金山	金山大道 2000 号	200540		57921217
青浦	公园路 100 号	201700	理论科	69718889
奉贤	南桥镇南奉公路 9501 号	201400		67199509
松江	松江区园中路 1 号	201620	理论科	37735946/37735930
崇明	城桥镇人民路 68 号	202150	理论教育科	59622324-8427
浦东	世纪大道 2001 号 1503 室	200135	东方讲坛办公室	28282445
闸北	大统路 480 号 2020 室	200070	理教科	63805390-7020
闵行	沪闵路 6258 号 517 室	201100	宣传科	24033439
宝山	宝山区密山路 5 号	201900	干部教育科	56692637
嘉定	嘉定区嘉定镇博乐路 111 号	201800	理论科	69989508

* 宣传部无总机,与政府合用总机。

上海主要图书馆联系方式

区　县	通信地址	邮　编	电话(上海区号 021)
上海图书馆	黄浦区淮海中路 1555 号	200031	64455555 转 2000 或 5000
黄浦区图书馆	黄浦区福州路 655 号	200001	63528877
静安区图书馆	新闸路 1708 号	200040	62530932
明复图书馆	陕西南路 235 号	200020	64370835
长宁区图书馆	天山路 356 号	200051	33538868
徐汇区图书馆	南丹东路 80 号	200030	64681016
杨浦区图书馆	平凉路 1490 弄 1 号	200090	65395208
普陀区图书馆	普陀区铜川路 1278 号	200333	52655000
虹口区图书馆	虹口区水电路 1412 号	200434	33623900
金山区图书馆	金山区石化象州路 238 号	200540	57932817
青浦区图书馆	青浦区青龙路 60 号	201799	33860430
奉贤区图书馆	南桥镇解放东路 889 号	201400	33610901
松江区图书馆	松江区人民北路 1626 号	201620	67735018
崇明县图书馆	城桥镇人民路 128 号	202150	59612005
浦东新区图书馆	浦东新区前程路 88 号	201204	021-38829588
南汇区图书馆	南汇区惠南镇人民西路 326 号	201300	58022931
新川沙图书馆	浦东新区川黄路 157 号	201200	58981071
闸北区图书馆	闸北区天目中路 2 号	200071	63251381
闵行区图书馆	名都路 85 号	201199	64604108
宝山区图书馆	海江路 600 号	200940	56113400
嘉定区图书馆	嘉定区嘉定镇清河路 34 弄 40 号	201800	59529342
陆家嘴图书馆	东方路 38 号	200120	021-58828788

上海市部分高校与科研院所联系方式

普通高校				
院 校	通信地址	邮 编	总机电话	图书馆电话
复旦大学	邯郸路 220 号	200433	65642222	65643179
上海交通大学	东川路 800 号	200240	54740000	31268385
同济大学	四平路 1239 号	200092	65982200	65982735
华东师范大学	东川路 500 号	200241	62233333	54344881
华东理工大学	梅陇路 130 号	200237	64253300	64253196
东华大学	延安西路 1882 号	200051	62373678	62373223
上海大学	宝山区上大路 99 号	200444	96928188	66135190
上海财经大学	国定路 777 号	200433	65904057	65903879
上海师范大学	桂林路 100 号	200234	64322000/57122472	64322310
上海外国语大学	大连西路 550 号	200083	35372000	65311900 转 2478
华东政法大学	松江大学园区龙源路 555 号	201620	67790188	67790165
上海对外贸易学院	松江区文翔路 1900 号	201620	52067395	67703454
上海金融学院	上川路 995 号	201209	50218899	50218899 转 8069
上海立信会计学院	松江区文翔路 2800 号	201620	67705200	67705150
部分科研院所与其他学院				
院 校	通信地址	邮 编	总机电话	图书馆电话
中共上海市委党校	虹漕南路 200 号	200233	22880000	22880000
中国浦东干部学院	浦东新区前程路 99 号	201204	28288888	28288888
上海社科院	淮海中路 622 弄 7 号	200020	53060606	53060606 转 2126

各地社科联联系方式

单位名称	单位地址	邮　编	电　话
北京市社科联	北京市东城区安外西滨河路 19 号社科活动中心	100011	010-64527110
天津市社科联	天津市和平区成都道 52 号	300051	022-23312579
上海市社科联	上海市淮海中路 622 弄 7 号乙社联大厦	200020	021-53063517
重庆市社科联	重庆市江北区建新东路 3 号百业兴大厦 28 楼	400020	023-67731880
河北省社科联	石家庄市裕华西路 67 号	050051	0311-83035748
山西省社科联	太原市迎泽大街 388 号山西国际大厦 18 层	030001	0351-4031627
山东省社科联	济南市舜耕路 46 号	250002	0531-82866376
河南省社科联	郑州市丰产路 23 号	450002	0371-63900030/63932118
内蒙古自治区社科联	呼和浩特市新城区利民街 25 号	010010	0471-4964520
辽宁省社科联	沈阳市和平区和平南大街 45 号	110006	024-23264268
吉林省社科联	长春市自由大路 5399 号	130033	0431-84647049
黑龙江省社科联	哈尔滨市南岗区中宣街 20-6 号科技大厦 803 室	150001	0451-82808217
四川省社科联	成都市青羊区大石西路科联街 19 号	610071	028-82827886
贵州省社科联	贵阳市省府路 51 号	550001	0851-5252126
云南省社科联	昆明市二环西路 397 号高新科技广场	650106	0871-8318823/8328732
陕西省社科联	西安市小寨东路 3 号	710061	029-85392238
甘肃省社科联	兰州市皋兰路 20 号兴中大厦 14-15 层	730000	0931-8725635
青海省社科联	西宁市城中区上滨河路 1 号	810000	0971-8465061
宁夏回族自治区社科联	银川市兴庆区凤凰北街 466 号	750001	0951-5078149
新疆维吾尔自治区社科联	乌鲁木齐市金银大道新闻大厦 F9 自治区社科联	830001	0991-8556061

（续表）

单位名称	单位地址	邮　编	电　话
江苏省社科联	南京市鼓楼区山西路 120 号国贸大厦 F17	210009	025-86638570
浙江省社科联	杭州省府路 8 号省府大楼二号楼浙江省社科联	310025	0571-87050498
江西省社科联	南昌市洪都北大道 649 号	330077	0791-8595983
安徽省社科联	合肥市徽州大道 1009 号省社科大楼二楼	230051	0551-3411272
福建省社科联	福州市鼓楼区柳河路 18 号	350001	0591-83791546
湖南省社科联	长沙市德雅路浏河村 37 号湖南省社科联	410003	0731-84211755
湖北省社科联	武汉市武昌区紫阳东路 45 号	430070	027-87250783
广东省社科联	广州市黄华路 4 号之二	510050	020-83815300
广西壮族自治区社科联	广西南宁市新竹路 5 号	530022	0771-5868841
海南省社科联	海口市海府路 49 号第二办公楼 3 楼	570203	0898-65333713

后记

2011 年是中国共产党成立 90 周年，也是实施“十二五”规划的开局之年。上海市社联在中共上海市委、市委宣传部的领导下，以邓小平理论、“三个代表”重要思想和科学发展观为指导，动员所属各学术社团与民办科研机构，努力服务上海“创新驱动、转型发展”大局，全力推动学术社团建设和管理、学术研究和交流、社科知识普及、决策咨询服务、学术成果发布和评价等五大公共平台建设，为繁荣发展本市哲学社会科学做出了新的贡献。本年鉴力求全面客观地反映上述工作。

90 年前，中国共产党在上海诞生。为庆祝党的华诞，社联有效整合全市社科资源，广泛征集研究项目，积极召开专题研讨，精心编撰论集、专著，组织动员所属 80 多个学会开展 100 多项学术献礼活动，为建党 90 周年大庆营造了浓厚氛围。本年鉴设置专栏，对有关学术活动和研究成果进行了详细介绍。

2011 年也是辛亥革命胜利 100 周年。为纪念这一伟大的民族与民主革命，社联出版多部学术专著及专题论文集，举办十余场纪念研讨活动，在本市学界掀起了传承辛亥革命精神，展望民族复兴征程的热潮。本年鉴对上述纪念活动进行了全面回顾。

2011 年，社联召开第九届学术年会，深入思考中国发展道路；在“十二五”规划全面实施的背景下，开展纪念中国入世 10 周年研讨交流活动；举办马克思主义研究论坛，继续推动马克思主义中国化、时代化、大众化；举行“罗竹风同志百年诞辰纪念会”，学习、弘扬上海学界前辈的高尚风范；编撰《上海学术发展报告(2010)》，首次对上海年度学术活动进行系统总结；组织本市社科工作者学习贯彻十七届六中全会和市委九届十六次全会精神座谈会，引领广大社科工作者实践“公正、责任、包容、诚信”的上海价值；不断加强“东方讲坛”功能建设，首次组织出版系列科普读物。对以上工作，本书均作了重点报道。

本期年鉴增加了重要活动的摄影画面，力求图文并茂，着力充实附录部分，载有本市最新学术社团信息与社联主办的《学术月刊》、《探索与争鸣》全年目录，整理选登全国各省市社科联、上海市各区县党委宣传部、上海部分高校以及主要图书馆通信资料，注意加强全国社科信息资源共享，转载北京、天津、重庆等直辖市社科联年度工作概要，体现年鉴的实用价值。此外，本年鉴为方便社科工作者对上海重要人文景点的了解，专辟了上海有代表性的 20 个人文景点的介绍。

《上海社联年鉴 2011》由吴伟余统编，沈国明、桑玉成审定。王龙、许峥嵘、杨琳、陈放明、吴梦宁等参与编务。在本书编纂过程中，我们得到社联所属各学术社团、社联各部门以及全市社科工作者的大力支持，谨表示由衷感谢。上海人民出版社编辑曹怡波为本书出版付出了辛劳，在此顺致谢意。编者水平所限，本书疏漏与不当之处，尚祈广大读者不吝指正。

图书在版编目（CIP）数据

上海社联年鉴. 2012/上海市社会科学界联合会编.
上海：上海人民出版社，2013
ISBN 978－7－208－11245－2

Ⅰ. ①上… Ⅱ. ①上… Ⅲ. ①社会科学－科学研究组织机构－上海市－2012－年鉴 Ⅳ. ①G322.235.1－54

中国版本图书馆 CIP 数据核字(2013)第 029119 号

责任编辑　曹怡波
封面设计　纪　人
美术编辑　王小阳

上海社联年鉴 2012
上海市社会科学界联合会 编
世纪出版集团
上海人民出版社出版
（200001　上海福建中路 193 号　www.ewen.cc）
世纪出版集团发行中心发行
浙江新华数码印务有限公司印刷
开本 787×1092　1/16　印张 25.25　插页 20　字数 549,000
2013 年 5 月第 1 版　2013 年 5 月第 1 次印刷
ISBN 978－7－208－11245－2/C·434
定价 128.00 元